海纳集 | 西方哲学研究丛书　　丛书主编　邓安庆

# The Fate of Reason

## German Philosophy from Kant to Fichte

U0137796

# 理性的命运

## 从康德到费希特的德国哲学

[美] 弗雷德里克·拜泽尔　著　　陈晓曦　张娅　译

上海教育出版社

献给弗雷德里克·罗伯特·拜泽尔

（*For Frederick Robert Beiser*）

# 序言

　　本书的撰写是源于一份坚定的信念，即我们对英语世界中哲学史的认识还存在严重的空缺。1781—1793 年间——康德（Kant）的《纯粹理性批判》（*Kritik der reinen Vernunft*，以下简称"第一批判"）出版至 1794 年费希特（Fichte）的《全部知识学的基础》（*Wissenschaftslehre*）诞生期间——对许多人而言仍存在许多未知领域（*terra incognita*）。但这一时期却是现代哲学史上最具革命性且想象力最丰富的时代之一，所以，这是一个巨壑。这个时代的哲学家们打破了现代笛卡尔式传统的两大支柱：理性的权威和认识论的首要地位。他们也见证了启蒙运动（*Aufklärung*）的衰落、康德哲学的完成以及后康德观念论的开始。所有这些事件都是哲学史上不容忽视的，应予以最详尽的考察。然而，事实上，除了对个别哲学家的少量研究之外，英语读者很难找到指导他们研究的读物，也缺少集中于整个这一时期的一般性研究。

　　本书只准备对康德与费希特之间最重要的思想家以及他们之间的论战提供一个介绍与一般性的概述。我不会给出康德或斯宾诺莎哲学在社会历史中的反响，更不会去尝试研究 18 世纪后期德国哲学的社会和政治背景。与此相反，我只关注哲学观念本身，限定于文本注释和批评的基本任务之内。

　　这本书的确切主题更多的是由我所设定的研究目标而非任意认定的年代来确定的。我的目标是双重的：其一是考察"后康德观念论"

的哲学背景；其二是追溯批评家们对康德哲学发展的影响。因此，我将研究重点放在了1781—1793年期间，也就是康德的"第一批判"出版后的头十年左右。但要实现我的目标，有时又需要跨越这个时段，讨论在此前的文本和论战。一些对康德和后康德观念论具有决定性影响的文本或争论是在"第一批判"问世之前写成或展开的，因此，我们无法忽视它们。

虽然我为此研究设定的开始时间比较自由，但在设定其结束时间（1793）时却比较谨慎。这就意味着，我要排除掉在任何完整的后康德哲学历史中都属必需的重要著作。这样一来，我将不讨论贝克的《唯一可能观点》（J. S. Beck, *Einzig mögliche Standpunkt*）、尼古莱的《森普罗尼乌斯·格伦迪伯特》（Nicolai, *Sempronius Grundibert*）或席勒的《美育》（Schiller, *Aesthetische Erziehung*），因为他们的著作都是在1793年以后出版的。在某些情况下，我不讨论他们的著作或者论战，是因为如果要全面讨论其内容的话，就必须说明1793年以后的发展〔这显然溢出了我的研究目标和所设定的时期范围〕。因此，我不考察席勒的早期论文、费希特的早期著作和康德的实践理论著作。

即使是在这样一般的限制以内，我对所选的作者、文本或论战，还是不得不做出艰难的、部分而言独断的决定。这种情况在第六、七章中尤为突出，在那里我只选择了针对康德"第一批判"众多论战中的少部分作为本书的研究内容。当从海量文献中选择一些文本时，我决定只讨论那些具有哲学价值并且在某种程度上具有影响力的文本或论战。

尽管做出了这些选择，但我还是希望能对整个时期有所阐明，特别是对于那些阅读过康德或黑格尔（Hegel）著作的，以及想要更多地了解他们之间所发生的事情的读者。

在此，我特别要感谢以下人员给予我的建议和支持：以赛亚·伯林（Isaiah Berlin）、罗伯特·布兰德姆（Robert Brandom）、丹尼尔·布鲁尼（Daniel Brudney）、伯顿·德雷本（Burton Dreben）、雷蒙德·格斯（Raymond Geuss）、保罗·盖耶（Paul Guyer）、彼得·希尔顿（Peter Hylton）、查尔斯·刘易斯（Charles Lewis）、苏珊·尼曼（Susan Neiman）、托马斯·里基茨（Thomas Ricketts）、埃伦·罗森代尔（Ellen Rosendale）、西蒙·谢弗（Simon Schaffer）、哈丽雅特·斯特拉昌（Harriet Strachan）、查尔斯·泰勒（Charles Taylor）、迈克尔·瑟尼森（Michael Theunissen）、肯尼思·韦斯特法尔（Kenneth Westphal）和阿伦·伍德（Allen Wood）。除此之外，我还要感谢贝内塔·伯纳姆（Berneta Burnam）帮我录入手稿。

我对德国观念论历史的研究兴趣始于在牛津的 1973—1974 年期间。当时，我得到比尔·温斯坦（Bill Weinstein）的鼓励，对此我深表感谢。这本书写于 1980—1984 年间的柏林新克尔恩区（Neukölln）的辛特霍夫（Hinterhof）。在此期间，我很幸运地从弗里茨·蒂森基金会（the Fritz Thyssen Stiftung）获得了慷慨资助。

# 目录

# 缩略语

全部作品的完整书名与细目都在参考书目中引用。对于已收集的版本，罗马数字表示卷号，阿拉伯数字表示页码。卷或版本里面的细分用卷后面的阿拉伯数字表示。因此，I/2 表示第一卷第二章。

对康德"第一批判"的引用是指第一版或第二版的页码，A 为第一版，B 为第二版。康德作品的所有其他引用都是科学院版。*KrV* 代表 *Kritik der reinen Vernunft*（《纯粹理性批判》)，而 *KpV* 是指 *Kritik der praktischen Vernunft*（《实践理性批判》)。

以下是 18 世纪的期刊所使用的缩写：

*Allgemeine deutsche Bibliothek*（《普通德意志丛书》） *AdB*

*Allgemeine Literatur Zeitung*（《普通文学报》） *ALZ*

*Berlinische Monatsschrift*（《柏林月刊》） *BM*

*Deutsches Museum*（《德意志博物馆》） *DM*

*Gothaische gelehrte Zeitung*（《哥塔学报》） *GgZ*

*Gottingen gelehrte Anzeige*（《哥廷根学术通讯》） *GgA*

*Hessische Beytrage zur Gelehrsamkeit und Kunst*（《黑森博学与艺术期刊》） *HB*

*Neue Allgemeine deutsche Bibliothek*（《新普通德语图书》） *NAdB*

*Neue philosophisches Magazin*（《新哲学杂志》） *NpM*

*Philosophisches Archiv*（《哲学档案》） *PA*

*Philosophisches Magazin*（《哲学杂志》） *PM*

*Philosophische Bibliothek*（《哲学图书》） *PB*

*Teutsche Merkur*（《德意志水星报》） *TM*

*Tubinger gelehrte Anzeige*（《图宾根学术通讯》） *TgA*

# 引言

在康德的"第一批判"与费希特早期的知识学之间（1781—1794年），哲学家们致力于一个基本问题。尽管这个问题有多重伪装，常常让我们不能看清它的存在，但哲学家们还是对此讨论不辍。如果我们用一个短语明确地表述这个问题，那么可以称其为"理性的权威"（the authority of reason）。一旦我们开始质疑我们对理性的表面上健全而自然的信仰，问题就出现了。我为什么要听从理性？我必须服从什么理性？我们要求一个人的信念和行为都是合乎理性的，当我们说他们非理性时，就相当于在谴责他们。但为什么我们要提出这样的要求？这样做的正当理由是什么？或者，简言之，理性的权威从何而来？

这些问题都是德国哲学家们在 18 世纪的最后几十年向自己提出来的。[1]他们开始批判性地研究欧洲启蒙运动（Enlightenment）的基本信条：理性的权威。忠于启蒙运动的哲学家们赋予了理性巨大的权威，这是启蒙运动的最高真理标准，即理智诉诸的最高法庭。他们代表理性提出了许多大胆的主张。[诸如，]理性具有不证自明的首要原则；理性可以批评我们所有的信念；理性可以证明道德、宗教和国

---

[1] 如果你认为这些问题是德国对法国大革命所做出反应的结果，那就不对了。1789 年 7 月，革命开始之前，哲学家们围绕着康德和斯宾诺莎哲学之争而首次提出了理性权威的问题。泛神论之争在 1785 年的夏天达到了顶峰；到了 1788 年，展开了对康德哲学的批判。然而，之后对于革命的反击确实加剧了人们对康德哲学的敌视。

家的合法性；理性是放之四海而皆准，又不偏不倚的；无论如何，至少在理论上，理性可以解释自然中的一切。然而，到了18世纪末，所有这些主张悉遭到质疑。如果说启蒙运动是"批判时代"（the age of criticism），那么18世纪最后几十年标志着一个新时代的开始，即"元批判时代"（the age of meta-criticism）。智识界开始遭受良知的危机，质疑自己对批判力量的信仰。

18世纪后期的哲学家有一个很好的理由来质疑理性的权威：现代科学和哲学似乎正在侵蚀道德、宗教和国家。由于现代科学的机械论方法和现代哲学的批判要求直接导致无神论、宿命论和无政府主义，启蒙运动的理性统治变成了死亡和毁灭的统治。科学越进步，宇宙中自由和上帝的空间似乎越小；哲学越是运用其批判的力量，就越不能为《圣经》和上帝、天意和不朽的实存的旧证明主张权威。因此，到了18世纪末，启蒙运动的发展似乎只证明了卢梭（J. J. Rousseau）早期论文（*Discourse*）[1]中的谴责是正确的：艺术和科学不是在改善而是在败坏道德。

在18世纪80年代，德国哲学家们围绕着康德和斯宾诺莎的哲学展开了热烈的讨论，其讨论似乎支持卢梭的悲观结论，并为其提供重大的、决定性的证明。康德和斯宾诺莎的哲学被普遍视为启蒙的典范、理性权威的堡垒。[2]康德的哲学代表着毫不妥协的哲学的批判，斯宾诺莎的哲学主张激进的科学的自然主义（naturalism）。但是，他们的哲学也说明了理性探究和批判的危险后果。康德哲学的结果就是，如果要放弃哲学中关于物自体的不一致假设，那就是唯我论；斯宾诺

---

[1] 即1749年的《科学与艺术的进步是否有助敦化风俗》。——译者注

[2] 关于德国早期讨论斯宾诺莎哲学的态度，见 Mauthner, *Atheismus*, III, 170–173; Hettner, *Geschichte*, I, 34–38 和 Grunwald, *Spinoza*, pp. 45–48。关于斯宾诺莎的这类解释，将在本书第三章第四节作进一步讨论。

莎哲学的结果则是，如果要删除其哲学中冗余的宗教语句，就成了无神论和宿命论。因此，在公众心目中，最重要的两种哲学似乎破坏了道德、宗教和国家。但这自然也在许多人心中引发了一个非常令人不安的问题：如果我们的理性破坏了生活中所有必需的信念，那么为什么要听从它呢？

这个问题对于启蒙哲学家们来说尤其令人不安。因为，他们对理性的信仰主要是基于这一假设，即理性可以为道德、宗教和国家辩护。如果他们设想理性竟会破坏这些建制，那么他们就不再敢相信理性了。相反，他们相信理性能够揭开我们的道德、宗教和政治信念（通过《圣经》而来的超自然约束力）的神秘面纱，并揭示它们的真实内核：人性与社会的普遍而必然的原则。哲学家们预言：理性的权威最终将取代传统、天启的权威，准确地说是经文的权威，因为他们相信理性对道德、宗教和政治信念具有更有效的约束力。

然而，在 18 世纪 80 年代后期，这种信念正好被围绕着康德和斯宾诺莎哲学的激烈争论所质疑。理性不再支持信仰，而似乎更倾向于摧毁它。因为康德和斯宾诺莎的哲学代表了两种截然不同的合理性模型，但是两者似乎都对道德、宗教和常识造成了灾难性的后果。斯宾诺莎的理性模型根据充足理由律的原则来定义理性，并用严格的机械论方法对理性加以解释，即"对于任何事件 B，都必须有某个先行事件 A，如给定 A，B 必然发生"。但是，如果这一原则被普遍化，则会导致无神论和宿命论，因为，上帝和自由一定是自因的能动性（self-causing agencies），是没有先天原因的行动原因。康德的理性模型是从他的先天活动的角度解释理性，并宣称理性只先天地知道它所创造的东西，或它使之符合其活动规律的东西。[1]如果该原则被普遍化，那么

[1] Kant, *KrV*, A, XX; B, xiii, xviii.

知识只能通过理性来认识而直接导致唯我论，那时我们所知道的只是我们自己活动的产物，但没有独立于它们的实在性。

这些理性模型使哲学家们陷入了非常痛苦的困境，导致他们现在不得不在理性的怀疑论或非理性的信仰主义中进行选择。如果他们仍忠于理性，那么他们就不得不怀疑他们所有的道德、宗教和政治信念。但如果他们坚守这些信念，那么他们就必须放弃理性。很显然，两者不可兼得。他们无法放弃理性，因为他们认为它是道德和理智自主性的基础，理性才是可怕、邪恶的神秘主义和独断论的唯一解药；他们也不能放弃信仰，因为他们知道它是道德行为和社会生活的基础。尽管我们无法接受这些选择，但在18世纪的最后几十年，它们之间似乎并没有一条中间道路。

这种危机直到18世纪末才显现出来。1737年，大卫·休谟（David Hume）通过《人性论》卷一结尾处，提前约五十年预言了这一危机。[1] 休谟看到了理性与信仰、哲学与生活之间不可调和的矛盾。他的理性使他得出了一个怀疑论的结论，即他只知道自己刹那生灭的（passing）印象，但实践生活的需要迫使他忘记了这些"奢侈的思辨"，这些思考的力量在与朋友玩了一场双陆棋（十五子棋）游戏后就幸运地消失了。休谟提出的矛盾与18世纪末启蒙运动所面临的矛盾是一回事。康德早期的许多批评者，如哈曼（Johann Georg Hamann）、雅可比（Jacobi）、魏岑曼（Wizenmann）、格特洛布·恩斯特·舒尔茨（G. E. Schulze）、普拉特纳（Platner）和迈蒙（Maimon），都支持休谟反对康德，这绝非偶然。他们用休谟在《人性论》结尾处的困境来对抗康德：在理性的怀疑主义（skepticism）或信仰的非理性飞跃之间选择。康德哲学的早期批判史，在很大程度上确实是休谟复仇的传奇。"仁慈的

---

[1] Hume, *Treatise*, pp. 263–274.

大卫"（le bon David）的幽灵站在启蒙运动的曙光上，只能长叹一声：
"我早告诉过你了嘛!"

正是在 18 世纪末休谟的怀疑主义复兴之际，我们首次发现了一个问题的雏形，这个问题将在 19 世纪末困扰着哲学：虚无主义（nihilism）。[1]早在 18 世纪 80 年代，虚无主义"那位最神秘的客人"（that most uncanny of guests）就已经敲响了大门。[2]正是雅可比将"虚无主义"（Nihilismus）引入到现代哲学。他认为虚无主义的典范就是《人性论》结尾处体现的如休谟那样的人。虚无主义者作为怀疑论者，必须怀疑一切事物的实存，包括：外部世界、其他思想、上帝，甚至他自己的永恒实在性；他唯一可以确定的实在就是虚无（nothingness）本身。因此，从其最初的意义来讲，"虚无主义"一词被用来表示所有理性探究和批判所带来的所谓唯我论的后果。18 世纪末，对虚无主义的恐惧确实非常普遍。尽管许多哲学家都反对雅各比关于虚无主义是所有理性研究的必然结果的立论，但他们同意他的这一观点：虚无主义是任何哲学都要面临的主要危险。因此，在康德早期的反对者中，最普遍的批判是指向休谟式的唯我论——无论是洛克主义者（Lockeans）、沃尔夫主义者（Wolffians）还是狂飙突进主义者（Stürmer und Dränge）——他们都普遍认为这是他的哲学归谬（reductio ad absurdum）。

18 世纪 80 年代后期，虚无主义被认为是一种迫在眉睫的威胁，部分原因来自唯理论的莱布尼茨－沃尔夫体系（Leibnizian-Wolffian school）形而上学的衰落。形而上学的巨大魅力及其在德国知识界持续存在的主要原因，就在于它似乎在休谟困境的两个极端之间找到了

---

[1] 第二章第四节将更详细地讨论这个问题。

[2] 尼采的相关引述，见 Werke, XII, 125。

一条安全的中间道路：关于上帝的存在、天意和不朽的先天知识。然而，早在 1781 年 5 月，《纯粹理性批判》出版之前，这种魅力就已经开始减弱。休谟的怀疑论、克鲁修斯（Crusius）的经验主义、通俗哲学的实用主义以及法国哲学的反观念论，都使形而上学陷入困境。康德在"第一批判"中对观念论的进攻只是对莱布尼茨－沃尔夫体系摇摇欲坠的大厦的致命一击（coup de grace）。理性主义形而上学的消失确实造成了非常可怕的真空。因为，如若没有上帝、天意和不朽的先天知识，我们怎能为我们的道德、宗教和政治信念辩护呢？

18 世纪 90 年代早期，康德哲学取得非凡成功的主要原因就在于它填补了这一空白。[1]康德关于"实践信念"（Practical faith）的学说在"第一批判"的"法规论"（Kanon）和"第二批判"的"辩证论"（Dialektik）中进行了概述，这在休谟困境的两个极端之间找到了一条更可靠的中间道路。因此，它已经不需要堂吉诃德式的证明，亦即我们关于上帝、天意和不朽的信念的先天证明。即使理性不能提供这样的证明，也可以为这些信念提供一个道德上的证成。它们可以被证明是实现"至善"的道德义务的必要动机，即幸福与美德完美和谐的理想状态。因此，证成我们的道德和宗教信仰合理的不是形而上学的理论理性，而是道德法则的实践理性。对于康德的早期门徒来说，这一学说不仅仅是一个事后添加，而且给了康德那哭泣的男仆兰佩（Lampe）一份安慰剂，兰佩无法接受"第一批判"的怀疑论结论。[2]相反，这恰好是批判哲学的精髓。正是由于这一学说的巨大吸引力，才使得像费希特和莱因霍尔德（Reinhold）这样的著名康德学家皈依了批判哲学。现在，启蒙运动的危机似乎得到了解决，这得益于康德实

---

[1] 第二章第一节和第七章第三节将对此进行更详细的讨论。

[2] 见 Heine, *Geschichte, Werke*, VIII, 201–202。

践信念的及时干预。

但事实证明，这种情感安慰是短暂的。还有许多哲学家仍不相信康德的实践信念学说，并极力要求自己的门徒为这种不相信加以辩护。这些批评家认为，去除物自体而承认绝对命令的空洞使得康德哲学陷入休谟式的唯我论。绝对命令仅仅意味着对一致性的要求，并且可以运用于各种信念的约束力，甚至包括对上帝、天意和不朽之非实存的信念。如果康德去除物自体的哲学——如果他要保持在他自己的知识范围内，那么他就必须如此——那么，我们只剩下自己转瞬即逝的感性实存。由于康德的哲学将所有实在性变成了一个梦，所以它所能证成的最合理的行动命令就仿佛有着上帝、天意和不朽的存在。

对康德的实践信念学说的抨击是无情的，而且在18世纪90年代中期，这种抨击愈加激烈了。但是，也有很多哲学家对此持反对意见，诸如雅可比、皮斯托留斯（Pistorius）、格特洛布·恩斯特·舒尔茨、迈蒙、福莱特（Flatt）、埃伯哈特（Eberhard）、马斯（Maass）和施瓦布（Schwab）。最后，甚至像费希特这样热情的康德学家也不得不承认他们的力量，并认为批判哲学的整个基础都需要进行彻底的重新思考。但康德的实践信念学说在18世纪90年代中期衰退了，只留下了比以前更可怕的空缺。所有选择似乎都已穷尽。形而上学的理论理性或道德法则的实践理性都不能为信仰辩护。理性怀疑论或非理性信念主义的旧困境比以往任何时候都更加强烈了。由此，对18世纪末的许多哲学家来说，理性似乎正朝着深渊前行，而且丝毫没有办法阻止它。

不仅是这种理性与信仰之间的冲突扰乱了启蒙运动对理性的信任，而且哲学家们开始意识到，理性虽然支持信仰，却不支持自身。到了18世纪末，理性似乎注定着毁灭自己，正如黑格尔后来所说的那样，"注定遭受自己酿成的暴力"。但这是为什么呢？

启蒙运动对理性的信仰首先基于其对批判力量的信念。理性被认为具有批判的能力，就是说，决定我们是否有足够的证据证实我们的信念的能力。[1]批判的指导原则是根据充足理由律来确立的：每一种信念都应有充足的理由，以使它必然来自其他已知为真的信念。

启蒙运动赋予了批判的法庭极大的权威。充足理由律之原则也不例外，所有信念都必须服从其要求。在批判理性之前，没有什么神圣之物，哪怕是威严的国家、神圣的宗教。[2]毫无疑问，除了批判的法庭本身是神圣的、圣洁的、崇高的之外，别无他者。

但是，这样一个明显而可疑的例外只会造成人们对启蒙运动的批判信仰产生怀疑。一些哲学家们开始意识到，对批判的无条件要求是自返的，且适用于理性本身。[3]如果对我们所有信念的批判都归于理性的责任，那么就事实本身而言，它就必须进行自我批判；因为理性有来自自身的信念，并且这些信仰无法逃脱批判。当理性拒绝对这些信念进行批判时，就批准了"独断论"，即要求我们根据信任来接受信念。但是，拒不给出理由的独断论者显然是批判的主要敌人，因为批判要求我们给出理由。除非批判的目的是为了背叛自身，否则它最终必然成为元批判，即对批判本身的批判性考察。

但如果对理性的元批判是必然的，那么它不也是危险的吗？如果理性必须批判自身，那么它必须问自己这样的问题："我如何知道理性？"或"我出于何种理由来相信？"所以，我们似乎都面临着一个非常棘手的困境：我们要么必须无休止地（*ad infinitum*）问这个问题，接受怀疑论；要么必须拒绝回答这个问题，陷入独断论。

现在，康德认为在这种困境的极端之间，他已找到一条从迫近的自

---

［1］见 Gay, *Enlightenment*, I, 130ff。

［2］见 Kant, *KrV*, A, 12。

［3］如 Hamann, *Werke*, III, 189,277; Herder, *Werke*, XXI, 18; Schlegel, *Werke*, II, 173; Schulze, *Aenesidemus*, p. 34; Platner, *Aphorismen* (1793), 段 706。

我毁灭中拯救理性的中间道路。这条中间道路正是康德纯粹理性批判的筹划。康德在"第一批判"的倒数第二段中，将他的批判和怀疑论、独断论作对比，并写道："只有批判的道路仍开放着。"[1] 批判如何在这些危险的极端之间掌稳理性？它将承担着"所有理性任务中最困难的任务"：批判将理性带入其"永恒的法则"的自我意识。[2] 由于这些法则是任何可能经验的必要条件，因此它们免受怀疑。如果怀疑论者否认它们，那么他们甚至将无法描述流变的感观印象。有了这些法则知识的装备，批判哲学家就能对"我如何知道这个"的问题有一个可靠的答案，这不会涉及诉诸任何对权威的呼吁，并且这些法则的知识会阻止怀疑论者在其轨道上发生无穷回溯（infinite regress dead in its tracks）。

尽管这已简单明了，但康德在提出元批判的解决方案之后却留下了一个悬而未决的问题，即我们如何知道任何可能经验的必要条件？这个问题是合理的、紧迫的和重要的，但康德对此没有给出任何明晰的答案。[3] 这一事实的可悲真相就是，他从未发展出一套关于如何获得批判的第一原则的一般元批判理论知识。[4] 如果自我知识是所有理性工作中最困难的，那么康德仍未就如何实现这一目标提出任何建议。康德未能以任何持续而明确的方式解决元批判问题，却产生了非常严重的后果：理性的权威仍悬而未决。尽管康德确信理性的权威取决于批判的可能性，但他对批判的可能性本身没有明确的解释或证成。

如果元批判问题是康德哲学的终结点，那么也是许多后康德哲学

---

[1] Kant, *KrV*, B, 884.

[2] Ibid., *A*, xi.

[3] 康德确实在他晚期的一些作品集中开始回答这个问题，见 Kant, *Werke*, XXI, 81-100；但这些零散的、早期的评论并不等于一个清晰的、一般的元批评理论。

[4] 贝克在他的著作中对此进行了充分的论证，见 Beck, *Toward a Meta-Critique of Pure Reason, in Essays on Kant and Hume*, pp. 20-37。

的起点。康德的继承者们愿意接受他的证明，即理性的权威取决于批判的可能性；但是，与康德不同的是，他们批判地考察了批判本身的可能性。在质疑这一可能性中，他们把对理性的批判作为超越康德的一个新的重要步骤。他们不再满足于像康德所做的那样，考察理性的一阶（first-order）要求，即认识自然法则的物理学或认识物自体的形而上学的要求。相反，他们坚持质疑其二阶（second-order）要求，即理性自己是真理的充分标准，并具有自明的第一原则的地位。康德之前的哲学所关注的问题是："形而上学如何可能？"康德之后的哲学则关注于"知识批判如何可能？"这一问题。黑格尔在《精神现象学》（*Phänomenologie des Geistes*）的引言部分中提出，对该问题的关注不是开端，而是一个时代的终结。

但这并不意味着后康德主义者都全体地否认批判的可能性。如果他们当中有些人攻击其可能性，其他人则会为之辩护。一些人（格特洛布·恩斯特·舒尔茨、普拉特纳、加尔韦和雅可比）认为，前后一贯的批判将导致怀疑论；另一些人却认为，它会导致独断论（埃伯哈特、马斯和施瓦布）；还有一些人则认为，这确实是介于诸恶之间的中间道路（莱因霍尔德、迈蒙和费希特）。但很显然，这些思想家在其思想上具有共同点，那就是他们都意识到了批判是存在问题的，不能再理所当然地加以接受。

认识到后康德哲学问题的历史意义是至关重要的。考察批判的可能性就是考察认识论本身的可能性；换句话说，它是为了提出这一问题，即是否有可能认识知识的条件和限度？因此，后康德主义者质疑现代笛卡尔主义传统的基本而独特的信条之一：认识论是第一哲学（*philosophia prima*）。笛卡尔（Descartes）、洛克（Locke）、贝克莱、休谟和康德都开始了他们的哲学研究，坚信认识论将为他们提供一个自明的起点。在质疑这一信念时，后康德主义者正迫使整个认识论传统进行自我说明。这种认识论的传统绝不会随着后康德哲学而告终。实际上，它在莱因霍尔德和费希特那里得到了振兴。但是，现在它已变成了自我批判和自我反思。笛卡尔遗产带来的快乐而令人兴奋的日子已风光不再。

当启蒙运动的另一个最珍贵的信念——理性是普遍而无偏私的——遭到质疑时，18世纪末的信任危机就加深了。批判法庭以令人敬畏的权威发声：不仅因为其原则是自明的，而且也因它们的原则是普遍而无偏私的。就其普遍意义而言，无论人们从属于何种文化、教育和哲学，它对每个理性存在者都适用；就其无偏私而言，人们可以得出独立于甚至是违背利益和欲望的结论。

启蒙运动对理性的普遍性和无偏私的信念，最终建立在另一个更基本的信念上——理性的自主性。理性被认为是一种自主能力，因为它是自治的（self-governing），建立和遵循自己的规则，独立于政治利益、文化传统或潜意识的欲望。相反，如果理性屈从政治、文化或潜意识的影响，那么它就不能保证其结论具有普遍必然性，从而可能会被证明是政治、文化或潜意识的伪装表达。这种对理性之自主性的信念，最明显的例子也许是康德在"第一批判"和《道德形而上学的奠基》（*Grundlegung*）中所提出的关于本体－现象的二元论。值得注意的是，康德二元论的目的不仅是为了挽救自由的可能性，而且也是为了挽救理性的普遍性和无偏私性质。

对于这种信念最具原创性、最有力、最有影响的批评家是哈曼。在他的论文《纯粹理性纯粹主义之元批判》（*Metakritik tiber den Purismum der reinen Vernunft*, 1783）中，他抨击了康德的理性自主性信念背后的主要前提，即他的本体－现象之二元论。哈曼自诩为亚里士多德主义者，以及康德的"柏拉图主义"的批判者，他坚决反对康德所谓的"理性的纯粹主义"（the purism of reason）：从语言、文化和经验中抽象出理性的实体（hypostasis）。哈曼认为，如果我们不把理性实体化，那么我们就必须提出一个旧亚里士多德式的问题："理性在哪里？""它存在于什么特定的事物中？"他坚信，只有确定理性具体化于语言和行动中，我们才能回答这些问题。因此，理性并不是存在于某种本体或精神领域的一种特殊能力；相反，它只是一种特定的言说和行动方式，更具体而言，它只是一种在特定的语言和文化中言说和行动的方式而已。所以，哈曼强调，人们在启蒙运动中一直忽视了理性的社会和历史维度。他对自己的立场作了如下总结：理性的工具和标准就是语言；但语言除了民族的习俗和传统外，并无其他根据。[1]

哈曼对理性的社会和历史维度的强调具有非常明确的——而且具有相当的威胁性——相对主义意蕴。如果一种文化的语言和习俗决定了理性的标准，并且语言和习俗彼此不同甚至相互对立，那么就不存在任何单一的普遍理性。理性无法站在文化之外或之间做出判断，因为理性的标准是从文化内部决定的。这种相对主义的意蕴并不是由哈曼明确提出来的，而是由那些受他影响的人对其进行详细的论述，特别是黑格尔、赫尔德（Herder）和施莱格尔（F. Schlegel）发展出来的。例如，赫尔德在《关于人类教育的另一种历史哲学》（*Auch eine Philosophie der Gesschichte der Menschheit*, 1774）中指出，启蒙运动的批判法庭只是把 18 世纪欧洲的价值观和利益普遍化了。由此，当时的哲学家们已无权批评另一种文化（即中世纪）的信仰和传统，因为这是以启蒙运动的标准来评判另一种文化。

雅可比在他的《论斯宾诺莎哲学通信集》（*Briefe uber Spinoza*）中从另一方面对理性自主性的信仰发起了进攻。[2]哈曼和赫尔德坚持认

---

[ 1 ] 见 Hamann, *Werke*, III, 284。

[ 2 ] 见 Jacobi, *Werke*, IV/1, 230–253; IV/2, 125–162。

为，我们不能从社会和历史中抽象出理性，而雅可比则强调，我们不能将理性从欲望和本能中分离出来。他认为，我们必须将理性视为单一的生命有机体之一部分，在那里，理性组织并指导其所有维持生命所必需的功能。因此，理性不是一种无利害的（disinterested）沉思能力，而是一种意志工具，被用于控制和支配环境。雅可比进一步指出，理性受意志的影响已经到了——无论是真理抑或是错误的标准，都受其裁决的程度。"真与假"的问题变成是否成功地实现生命目的的问题。雅可比并未回避任何相对主义的可能影响，只是暗示着这些目的可能因文化的不同而产生差异。

雅可比关于理性从属于意志的论点在哈曼和赫尔德的先见之明的洞见中获得了额外的支持：有意识和理性的活动是潜意识和非理性冲动的表达。因此，哈曼将性能力（sexual energy）视为创造力的源泉，甚至认为推理也只是其升华。[1]赫尔德坚持认为，我们所有活动的根源都在于"黑暗力量"（dark powers），为了日常生活之故，我们必须压制这种力量。[2]这些具有暗示性、尚不成熟的早期观点远远没有弗洛伊德和尼采（Nietzsche）的理论更明确和复杂。但是，它们仍然蕴含着相同的意义，即质疑启蒙运动关于理性自主性的信念。

在某种程度上，18世纪末出现的对理性自主性的许多批判，只是启蒙运动自己的科学解释计划的苦果。如果我们接受这样的格言，即我们应该根据自然法则来解释一切，那么我们应该停止将理性视为存在于自然以外的自足的能力，而是应该像其他所有事物一样，首先将其解释为自然的另一部分。这种试图将理性置于一个科学研究无法进入的、特殊的本体界，以保全理性自主性的尝试，恰恰导致了"超自然

---

[1] 关于哈曼的性兴趣的思想，见 O'Flaherty, *Hamann*, pp. 39–42。

[2] 见 Herder, *Werke*, VIII, 179, 185。

主义""神秘主义"或"蒙昧主义"——用康德的批判者的话来说，就是运用那些术语于本体界之悬设。最终，启蒙运动的理性自主性的信念难以与科学的自然主义相一致了。在这里，理性的自我反思再次发挥了作用，也削弱了它的权威。如果理性应该根据自然法则来解释一切，那么它因此就应该按自然法则来解释自身；解释自然的主体相比他所解释的自然，不享有特别的先验关系。但这就意味着，理性可以被证明受自然力量（如本能和欲望）的影响，因而不再是自主的了。

最后，启蒙运动对理性的信念最后但并非最不重要的是依赖于自然主义，即使只是在原则上，相信理性也可以解释自然的一切。尽管这种信念很大胆，但似乎所有现代科学的成就都支持这一点。对许多自由思想者、启蒙思想家（*Aufklärer*）和哲学家来说，伽利略、牛顿和惠更斯（Huygens）的新物理学已表明，数学定律可以解释自然中的一切事物，该定律对于理性来说是显然的，并且是被理性所发现的。诸如苹果掉落、潮汐起落、行星绕日公转等自然现象都可以用一个单一的普遍定律（即万有引力）来解释。单凭这一定律，似乎就为理性洞察自然结构的观点提供了惊人的证明。

哲学家极力拥护新物理学，其原因就在于它似乎证明了最宝贵的学说之一：理性与自然的和谐，思维与存在的同构（isomorphism）。18世纪继承了17世纪理性主义的这一原则，而且从未对此质疑过。[1]尽管它确实与理性主义决裂了，但它与理性主义的争执不关乎这种统一或和谐的存在，而在于如何证明或确立它。牛顿主义者、启蒙思想家和哲学家放弃了理性主义的演绎方法，转而采用经验主义的归纳方法。他们认为，如果我们要认识自然背后的逻辑，那么就不能再从自明的原则出发，拾级而下（descend）得出具体的结论；那只会强迫我

---

[1] 见 Cassirer, *Enlightenment*, p. 22。

们对自然进行任意的建构。相反，我们必须从观察和实验出发，拾阶而上（ascend）至普遍的法则。然而，无论是归纳法还是演绎法，其背后的动机都是相同的：演证理性与自然之间的和谐。

早在1739年，休谟在《人性论》中对因果关系的抨击，就对启蒙运动的信念（理性与自然的和谐）提出了最大的威胁。休谟认为，假设事件之间存在着普遍且必然的联系并无经验可证成。如果我们考察自己的感官印象，那么我们会发现它们只是偶然重复的结果，而非必然的联系，因此，这仅仅是我们的想象力和联想习惯的产物。休谟对与必然联系相符的感官印象的坚持，使启蒙思想家在他们自己的经验知识标准面前感到尴尬。我们仔细观察发现，经验似乎是在歪曲而非证明理性与自然的统一。因此，在理性的普遍而必然的原则与经验的特殊而偶然形成鲜明对比的情况下，令人不安的二元论就产生了。

康德在"第一批判"中的任务是应对休谟式怀疑论的威胁，并拯救启蒙运动对科学的信仰。康德在"先验演绎"（"Transzendentale Deduktion"）和"第二类比"（"Zweite Analogie"）中开始了他对因果关系原理的辩护：这一原则是将客观性归因于区分经验在感觉中的直观秩序和事件本身的客观秩序的必要条件。但是，这个客观秩序不是被给予的，而是由我们创建的。理性认识经验结构正是因为理性创造了经验结构，把理性的先天形式强加了经验。在这些形式中就有因果关系的原理。换言之，该原则仅适用于经验，仅仅是因为我们的先天活动使经验符合于原理。[1]

但是，康德关于因果关系原理的辩护，对理性与自然和谐的信仰产生了双重影响。这就表明了，和谐只存在于现象之上，而非物自体。

---

[1] 关于康德之争议的解读是非常简单的。我以这种形式提出康德的论点，只是为了让他的同时代人更容易被我们所理解。

在自然符合我们的先天概念的限度内，我们是可以认识自然的；但如果它存在于先天概念之外和之前，那么就自然不可知。因此，理性与自然的和谐被限制在意识本身的领域内。这并不意味着观念与外部实在之间存在符合关系，而是意味着观念与自我强加的规则或先天概念之间存在符合关系。因此，如果我们已经解决了休谟怀疑主义的挑战，那么也仅仅是以把理性限制在现象领域为代价的。

虽然康德的"演绎"和"类比"晦涩难懂，在18世纪90年代初却遭遇了一波批判浪潮。它们迅速成为新休谟主义者（neo-Humean）的反击目标。诸如迈蒙、普拉特纳、哈曼和舒尔茨之类的哲学家就认为，康德只不过是通过乞题谬误（begged the question）来反对休谟。即使康德是对的，即他认为因果关系原理是经验客观性的必要条件，但如果我们是休谟怀疑论者，那么也就没有理由接受这种客观性。为什么不能像休谟所想象的那样，经验仅是印象的狂想曲？此外，康德在论证理性是自然的立法者时，只是预先假定了因果关系原理，而这正是他最初辩护的目的所在。康德不是说我们的先天活动在某种意义上是我们经验的起因吗？

尽管康德将因果关系原理限制于经验或现象，但这种限制并不令他的批判者们感到满意。他们认为，即使是在经验领域内，理性与自然之间的鸿沟还会再次出现。康德未能弥合这一鸿沟的原因有两个：首先，他的本体－现象二元论禁止知性与感性之间有任何相互作用。如果知性属于本体界并且超越了时空，那么它如何将其秩序加诸现象之上？因为现象属于现象界，在时空之内啊！这样的异质混杂领域似乎不可能产生相互作用。其次，不可能确定一个范畴何时适用以及是否用于经验。范畴本身是如此普遍，以至于它适合任何可能的经验；由此它无法告诉我们它是如何应用于实际经验中的特定情形。例如，因果关系的范畴与"火是烟的原因"和"烟是火的原因"都符合。但是，在我们的经验中没有任何东西告诉我们范畴何时适用于它。正如休谟所言，经验所揭示的只是印象的恒常联合。如果一个范畴不属于范畴或经验本身，那么我们应用该范畴的标准又在哪里？我们似乎没有将知性和经验联系起来的指导原则。[1]

所有这些新休谟主义者对康德关于因果关系辩护的怀疑，都对启蒙运动中理性与自然和谐的信念产生了非常破坏性的后果。这种和谐不仅受到理性与物自体之间鸿沟的威胁，而且还受到理性与现象之间鸿沟的威胁。即使在经验领域内，在普遍而必然的理性原则与感官印象的特定而偶然的材料之间仍然存在着明显的二元论。因此，对于18世纪末期的许多哲学家来说，理性似乎在自己与外部实在没有任何联系的圈套里打转。面对有这些新休谟主义者的怀疑，如何有可能捍卫和恢复理性与自然的统一呢？这个问题很快就引起了费希特、谢林和黑格尔的关注。

然而，18世纪末期并非全是阴霾。一个光明而有前途的发展——18世纪后半叶逐步复兴的目的论解释模型——为理性权威的式微找到了一些希望。现在看来，启蒙运动反对目的论（teleology）而赞成机械或动力因似乎还为时过早。一些自然科学的最新成果似乎为目的论提供了有力的证据。哈勒（Albrecht von Haller）的应激性（irritability）实验、尼达姆（Needham）和莫佩尔蒂（Maupertuis）的自然发生说（spontaneous generation），以及沃尔夫（Wolf）和布鲁门巴赫（J. F. Blumenbach）的内在形塑因（*nisus formativus*）概念，似乎都证明了物质中存在着有机力（organic forces）。物质的本质并没有因死亡的延展而耗尽，相反，它包含自组织和自激活的能力。物质似乎是有生命的，因为它像所有生物一样，在没有明显原因促使它行动时，它

---

[1] 第十章第二节将更详细地讨论这些论证。

就自己运动并组织起来。据此，目的甚至可以归因于物质，尽管它们没有明确的意识。这种新的活力论唯物主义（vitalistic materialism）已经由英格兰的托兰（Toland）和普里斯特利（Priestley），以及法国的狄德罗（Diderot）和霍尔巴赫（Holbach）发展起来，并在18世纪七八十年代得到了德国的赫尔德（Herder）和福斯特尔（Forster）的传播和捍卫。

在18世纪末期，目的论的复兴似乎把启蒙运动从一个令人不安的困境中拯救了出来。由于启蒙思想家采用了一种机械论的解释模式，因此，他们在心灵哲学上只有两种选择：机械论或二元论。但很显然，这两种选择都不尽如人意。机械论摧毁了自由，无法解释意图等特殊的心理现象；二元论通过假设一个超自然的精神领域，将科学解释限制在物质世界。因此，似乎不存在任何非还原主义者对精神现象的科学解释。但是，这种新的活力论唯物主义为解决该困境提供了一种心灵的解释。现在，我们可以将心灵解释为身体内在动力的最高程度的组织和发展。这将避免机械论，因为身体不再是机器，而是一个有机体；同时，它也将避免二元论，因为在精神世界和物理世界之间存在着一个连续体，其中的每个生命体都由同一生命力以不同程度的组织而构成。心灵将是一种高度组织化和发展的身体内在力量的形式，身体将是心灵内在力量的不发达形式。

活力论唯物主义尽管看起来很有希望，但它不可能在没有强烈反对的情况下建立起来。很快就出现了这样一个问题：目的论是否确实可以提供可验证的自然法则；或者说，它只不过是回到了旧的经院哲学。在18世纪70年代初期，哈曼抨击赫尔德语言起源理论背后的一些活力论假设时就提出了这个问题[1]。哈曼认为，赫尔德关于有机

---

[1] 见第五章第三节。

力的假设只是再次引入了神秘之质（occult qualities），即只是重新描述了待解释的现象。此外，活力论仍然无法解决休谟对因果关系的怀疑。无论我们将原因视为目的还是先行事件，因果之间仍无必然联系。

在 18 世纪 80 年代中期，由于康德对赫尔德和福斯特尔的抨击，目的论的科学地位问题到了非解决不可的地步。康德在评论赫尔德的著作《人类历史哲学的概念》（*Ideen zur Philosophie der Geschichte der Menschheit*，1785）和其论文《论目的论原则在哲学中的应用》（"Ueber den Gebrauch teleologischen Prinzipien in der Philosophie"，1787）时指出，目的论是形而上学的必然，因为它的解释无法在可能的经验中得到证实。我们无法验证无意识主体是根据目的行事的说法，因为我们有目的的活动的唯一经验来自我们自己的意识。我们假设自然界中的事物只能通过类比我们的意识活动；但是，我们永远无法证实这样的类比，因为我们对蔬菜、水晶和动物的内在世界一无所知。那么，我们完全可以假设的是，大自然看起来仿佛是有目的的。因此，目的论在科学中具有严格的调节性作用，而不是构成性作用。

哈曼和康德以对赫尔德活力论的抨击，对目的论作为自然科学解释模型的前景提出了严肃的质疑。这一前景似乎是这样的，如果理性要保持在可能的经验范围内，那么它必须满足于机械论的解释模式。但这并不令人满意，因为它只是重返二元论或机械论的旧困境。因此，启蒙哲学家走进了死胡同，而他们又拒绝了所有可用的选择。活力论不能满足他们对可验证性的要求，二元论限制了科学的边界，机械论又无法解释精神现象。而走出这死胡同的唯一路径就是：直面康德对目的论的反对，并试图通过最新的科学成果验证活力论。这一路径是在 18 世纪 90 年代末随着谢林和黑格尔的自然哲学（*Naturphilosophie*）而显示出来的。

# 第一章 康德、哈曼和狂飙突进运动的崛起

## 第一节 哈曼的历史和哲学意义

尽管约翰·格奥尔格·哈曼在德国早已被认可，但有时被称为"北方巫师"（the Wizard of the North）的哈曼在英美哲学界几乎完全被忽视了。对哈曼如此普遍的忽视，以至于大多数哲学家甚至都不知道如何拼写出他的名字。然而，如果我们考虑到哈曼对哲学史的决定性和持续性的影响，那么这种无知似乎是可悲的。哈曼是狂飙突进运动（*Sturm und Drang*）之父，该运动是在 18 世纪 70 年代德国的反启蒙运动而发展起来的。他对狂飙突进运动的影响是无可争议的，而且明显有据可查。哈曼是赫尔德的老师，接着赫尔德转而将哈曼的思想介绍给了年轻的歌德（J. W. Goethe），歌德随后就对他们的思想着了迷。后来，歌德在《诗与真》（*Dichtung und Wahrheit*）的第十二章中回顾了哈曼的思想对他和整个浪漫这一代所产生的影响。[1]

我们很难夸大哈曼对狂飙突进运动以及最终对浪漫主义（Romanticism）本身诸多方面的影响。艺术的形而上学意义、艺术家个人视野的重要性、文化差异的不可还原性、民间诗歌的价值、理性

---

[ 1 ] 见 Goethe, *Werke*, IX, 514ff。

的社会和历史维度，以及语言对思想的意义——所有这些主题都普遍存在于狂飙突进运动和浪漫主义中，或者具有其特征。然而，它们首先是由哈曼勾画的，然后由赫尔德、歌德和雅可比加以详述和传播。[1]

就此，我们不需要细究哈曼在狂飙突进运动中的角色，虽然他以此确立了其历史意义。直到19世纪，哈曼仍然对主要的思想家产生着影响。其中的一位追随者是谢林，他的实证哲学（*Positivephilosophie*）反映了哈曼式的主题。[2]施莱格尔是哈曼的另一位热忱的追随者，他写了第一篇赞赏哈曼哲学的文章。[3]还有一位追随者是黑格尔，他对哈曼作品的第一版给予了好评。[4]最后，同样重要的是，哈曼对索伦·克尔凯郭尔（Søren Kierkegaard）产生了深远的影响，克尔凯郭尔欣然承认了这种沾惠。[5]通过克尔凯郭尔，哈曼对20世纪的存在主义产生了重大而持续的影响。

即使我们可以无视哈曼在18世纪和19世纪的影响力，我们也必须承认哈曼作为思想家的地位。以20世纪的思想标准来判断，哈曼的思想常常因其现代性以及对当代主题的预示而引人注目。因此，像许多分析哲学家一样，哈曼坚持认为语言是思想的根本标准且语言哲学应取代认识论。先于弗洛伊德之前，他就指出我们智识生活中潜意识的形成作用。而且，早在黑格尔或维特根斯坦之前，他就强调了理性的文化和社会维度。

---

[1] 关于哈曼对赫尔德的影响，见 Dobbek, *Herders Jugendzeit*, pp. 127–136; Adler, *Der junge Herder*, pp. 59–69; Clark, *Herder*, pp.2–4, 156–162。

[2] 关于哈曼对谢林的影响，见 Gründer, *Hamann Forschung*, pp. 40–41。

[3] 见 Schlegel, "Hamann als Philosoph," *DM* 3 (1813), 35–52。

[4] Hegel, "Hamanns Schriften," in *Werke*, XI, 275.

[5] 论哈曼对克尔凯郭尔的影响，见 Lowrie, *A Short Life of Kierkegaard*, pp. 108–109, 115–116; 另外，克尔凯郭尔对哈曼的致敬，见 *Concluding Unscientific Postscript*, p. 224。

如果要总结哈曼在哲学史上的重要意义，就必须强调他在路德复兴（the revival of Luther）中的作用。当启蒙运动的威胁开始摧毁路德精神时，捍卫路德精神就成了哈曼的使命。哈曼从未掩饰自己对路德的巨大沾惠，他明确表示：希望看到这位大师教义的重建。[1]在哈曼的著作中确实出现了许多路德宗的主题：《圣经》的权威、个人与上帝关系的重要性、意志自由的否定、信仰的超理性和恩典的必要性。但特别值得注意的是，哈曼保持路德精神的方式。哈曼并不像他那个时代的许多正统派教徒那样，简单地重申路德的学说，而是利用现代哲学的最新思想，尤其是利用大卫·休谟的怀疑论来为路德辩护。他利用这样的现代武器，使路德主义看起来不再陈旧和迷信，而是有别于传统且无可辩驳。

路德的一个特别的信条成为哈曼思想的标志，并激发了他对启蒙运动的致命攻击：理性的脆弱和信仰的超理性之学说。正如路德曾经斥责经院哲学家自称拥有上帝的理性认识一样，哈曼也因他们对理性权威的信仰而攻击了启蒙思想家。哈曼跟路德一样，具有奥卡姆主义者[2]（Ockhamist）的传统，他认为信仰超越了理性的批判和证明。

哈曼复兴路德教义对后康德哲学的历史产生了巨大影响。严格说来，尽管哈曼不是"非理性主义者"，但是，哈曼极大刺激了狂飙突进运动和浪漫主义中的非理性主义思潮。他以多种具有影响力的方式攻击了理性的权威。因此，他认为理性不是自主的，而是由潜意识控制

---

[1] 关于哈曼和路德的关系，见 Blanke, "Hamann und Luther," in Wild, *Hamann*, pp. 146–172。

[2] 奥卡姆主义是指经院哲学内部与正统派托马斯主义相对抗的一种哲学学说。14 世纪时流行于西欧各国。创始人为奥卡姆的威廉（1290—1350），其他代表人物有尼古拉斯、格雷高里。奥卡姆的威廉肯定只有个别事物才是客观存在的，一般、共相只是作为概念或心外事物的"符号""记号"而存在于"心灵和语词中"。——译者注

的；理性无法掌握特定的事物，也无法解释生命；理性与语言密不可分，其唯一的基础是习惯和使用；理性不是普遍的，而是相对于某种文化的。

重要的是要认识到，哈曼对理性的批判构成了康德的自然竞争对手，而且确实变成反对理性的回应。康德的批判目的是建立理性的自主性（也就是说，它独立于其他能力而决定其原则的能力），而哈曼批判的任务是将理性置于历史背景之中，将其视为社会和文化力量的产物。哈曼批判背后的主要原则是他的亚里士多德式的论证，即理性仅以具体形式存在于特定活动之中。据哈曼所言，启蒙运动的巨大谬误，尤其是康德的哲学，是理性的"纯粹主义"或实体化。当我们成为"柏拉图主义者"时，我们把理性实体化了；因为他们假设在某些特定本体或可理知的存在领域中，存在一种自足的能力。哈曼为我们提供了一些非常合乎情理的方法论以帮助我们如何避免这种谬论。他要求我们研究特定的理性的显示、体现或表达，包括言说、行动和书写的方式，更具体地讲，是指在特定文化中的言说、行动和书写的方式。哈曼认为，我们有理由从这样的角度来看待理性，因为理性仅存在于语言中，而语言无非就是一种文化的风俗习惯。

尽管尚不为人所知，但哈曼对理性批判的影响力不亚于康德的影响力。事实证明，他对纯粹主义理性的批评对后康德主义的思想尤为重要。赫尔德、施莱格尔和黑格尔都接受了哈曼的建议，在其特定的社会和历史背景下认识理性的具体体现。因此，对理性的社会和历史维度的强调（对后康德主义思想如此重要）可以追溯到哈曼。

奇怪却又真实的是：启蒙运动最重要的支持者康德，与狂飙突进运动之父哈曼相互认识，并且都生活在普鲁士的哥尼斯堡，彼此相距仅数英里。此外，在 1759—1788 年近三十年时间里，他们经常进行哲学切磋！这些交流通常是相互矛盾的世界观（*Weltanschauungen*）之间的对抗和戏剧性冲突。通过他们，启蒙运动和狂飙突进运动之冲突呈现出非常个人化和有血有肉的形式。

但这并没有结束。康德和哈曼之争不仅说明了启蒙运动与狂飙突进运动之间的冲突，而且还促成了他们之间的冲突。哈曼以回应康德来发展自己的哲学，然后他把康德引入到休谟和卢梭的思想领域，反过来，他们又对康德产生了很大的影响。在本章的余下部分中，笔者将阐述对狂飙突进运动和后康德主义哲学产生重大影响的哈曼的三大论著：《纪念苏格拉底》（*Sokratische Denkwürdigkeiten*）、《袖珍美学》（*Aesthetica in nuce*）和《关于纯粹理性的纯粹主义的元批判》（"Metakritik über den Purismum der reinen Vernunft"），并参考哈曼与康德之间的相关交流。[1]

## 第二节　伦敦皈依及其哲学后果

要定位出哈曼哲学的源头，我们必须重回1758年他在伦敦的早年岁月。年轻的哈曼在一次神秘的经验中所看到的，包含着他之后哲学的萌芽，更是他批判康德和启蒙的基础。考虑到哈曼对狂飙突进运动的形成性影响，他的神秘经验就具有了更广泛的历史意义。它标志着狂飙突进运动的起点之一，也是对启蒙运动的反动。在历史意义上，它可以与十年前卢梭的经历相媲美。1749年，卢梭在一个炎热的夏日午后步行前往万塞讷（Vincennes）探望狱中的狄德罗时，得出了一个令人震惊的结论：艺术和科学在败坏道德方面胜于改善道德。狂飙突进运动正是从这两次经历中诞生了，恰如其分地说，是两次顿悟

---

[1] 唯一完整而详细地叙述他们之间关系的是韦伯的《哈曼与康德》（*Hamann und Kant*, 1908）。但是，这种说法在哈曼的作品和书信评论出版之前就已经过时了。

和灵感的闪现[1]。

　　哈曼改宗背后的故事极具一部小说或戏剧的戏剧性和感人的素材。1757 年，哈曼时龄 28 岁，是法国和英国启蒙运动的热忱信徒，他前往伦敦，代表里加（Riga）的一家属于贝伦斯家族（House of Berens）的商社，为其处理外交和商务事宜[2]。并非由于哈曼的过错，他的出使证明是一次凄惨的失败。当他到达俄罗斯大使馆时，他本应在那里进行巧妙和秘密的谈判，但却遭到了嘲笑。这场粗暴的待遇羞辱了害羞而敏感的哈曼，使他陷入了绝望。他想要成为外交官的职业生涯想法毁于一旦，并在异国他乡迷失，倍感孤独。为了逃避痛苦，他过着放荡的生活，借胡吃海喝、寻花问柳打发光阴。他很快就挥霍掉贝伦斯家族寄给他的大约 300 英镑（在那些日子里，这可是一大笔钱），之后哈曼试图靠弹奏鲁特琴[3]这一点小技能谋生。他对鲁特琴的追寻很快使他结交上一个名声狼藉者，不管怎样，这是一个成为他知己和伙伴的"贵族"。有足够证据表明，哈曼和他是同性恋关系。经过近九个月的完全放纵后，哈曼发现了一个可怕的事情：他的伴侣被某个富人包养着。听到这一消息后，哈曼妒火中烧，又是哄骗又是威胁。[4]但都无济于事。

　　到了这个时候，很明显，事态的发展已经跑偏。哈曼已山穷水尽，与此同时，他的健康正承受着他所有的斫丧，是时候忘记那场感情灾

----

　　[1]关于卢梭对狂飙突进运动的影响，见 Hettner, *Geschichte*, II, 9ff。

　　[2]哈曼出使的性质至今仍不得而知。对此，纳德勒（Nadler）给出了公认的解释，见 Hamann, pp. 73–74。

　　[3]鲁特琴（Lute）也称琉特琴，是一种曲颈拨弦乐器。——译者注

　　[4]1758 年 1 月 14－24 日，哈曼写给塞内尔（Senel）的信，见 Hamann, *Briefwechsel*, I, 234–241。哈曼的同性恋之事已经被很多人记录在案，见 Salmony, *Hamanns metakritische Philosophie*, pp. 75–84。但也存在不同的观点，见 Koep, "Hamann's Londoner Senelaffäre," *Zeitschrift für Theologie und Kirche*, 57 (1960), 92–108; 58(1961), 68–85。

难了。于是，1758 年冬天，哈曼租来了一户正经人家的一间房，闭关阅读，开始了简朴的饮食起居。他希望以此方式来恢复自己残存的身体和灵魂。在绝望中，他求助于《圣经》，这成了他唯一的慰藉。他以最独特的个性化方式阅读它，仿佛这是上帝单独给予他的消息。他将犹太人的历史视为自己遭受苦难的寓言。他在伦敦经历的所有事情、遭受的种种考验和磨难，似乎都在《圣经》中被预示了。

正是在阅读《圣经》的过程中，哈曼才有了自己脱胎换骨般的神秘经历。1758 年 3 月 31 日夜，他在《摩西五经》之五《申命记》（the fifth book of Moses）中读到：“大地张开了该隐的嘴，接受亚伯的血。”[1]哈曼在反思这段话的同时感到心脏乱跳、双手颤抖。在泪如泉涌中，他意识到自己是基督本人，那个“谋杀他哥哥的凶手”，“杀掉上帝唯一的独子的凶手”。他开始感觉到上帝的精神正灌注全身，揭示着“爱的奥秘”和“信仰基督的祝福”[2]。

哈曼以个性化和寓言的方式阅读完《圣经》之后，他听到了自己内心中上帝的声音，于是，他开始相信：只要他愿意听，上帝就会一直与他相通。实际上，他确信发生在他身上的一切都包含了来自上帝的秘密消息，就像《圣经》中的其他寓言一样。这种信念随后使哈曼得出了一个宏大而异乎寻常的形而上学结论：《圣经》乃是上帝的密语，是上帝向人类传递消息的象征。因此，所有的自然和历史都存在于书写、神圣密码、秘密象征和谜题中。一切事物的发生都是对神圣语汇的神秘解说，神圣思想的有形体现和表达。用哈曼的隐喻话语说：“上

---

[1]《摩西五经》是《圣经》开头《创世纪》《出埃及记》《利未记》《民数记》《申命记》五篇的合成。此句英文原文是 “The earth opened the mouth of Cain to receive the blood of Abel”，但未检索出这句话在《圣经》中的具体位置。——译者注

[2] 这个说法是哈曼自己提出来的，见 Gedanken über meinen Lebenslauf, *Werke*, II, 40–41。

帝是一位作家，他所创作的乃是他的语言。"[1]

哈曼的神秘洞察虽然看似属于纯粹个人的想象，但却具有重要的哲学意义。现在，与启蒙运动的决裂已成事实（*fait accompli*）。在他的经历之后不久，在他的伦敦著作中，哈曼开始质疑启蒙运动的一些基本教条。[2]首先，他对现代科学的"自然主义"提出了怀疑，即它试图根据机械定律来解释一切而不考虑超自然或终极因。[3]如果所有一切都是神迹，那么它们就具有超自然的意义而无法完全根据自然原因来解释。为了解释这一切，我们必须参考《圣经》。他写道："我们都有能力成为先知。""大自然的一切现象都是梦境、幻象、谜题，它们具有潜藏而隐秘的意义。自然和历史之书无非是密码、隐藏的标志，而这都需要《圣经》这把钥匙才能解开。"[4]在这样的段落中，哈曼对自然与超自然之间的区别提出了质疑，这对于现代科学试图摆脱神学和形而上学的尝试至关重要。如果所有的自然事件都是神圣的符号，那么超自然（supernatural）就不会超越（transcend）自然，而是体现在其中。所有真正的物理学都是宗教，所有真正的宗教也都是物理学。

其次，哈曼开始怀疑在启蒙运动中所提出来的人的自主性的信

---

[1] 见哈曼的 Biblische Betrachtungen, *Werke*, I, 5, 9。

[2] 这些著作包括：《圣经研究》《断片》（*Brocken*）、《我的自述》（*Gedanken über meinen Lebenslauf*）、《赞美诗的沉思》（*Betrachtungen zu Kirchenliedern*）。这些作品都是他在短短三个月时间内（1758 年 3 月到 5 月）匆忙完成的。其中，《袖珍美学》中包含了哈曼许多成熟哲学的基本主题。对于解读他的后期思想，它们确实是不可或缺的作品。虽然在哈曼的有生之年，这些作品从未发表过，但值得注意的是赫尔德和雅可比在哈曼死前都曾阅读过它们。关于它们的传播，见 the "Schlusswort" to vol. I of Nadler's edition of the *Werke*, pp. 323–324。

[3] 关于自然主义对启蒙运动哲学的重要性，见 Cassirer, *Enlightenment*, pp. 37–50。

[4] Hamann, *Werke*, I, 308.

念，即人类通过自己的努力而非上帝的恩典来达到完美。[1]根据他的神秘视野（vision），上帝不仅在自然中体现了自己，而且在历史中也体现了自己。人的所思所行是上帝借他的所思所行，以至于人的一切行动都见证了上帝的存在："卑微的草叶岂不是上帝的证明吗？如果是这样的话，那么为何人类的卑微行动就不意味着什么呢？……自然和历史是对神圣话语的最伟大的两个注解。"[2]但这就恰好提出了一个问题：如果上帝在所有人类思想和行动中共在，那么人类如何成为自己命运的创造者呢？因此，一个人取得的成就将不归功于自己的努力，而是归功于上帝独有的恩典。正如哈曼提醒我们的那样："让我们不要忘记，我们的所有行动都需要上帝的帮助，就像我们需要呼吸来实现我们所有的生命力和活动一样……我们鼻子中的生命气息也是上帝的。"[3]

再次，哈曼批判了许多后笛卡尔心理学和认识论所共同提出的假设，即自我意识是自启的（self-illuminating），这是哲学自明的起点。他的神秘视野意味着我们没有进入我们自己的特权。由于上帝是我们所有思想和行动的根源，我们就不能比自己内心幽深的上帝更认识自己了。自我意识不是自启的，而是不确定的、神秘的和幽暗的。"我们的自我以我们的创造者为根据。我们没有力量认识我们自己；为了找到方向，我们必须深入上帝的怀抱，只有他才能确定我们存在的全部奥秘。"[4]如果我们要获得自我知识，那么我们首先必须知道我们在自然、历史和社会中的地位，因为我们的身份取决于我们与其他事物

---

[1] 关于这一信仰对启蒙运动的重要性，见 Hampson, *Enlightenment*, pp. 35ff; Wolff, *Aufklärung*, pp. 10–11, 36–37, 114–115。

[2] Hamann, *Werke*, I, 303.

[3] Ibid., I, 14–15.

[4] Ibid., I, 301.

的关系[1]。因此，哲学不应该从自我知识开始，而应该从存在的知识（knowledge of being）开始[2]。

最后，也是最重要的一点，哈曼对启蒙运动中所提出来的理性主权原则，即批判我们所有信念的理性权威提出了质疑。他坚信自己的视野是上帝的启示，对于理性来说这是不可理解的，因为理性无权对其进行判断。我们有必要区分天启的领域和理性的领域：在天启的领域中，事实是通过上帝的恩典给予我们的；在理性的领域中，我们只能从给定的事实中得出推论。理性完全有权从给定的事实进行推论；但在设定问题或创建事实时，却超越了这些推论。"如果它想要揭示的话，那么这就是我们理性最大的矛盾和滥用。一个乐于取悦他的理性，并将神圣之词从我们的视野中排除掉的哲学家，就像那些犹太人一样，他们越是坚决地否定新约，就越是倾向于旧约。"[3]我们将很快看到哈曼是如何将这样的言论发展成对理性的一般性批判的。

## 第三节　1759 年夏：狂飙突进运动的酝酿

1758 年夏，哈曼返回里加之后，回到贝伦斯家工作。尽管他因为之前的出使失败而负债累累，但贝伦斯一家仍然把他当作失散多年的儿子。但很明显，事情已经无法恢复正常。哈曼被贝伦斯家聘请为

---

[1] Hamann, *Werke*, I, 300–301.

[2] 哈曼在伦敦的著作中并没有明确批评后笛卡尔学派的认识论。但后来，他的立场变得很清楚。因此，哈曼在 1785 年 6 月 2 日写给雅可比的信中，谈到了康德的哲学："我认为没有'我思故我在'，如果反过来，那么就变成了希伯来语'思我'。有了这样一个简单逆转原则，也许整个系统将得到一种不同的术语和理解。"见 Hamann, *Briefwechsel*, V, 448。

[3] Hamann, *Werke*, I, 9.

官宣发言人。但是，该商社的年轻董事（哈曼的大学朋友）克里斯托夫·贝伦斯（Christoph Berens）是一个坚定的启蒙者。不足为奇的是，他对哈曼的新信仰感到震惊，并认为哈曼背叛了启蒙，与启蒙的最大敌人，即宗教狂热（Schwärmerei）为伍。因此，哈曼和贝伦斯之间的关系越来越紧张。当贝伦斯解除了哈曼与妹妹凯瑟琳娜·贝伦斯的婚约时，哈曼通过退出贝伦斯家以示报复。出于一种愤慨，他于1759年3月返回了在哥尼斯堡的家。

但贝伦斯仍然决定不惜一切代价使他的朋友改变信仰。如果哈曼不能被贝伦斯家族拯救，那么他至少将被启蒙运动拯救。由于哈曼独自坚持着自己的信念，他们的书信来往很快就中断了。路德曾告诉他，信仰是深刻的个人承诺，一份不可撤销的决定。正如哈曼对林德纳（J. G. Lindner，他是哈曼和贝伦斯共同的朋友，来调停此事）所说："如果他（贝伦斯）想知道我在做什么，请告诉他：我是路德派。这就是一位严厉的僧侣在奥格斯堡的心声：'我坚守立场，我不能背叛。上帝保佑我。阿门。'"[1]

尽管他们之间的通信中断了，但贝伦斯并不气馁。1759年6月中旬，他亲自去了哥尼斯堡看望哈曼。直到7月，他们几乎就像往日一样和谐，仿佛彼此之间的所有分歧已不重要。随后，满怀希望的贝伦斯制定了重获自己朋友灵魂的一项计划。他决定在哥尼斯堡大学争取一位45岁无薪大学教师（privatdocent）的支持，他是一位声誉不断提高、很有前途的年轻哲学家。这位哲学家也致力于启蒙运动这项事业，更妙的是，哈曼很钦佩他，因此很有可能听他的话[2]。这位年轻的

---

[1] 1759年3月21日，哈曼对林德纳所说的话，见 Hamann, *Briefwechsel*, I, 307。

[2] 1756年4月28日，哈曼在写给他哥哥的信中说道："康德有一个极好的头脑。"他是在阅读康德的《新阐明》（*Nova Dilucidatio*）后形成这一观点的，见 Hamann, *Briefwechsel*, I, 191。

哲学家是谁呢？除了伊曼努尔·康德外，别无他人。

7月初的某个日子，哈曼、康德和贝伦斯之间的戏剧性会面在哥尼斯堡郊外的一个名叫风车的乡村旅馆里举行。在这里，哈曼和贝伦斯之间的距离变得过于明显和尴尬。特别是为此事调停的第三方的尴尬出场，让气氛变得尤为紧张。那个周末，哈曼在傍晚时分给他的兄弟写信："本周初，我在尊敬的贝伦斯和康德二位的陪同下，于风车旅馆共进晚餐……从那以后，我再也没有见到过他们。就在我们之间，我们的友谊失去了旧时的亲切，我们都对自己保持了最大的克制，谨防这种场面再次发生。"[1]

7月24日，康德在贝伦斯的陪同下拜访了哈曼，并建议哈曼翻译狄德罗的《百科全书》中的一些章节。康德和贝伦斯希望哈曼在翻译这部启蒙运动经典著作时能恢复他的理智。双方商定再举行一次座谈会，康德和哈曼将在会上讨论哲学。事与愿违的是，哈曼并没有亲自赶来，而是给康德发了一封措辞严厉的书信，拒绝康德调停此事。哈曼认为第三方无法理解他和贝伦斯之间的私人问题，并担心这会导致隐私泄露[2]。

哈曼于1759年7月27日致康德的书信是重要的历史文献。可以说，这是启蒙运动和狂飙突进运动之间的第一次冲突，也是康德和他的虔敬派（Pietism）对手之间的第一次战斗。这封信除了私人内容（拒绝康德的调停）外，主要还在于捍卫信仰与情感，反对理性的暴政。哈曼将自己扮演成了一个被启蒙运动的"祭司"迫害的先知角色[3]。现在对于他来说，剧中人物关系很清楚：如果康德是苏格拉底，

---

[1] 1759年7月12日，哈曼写给他兄弟的信，见 Hamann, *Briefwechsel*, I, 362。

[2] 1759年8月18日，哈曼写给林德纳的信，见 Hamann, *Briefwechsel*, I, 398–399。

[3] Hamann, *Briefwechsel*, I, 379.

贝伦斯是亚西比德（Alcibiades），那么哈曼就是借苏格拉底而言说的神。此神代表了神圣的灵感、预言的声音，如果他要向"大亚西比德"解释"信仰的奥秘"，那么这就是"小苏格拉底"所需要的。但是，哈曼担心康德作为一位纯粹的哲学家而对内心无知。因此，他告诉康德，他以叙事诗而非抒情文的方式写信给他，源于哲学家无法理解情感的语言。然后，哈曼嘲笑贝伦斯利用哲学家来改变他的信念："我几乎不得不嘲笑他选择哲学家来改变我的想法。我所看到的最好证明，就像一个敏感的女孩见到一封情书，以及我把鲍姆加登式的定义当成花形装饰。"[1]

但是，哈曼在书信的结尾段落中引用了一位真正了解信仰之必要性的哲学家的话："阁楼上的哲学家"（Attic，阿提卡，古希腊的一个地方）大卫·休谟。如果休谟是对的，那么理性就无法证明或否定普通事物的实存，那么它当然也不能证明或否定"高级事物"的实存。如果我们能相信桌子和椅子的实存，那么我们更（a fortiori）能相信上帝的实存。休谟是"先知中的扫罗"（a Saul among prophets）[2]，因为他认为理性不能使我们智慧，并且我们需要信念"才能吃一枚鸡蛋或喝一杯水"。

在这里，哈曼诉诸休谟颇为奇怪，也许带有故意或者讽刺。为了攻击信仰，休谟认为上帝的存在没有理性的理由；但哈曼推翻了他的证明，并以此捍卫信仰。虽然证明相同，但其用法是矛盾的。对于哈曼来说，休谟怀疑论的优势不在于挑战信仰，而在于使理性免受批判。

无论他所解释的优势是什么，哈曼在 7 月 27 日的信函中引用休谟都被证明是有决定意义的。因为，这是康德认识休谟的最早证

---

[1] Hamann, *Briefwechsel*, I, 378.

[2] 扫罗，《圣经》中记载的人物，古以色列第一位国王。——译者注

据[1]。这就是后来把康德从"独断论的睡梦"（dogmatic slumber）中唤醒的火花。在哈曼哲学的发展中，休谟起着决定性的作用，特别是他为信仰辩护以抵抗理性的攻击[2]。哈曼引用休谟的话反对康德，这也为那些最终发起休谟式的反攻康德的哲学家们开了先例。

## 第四节　《纪念苏格拉底》

事实上，哈曼于 7 月 27 日致康德的信函只是一个序曲。他需要为他的信条提出一个更正式的陈述，让热心的康德和贝伦斯陷入窘境。为了阻止他们良苦用心的"帮扶"，他必须向他们表明，他的信仰既不是狂热，也非迷信；他不得不说服他们，他的信仰是基于一种理性没有胆量下判断的经验。简而言之，康德和贝伦斯将不得不认识到，天地之间有着前所未有的事物，这是他们启蒙哲学（enlightened philosophies）所不逮的。因此，从 8 月 18 日至 31 日，在仅两周的时间里，哈曼热忱而备受启发地为自己的信仰写了一封简短申辩，名为

---

[1] 福伦德（Vorländer）坚持认为康德早在 1755 年就讲到了休谟，他引用了博罗夫斯基（Borowski）的《康德传》作为证据，见 Kant, I, 151；但如果我们仔细阅读这本传记，我们会发现博罗夫斯基从未说过，甚至从未暗示过康德在 1755 年关于休谟的讲课。福伦德提到的这段话非常含糊。博罗夫斯基只是说："在我作为他的门徒之一的那些年里……"特别是康德讲授休谟的那几年，保持着开放的状态。事实上，博罗夫斯基在 1755 年才开始听康德的讲课，显然不具有结论性。而在讨论 1755 年康德的讲课时，博罗夫斯基从未提及休谟，这一点很有意义。见 Borowski, *Darstellung des Lebens und Charakters Kants*, pp. 18, 78。

[2] 哈曼公开承认休谟在他思想形成的过程中所起的作用。正如他于 1787 年 4 月 27 日写给雅可比的信（见 *Briefwechsel*, VII, 167）中道："当我写《纪念苏格拉底》时，我大脑里充满了休谟，该书第 49 页提到了他。我们自己的存在和我们外部事物的存在必须被相信，而不能以任何方式被证明。"该段落所涉及内容，见 *Werke*, II, 73。

《纪念苏格拉底》（*Sokratische Denkwürdigkeiten*），并于 1759 年 12 月底出版。

《纪念苏格拉底》在德国以外鲜有被阅读，但它是现代哲学史上一部开创性的著作。因为它是狂飙突进运动的第一份宣言，是对启蒙运动理性主权原则的首次有影响力的攻击。最饶有趣味的是，哈曼的作品被认为是对哥尼斯堡的"小苏格拉底"（康德本人）的回应。这足以表明康德根本不是狂飙突进运动的一名微不足道的观众。相反，他是其直接催化剂，一个真正的苏格拉底式牛虻。

《纪念苏格拉底》有一个奇怪的副标题和两个隐秘的题词，这对于理解其目的和内容很重要。副标题为："爱闲暇者编给公众的闲暇"。爱闲暇者当然是指作者。在描述自己的过程中，哈曼着手对启蒙运动政治经济学所倡导的工商业伦理做出回应。爱闲暇就是抗议工作伦理，后者认为我们只能通过生产力来证成自己的存在。早年的哈曼就是这种伦理的信奉者，他甚至还写过一本小册子歌颂它[1][2]。但是，他的皈依让他领会到，还有一些更珍贵之物无法通过人自身的努力获得：通过恩典方得拯救。就像路德一样，哈曼在精神和工作世界之间提出了一个反题，人们在精神世界里找到恩典，但在工作世界里却仍被缚在此世。[3]

第一个纯粹具有讽刺意味的献辞，"致公众或无名者，以及广为人知者"。这里的"公众"是指启蒙运动中真理的终极仲裁者，是其教育改革计划的目的。哈曼指责启蒙者崇拜偶像并相信纯粹抽象的实在性。因此，"公众"的别名就是"无名者"，因为抽象并不通过本身而存

---

[1] 见 the "Beyträge zu Dangeuil," in Hamann, *Werke*, IV, 225–242.

[2] 原文是 Beylage，但字典中根本查不到该词，所以，译者怀疑是"Beyträge"（论稿）之误。全书所涉翻译均如此处理。——译者注

[3] 关于早期德国哲学中这种对比的意义，见 Wolff, *Aufklärung*, pp. 15–16。

在；公众也有广为人知的绰号，因为公众不过是我们所知的每个人，而不是我们可能不知道的某个特定人。在哈曼对公众的嘲讽之下，隐藏着对启蒙运动微妙的内在批判。启蒙者假装与迷信和神秘主义作斗争，可又通过崇拜抽象而成为抽象的牺牲品。在哈曼看来，启蒙者有一个普遍的谬误就是实体化。像路德一样，哈曼也是坚定的唯名论者，这绝不是偶然的：正如路德曾经用唯名论来攻击经院学者一样，哈曼如今也用它来批判启蒙运动。

哈曼特别谴责启蒙运动出于功利主义真理观而对公众表示崇敬。启蒙者认为，哲学必须是有用的，并使公众受益；他们将哲学从思辨的阴霾中带入到公众生活的集市用作他们自己的生意。哈曼问："但是，哲学是实践的还是有用的？"于是，他质问寻找真理和追求公共利益是否一致。哲学并不一定使公众受益，甚至有可能损害其利益。在他看来，哲学史是一场寻找真理与追求公众利益的激烈斗争。看看他的英雄苏格拉底的例子吧。哈曼对启蒙运动的批判就具有了历史意义，因为它将成为雅可比与门德尔松（Mendelssohn）论战的中心思想[1]。

第二个题词是"致两个人"。尽管他们的名字从未被提及，但这两个人无疑就是贝伦斯和康德。哈曼将他们比喻为两位炼金术士，只为寻找"智慧矿石"，即理性能力。贝伦斯寻找这块矿石来创造贸易、实业和繁荣；康德则寻找它来确立他的批判标准，以此区分真与假。哈曼将康德形容为"造币厂的看守"，因为他的批判标准就像一张换算表，该表确定了硬币的黄金与合金含量比。这个有趣的比喻以两个事实来打趣康德：他希望在他 1755 年的《新解释》[2]中阐明"知识的第

---

[1] 见第二章第四节。

[2] 1755 年 9 月 27 日，康德取得大学讲师资格，之后他所做的就职论文题为"对形而上学认识论基本原理的新解释"（*Principiorum primorum cognitionis metaphysicae nova dilucidatio*），该论文是用拉丁文写成。——译者注

一原理"，以及他对曾经是皇家铸币大师牛顿的崇敬。

《纪念苏格拉底》一书以苏格拉底为人物中心，而苏格拉底正是哈曼观点的代言人。哈曼对雅典哲学家的认同是很容易理解的。苏格拉底的闲暇吸引着他，使他成为一个"爱闲暇者"。而苏格拉底的殉道证明了他对启蒙运动功利主义的批判是正确的。苏格拉底用自己的同性恋为自己的"罪"辩解。事实上，哈曼是为了让我们宽容苏格拉底那广为人知的品质。他在谈到苏格拉底的"罪"时写道："没有感受性（sensuality），他就无法感觉到一点友谊。"[1]

但是，从另一方面来看，哈曼对苏格拉底的认同似乎也难以理解，甚至自相矛盾。哈曼将彻底不受限制的理性视为对信仰的威胁。但是，苏格拉底难道没有把他的理性说得如此过分，以至于他变得不虔诚且"不信众神"吗？苏格拉底难道不是理性的象征（反思生活的典范）吗？这的确就是苏格拉底在启蒙运动中的普遍形象。

准确地说，哈曼试图破坏这一观点。他并没有把苏格拉底看作是反基督，即反对宗教的理性拥护者的备选项；而是将他视为基督的先驱者，即反对理性暴政的异教使徒。如果哈曼能对苏格拉底完成这样的解释，那么他将使大家失去一位最喜欢的启蒙运动守护神。到那时，苏格拉底的智慧就可以用来拥护基督教而非异教徒的价值观。

哈曼引用了关于苏格拉底的两个事实来反驳启蒙运动的解释。第一个事实是苏格拉底承认自己的无知。[2]这不仅是对智者派辩证法的一种指责（在古代，就相当于启蒙者的理性），而且也是原始异教徒信仰的宣言。以苏格拉底忏悔的方式来说，有些事情我们无法通过理性认识，而只能必须相信。第二个事实是苏格拉底的附体迷狂（demon

---

[1] Hamann, *Werke*, II, 68.
[2] Ibid., II, 76.

or genius）的角色。[1]对于哈曼来说，每当苏格拉底的理性失败时就凭借他的附体迷狂，这绝非偶然。附体的神秘身份是最重要的线索。他代表的无非是神的启示、预言的声音，当我们的理性不足时，我们必须求助于它。

《纪念苏格拉底》一书的中心概念是信念（Glaube），这是哈曼反对启蒙运动理性的主要筹码。但是，哈曼的信念（faith）[2]含义尤其晦涩，甚至连他也承认自己从未完全理解自己的用法。然而，我们在坚持基本的认识时，可以从两个简单的方面分析哈曼这一概念：一个是肯定的，另一个是否定的。否定方面在于对无知的承认、对理性限度的默许，尤其是它无法证明任何事物的存在。哈曼在指出信念这一方面时写道：“我们必须相信自己的存在以及我们外界万物的存在，而不能以任何方式加以证明。”[3]其肯定方面在于一种特殊的经验，哈曼称其为“感觉”（Empfindung）。感觉是一种无法言喻的信念，一种与抽象原则形成对比的经验。因此，哈曼用以下术语描述苏格拉底的无知：“苏格拉底的无知是一种感觉。感觉和定理之间的差异，要比活生生的动物和其解剖出的骨架之间的差异更大。”[4]

何种感觉具有信念特征呢？这种感觉与其他感觉和经验有何区别？这就是理解哈曼信念概念的关键问题。不幸的是，哈曼在这一点上变得模糊了。仔细研究他所列举的例子，如哈曼认为，当我们感觉

---

[1] Hamann, *Werke*, II, 69-70.

[2] 一般地，“belief”和“faith”都有相信、信仰之意，“belief”指承认某事是真的，尽管有或没有确凿的证据，倾向于精神上的；“faith”指认为有确凿证据或道理而完全相信，倾向于事实上的。我们把“faith”翻译成“信念”，“belief”翻译成“信仰”或“相信”。在与汉语习惯不一致之处则加括号注明英文，尽管如此，个别地方依然显得不太自然，还请读者留心，特此说明。——译者注

[3] Hamann, *Werke*, II, 73.

[4] Ibid., II, 74.

到死亡的不可理解性时，就会产生死亡的感觉。他说，在濒临突如其来的悲惨的死亡时，伏尔泰（Voltaire）和克洛普斯托克（Klopstock）都有这种感觉。[1]伏尔泰在里斯本大地震（Lisbon earthquake）后感到这种感觉，迫使他"放弃了他的理性"；克洛普斯托克的妻子去世后，他觉得这感觉犹如"抢走了他的缪斯女神"。这些例子表明，我们在面对生与死的不可理解或荒谬时，就会产生信念的感觉。因此，我们在信念中所意识到或者感觉到的似乎是存在本身的给予性、神秘性和荒谬性。

哈曼坚信，信念不只是信仰（belief），而且还是一种经验，这使他得出了一个新颖而具有挑衅性的结论：信念是一种特殊的知识。[2]在他看来，信念的对立面不是通常所认为的知识本身，而是一种特定的知识，即推论的（discursive）或理性的知识。信念的感觉给予我们一种直觉的知识，但不可还原为推论。它甚至高于推论的知识，因为它可以使我们直接洞察存在本身，而理性不能证明或构想任何事物的存在。

然而，哈曼关于信念属于一种特定知识的结论，确实提出了一个严肃的问题，即我们如何才能获得信念的知识？如果它是非推论性的，我们又该如何沟通呢？哈曼在《纪念苏格拉底》一书中没有对这一疑难给出明确的答案；他的主要任务是仅建立这种知识的可能性，而非现实性。不过，有一次，他认为这种知识的媒介是艺术："哲学家像诗人一样受制于模仿法则。"[3]这确实是一个有希望的建议，因为艺术毕竟是一种非推论性的交流形式。我们将看到这个建议最终如何将哈曼引向一种关于艺术形而上学意义上的令人兴奋的新理论。[4]

《纪念苏格拉底》一书的一般论题是，信念超越了理性的畛域；换

---

[ 1 ] Hamann, *Werke*, II, 74.

[ 2 ] Ibid., II, 74.

[ 3 ] Ibid., II, 74.

[ 4 ] 见第一章第七节。

句话说，它既不可证明也不可驳倒。此论题背后的主要前提是，信念是一种直接的经验，其内容是私密的、无法言喻的，而且恰好是被给予的。哈曼认为，信念的经验与我们的简单感官对事物特性的感知（例如，橙子的浓味、针的锋利、颜色的亮度）相当。我们不能完全描述这些事物的特性，也不能证明或反驳它们的存在。如果我们想知道它们是否存在，或者什么样子，那么我们只需看一下即可。正如哈曼所解释的那样："信念不是理性的工作，因此不能屈服于它的攻击；信念发生的原因与品尝和感知的原因一样的少。"[1] 在这段话中，以及在其他类似书写中，哈曼对充足理由律的普遍适用性提出了质疑，也就是说，要求我们要为我们所有的信仰提供理由。他认为，我们不能普遍化这一原则，因为只有当它可以从其他充当证据的信仰中推断或演绎出来时，我们才能给出这一信念的理由。但是，有很多信仰不能满足这一条件，如"丝绸是光滑的"或"黄色比绿色亮"。在这些情况下，我们不能引用其他信仰作为证据，而必须参考经验。我们可以这样概括哈曼的观点：将充足理由律普遍化是不合理的，因为这将会在无法给出理由的情况下要求提供理由。因此，如果理性提出有权批判我们所有的信仰——以确定它们是否有充足理由——那么它就超越了其应有的限度，变成了它的对立面，即非理性的了。

虽然哈曼的观点具有初步的合理性，但却并不具有决定性。我们认可他的这一观点，即在原始经验信念的情况下，我们不能普遍化充足理由律。但问题仍然是，宗教信念是否如经验主义信念一样。怀疑论者质疑该类比，理由是宗教信念不仅描述经验，而且也解释经验。这样一来，佛教徒、穆斯林和基督教徒都会从不同的角度来看相同的灵光闪现。如果我们承认这一点，那么就再次发挥了充足理由律的作

---

[ 1 ] Hamann, *Werke*, II, 74.

用。虽然我们的理性无法反驳关于经验内容的简单呈报，但它可以用这种方式来解释该内容；因为在这里，我们必须评估该内容能否从中得出结论（我们将很快看到，康德后来根据这一条线索来向哈曼和雅可比施压）[1]。

重要的是，我们要从经常相互混淆的两个立场区分出哈曼的论题。首先，哈曼在宣称信念是一种直接经验的形式时，并没有假设存在某种神秘的知识能力，即某种第六感。实际上，他怀疑这种能力的存在[2]。他明确申明了这一点，即我们所有的知识，无论是否有宗教信念，都来自我们的五种感官[3]。尽管哈曼将知识限制在感官之上，但他仍然认为，如果我们假设经验仅包含日常事物，那么我们就无视了经验的本质；如果我们对所给予的事物有真正的敏感，那么我们将看到经验潜在的宗教层面。

其次，哈曼并没有致力于一种"非理性主义"或"反理性主义"的形式。如果要准确地使用这些术语，那么我们必须将它们归因于一种信念与理性是相矛盾的立场；换言之，即使我们的理性证明了上帝不存在，我们也应该进行一次"信仰的飞跃"[4]。然而，这将是假设理性对信仰有审判权，它可以证明或反驳信仰。但是，理性没有这方面的权威，这才是《纪念苏格拉底》的核心论题。毫无疑问，哈曼所论证的全部要点是，信仰既不是理性的，也不是非理性的，因为理性不能证

---

[1] 见第四章第二节。

[2] 因此，哈曼对雅可比的理智直觉（intellectual intuition）能力持怀疑态度，详见 1784 年 11 月 14 日和 1785 年 1 月 22 日，哈曼写给雅可比的信，见 Hamann, *Briefwechsel*, V, 265, 328–329。

[3] 见 Brocken, in Hamann, *Werke*, I, 298。

[4] 这的确是雅可比的立场，因为理性证明了无神论和宿命论，所以他主张致命一跃。但重要的是，哈曼拒绝接受雅可比的立场。雅可比于 1785 年 2 月 3 日写给赫尔德的信，见 Hamann, *Briefwechsel*, V, 351。

明或反驳它。因此，所有对哈曼的非理性主义解释的绊脚石，都不外乎是《纪念苏格拉底》本身的核心论题。

## 第五节　康德、哈曼与乐观主义的论战

由于《纪念苏格拉底》要到圣诞节才能出版，因此哈曼不得不在此前后等待这一"正式解释"的到来。在此期间，贝伦斯仍在哥尼斯堡，但康德还在他身边。最终结果是：哈曼仍然被围攻。尽管7月27日的书信有一定的警戒性作用，但康德和贝伦斯仍然关心他们朋友的灵魂。贝伦斯继续拜访哈曼，但让他改变信仰的希望越来越渺茫；虽然康德在收到这封信之后不再充当调停者的角色，但仍然与哈曼保持着联系，并试图与他进行哲学对话。1759年10月上旬，他向哈曼发送了一份他最新著作的副本，即短文《试对乐观主义作若干考察》（ *Versuch einiger Betrachtungen über den Optimismus* ）。哈曼立即回应了康德的文章，并作了尖锐的批判，从而拉开了康德—哈曼戏剧性的新篇章。康德的论文和哈曼对他所作的回应已成为那个时代一个伟大哲学问题的两种对立的回答。

康德和哈曼之间的对话围绕着18世纪关于著名的莱布尼茨（Leibniz）乐观主义而展开了争论，或者说，关于这世界是不是所有可能世界中最好的争论。争论始于1753年，当时柏林科学院将这个哲学问题作为有奖竞赛的主题。在1755年的里斯本大地震之后，这一问题的学术化程度开始下降，并转变为更现实的问题，当时成千上万无辜基督徒的突然死亡似乎构成对莱布尼茨理论的嘲讽。几乎18世纪的每一位思想家迟早都会参与到这场论战中，例如伏尔泰、卢梭、莱辛（Lessing）和门德尔松等。尽管从表面上看，这场论战似乎只涉及揭示莱布尼茨乐观主义的真理性，但它仍然提出了一个更为根本的问题，

即一直以来的邪恶问题：如果有邪恶和痛苦，怎么会有天意呢，既然由一个公正和仁慈的上帝统治着道德世界的秩序？这个古老的问题不断困扰着 18 世纪的人们，因为基督教徒不能放弃对上帝的信仰。一个没有天意的世界就是一个没有意义和价值的世界。若无天意，宇宙将是荒谬的、无道德的，我们将会对诸如生死、苦乐、对错的所有道德问题都漠不关心。我们无法解释生与死；我们所有的努力和苦难都是没有目的的；善人无回报，恶人亦无惩罚。这种毫无意义的存在目的是最可怕的景象。年轻的康德称它为"黑暗深渊"（the black abyss）[1]；雅可比在笔记本上总结出了一个非常普遍的观点："没有什么比上帝从世界中消失更让人害怕，比这更让人心神不宁……当目的、智慧和善良似乎不再主宰世界时，只剩下盲目的必然性或愚蠢的偶然性。"[2]

　　但对于 18 世纪的思想家来说，在天意问题的背后还有一个更加令人不安的问题。假设悲观主义者是对的，对天意的信念就没有了理性的基础。假设理性确实迫使我们接受了荒谬。然后将会怎样？这将引起对理性本身权威的严重怀疑。如果我们不能接受毫无意义的生活，并且如果理性告诉我们事实就是如此，那为什么我们还要忠于我们的理性呢？所以，乐观主义之争在 18 世纪引起了如此广泛而持久的兴趣，部分原因是它扰乱了启蒙对理性本身的信仰。

　　这就是 1759 年秋天哈曼和康德所讨论的那些棘手的问题。年轻的康德在早期最为教条的《试对乐观主义作若干考察》中，就毫不动摇地支持莱布尼茨的乐观主义。他对理性的信心似乎是不可动摇的。他坚信莱布尼茨的乐观主义是唯一合乎理性的立场，即使是像里斯本

---

　　[1] 康德的早期论文，见 "Gedanken bei dem friihzeitigen Ableben des Herrn Friedrich von Funk" in *Werke*, II, 37-44. 在这篇论文中，康德提出了一个问题，即如果没有上帝，那么存在会是什么样子，然后使用了正文中的隐喻。

　　[2] 见 Jacobi, *Fliegender Blatter*, in *Werke*, VI, 155。

大地震这样的悲剧性事件，也没有理由使我们怀疑天意。当然，我们必须承认未受惩罚的邪恶、悲惨的死亡和毫无意义的痛苦。但这仅是从我们有限的角度来思考，而没有从整体上把握宇宙。如果我们对上帝有无限的认识，那么我们将看到整个事情背后的计划，并意识到一切最终都是为了最好的[世界]。然后我们将承认，所有事物背后都有更深层次的原因、更高的计划，以使所有罪恶都会受到惩罚、所有死亡都能得到救赎、所有苦难都能得到补偿。

康德通过给哈曼发送论文的副本而开启了一场论战。哈曼的立场正好与康德的相反。在哈曼看来，理性制裁不是乐观主义，而是悲观主义。它没有告诉我们生活是有意义的，而是无意义的。正如哈曼在他早期的伦敦著作之一《圣经的反思》（ *Biblische Betrachtungen* ）中所解释的那样，"理性对我们的发现莫过于约伯的所见——我们出生之苦——死亡之益——的人类生活的无用和不足"[1]。

康德和哈曼都肯定了天意的存在，他们两人都不愿意接受荒谬。但是，他们对于如何认识天意和逃避荒谬完全是意见不一的。康德认为是理性赋予了我们生命意义，而哈曼则认为是信仰。

1759 年 12 月，当哈曼回信答复康德的论文时，他们之间的分歧变得十分明显了。[2]在此，哈曼拒绝康德神正论的理由为康德后来所欣赏：它超越了理性的界限。哈曼说，我们无法证明这是所有可能世界中最好的，因为我们对上帝一无所知。我们也不能争辩说，世界上的邪恶和苦难只是表面的，因为我们不了解整个实在，也无法获得上帝的无限视角。哈曼斥责康德形而上学的自命不凡，并毫不犹豫地告诉他："如

---

[ 1 ] Hamann, *Werke*, I, 147.

[ 2 ] Hamann, *Briefwechsel*, I, 452. Cf. 1759 年 10 月 12 日，哈曼写给林德纳的信，见 Hamann, *Briefwechsel*, 1, 425–426。

果你想证明世界是善的，那么就不要诉诸整个世界，因为我们人类无法认识世界，也不能提及上帝，因为只有一个双目凝视的盲人才能看见他。"[1]哈曼说，整个神正论的筹划都被误导了，因为它是拟人论的（anthropomorphic），以人类理性的标准来评判上帝："世界的创造者和统治者是一个骄傲的存在。他以自己的计划取悦自己，并不关心我们的判断。"[2]目前，尚不知道康德是否回应了哈曼。但是，至少可以肯定的一件事是：哈曼给了年轻的康德一个理由来重新考虑他的乐观理性主义。

## 第六节　儿童物理学的惨败

到了1759年的深秋，剧本开始接近尾声。10月底，贝伦斯离开了哥尼斯堡，很显然他的劝服任务失败了。康德因迫于学术工作的压力也更加远离舞台。但如果没有尖锐的高潮，剧本就无法落幕，于是，康德和哈曼在1759年末展开了最后一个回合的交锋。

争论的起因是康德大概写于1759年12月的一封信。[3]康德给哈曼提出了一个奇怪的请求：与哈曼一起合作为孩子们写一本物理学书。至少在康德心目中，这本书的目的是通过教孩子们学习牛顿基础知识的同时把启蒙运动带到课堂上。

哈曼用三封长长的"情书"（正如哈曼所说的）回复了康德的请求，而所有这些书信都写于1759年12月下旬。[4]当然，他对康德的

---

[1] Hamann, *Briefwechsel*, I, 452.

[2] Ibid., I, 452. 也可参考 *Werke*, I, 10。

[3] 原始文本已经丢失，尽管它的大致内容可以从1759年12月哈曼的一些信中推断出来。

[4] 这些信件最终由哈曼本人编辑出版，在他的 *Fünf Hirtenbriefe*（1763）。见 Hamann, *Werke*, II, 371-374。

计划持怀疑态度。虽然他确实表现出了明显的兴趣，但无论如何他都不愿意按照康德的条件进行该计划。他提出了与康德的意图相左的建议。事实上，他回信中的语气是如此设防、抱怨和傲慢，以至于他似乎是为了战斗而故意搞砸一切。哈曼看穿了康德的动机——并从一开始就下定决心破坏这本书。

在书信中，哈曼的主要任务是规定理应启发该计划的教育哲学。哈曼立场的本质直接来自卢梭的《爱弥儿》：正确的教育方法是把自己放在孩子的立场。如果教师要引导孩子进入成人世界，那么他必须首先理解孩子的语言和灵魂；如果要成为孩子的主人，那么他首先必须是仆人；如果要成为引导者，那么他首先必须是跟随者。这种方法的主要困难就在于，要使自己处于儿童的位置，我们首先必须彻底忘掉所有年龄和学识。哈曼告诉康德："鉴于您的所有学问和显赫地位，这对您来说尤其困难。"

儿童物理书的内容应该是什么呢？它应该包含哪些课程？哈曼对这些问题的回答揭示出了他与康德的差别。他坚持认为，这本书应该以《创世纪》为基础，阐述的顺序应该遵循创世的六天。康德不应该为"骑上摩西历史的木马"而感到羞愧。哈曼毫不犹豫地告诉康德关于他超自然的自然观。自然是上帝所写的"一本书、一则寓言或一封信"。这是一个含有未知量的方程，一个缺少元音的希伯来语词。虽然物理学的任务是拼出自然的字母表，但知识并不能让我们破解它的要旨，就像知道字母表无法帮助我们理解一本书一样。要掌握大自然背后的寓言，最终我们必须参考自然的终极钥匙：《圣经》。这就是哈曼在康德的《宇宙发展史概论》（*Allgemeine Naturgeschichte*）出版仅四年后给康德的建议，概论中康德旨在根据自然主义原理解释宇宙的起源。

哈曼认为他们的计划存在着所有教育都涉及的巨大危险：腐蚀。"博学的人很容易说教，就像他们很容易欺骗别人一样。"有学问的人为自己写书是没有问题的；他们中的大多数人是如此的刚愎自用，以至于不可能进一步腐蚀他们，但儿童则不是这样。哈曼警告我们必须小心，不要冒犯"他们纯真的神圣"，也不能用"引诱的风格"或"丰特内尔[1]的机智幽默"来败坏他们。像卢梭一样，哈曼在孩子的纯真中所看到的智慧比在哲学家的学问中所看到的更多。在这里，康德和哈曼之争反映了早期狄德罗和卢梭之争。正如卢梭厌恶狄德罗的《百科全书》一样，因为他自以为是地相信可以通过艺术和科学来改善人类，所以哈曼对康德想要通过普及牛顿来教育儿童的这一计划持怀疑态度。哈曼就是卢梭，康德就是哥尼斯堡的狄德罗。

哈曼的回信对康德产生了什么影响？他挑衅的语气无疑招致了不受待见。康德很明显没有回复哈曼的书信，这种沉默深深地伤害了哈曼。[2]康德也吸取了教训：他再也没有尝试与哈曼进行对话，实际上是再也没有试图去改变他。但是哈曼的回信还产生了另一个更重要的结果：它们把年轻的康德介绍给了卢梭。直到1759年，康德仍未阅读过卢梭的著作，他在哥尼斯堡享有"勇敢的大师"（*der gallante Magister*）之盛名。尽管康德尚未接受这样的新想法，但他至少已意识到它们。或许是哈曼为康德后来接受卢梭奠定了基础。[3]

---

［1］伯纳德·丰特内尔（Bernard Fontenelle, 1657—1757），法国哲学家、诗人。1691年当选法兰西语文学院院士，1697年又被选为法兰西科学院院士。被莱布尼茨评价为"是一个高明的人，但他竟然说自然就是一部巨大的机器"。——译者注

［2］有一封于1759年12月3日之后写给康德的草稿信。见 Hamann, *Briefwechsel*, I, 453–454。这个草稿表明康德曾经写信给哈曼，并表明只要不冒犯他，他就会正式取消这个项目。无论如何，哈曼仍然对康德迟到的冷淡回应感到不快。

［3］认为哈曼为康德后来接受卢梭奠定了基础的说法是古留加（Gulyga）提出的，见 Kant, pp. 61–62。然而，古留加在1762年的《袖珍美学》中把哈曼的这一刺激因素放在了后面。但在1759的一封信中所提出的论点更明显地是卢梭式的，这更有可能是这种刺激因素的源头。

# 第七节 《袖珍美学》和 18 世纪的美学

哈曼在《纪念苏格拉底》之后的另一个主要著作是 1762 年出版的《袖珍美学》(*Aesthetica*)。尽管哈曼与康德并没有因美学而发生争论——他的靶子是莱辛、门德尔松和鲍姆加登——但对于后康德哲学而言,这仍然是最重要的。这本书成为狂飙突进运动的美学圣经,是浪漫派(*Romantiker*)认识论的圣旨。哈曼被称为狂飙突进运动的代言人,这在很大程度上是由于其《袖珍美学》之故。[1]为浪漫派所称颂的艺术、直觉和天才,也在哈曼的经典文本中找到了源泉。[2]

虽然《袖珍美学》表面上反对对《圣经》的自然主义解释,但从根本上而言,它是一种革命性美学理论的宣言。其根本目的之一是将艺术从古典习俗和理性规范的束缚中解放出来。《袖珍美学》对艺术创造力的捍卫,是赞美那些打破所有规则的天才艺术。哈曼认为,艺术家不应该遵守道德准则、艺术惯例和理性原则;更不应该像温克尔曼(Winckelmann)所建议的那样,费心模仿希腊人。相反,他应该表现自己的激情,显现自己的情感,吐露自己的想象。使一件艺术品精美的是它的表达,对艺术家个性的揭示。因此,有必要废除所有规则和条条框框,因为它们只会压抑个人的表达。

---

[1] 这个主题已由昂格尔(Unger)详细论述,见 Unger, *Hamann und die Aufklärung*, I, 233ff。

[2] 在浪漫主义哲学中,美学的首要地位通常被归结为受到康德"第三批判"和席勒《美育书简》的影响。如 Kroner, *Von Kant bis Hegel*, II, 46ff。但无论康德或席勒的影响力有多大,都不足以解释艺术在浪漫主义哲学中的重要性。康德和席勒都把艺术放在现象的范畴,而并不把它看作是获得形而上学知识的一个工具。然而,浪漫派认为艺术是重要的,正是因为他们把艺术视为一种工具。他们关于艺术的形而上学价值的信仰背后的关键影响很可能是哈曼。

真正具有革命意义的是，哈曼反对古典主义和理性主义的立场，这使得他与 18 世纪的绝大多数美学家对立起来。与他同时代的几乎所有人都承认激情（passions）的重要性并主张天才的意义，但他们仍然认为艺术必须符合某种规范，无论是道德原则、社会惯例、逻辑法则还是创作技巧。这不仅适用于像布瓦洛（Boileau）、巴托（Batteau）和戈特舍德（Gottsched）这样僵化的古典主义者，也适用于像伏尔泰、狄德罗和莱辛这样的进步思想家。在 18 世纪 40 年代，戈特舍德与瑞士美学家博德默尔（Bodmer）、布莱丁格（Breitinger）之间的激烈论战从未真正质疑过审美规范的神圣性，问题仅在于，是否应该像戈特舍德所说的那样有意识地应用它们，还是像博德默尔和布莱丁格所说的那样，下意识地表达它们。但是，哈曼远离所有这些倾向，他强烈要求推翻所有这些规范。

《袖珍美学》一书的另一个根本目的是重新确立艺术的形而上学意义。在此，哈曼再次与流行思想作斗争。18 世纪美学的主要趋势走向了否定真美经典等式的主观主义。[1]审美经验越来越少地被看作是对现实的模仿，而越来越多地被看作是一种幻想。无论是法国和英国的经验主义传统，还是德国的理性主义传统，概莫能外。代表经验主义传统的杜博斯（Dubos）和伯克（Burke）认为，审美经验不在于学习道德原则或理解形而上的真理，而在于具有愉悦的感觉。根据沃尔夫（C. F. Wolff）、鲍姆加登和门德尔松（三位都代表理性主义传统）的观点，审美经验要么是一种实在的不清晰概念（沃尔夫），或者是对现象的清晰感知（鲍姆加登），要么是一种愉悦的感觉（门德尔松）。在这两种传统中，艺术都失去了对形而上学洞察力的主张，失去了提供实在知识的能力；它更多的是一种娱乐形式，而非教益。

---

[1] 关于这一趋势，见 Cassirer, *Enlightenment*, pp. 297ff。

《袖珍美学》一书是对这种日益增长的主观主义的反抗。哈曼指责经验主义者和理性主义者违背了艺术的形而上学使命。的确如此，在他看来，这些绅士们还不如本丢·彼拉多（Pontius Pilate）说得好："是的，你们这些优秀的评论家！当你问什么是真理时就伸手去开了门［从真理的房间走出了］，因为你等不及要得到答案了。"[1]正如哈曼所看到的那样，审美经验并不存在于一种混乱的实在概念、对现象的清晰感知或一种愉悦的感觉之中。相反，它是对现实本身的最纯粹的洞察力。艺术确实是掌握真理的唯一工具，是提供现实本身知识的唯一媒介。尽管布瓦洛和巴托的古典美学也赋予了艺术形而上学的荣誉，但艺术仍被视为是次要的知识，或最多是与逻辑学和数学平等的知识来源。但是，哈曼认为艺术是知识的最高形式，远远超过了逻辑学和数学。

哈曼赋予了艺术如此荣耀的地位，当然是不足为奇的。这就完成了他在《纪念苏格拉底》中的立场。在该早期著作中，哈曼设想了"一种更高形式的知识"，以提供一种对存在的纯粹洞察力。这种知识是纯粹直接的，避免了所有苍白的理性抽象，因为理性尚不能理解经验的丰富性、多样性和特殊性。但是哈曼并未解释如何获得这种经验。《袖珍美学》一书填补了这一空白。现在，哈曼告诉我们，艺术本身就可以为我们提供直接的知识，因为它本质上是一种非推论性媒介。它的拿手好戏（stock-in-trade）不是概念，而是形象。这些形象并没有将现实分解为无生命的部分，而是直接再现了经验的整体性和丰富性。因此，《袖珍美学》在一个关键方面对《纪念苏格拉底》进行了补充，它为哈曼早期工作中所推崇的更高形式的知识提供了工具和标准。

---

[1] Hamann, *Werke*, II, 206.

只有牢记《纪念苏格拉底》中的认识论，我们才能站在更好的立场来理解哈曼是如何在美学中复兴艺术的形而上学地位的。这种认识论使哈曼能够在对古典传统的批判中建立一个核心洞察力，即艺术不能归结为理性原则；但又要避免其破坏性的结论，即艺术不能具有形而上学的意义。古典传统的经验主义和理性主义批评家否认艺术的形而上学意义，只是因为他们未能使自己摆脱其潜在的理性主义知识标准；他们将自然知识等同于理性知识。因此，他们对艺术的非理性内容的认识似乎暗示着其形而上学地位的丧失。但是，由于在《纪念苏格拉底》一书中认识论质疑理性对现实知识的专有主张，哈曼在重新确立艺术的形而上学意义的同时，又接受了对理性主义传统的批判。

最终就像他的哲学一样，哈曼美学理论的基础源于他在伦敦的神秘视野。对于哈曼而言，艺术首先是一种宗教使命：理解和解释上帝的话语。然而，这种非常规的艺术观具有令人惊讶的传统前提：经典的模仿观（notion of imitation）[1]。哈曼接受了亚里士多德的模仿观，但随后他根据一般宗教观对其进行了重新解释。如果艺术应当模仿自然，并且自然包含在上帝的秘密话语中，那么艺术的任务就是理解和解读这种语言。正如哈曼用他那雄辩风格所言，"说吧，让我看见你——此愿望经由造物而实现，通过其造物而向其他造物言说……故言说即转译——天使之语转译成人类之语，即从思想变成文字——从事物到名称——从形象到符号"[2]。

尽管哈曼接受了传统的模仿观，但在艺术家应该如何模仿自然

---

[1] Hamann, *Werke*, II, 198-199. 然而，在美学的其他领域，哈曼似乎对模仿的概念嗤之以鼻；见 II, 205-206。尽管如此，这些段落摒弃的不是这个概念本身，而是巴托对它的解释。

[2] Ibid., II, 198-199.

的方式上，他与法国和德国的古典传统截然不同。艺术家模仿大自然的方式并非像巴托、布瓦洛和戈特舍德所建议的那样墨守成规、循规蹈矩，而是通过表达他的情感与描绘他的感觉来实现模仿。这种新的模仿方式是哈曼经验主义的直接结果。不像巴托、布瓦洛和戈特舍德受到沃尔夫和笛卡尔理性主义的影响，哈曼是位彻头彻尾的经验论者[1]。他坚持认为，我们不是通过理性获得自然知识，而是通过我们的感官和感受。因为理性原则仅仅是对自然影子般的抽象，但我们的感官和感受则直接再现其丰富性、特殊性和多样性。为了模仿自然，艺术家必须忠于自己的感官和感受，避免一切形式的抽象："啊！缪斯女神就如同金匠的火焰、洗衣女工的肥皂！她敢于从抽象的非自然运用中净化感官的自然运用，因为这种抽象削弱了我们对事物的认识，一如它遮蔽并毁了上帝之名。"[2]

如果要总结《袖珍美学》，那么我们将不得不提出两点：第一点是这种艺术应该模仿自然并揭示上帝的圣言；第二点是这种艺术应该表现出艺术家的内在个性。哈曼美学的核心正是这两点的结合或交叉。这是一种看似矛盾的极端主观主义和极端客观主义的融合，极端主观主义坚持认为艺术家要表达其内心的欲望和感受，而极端客观主义则要求艺术家要严格地模仿自然并屈从于自然对自己的影响。

但是，如何将这样极端并明显矛盾的学说结合起来呢？艺术家的个人感受如何也揭示上帝的话语？艺术家的激情和欲望如何获得宏大的形而上学意义？为了解决这个问题，我们必须再次回到哈曼在伦敦的神秘经历中，尤其是他想象之中上帝在人身上的莅临。如果上帝内在于人，通过人来揭示自己；如果他特别地通过人的感觉和激情（鉴

---

[1] Hamann, *Werke*, II, 198, 207.

[2] Ibid., II, 207.

于哈曼的经验主义）揭示自己，那么就可以得出结论，艺术家如果要揭示上帝，就只需要表达他的感觉和激情。上帝也是通过艺术家的个人感知和感受来表达其感知和感受；因此，他感受到的最内在的启示也是上帝的自我启示。艺术创造力不仅是艺术家的活动，而且也是上帝的活动，上帝通过这种活动来揭示自己。正如哈曼所说的那样："人对自然的每一次印象不仅仅是暗示，更是对基本真理的证明：谁是造物主。人类在创造物中的每一个反应都是我们参与和接近上帝本性的证书和印记。"[1]

哈曼对艺术自我表达的形而上学意义的信念，证明了他对狂飙突进运动者以及整个浪漫派一代的吸引力。这样的信念给了艺术家蛋糕并能够分享它。艺术家可以表达他的个人激情，同时对现实本身也具有形而上学的洞察力。在施莱尔马赫的《演讲》（Schleiermacher, *Reden*）、荷尔德林的《许佩里昂》（Hölderlin, *Hyperion*）、谢林的《先验唯心论体系》（*System of transcendentalen Idealismus*）、诺瓦利斯的《塞斯的学徒》（Novalis, *Apprentice zu Sais*）和施莱格尔的《超验哲学讲座》（F. Schlegel, *Vorlesungen über Transcendentalesophies*）中，对艺术创造力的形而上学意义的一般浪漫主义信仰可以一直追溯到哈曼《袖珍美学》的形而上学。所有这些思想家们都相信，宇宙的力量会在艺术家的个人视野中被揭示或表现出来。形而上学在康德哲学批判的冲击之后重获它的羽翼，部分原因确实是源于哈曼《袖珍美学》的形而上学。但是，这不是纯粹理性的羽翼，而是艺术灵感的翅膀。艺术已成为形而上学知识的新工具和标准，以避免康德批判中如此残酷地暴露出的纯粹理性的所有陷阱。

---

[1] Hamann, *Werke*, II, 207.

# 第八节 "元批判"的起源、内容和后果

哈曼的《袖珍美学》(1762)和康德的《纯粹理性批判》(1781)出版前后二十年,对于两位哲学家之间的关系来说并不是特别重要。尽管他们经常在社交场合见面,但他们之间很少有重要的对话。1764年,哈曼对康德的《论优美感和崇高感》(*Beobachtungen über das Gefühl des Schönen und Erhabenen*)做了一个批判性的评论;1774年,针对赫尔德的最新力作《人类最古老的文献》(*Die Aelteste Urkunde des Menschengeschlechts*),哈曼与他进行了简短的通信交流。除此之外再无甚重要之事发生了。康德和哈曼似乎终于意识到了他们之间的巨大距离,并因此而听天由命[1]。

然而,在这段波澜不惊的时间里,哈曼对康德的著作保持着浓厚的兴趣。他无法抑制住对康德及其"第一批判"进展的好奇心。的确如此,哈曼对康德的巨著(*magnum opus*)——即他所说的"纯粹理性的道德"(Moral der reinen Vernunft)——很感兴趣,正是他安排了出版商哈特诺奇(J. F. Hartknoch)帮助出版。然后,在未经康德同意时,哈曼就通过与哈特诺奇之间的联系,设法在新书出版时立即获得了校样。哈曼以这种偷偷摸摸的方式成为除了康德本人之外首个读"第一批判"的人。即使在1781年5月中旬出版之前,他都已仔细阅读过此书并对其做出了自己的判断。

哈曼将康德的杰作视为启蒙运动诸多弊端的一个主要例证。因

---

[1] 至少,哈曼在这一时期的书信中很少提及康德;而他习惯于把生活中的几乎每一件事都公开出来。关于康德和哈曼之间关系的更多细节,见 Weber, *Kant und Hamann*, pp. 46–55。

此，对它的评论成为一个极具吸引力的想法，这是一个在总体上解释他与启蒙运动产生分歧的良机。1781 年 7 月 1 日，也就是此书出版后仅六个星期后，哈曼就已经起草了一份针对"第一批判"的短评。尽管该评论简短而不能算是一篇真正的评论，但它仍包含了《袖珍美学》涉及的哈曼后来的一些主题。这确实是对康德著作进行的首次书面评论。但是，哈曼决定束之高阁而不出版，因为他担心他的讽刺性语气会冒犯非常敏感的康德。

搁置他的早期评论之后，哈曼仍然忍不住"与先验哲学展开了交锋"。1781 年夏末，他被自己想要对康德进行全面评论这一具有诱惑性的想法折磨着，因为他觉得自己还不足以担此大任："与康德的头脑相比，我可怜的头脑是个不堪的水罐——［批判康德］无异于以卵击石。"[1]赫尔德不断地唠叨，才使哈曼敢于实现这一想法；直到 1784 年 1 月才最终完成。最终的成果是篇十来页的短文，题为《理性纯粹主义之元批判》( Metakritik über den Purismum der reinen Vernunft )[2]。哈曼从未对此感到满意——后来，他告诉赫尔德："整个想法被证明是失败的。"——直到他生命的晚期，他都打算重写和拓展它[3]。不幸的是，这些计划并未实现。

尽管"元批判"直到 1800 年才出版，但它产生了相当大的潜在影响。哈曼将副本发送给了赫尔德，赫尔德又将副本发送给了雅可比。通过赫尔德和雅可比，"元批判"的某些概念在后康德哲学中流行

---

[1] 1785 年 1 月 26 日，哈曼写给赫尔德的信，见 Hamann, *Briefwechsel*, V, 108。

[2] 哈曼的"元批判"一词意义重大。这是一个关于"形而上学"词源的比赛。"元批判"这篇文章是为了遵循"第一批判"，就像亚里士多德的形而上学遵循他的物理学一样。这个术语是为了提醒康德，哲学的概念不是源于纯粹的理性，而是源于变幻莫测的用法。哈曼对此的评论，见 *Werke*, III, 125。

[3] 1785 年 9 月 28 日，哈曼写给雅可比的信，参见 Hamann, *Briefwechsel*, VI, 75。

起来。

　　哈曼的"元批判"被认为是后康德哲学的起点。它第一次提出了具有这一时期代表性的元批判问题：理性是什么？我们如何能批判它？并且，我们如何知道其条件和限度？哈曼认为这些问题是不可避免的，这是批判本身的必然结果[1]。如康德所说，如果天上地下的所有一切都必须服从于批判，那么批判本身（ipso facto）就必须服从于批判，或者是哈曼所说的"元批判"。

　　正如其全名所示，"元批判"的主题是"理性的纯粹主义"。在哈曼看来，这就是核心谬误，整个批判的归谬（reductio ad absurdum）。他的"理性的纯粹主义"表明了它是从其语言、传统和经验中必然体现而抽象出来的实体化。据哈曼所言，康德通过假设一个自足的本体领域来实体化理性，而这种本体领域存在于语言、历史和经验的现象领域之外。康德提出了三重实体化或纯化理性之误，把它从感官经验、传统或习俗——最糟糕的是——从语言中抽象出来。经过所有这些抽象之后，剩下的只是纯粹形式上的先验"主体＝X"，"一种相信所有基本原理（ens rationis）的先验迷信之护身符和念珠"[2]。

　　哈曼认为，理性的纯粹主义是谬论，因为理性仅存在于特定的活动中。没有特殊的理性能力，只有理性的思考和行动方式。为了确定理性，我们必须参考人们的思考和行动方式；更具体地说，他们如何用他们自己的语言和文化来行动、写作和说话的。因此，哈曼所说的纯粹主义背后的主要观点并不像人们通常所认为的那样[3]，指理性和其他能力密不可分，而是为了说明理性根本就不是一种能力。相反，

---

[1]哈曼在对"第一批判"作评论时，开篇第一段就将对康德的批评转向了自己。见 Werke, III, 277。

[2]Hamann, Werke, III, 284–285.

[3]歌德经常引用的哈曼哲学概要，见 Dichtung und Wahrheit, Werke, IX, 514。

理性只是一种功能，是在特定的文化和语境中思维和行为的一种具体方式。

在"元批判"中，哈曼批判康德的理论基础是他在论文《语言学思想和疑问》（*Philologische Einfälle und Zweifeln*, 1772）中所构建的心灵哲学。哈曼在书中阐述了亚里士多德的心灵哲学，并将灵魂定义为一种活动形式，而不是一种实体。这篇早期论文的目标是赫尔德，哈曼称他为"柏拉图主义者"，因为他相信理性是由一种特殊的能力组成的。后来对康德的批判只是重复了早期对赫尔德的批判。现在，哈曼指责康德，就像他指责赫尔德一样，是柏拉图主义。正如哈曼在1781 年 5 月 10 日给赫尔德写信时所说："我很想听到您对康德杰作的看法……他应得普鲁士休谟的头衔……在没有意识到这一点的情况下，他比柏拉图更顽固地陶醉在超越时空的知识世界里。"[1]哈曼认为，康德是柏拉图主义者，因为他把一个独立于现象领域而存在的自足的本体领域实体化了。相比之下，哈曼将自己视为亚里士多德主义者，因为他坚持认为理性仅存在于事物的语言和文化体现中。因此，在哈曼看来，他与康德的分歧重复了柏拉图和亚里士多德之间的古典之争。

对于哈曼而言，所有康德对理性的纯粹化，其最成问题的是与语言（Language）有关的问题。他认为，语言正是非常"理性的工具和标准"[2]，因此，谈论理性而不参考语言中的体现，只不过是把抽象具

---

[1] Hamann, *Briefwechsel*, IV, 293-294. 又见 1781 年 12 月 9 日，哈曼写给赫尔德的信，见 Hamann, *Briefwechsel*, IV, 355。

[2] 哈曼并没有解释这个有趣的短语，无论是在"元批判"或其他地方。对他而言，理性和语言之间的精确联系是一个长期存在的问题，尽管他从未成功地超越直截了当的身份认同。他承认，整个问题对于他来说是神秘的。1784 年 8 月 8 日，哈曼写给赫尔德的信，见 Hamann, *Briefwechsel*, V, 177。

体化[1]。如果我们要像康德所要求的那样对理性进行批判，那么我们就应该对语言进行批判，因为语言是引起所有理性混乱和谬误的根源[2]。这确实是"理性对自身误解的核心"[3]。

虽然语言很重要，但哈曼认为康德犯下了无视语言之过。之所以说他无视了语言，是因为他只是一个旧错误的另一个受害者：认为思想先于语言，或者概念先于文字，而语言和文字仅仅是思想和概念可有可无的符号。因此，真正的康德批判的标语应该是"语言的接受性和概念的自发性"[4]。

但是，康德真的犯了无视语言之过吗？表面看起来，哈曼的指控似乎是不公正的。对第一批判中"范畴的形而上学演绎"的一瞥似乎就已表明，康德对语言极为重视。演绎的关键是将思考力与判断力紧密关联。知性的各种形式是从各种判断形式中推演出，这些判断形式是语言的句法形式。

然而，仔细研究"元批判"，我们发现哈曼确实考虑到了形而上学的演绎，但他仍然对此感到不满[5]。他不满的根源是康德的本体—现象二元论。据哈曼所言，这种二元论意味着康德无法解释或证明他关于理性与语言之间存在密切联系的主张。如果本体与现象、理知性和可感性之间存在着尖锐的二元论，那么理性的领域因此（*ipso facto*）就必然与语言的领域截然分开。因为语言领域本质上是现象的，它必

---

[1] Hamann, *Werke*, III, 285.

[2] 1784 年 11 月 14 日，哈曼写给雅可比的信中提到："对我来说，问题不在于'什么是理性？'而是'什么是语言？'在这里，我怀疑所有归因于理性的那些谬论和自相矛盾的原因，而问题是人们认为文字成为概念，概念成为事物。"见 Hamann, *Briefwechsel*, V, 264。

[3] Hamann, *Werke*, III, 286.

[4] Ibid., III, 284–285.

[5] Ibid., III, 286, lines 2ff.

然包括声音和文字。所以，哈曼说语言是"理性的可见要素"，"是所有人类知识的真正审美要素"。

一般而言，哈曼的语言哲学，正如他在"元批判"中所简述的那样，是他反对康德和一般意义上的启蒙的最强大武器之一。这使他可以质疑启蒙对理性信仰背后的基本前提：这个理性是永恒的和普遍的，对所有理性存在者而言，在任何时候和地方都是一样的。虽然哈曼声称语言是理性的工具和标准，但他也认为语言包含在规则中，且"规则的唯一依据是习俗、传统和运用"。因此，理性的标准就是文化，并且随不同文化的不同传统而变化。理性正面临失去权威的危险，因为理性的原则将不再是普遍而公正的，对所有理性存在者都有约束力。相反，它们将只是简单地表达一种文化的价值、传统和语言。

"元批判"的一个核心目标是批判康德的二元论，不仅知性与感性，本体与现象，而且还有先天概念与直观形式的二元论。哈曼批判的是所有这些二元论，认为它们都是任意和人为的抽象，是对纯粹理智区分的具体化。他坚持认为，人的所有功能构成了一个不可分割的统一体，一个不仅仅是其部分的总和。我们只能通过研究每个功能与其他功能之间的复杂关系才能理解它们。但是哈曼认为，康德违背了这一简单原则。因为他划分了不可分割之物。尽管康德说他所有的能力都有一个单一的来源[1]，但他却用他所有尖锐的区分摧毁了它。被如此大刀阔斧地切割过的事物是不可能如此轻易地统一在一起的。正如哈曼所抱怨的那样，"如果感性和知性作为人类知识的两个分支源于一个共同的根源，那么暴力地、未经授权并故意地将在自然中所结合的东西强行分开，其目的到底是什么！难道这两个分支不会因其同

---

[1] 如康德关于先验想象力的论述，见 *KrV*, B, 103, 180–181。

源的二分法和分裂而枯死吗？"[1]

哈曼相信，心灵［精神］哲学（philosophy of mind）应该朝着与康德的批判完全相反的方向发展。与其精确区分诸理智功能，不如寻求其统一原则。哈曼坚称，只有当我们发现所有不同能力的共同来源时，我们才能解释它们之间的相互作用。但是，如果我们继续划分这些能力，赋予每个能力一个自足的地位，那么它们之间的相互作用就会变得神秘而不可思议。哈曼说，这就是在康德批判中发生的事情。尽管康德说知识是由知性和感性之间的相互作用产生的，但他对这些能力的划分如此之大，以至于它们之间的所有交互都是不可想象的。这种知性是可理知的、非时间性的和非空间性的；但是感性是现象的、短暂的和空间的。那么，它们将如何协调其运作呢？

哈曼认为，康德的二元论对整个批判哲学产生了极其严重的后果。批判的主要问题——先天综合判断如何可能——变得无法解决，因为我们无法解释一个先天的知性概念如何适用于完全异质的感性直观。哈曼认为，如果我们要解决这个问题，那么有必要提出一个更普遍的问题：思维能力如何可能？然而，在"第一批判"A版的序言中，康德认为这个问题过于思辨而不予考虑[2]。哈曼对此做了回应，认为只有当我们敢于回答时，我们才有可能解决批判哲学的核心问题。

哈曼毫不犹豫地建议应从哪里开始对思维能力进行研究。他坚信认识论最有效的道路在于语言哲学的方向。因为他认为，语言是康德异质的诸能力背后的共同根源，是知性和感性的统一点[3]。语词将可理知的和可感的领域归为一类，因为它们属于感性（就像声音振动耳

---

[1] Hamann, *Werke*, III, 286.

[2] *KrV*, A, xvii.

[3] Hamann, *Werke*, III, 287.

膜，如文字出现在眼前），同时也属于知性（符号有着意义）。因此，如果我们要研究可理解和可感的、精神和物质之间看似神秘的联系，那么我们首先应该了解思维和语言之间的联系。

除了康德的二元论和对语言的忽视之外，哈曼"元批判"的另一个目标是康德的先验方法。哈曼非常关注康德的方法，坚定地认其为康德整个哲学的基础。在谈到康德的方法时，他写信给赫尔德说："整个康德建筑大厦都依赖于形式上的（*ex vi formae*）无根据信任之上。"[1]他在"元批判"结尾处说："批判观念论的基石"有可能是出于"纯粹而空洞的思想"来建构"直观形式"[2]。哈曼对康德方法论的评论具有重要意义，因为这些评论揭示了他对批判背后潜在的（通常被忽略）元批判理论的反应。

在康德的方法中，哈曼所反对的是这样一种假设，即有可能仅通过反思自己就可以先天地构建出完整的理性体系。尽管康德认为不可以构造"知识质料"（即直观所予的内容），但他确实认为可以构造其"形式"（理性概念和知性范畴的数量、类型和体系的秩序）。但是，即使是这种谦逊的主张，哈曼也无法接受。他把它理解为可以从"纯粹概念"中找到"语词的形式"（字母和音节的顺序）。对于能否从一个语词的概念中找到"一个语词的质料"（字母和音节本身）这一问题，康德明确而果断地回答："不"；但问题是，是否有可能从一个语词的概念中找到其形式，"他朗声回答'是'！就像汉塞尔（Hansel）和格蕾特尔（Gretal）在祭坛上喊出来的一样响亮"[3]。换句话说，康德假设可以先天地构造一种语言的句法或语法。他认为理想

---

[1] 1781 年 12 月 9 日，哈曼写给赫尔德的信，见 Hamann, *Briefwechsel*, IV, 355。

[2] Hamann, *Werke*, III, 289.

[3] 汉塞尔与格雷特尔是《格林童话》中一则寓言故事的两位主人翁。——译者注

的哲学语言是纯粹固有的，正等待纯粹内省来发现[1]。哈曼将它留给读者，让他们来判断这个假设是否正确。但是根据他的语言哲学，我们应该清楚地知道为什么他认为康德的方法是根本错误的。由于理性不先于语言，尤其是在不同文化中使用的自然语言，因此康德的先天建构是一种完全的谬见。康德可以先天地构造理性的形式——但是只能通过对自然语言的秘密抽象来实现。哈曼暗示，发现理性形式的唯一途径是通过对自然语言的比较经验的研究[2]。

"元批判"对后康德哲学有什么后果？我们已经注意到，哈曼对理性的批判具有一般的历史意义。但是，哈曼的研究之所以有影响力的另一个原因是，他指出了所有后康德哲学的核心目标之一：寻求内在统一，康德二元论的共同来源。哈曼认为，在找到这种统一前，先天综合知识的问题是无法解决的，因此他认为有必要超越批判哲学的狭窄界限。在很大程度上，后康德哲学的历史在于寻求康德二元论背后的统一原则；这些原则几乎和哲学家人数一样多：哈曼的语言，莱因霍尔德的表象，费希特的意志，谢林的无差别点，施莱尔马赫的宗教和黑格尔的精神。但是，此研究肇始于哈曼[3]。他是第一个看到康德二元论问题本质的人；同时，他是第一个坚持认为，如果我们要解释知识的可能性，我们就必须把人的能力作为一个整体来把握。

然而，重要的是我们要看到，哈曼以一种对跟随他的一代人具有

--------

[ 1 ] Hamann, *Werke*, III, 289.

[ 2 ] 后来，赫尔德在与康德的论战中阐明了哈曼批判的这些含义。见 *Metakritik* (1799), in Herder, *Werke*, XXI, 88, 197ff。

[ 3 ] 人们普遍认为，此研究是从莱因霍尔德开始的，这是站不住脚的。这不仅忽视了哈曼，而且在莱因霍尔德的哲学发展中也并未走得足够远。正如第八章第二节将要讨论的，莱因霍尔德在哈曼的影响下寻找康德的诸能力的共同源头。

决定性意义的方式重新提出了这个问题。现在，我们再也不能回到莱布尼茨理性主义或者洛克经验主义的片面极端了。哈曼不想像莱布尼茨那样只为了"理智化感觉"，或者像洛克一样只想"感官化理智"。相反，他想同时做这两件事情。他同意康德的观点，即知性和感性在知识中起着均衡和协调的作用；但是他努力寻找这两种能力的共同来源。问题在于，如何在兼顾两者的均衡和协调作用的同时，制定知性和感性的统一原则。简而言之，借用席勒、谢林和黑格尔的行话说：必须找到"差别中的统一"（unity amid difference），知性和感性只是整体中的一部分[1]。正是这种寻求差别的统一将后康德哲学与前康德哲学区别开来。前康德哲学通过使一个术语变成另一术语来寻求还原论者的解决方案，而后康德哲学则力求一种使两个术语具有同等地位的非还原主义的原理。

---

[1] 哈曼本人也喜欢这种术语。在他后来的书信中，他经常提到布鲁诺（Bruno）的对立统一原则，他认为这是解决"物质世界和知识世界要素中所有矛盾"的方法。见 1785 年 1 月 16 日，哈曼写给雅可比的信，见 Hamann, *Briefwechsel*, V, 327。

# 第二章　雅可比和泛神论之争

## 第一节　泛神论之争的历史意义

随着 1781 年 5 月《纯粹理性批判》的出版，18 世纪末德国最重要的智识事件是雅可比和门德尔松之间所谓的泛神论之争（pantheism controversy）[1]。这场论战始于 1783 年夏[2]，最初还只是雅可比与门德尔松之间的一场私下争执。但两年后，这场争论被公之于众，吸引了 18 世纪后期几乎德国所有的最伟大的思想家。参加该论战的名人包括康德、赫尔德、歌德和哈曼。此外，论战各方都有许多支持者，其中包括捍卫雅可比的托马斯·魏岑曼和推广康德的卡尔·莱昂哈德·莱因霍尔德等这些后来的学术明星。

难以想象一场论战的起因是出于偶然——雅可比公开了莱辛的斯宾诺莎主义——且影响是如此之大。泛神论之争完全改变了 18 世纪德国的思想面貌；直到 19 世纪，它都一直是思想家们关注的焦点。

---

[1] 这里存在一个用词不当，因为争论背后的主要问题是并未关注泛神论。但是我将继续使用这个术语，因为它太传统了。

[2] 把任何一个时间规定为论战的开始，在很大程度上都是武断的。1783 年的夏天，雅可比首次向门德尔松讲述了莱辛的斯宾诺莎主义。但直到 1784 年的秋天，雅可比和门德尔松才正式决定展开论战。这场论战直到 1785 年秋天雅可比的《关于斯宾诺莎学说的书简》出版后才公之于众。

这场论战所引发的主要问题——理性虚无主义或非理性信仰主义的困境——成了费希特、谢林、黑格尔、克尔凯郭尔和尼采的核心问题。可以毫不夸张地说，泛神论之争和康德"第一批判"对19世纪哲学的影响难分伯仲。[1]

这场论战的第一个也是最明显的影响是使得斯宾诺莎主义在德国的命运显著上升。论战之后，几乎所有的古典歌德时代（*Goethezeit*）的主要人物——歌德、诺瓦利斯、荷尔德林、赫尔德、施莱格尔、黑格尔、施莱尔马赫和谢林，都成为紧跟争论的斯宾诺莎（B. Spinoza）狂热者。显然在一夜之间，斯宾诺莎从魔鬼变成了圣人。在18世纪前四分之三的时间里，那些智识当权派的替罪羊在最后25年中变成了英雄。正如海涅（Heine）后来所说，感谢这场论战使泛神论成为"德国非官方的宗教"[2]。

论战的第二个显著影响是康德主义的突破，它最终顺利地进入德国的公共舞台。在1786年冬论战达到顶峰之前，康德已经取得了一定的声誉。在几所大学中，他有几个知名的弟子，如莱比锡的玻恩（F. G. Born）、哈勒的雅各布（L. H. Jakob）和耶拿的舒茨（C. G. Schütz）；《耶拿文学总汇报》（*Jenaische Allgemeine Literaturzeitung*）已经开始支持他的事业了。但是，批判哲学在哲学领域中仍然不能占主导地位，也还未成为公众视野的中心。它的影响仅限于少数几所大学，实际上只有少数几个一流的圈子。然而，泛神论之争很快就会改变这一切。决定性的突破发生在1786年秋的某个时候，也就是莱因霍尔德《论康德哲学》（*Briefe über die kantische Philosophie*）的出现。莱因霍

---

[1] 为此，赫尔曼·蒂姆（Hermann Timm）肯定地指出："《纯粹理性批判》没有打破那个时代的哲学的自我理解。但莱辛的斯宾诺莎主义遗产则不然。它的正反两面（赞成和反对）使同时代人意识到了时代的变迁。"见 *Gott und die Freiheit*, I, 6。

[2] 见 Heine, *Werke*, VIII, 175。

尔德以简洁、通俗和充满趣味的风格成功地使康德的哲学易于为大众理解。引述康德一位朋友的话来说，该书创造了"一种轰动"[1]。但重要的是要注意莱因霍尔德成功背后的秘密。他确立了批判哲学对于泛神论之争这一公众眼中最重要论战的重要性。

这场论战的第三个影响是，它在启蒙运动中造成了如此严重的危机，以至于加速了启蒙的最后落幕。18 世纪 70 年代，狂飙突进运动发动了对启蒙运动的这场起义。歌德、伦兹（Lenz）和克林格（Klinger）的小说和戏剧，哈曼、赫尔德和雅可比的哲学册子，以及拉瓦特（Lavater）、荣格·斯蒂林（Jung-Stilling）和克劳迪乌斯（Claudius）的宗教著作都在德国树立了一种新的文学潮流和精神。宣布感觉的权利是反对冷漠的理性规则，自我表达的权利是反对社会的专制规范。随着启蒙运动的暮色渐近，浪漫主义的曙光已经显现。但是，与此同时，启蒙运动仍然作为主要的智识力量而存在。18 世纪 70 年代，自然科学取得了进一步的发展；《圣经》的文献学和历史学的批评势头强劲；以及沃尔夫主义在德国新教的大部分大学中根深蒂固。大约在同一时间，莱辛、门德尔松和尼古莱仍然很活跃；通俗哲学运动（*Popularphilosophie*）变得更加流行；像共济会（Freimauerer）和光明会（Illuminati）这样的社会组织力量和人数都在增长。总而言之，启蒙仍然代表着 18 世纪 70 年代的知识界和哲学现状（*status quo*），即使这不是最新的发展趋势。

泛神论之争使启蒙运动重回防御状态，迫使其为自己的生存而战。1785 年，雅可比出版了他的《关于斯宾诺莎学说的书简》（*Briefe über die Lehre von Spinoza*），标志着启蒙运动霸权的终结。雅可比成

---

[1] 1787 年 5 月 14 日，杰尼什（Jenisch）写给康德的信，见 Kant, *Briefwechsel*, p. 315。

功地使人们对启蒙运动的核心教条——相信理性——产生了怀疑。他抨击这一教条的引人注目的方式给当代智识景观造成了不小的创伤。当谈到这些信件对于公众的影响时，歌德说是"一次爆发"[1]，而黑格尔则写道"晴天霹雳"[2]。

启蒙运动对理性的信仰是基于这样的信念，即理性可以证明我们的常识、道德和宗教的所有基本真理是正确的。理性的权威取代了传统和启示的权威，因为它是对所有道德、宗教和共同信念更有效的认可。这个极为重要但脆弱的前提是雅可比抨击的主要目标。他认为，理性不是支持而是破坏了道德、宗教和共同信念的所有基本真理。如果我们始终如一并且将我们的理性推到极限，那么我们将不得不接受无神论、宿命论和唯我论。我们将不得不否定上帝、自由、其他思想、外部世界的存在，甚至我们自己的永久存在。简而言之，我们将不得不否定一切的存在，不得不成为（用雅可比戏剧性话语来说）"虚无主义者"。到那时，只有一种方法可以使自己摆脱虚无主义："信仰的飞跃"，即理性的致命一跃（a leap of faith, *a salto mortale*）[3]。

重要的是要看到，是雅可比而非康德动摇了启蒙运动的根基。康德是一位典型的启蒙思想家，因为他从未怀疑启蒙运动关于理性与信仰之间协调一致的基本假设。康德没有质疑过这种信念，而是试图以他的理性信仰学说为其奠定新的基础。实际上，康德哲学在泛神论之争中取得成功的真正原因在于：他似乎在面对雅可比的挑衅性批评时

---

[1] Goethe, *Werke*, X, 49.

[2] Hegel, *Werke*, XX, 316–317.

[3] a salto mortale，是荷兰语。该表达直译的意思是"凡夫的筋斗"或"致命的一跃"。它的意思是死亡跳跃，是运动员在空中飞跃时所做出的非常大胆的跳跃。——译者注

挽救了启蒙运动这个至关重要的信念。他的理性信念学说已经在"第一批判"A 版的"法规论"中提出，这似乎平息了雅可比所有令人不安的疑虑。值得注意的是，莱因霍尔德的《论康德哲学》将这一学说视为康德哲学的卖点（selling point），并强调说，仅靠这一学说就可以解决雅可比与门德尔松之争。

然而，康德的实践信念充其量不过是一个临时的（ad hoc）解决方案，对日益膨胀的非理性主义收效甚微（a finger in the dike）。康德的学说刚成为人们关注的焦点，雅可比及其支持者就对其进行猛烈的抨击。这些反击的最终结果令人深感不安：理性与信仰之间的休战似乎比以往任何时候都显得更加脆弱。虽然雅可比和他的朋友们在摇摇欲坠的康德实践信念大厦中寻找漏洞，但他们也欣然接受康德对形而上学的摧毁，因为这为他们的非理性主义的火焰提供了更多的燃料。18 世纪末，德国人担心理性似乎正在走向深渊，并且没有人能找到阻止的任何方法。

雅可比抨击德国的启蒙运动，并不意外地让人联想起早期帕斯卡（B. Pascal）和卢梭对法国启蒙的批判。年轻的雅可比是帕斯卡和卢梭的学生，他故意将他们的观点引入德国[1]。他只是重复了帕斯卡的挑衅性观点，即理性在没有启示的情况下会引起怀疑论；尽管他只是在认识论的幌子下预演卢梭的激进论点，即艺术和科学在败坏道德方面胜于改善道德。雅可比知道这些观点扰乱了哲学研究[2]；现在，他确定他们也会让启蒙者感到不安。

雅可比对理性的批判似乎也依照了另一个更为本土的前例：哈曼

---

[1] 论及帕斯卡和卢梭对青年雅可比的影响，见 Heraeus, *Jacobi und der Sturm und Drang*, pp. 117–118。

[2] 关于帕斯卡对哲学的重要性，见 Cassirer, *Enlightenment*, pp. 144–145。

的《纪念苏格拉底》。雅可比确实是哈曼的追随者，因为在论战发生之前，他与哈曼有书信往来，并希望在即将到来的对抗启蒙运动过程中得到哈曼的支持[1]。雅可比的提议得到哈曼的热情回应，哈曼并为雅可比提供了他所需要的所有建议、信息和鼓励。尽管他们已经联合起来了，但哈曼和雅可比的立场仍然存在一个非常重要的区别。真正的非理性主义者是雅可比，而不是哈曼。哈曼认为信仰和理性是相互独立的，因此理性既不能证明也不能反驳信仰，而雅可比则认为理性和信仰是彼此冲突的，因此理性可以反驳信仰。因此，雅可比说如果理性和信仰是一致的，就会导致无神论；相比之下，哈曼则坚持认为，如果理性试图反驳上帝的存在，那么它就会超越其限度。哈曼抓住了这一区别并向赫尔德承认，他永远也无法接受雅可比的虔诚渴望（*Pia desiderata*）[2]。

即使是上述后果的任何一个，都应该足以确立起泛神论之争的历史和哲学意义。但是，令人吃惊的是，对于一桩如此重大的智识事件，争议在很大程度上对此却忽视了[3]。被忽视的原因主要在于论战本身，因为其欺骗性的外表掩盖了其潜在的意义。它的外在层面是莱辛的斯宾诺莎主义的传记问题；它的内在层面是正确解释斯宾诺莎的注释性

---

[1] 1783 年 6 月 16 日，雅可比写给哈曼的信，见 Hamann, *Briefwechsel*, V, 55。

[2] 1785 年 2 月 3 日，哈曼写给赫尔德的信，见 Hamann, *Briefwechsel*, V, 351。另请参阅 1785 年 10 月 23 日，哈曼写给雅可比的信，见 Hamann, *Briefwechsel*, VI, 107-108，在该信中，哈曼怀疑斯宾诺莎的形而上学，雅可比认为这是证明无神论的必要性。

[3] 自 1916 年出版以来，关于这场论战的标准版本一直是肖尔茨（Scholz）的 *Hauptschriften*。但这本著作与其说是对论战的分析，不如说是一部选集。对这场论战的复杂背景给予最好的处理，见 Altmann, *Mendelssohn*, pp. 593-652, 729-744, 以及 Strauss in the "Einleitung" to vol. III/2 of Mendelssohn's *Schriften*。我对这场论战之背景的描述得益于奥尔特曼（Altmann）和斯特劳斯（Strauss）。对莱辛、雅可比和门德尔松的观点作出最彻底和系统的处理，见 Timm, *Gott und die Freiheit*。

问题，以及一个隐藏的内核是理性权威的问题。理解这一论战的主要困难是看到这些外在如何反映内在，传记和注释性问题如何反映并产生哲学问题。通常人们认为，其主要的问题仅仅是莱辛是否是一位斯宾诺莎主义者[1]，或者是我们应该如何解释斯宾诺莎的泛神论[2]。要理解泛神论之争的更深层意义（乃至对参与者自身的意义），我们必须认识到其基础意义的哲学层面。我们必须看到，莱辛和斯宾诺莎只是象征，具有广泛的文化和哲学意义。

但是，我们由于对泛神论之争的无知，付出了沉重的代价。这导致我们在理解后康德哲学的思辨体系时，失去了哲学的方向。在很大程度上，这些体系是对泛神论之争提出的基本问题的回应。费希特、谢林和黑格尔试图在雅可比挑衅性批判面前维护理性的权威。

在我开始研究泛神论之争前，了解德国的斯宾诺莎主义历史是很重要的。这段历史构成了该论战基本背景的一部分；斯宾诺莎主义在18世纪后期兴起，这一现象不亚于康德主义本身兴起的意义。到了19世纪初，斯宾诺莎的哲学已成为康德哲学的主要竞争对手，仅斯宾诺莎的崇拜者或支持者的数量就与康德的不相上下了。

## 第二节 德国斯宾诺莎主义的兴起，1680—1786 年

直到 1785 年雅可比的《关于斯宾诺莎学说的书简》出版前，斯宾诺莎一直是德国臭名昭著的人物。一个多世纪以来，学术和教会机构一直把他"当作条死狗"（正如莱辛后来所说的那样）对待。《伦理学》（*Ethica*）于 1677 年在德国出版，《神学政治论》（*Tractatus*

---

[1] 见 Hettner, *Geschichte*, I, 761。

[2] 见 Scholz, *Hauptschriften*, pp. xi-xii。

*theologicus-politicus*）于 1670 年出版（尽管它是匿名的，但众所周知，斯宾诺莎就是作者）。直到 18 世纪中叶，每位教授和神职人员在就职之前都要严谨地证明他的正统思想；为此，通常他们被要求必须谴责斯宾诺莎是异端。自从对斯宾诺莎的攻击变成一种事实上的仪式以来，就有了许多针对他的诽谤和辩论式的言论。实际上，到了 1710 年，如此多的教授和牧师抨击了斯宾诺莎，以至于莱比锡有了一份《反斯宾诺莎主义禁毁书目录》（*Catalogus scriptorum Anti-Spinozanorum*）。1759 年，特尔纽斯（Trinius）在他的《弗雷登克词典》（*Freydenkerlexicon*）中可能至少也数出了斯宾诺莎的 129 个敌人。这就是斯宾诺莎的名声，他本人经常被认为是撒旦。斯宾诺莎主义不仅被视为无神论的一种形式，而且被认为是最糟糕的形式。因此，斯宾诺莎被戏称为"欧几里德无神论者"（*Euclides atheisticus*）、"无神论王子"（*princips atheorum*）[1]。

早期启蒙的著名人物——莱布尼茨、沃尔夫和托马修斯（Thomasius），也鲜有更倾向于斯宾诺莎的。他们假装针对他的哲学写出了公正的批评；但很明显，斯宾诺莎的非正统思想对他很是不利。有对斯宾诺莎的异端信仰发出同样可怕的警告，也有我们在最糟糕的嘲讽文（*Schmähschriften*）中发现的同样带有倾向性的论战。他们所有人都觉得有义务谴责斯宾诺莎，并写长文加以驳斥。因此，1688年，托马修斯不辞辛劳地在他的《柏林月刊》（*Monatsgespräche*）中写了一篇对斯宾诺莎详尽而复杂的批判。托马修斯认为斯宾诺莎的《伦理学》是一本危险之作，并且警告他的学生说，在所有派别中，斯宾诺莎主义者是最难对付的。沃尔夫则夸口说自己的哲学是对抗斯宾诺莎

---

[1] 关于德国早期斯宾诺莎主义的历史，见 Mauthner, *Atheismus*, III, 170-173; Hettner, *Geschichte*, 1, 34-38; Grunwald, *Spinoza in Deutschland*, pp. 45-48。

主义的堡垒。在他的《自然神学》（*Theologica naturalis*, 1737）中，他对斯宾诺莎提出了全面的驳斥，这本书成了沃尔夫主义者几代人的标准路线。[1]莱布尼茨也警告过斯宾诺莎主义的邪恶，并认为其就是异端邪说。他认为《伦理学》"对于那些煞费苦心想要掌握它的人来说，是一部危险的书"，并对此发表了一段批判性的评论[2]。所有这些思想家们都以正统的方式将斯宾诺莎主义视为无神论和宿命论。出于宗教而非哲学的原因，他们无法接受斯宾诺莎否定上帝、启示、意志自由以及超自然而人格化的上帝。

莱布尼茨和沃尔夫远离斯宾诺莎有一个特殊的原因。"斯宾诺莎主义"成了虔敬派教徒反对莱布尼茨－沃尔夫学派深受欢迎的名词。他们认为，莱布尼茨和沃尔夫坚持严格的演证方法的哲学，这只不过是通往斯宾诺莎主义这条致命道路上的中继站。托马修斯的一些追随者们，尤其是乔基姆·兰格（Joachim Lange）和约翰·弗朗兹·布德（Johann Franz Budde）认为，沃尔夫的理性主义如果始终如一的话，那么就会直接变成斯宾诺莎的无神论和宿命论[3]。他们认为，避免此类后果的唯一方法是，承认信仰高于理性或启示高于论证。这一争论预示了雅可比和门德尔松之后的争论，在许多方面只是延续了虔敬派和沃尔夫派之争。雅可比与门德尔松之争只是兰格和布德批判沃尔夫的更复杂的版本罢了。

但为什么他们对斯宾诺莎有如此强烈的反应？学术和教会机构将斯宾诺莎视为邪恶的化身这一事实迫使我们提出这个问题。为什么要特别挑出斯宾诺莎来辱骂？特别是当其他异端学说不亚于斯宾

---

[1] 见 Wolff, *Werke,* VIII/2, 672–730。

[2] 见 Leibniz, *Schriften,* I, 139–150。

[3] 见 Wolff, *Herrn D. Buddens Bedencken,* pp. 9–15, 35–37, 66–76, 134–135。

诺莎时，如霍布斯或布鲁诺。当然，有一部分原因在于斯宾诺莎的犹太血统；斯宾诺莎被称为"被诅咒的阿姆斯特丹犹太人"，这绝非偶然。但是，还有另一个关于斯宾诺莎何以被认为是一个如此可怕的异端的更重要和更有趣的原因。也就是说，斯宾诺莎代表了17、18世纪宗教和政治信仰中的极左翼。斯宾诺莎的政治观点是对整个德国学术和教会机构的一种指责，这种威胁显而易见[1]。在他的《神学政治论》中，斯宾诺莎不仅为《圣经》（路德教会的圣牛）的文献学和历史学批判奠定了基础，而且还捍卫了宽容、言论和信仰自由、民主、普世宗教以及政教分离等进步事业。考虑一下这样一本书对于17、18世纪德国政权所产生的影响。自从签订《奥格斯堡宗教和约》（*Augsburger Religions-friede*, 1555）以来，德国君主有权决定其公国的宗教，因此教会成为一般法律制度的一部分。遵守官方宗教已成为纯粹的法律之必然。因此，在各公国不存在宽容、信仰自由和教会独立等问题，而所有这些都是斯宾诺莎倡导的事业。那些教授和神职人员只不过是被美化的公务员，他们不得不驱逐斯宾诺莎，因为斯宾诺莎曾批评他们对于国家那令人可疑的依赖。斯宾诺莎咬着正在供养他的那只手，感恩戴德之情要求在斯宾诺莎那被诅咒的脑瓜上再堆积些劈头盖脸的辱骂。

幸运的是，斯宾诺莎在德国被接受的历史不仅仅是一则耻辱和悲伤的故事。如果斯宾诺莎被这些当权派（establishment）强烈谴责，那么他同样会得到其反对者的热情拥抱。早在18世纪末，斯宾诺莎就被当作"一条死狗"对待，这是则旧神话了。事情的真相是，在17

---

[1] 因此，莫特纳指出，最初对斯宾诺莎的攻击大多是针对《神学政治论》。《伦理学》所包含的信息比《神学政治论》要模糊得多，直到1692年才被"驳斥"，也就是第一次反对《神学政治论》之后的十年。见 Mauthner, *Geschichte*, III, 171。

世纪末和 18 世纪初，他曾是德国启蒙运动的先驱，实际上，他的确是其极左翼势力的守护神。那时，几乎所有的激进自由思想者，包括戈特弗里德·阿诺德（Gottfried Arnold）、约翰·克里斯蒂安·埃德尔曼（Johann Christian Edelmann）、弗里德里希·威廉·斯托什（Friedrich Wilhelm Stosch）、西奥多·路德维希·劳（Theodor Ludwig Lau）和约翰·洛伦茨·施密特（Johann Lorenz Schmidt），都是秘密的或公开的斯宾诺莎主义者。那些没有与斯宾诺莎结盟的人——康拉德·迪佩尔（Konrad Dippel）和安吉勒斯·西里修斯（Angelus Silesius）——仍然拥有与他相似的形而上学和政治观点[1]。这些思想家代表着（苦恼于）斯宾诺莎《神学政治论》的所有激进理想：宽容、普世宗教、信仰自由、政教分离，以及对《圣经》的历史和文献学批判。因此，当权派对斯宾诺莎的严厉谴责也是对左翼反对派的象征性谴责。

几乎所有德国早期的斯宾诺莎主义者都是新教徒反宗教改革（Protestant Counter-Reformation）的不幸产儿[2]。他们中的大多数人一直是或曾是虔信主义者，并且他们对宗教改革的进程大失所望。他们非常忠于其最初的理想：信徒的普遍神职、信仰自由，与上帝建立直接关系的必要性。但在他们眼中，宗教改革已经误入歧途并背叛了自己的原则。自从路德教会成为国家的一部分以来，它发展出了自己的独裁结构，成为专制主义和精英主义的形式，因此并不比罗马天主教会更好。那么，路德的理想变成了什么呢？

---

[1] 更多关于这些思想者的详细信息，见 Mauthner, *Geschichte*, III, 170–272 和 Grunwald, *Spinoza in Deutschland*, pp. 41–45, 67–83。关于 Lao 和 Stosch 的相关信息，见 Stiehler, *Materialisten*, pp. 7–35。"斯宾诺莎"这一章对早期斯宾诺莎主义者的理解也很有帮助，见 Adler, *Der junge Herder*, pp. 233–270。

[2] 关于"新教徒反宗教改革"这个术语，我采用了贝克的，见 Beck, *Early German Philosophy*, pp. 148–156。

对于这些不满的激进分子和改革者来说，斯宾诺莎代表了反抗精神。他对《圣经》的批评，对民主的支持，对普世宗教的理想，对政教分离的呼吁，正是他们与政治和教会机构作斗争所需的武器。因此，《神学政治论》成为他们所有激进观点的宣言。[1]

如果斯宾诺莎的《神学政治论》对这些早期的自由思想者和激进分子很重要，那么他的《伦理学》就更是如此。他们渴望接受斯宾诺莎的泛神论，因为他们认为泛神论是他们所有激进政治信念的基础。海涅在 19 世纪早期对泛神论的评价——它是激进分子的宗教——实际上在几个世纪前就已成事实了[2]。在 16 世纪、17 世纪和 18 世纪初，许多激进分子都是泛神论者[3]。

但是，泛神论和政治激进主义之间的这种联系从何而来？为什么泛神论如此吸引早期激进分子？泛神论如何支持他们的政治理想？如果我们要了解斯宾诺莎主义在 18 世纪后期的兴起，那么这个问题至关重要。后来，斯宾诺莎的泛神论备受欢迎，部分原因是自由派政治事业的力量日益增强。斯宾诺莎主义的兴起重新确立起了新教徒

---

[ 1 ] 尽管《伦理学》在德国罕见，但《神学政治论》却有相当多的秘密发行量。见 Beck, *Early German Philosophy*, p. 353。

[ 2 ] 见 Heine, *Geschichte, Werke*, VIII/1, 57ff。

[ 3 ] 重要的是早在 17 世纪末斯宾诺莎来到德国之前，泛神论和政治激进主义之间的联系就已经在德国人的头脑中被牢固确立。在 16 世纪早期，两位新教反宗教改革的主要思想家塞巴斯蒂安·弗兰克（Sebastian Franck）和瓦伦丁·韦格尔（Valentin Weigel）在他们反对宗教改革的新正统学说的斗争中使用了泛神论。在德国启蒙运动开始前一个多世纪，弗兰克和韦格尔也是进步主义的倡导者，如宽容、《圣经》的批判、自然宗教、平等以及政教分离等。斯宾诺莎《神学政治论》中的所有激进思想都清楚地预示着他们的学说。弗兰克和韦格尔为德国之后接受斯宾诺莎奠定了基础。他们的教义对圣徒运动产生了深远的影响——正是这一运动产生了大多数早期的斯宾诺莎主义者。关于弗兰克和韦格尔的泛神论，见 Franck, *Paradoxa*, no. 2, 48–49 以及 Weigel, *Nosce teipsum*, erster Teil, das ander Buchlein, ch. 13。

反宗教改革的政治理想。

这个问题的答案很大程度上在于，早期对路德关于与上帝建立直接关系之理想的激进解释。根据路德的理想，每个人都应该与上帝建立个人关系，并且他在那里应该直接对上帝负责，而不是通过教会。在正统的路德宗中，使这种关系成为可能的是通过路德翻译并面向公众的《圣经》。如果一个人能够直接阅读他用普通德语译成的《圣经》，那么他就能自己理解上帝的信息，而不必咨询神职人员。现在，早期的自由思想者热切地拥护路德关于与上帝建立直接联系的理想，这种理想诉诸他们的平等和自由感。但是，多亏斯宾诺莎的《神学政治论》，他们不再将《圣经》视为这种联系的绝对保证。斯宾诺莎告诉他们，《圣经》不是神的启示，而是历史和文化的产物，就像其他人类文献一样。如果《圣经》不是进入上帝的可靠途径，那么什么能保证与上帝建立直接联系呢？早期的激进分子说，这是我们自己的直接经验，我们自己对上帝的直接认识。他们相信，我们所有人都会有这样的经验，只要我们反省自己，就能倾听到我们内心的上帝。

这就是泛神论对早期自由思想者的吸引力：它确保了每个人都有这种经验的可能性，每个人都可以直接进入上帝。泛神论的上帝在我和其他所有人的内心，因此，为了感受到上帝，我只需要反省自己。然而，有神论的上帝并不是那么容易接近的。他是一个超自然的存在，偶尔会通过奇迹在自然界中显现。因此，只有少数精英人士（即那些幸运地见证了奇迹的人）才能进入他。

因此，诉诸泛神论最终根植于路德宗本身。有人坚持路德关于与上帝建立直接联系的理想，同时又对《圣经》的权威存有疑虑，然后他们就会发现泛神论是一种非常吸引人的学说。绝大部分后来的斯宾诺莎主义者都有路德教会的背景，他们不接受《圣经》的权威，并坚持需要直接经验上帝，这绝非偶然。因此，泛神论是非正统路德教会的秘密信条[1]。

在 18 世纪，具有讽刺意味的是，门德尔松为进一步提高公众对斯宾诺莎的认知而迈出了第一步[2]。门德尔松常常把自己描绘成斯宾诺莎主义的死敌，他的《晨课》（*Morgenstunden*, 1785）就是如此。但是，门德尔松在他第一部出版的著作《哲学对话》（*Philosophische Gespräche*, 1755）中为斯宾诺莎写了一篇振奋人心的辩护文章。尽管门德尔松本人是莱布尼茨 – 沃尔夫学派的门徒，但他仍恳求对斯宾诺莎进行更严肃和公正的检查。门德尔松这本小书的历史意义就在于此。这是对斯宾诺莎进行客观哲学研究的首次尝试[3]。18 世纪初的斯宾诺莎的捍卫者和反对者对斯宾诺莎的评价都不能声称自己具有客观性，因为他们的观点要么太过先入为主，要么就太过充满敌意。

门德尔松对斯宾诺莎的同情基础无疑是他的犹太血统。门德尔松和斯宾诺莎都是摩西·迈蒙尼德（Moses Maimonides）的热心学生，因此，他们都坚守哲学与信仰、理性和宗教一致的信念。当时，门德尔松虽然对斯宾诺莎在迫害中所体现出的高尚品格尤为钦佩并表示同情，但由于他还是一位正统的犹太人，所以会因其叛教而感到不安。

---

［1］因此，很有趣且值得注意的是，那些有着虔诚信仰背景的路德会教友拒绝泛神论，他们仍然坚持对《圣经》的信仰。哈曼、雅可比和魏岑曼也是如此。

［2］传统观点认为，雅可比复活了斯宾诺莎是值得称赞的，见 Scholz, *Hauptschriften*, p. xvii。但重要的是，我们要弄清楚雅可比复兴斯宾诺莎主义中的确切角色：尽管他的书信是斯宾诺莎被普遍接受的直接因素，但他绝不是第一个要求重新评价斯宾诺莎观点的人。

［3］沃尔夫的《自然神学》（*Theologicus naturalis*）并未对客观性提出任何这样的主张，尽管门德尔松过于慷慨地将自己的桂冠授予了沃尔夫。见 Mendelssohn, *Schriften*, I, 15–16。

正如莱辛所说，他可能梦想着成为"斯宾诺莎第二"[1]，但他从未想宣扬像他那样有争议的哲学，也从未想过要违背他祖先的宗教信仰。因此，门德尔松通往斯宾诺莎的道路是一条独立的道路，他从未与早期的斯宾诺莎主义者结盟，而他们大多数都是新教基督徒。据传，门德尔松遇到了早期斯宾诺莎主义者中最臭名昭著的约翰·克里斯蒂安·埃德尔曼，他的粗鲁让门德尔松急忙避开[2]。

《哲学对话》如标题所示，是以对话形式写的。对话人物尼佛尔（Neophil）和菲罗邦（Philopon）可能是指莱辛和门德尔松；该对话很可能重现了莱辛和门德尔松在他们结交第一年之间的对话[3]。具有讽刺意味的是，之后的1785年，莱辛和门德尔松持完全相反的立场。在《哲学对话》中，莱辛扮演了持怀疑态度的反斯宾诺莎主义者，而门德尔松则试图让他相信斯宾诺莎哲学的合理性。事实上，正是门德尔松首次把莱辛介绍给斯宾诺莎。

《哲学对话》的明确目的是为了恢复斯宾诺莎的名誉。尽管门德尔松并不打算让他的读者转向斯宾诺莎主义——这即使对于他更自由的品位来说也太过分了——但他确实希望读者能更加冷静和公正地研读斯宾诺莎。门德尔松在这种适度的目标中取得了令人钦佩的成功。他以多种方式确立了斯宾诺莎的重要性并恢复了他的声誉：（1）他否认了在拜尔（Bayle）《历史与批判辞典》（*Dictionaire*

---

[1] 1754年10月16日，莱辛写给迈克利斯（Michealis）的信，见 Lessing, *Werke*, XVII, 401.

[2] 传说门德尔松在柏林拜访埃德尔曼一家时，因正统的原因拒绝喝一杯葡萄酒。这件事激怒了埃德尔曼，他认为门德尔松的正统思想只不过是迷信。埃德尔曼对门德尔松吹嘘道："我们坚强的精神不受这样的约束，请听从我们的欲望吧！"门德尔松受到了冒犯，突然就离开了。这个故事被莫特纳报道出来了，见 Mauthner, *Geschichte*, III, 228.

[3] 见 Altmann, *Mendelssohn*, p. 37.

*historique et critique*）中对斯宾诺莎流行的描绘。在 18 世纪，拜尔对斯宾诺莎的批判得到了广泛接受，尽管这更多的是基于拜尔的才智而非其深刻。门德尔松不难证明，拜尔的大多数批判都是基于误解[1]。（2）门德尔松揭示了莱布尼茨和斯宾诺莎之间有很多相似之处，并认为莱布尼茨从斯宾诺莎那里继承了一些独有学说。例如，据说莱布尼茨的"前定和谐"思想源于斯宾诺莎的"身心是同一实体的独立属性"[2]。（3）门德尔松坚持认为，在某些方面，说莱布尼茨与斯宾诺莎的不同之处是根基不牢靠的，因此，修正莱布尼茨的体系可以使他更接近斯宾诺莎。例如，莱布尼茨关于世界起源于上帝的自由意志的理论遭到了一个经典的反对，即上帝没有理由不早点创造世界。门德尔松声称，斯宾诺莎没有这个困境，因为他承认宇宙的无限性[3]。（4）最后，但也是最重要的一点，门德尔松解释了斯宾诺莎的哲学，证明了道德和宗教相一致。他认为，斯宾诺莎对宇宙的解释是完全可以接受的，前提是它适用于在上帝通过把他的法令变为现实之前而存在于上帝心中的那个世界[4]。莱布尼茨主义者将世界归于一种双重存在：世界存在于它的创造之前，这是上帝心目中的一种可能性；世界存在于上帝之外的现实中，是上帝法令的产物。门德尔松说，斯宾诺莎没有意识到这种区别，这就是他误入歧途之处。莱布尼茨主义者对理想世界的断言——它存在于上帝中，与上帝的智慧密不可分——就是斯宾诺莎所说的现实世界。但是，门德尔松争辩道，只要我们认识到这种区别，就有可能成为合格的斯宾诺莎主义者——理想世界中的斯宾诺莎主义者和现实世界中的莱布尼茨主义者。这种对斯宾诺莎的重

---

[1] Mendelssohn, *Schriften*, I, 15.

[2] Ibid., I, 7.

[3] Ibid., I, 22.

[4] Ibid., I, 17.

新诠释（即强调上帝心目中的理想世界的存在）留下一个具有重要意义的伏笔：后来门德尔松在《晨课》中把"纯化的泛神论"（purified pantheism）归因于莱辛[1]。

总体上，尽管门德尔松有时主张斯宾诺莎而反对莱布尼茨，但他试图通过证明斯宾诺莎是笛卡尔和莱布尼茨之间的中介者来复活斯宾诺莎，是必要的过渡阶段。这是对旧虔敬主义者观点的完全逆转，后者认为莱布尼茨只不过是在通往斯宾诺莎主义这条攸关的道路上的中途驿站。后来，门德尔松在他的《晨课》中捍卫了斯宾诺莎为反对雅可比而进行的重新解释，因为雅可比重申了虔敬派的论证。

1763 年，门德尔松的《哲学对话》出版仅八年后，其他人也从个人的角度发现了斯宾诺莎，这一发现证明了后来的德国接受斯宾诺莎是注定之事。此人不是别人，正是雅可比本人。雅可比发现了斯宾诺莎的叙述令人振奋，因为它揭示了雅可比与康德的早期关系，以及后来与门德尔松的论战。但是，这个故事有一个奇怪而令人惊讶的转折：正是康德首先说服了雅可比有必要相信斯宾诺莎的哲学。

在《大卫·休谟》（第一版）中，雅可比本人告诉我们他是如何研究斯宾诺莎的。他说，在 1763 年研究本体论之争的所有旧人物时，他读到了莱布尼茨的一句惊人的话："斯宾诺莎主义不过是夸大的笛卡尔主义。"这句话激发了他对斯宾诺莎的兴趣[2]。于是，雅可比转向《伦理学》，希望能找到更清晰表述笛卡尔版本的本体论证明之构想。他并没有感到失望的是，斯宾诺莎为他澄清了笛卡尔的证明；但是，更重要的是，斯宾诺莎还教导他"如何证明上帝"（for what God）才

---

[1] 门德尔松"纯化的泛神论"将在第三章第四节中讨论。

[2] 这个重要的段落只出现在《大卫·休谟》（1787, pp. 79-81）的第一版中，在后来的《作品集》中被删除。

是有效的。据推测，这个上帝不亚于斯宾诺莎的上帝，斯宾诺莎的上帝是唯一的普遍实体，所有其他一切仅仅是一种样式。不幸的是，雅可比并没有确切解释他是如何相信这一点的。我们仍然很清楚这一重要观点：早在1763年，雅可比就已经认为理性是朝着斯宾诺莎主义方向的。

雅可比回忆说，他在阅读康德的早期著作《证明上帝存在唯一可能的证据》（*Der einzig mögliche Beweisgrunde zu einer Demonstration des Daseins Gottes*）后就完全相信了这一点。他后来承认，这项研究工作使他感到非常兴奋，以至于他必须时而放下它，以阻止他的心脏如此疯狂地跳动。雅可比非常支持康德关于上帝存在的新证明；但是，他以一个可以让康德感到震惊的重要条件接受了它，即只有斯宾诺莎的上帝才与此相符。雅可比认为，康德无意间证明了泛神论的必然性。

雅可比如何能得出如此惊人的结论？一旦我们理解康德关于上帝存在的新证明的主旨时，就不难理解他的观点。根据康德的证明，上帝的存在先于他的可能性，以及一切其他事物的可能性；换句话说，如果上帝不存在，不仅没有任何事物存在，而且甚至没有任何存在的可能性。[1]上帝的存在先于万物的可能性，因为所有的述谓或我们赋予某事物的任何可能的属性，都预设了某种被限定或确定的存在。但是，在被限定或确定之前，存在的是什么？答案就是纯存在，或如康德所说的"某物的绝对设定"（the absolute positing of a thing）。关于万物的绝对存在，即在它们先于在这个或那个方面被确定之物，康德将此等同于上帝本身的存在。

现在，对雅可比而言，康德无异于证明了斯宾诺莎的上帝存在。

---

[1] 见 Kant, *Werke*, II, 155–163。

雅可比问斯宾诺莎的上帝是什么，除了存在概念本身以外，其他一切的存在仅是一种限定？然而，同样的证据对于自然神论的上帝并不能成立，因为它不是存在本身（per se），而是特定种类的存在者，即一组属性（全知和全能），我们永远无法从中自动推断出存在本身。当然，康德本人并不会急于将上帝的存在与其本质等同起来。在他看来，上帝的存在先于他的可能性以及所有其他事物的存在；上帝还有其他特性，使他成为一种特定种类的存在者。但是，雅可比没有这样的顾虑。对于康德的著作，他倾向性地解读为：对上帝存在的唯一可能的证明是对斯宾诺莎的上帝存在的证明。因此，无论好与坏，康德最初还是说服了雅可比，所有思辨哲学都止于斯宾诺莎主义。在阅读康德的著作时，雅可比提出了一个将与门德尔松抗衡的中心思想。[1]

当然，最著名的斯宾诺莎主义者是莱辛。1763年前后，在雅可比发现斯宾诺莎的同时，莱辛开始对《伦理学》和《神学政治论》进行首次认真的研究。门德尔松早在1754年就已经将斯宾诺莎介绍给了莱辛，而早期的部分内容可以追溯到那时的《理性的基督教》（"Die Christenthum der Vernunft"）一文，这表明莱辛正在走向泛神论，如果他不是彻头彻尾的斯宾诺莎主义[2]。不过，莱辛在早期似乎还没有深入研究过斯宾诺莎[3]。直到1763年，他的研究才真正开始。那年的两个早期片论是《关于神以外事物的现实》（"Ueber die Wirklichkeit der Dinge ausser Gott"）和《正是通过斯宾诺莎，莱布尼茨才首次

---

[1] 后来，雅可比为这个想法提供了不同的依据。在1785年的《书简》中，他把重点放在了充足理由律上，而不是本体论的论证上，并以此来证明他的观点：所有哲学都以斯宾诺莎主义为终结。

[2] 见 Lessing, *Werke*, XIV, 175–178。

[3] 见 Altmann, *Mendelssohn*, p. 37。

发现了前定和谐》("Durch Spinoza ist Leibniz erst auf die Spur der vorherbestimmten Harmonie gekommen"），这两个片论表明：莱辛在关注斯宾诺莎主义的相关主题。[1]

莱辛是德国斯宾诺莎主义传统的重要组成部分，而且比门德尔松或雅可比更直接地继承了早期斯宾诺莎主义传统。存在一种与自由主义政治观点相一致的泛神论。与所有其他斯宾诺莎主义者一样，莱辛相信有关圣经的批判、自然宗教、宽容和平等的价值。他深深沾惠于《神学政治论》，这很可能是首次点燃他对斯宾诺莎感兴趣的原因。[2]《智者纳旦》(Nathan der Weise)[3]确实不过是斯宾诺莎《神学政治论》的哲学观点的引人注目的呈现。莱辛与斯宾诺莎主义传统的联系之所以完整，是因为他坚定地相信每个人都有权为自己思考——即使只是在精神上——所以他将自己视为一个路德会教友。[4]在这方面，莱辛保留了新教徒反宗教改革的遗产，这是所有早期斯宾诺莎主义者兴起的传统。

1778 年这年，在德国斯宾诺莎主义历史上开启了一个关键性的篇章，莱辛与汉堡的正统路德教会牧师葛茨（H. M. Goeze）发生了激烈的争论。尽管这场争论表面上并不是以斯宾诺莎为中心，甚至斯宾诺莎根本没有被包括在内，但争论所引发的问题是雅可比后来与门德尔松争执的基本背景的一部分。这场争论也为十年后斯宾诺莎的复兴奠

---

[1] 见 Lessing, *Werke*, XIV, 292–296。

[2] 见 Hettner, *Geschichte*, I, 758。

[3] 《智者纳旦》这部戏剧于 1779 年发表，1783 年在柏林首次公演。这是莱辛的一个概念戏剧，在这类戏剧中，一些哲学思想和世界观呈现出来。这部戏剧的中心是描绘启蒙运动时期的人文主义和宗教容忍。宗教容忍的观点，在第三幕的戒指寓言里被表现得淋漓尽致。——译者注

[4] 见 Lessing's *Anti-Goeze*, in *Werke*, XIII, 143。

定了基础。

莱辛与葛茨发生争论的起因关乎莱辛在1774—1778年间出版的《沃尔芬比特尔残篇》( *Wolffenbüttler Fragmente* )，该书由一段来自莱马鲁斯( H. S. Reimarus )《关于理性崇拜上帝者的申辩》( *Apologie oder Schützschrift für die vernünftige Verehrer Gottes* )的评注以及该书的冗长摘录组成。这部专著显得如此异端，以至于莱马鲁斯不敢在他的有生之年内发表。不过在他去世后，他的女儿爱丽丝·莱马鲁斯( Elise Reimarus )将手稿交给了莱辛。随后，莱辛在没有透露作者姓名的情况下，以在沃尔芬比特尔图书馆找到的手稿为借口，出版了此手稿。

莱马鲁斯的《申辩》本质上是对实证宗教( positive religion )的批判，对自然宗教的辩护。他的总论点是宗教必须仅基于理性，任何有理性的人都不可能接受《圣经》中所记载的历史。然而，莱马鲁斯使自己的批判达到了最极端的异端。他坚持认为《圣经》中的许多故事都是故意捏造的。他坚持要抛弃正统基督教的大多数教条，即复活、原罪、三位一体和永罚。[1]莱马鲁斯是斯宾诺莎《神学政治论》的热心读者，因此他在《申辩》中的许多内容都散发着斯宾诺莎主义精神就不足为奇了。[2]出版莱马鲁斯的作品意味着莱辛公开宣扬了斯宾诺莎的观点。

莱辛出版莱马鲁斯的异端作品有着自己复杂的哲学动机。他并不完全同意莱马鲁斯所说的一切，并且为了明确起见，他发表了他的摘录以及评注。尽管如此，莱马鲁斯的《申辩》仍然为莱辛提供了展现

---

[1] 有关更详细地讨论莱马鲁斯的论著，见 Hettner, *Geschichte*, I, 360-372 和 Beck, *Early German Philosophy*, pp. 293-296。

[2] Hettner, *Geschichte*, I, 364.

自己神学观点的最佳机会。莱辛坚信，当时的两大神学流派都持有极端而难以置信的观点。正统派想把宗教建立在天启和《圣经》教义的真理之上；新教义派将宗教建立在理性的基础上，并且想要证明《圣经》中包含的所有真理。根据莱辛的说法，正统派在捍卫无法经受理性批判的信仰时，过分扩大了信仰的范围；而新教义派试图为那些只有历史基础的信仰辩护时，则又过分扩大了理性的范围。现在，莱辛通过发表莱马鲁斯的《申辩》表明，他可以揭示正统派和新教义派双方的错误信仰。莱马鲁斯对天启的批判表明，理性与神迹和预言之间有着至关重要的关系。它向新教义信奉者证明，天启所包含的一切都是荒谬的；它向正统派表明，禁止接受一种易受批评的信仰是愚蠢的。

《沃尔芬比特尔残篇》的出版对当时的公众产生了轰动性的影响。莱马鲁斯对实证宗教的抨击震惊了新教义派和正统神学家，他们怀疑莱辛出版如此危险之作的动机。基督教受到如此直言不讳的攻击，对于他们而言无异于危害了他们的公共秩序。他们害怕这本书会削弱普通人的信仰，而这是公民服从的主要支柱。正如一位评论家在期刊《普通德意志丛书》（*Allgemeine deutsche Bibliothek*）中所抱怨的那样："这本书能为基督教徒的利益服务产生什么用处？……我们永远不会为人类创造一种比基督教更好的宗教，基督教除了其内在合理性之外，还有外在的积极约束。我们想要剥夺人民的权利吗？这岂不是要在没有舵、桅杆或帆的情况下将船暴露于茫茫大海之中吗？"[1]

正统派的理由很快被葛茨牧师接受。[2]他认为，莱辛不仅在出版这部作品时误入歧途，而且在批判这部作品时也有失严格。但莱辛

---

[1] 见 *AdB* 90 (1780), 385。

[2] 见 Goeze, *Etwas Vorläufiges*。

似乎赞同莱马鲁斯对《圣经》的批判。随后，莱辛和葛茨之间展开了激烈的论战，这产生了德国辩论文学的杰作之一：莱辛的《反对葛茨》（*Anti-Goeze*）。

莱辛和葛茨争论的主要问题是：《圣经》的真理对基督教是否必要？葛茨捍卫了正统的路德宗的立场，即《圣经》是基督教信仰的基础，这是在神启下写成的一份绝对正确的文献。莱辛坚持认为，《圣经》的真理对信仰不是必需的，因此像莱马鲁斯这样的批评不会破坏基督教的本质。正如莱辛总结了他的立场那样："文字不是精神，《圣经》也不是宗教，因此对文字或《圣经》的异议实际上并不因此（*ipso facto*）就是对宗教的异议。"[1]莱辛利用莱布尼茨对事实真理和理性真理的区分来证明他的观点。他认为，即使假设《圣经》中的一切都是正确的，也不能说明基督教的任何真理都是正确的。因为《圣经》声称只包含事实真理，从没有一个偶然的事实真理导向一个必然的理性真理。例如，"耶稣死后复活"这一命题的事实并不能证明"耶稣是上帝的儿子"。莱辛说，历史的和形而上学的真理之间存在着"一条又宽又尴尬的壕沟"（a wide ugly ditch），他也承认自己不知道该如何跨越它。莱辛由此得出结论，宗教的基础必须是理性，而不是天启。[2]

后来的雅可比与门德尔松之争，本质上是葛茨与莱辛之争的延续。[3]雅可比为实证宗教辩护的理由是为了反对莱辛和门德尔松。但

---

[1] Lessing, *Werke*, XII, 428.

[2] 然而，莱辛并没有由此得出如下结论：启示的概念是无用的，应该从宗教中驱逐出去。在他的《论人类教育》（*Erziehung des Menschengeschlechts*）中，莱辛认为启示录是上帝教育人类的手段，这本书直接源于他与葛茨之争。见 Lessing, *Werke*, III, 416, 431–432。

[3] 因此，雅可比和哈曼都从这个角度看待与门德尔松的争论。1784年12月5日，哈曼写给雅可比的信，以及1784年12月30日雅可比写给哈曼的信，见 Hamann, *Briefwechsel*, V, 274, 301。

是，这并不意味着雅可比愿意捍卫《圣经》的绝对正确性，就像葛茨一样（更不必说他是一位政治反动派了），认为《沃尔芬比特尔残篇》的出版对公众道德构成了威胁。[1]尽管如此，雅可比坚持认为宗教的基础必须是天启而不是理性；天启不一定来自《圣经》，它也有可能来自内在体验。宗教必须建立在有根据的事实的基础上，无论是当前事件的经验还是《圣经》中过去事件的见证。有趣的是，雅可比从未质疑过莱辛关于事实真理和理性真理的区分，他只是从中得出了相反的结论。就是说，该理性不能证明任何事物的存在，特别是上帝的存在；因此，所有关于上帝存在的证明都必须来自天启。

莱辛与葛茨之争不仅为雅可比与门德尔松之争提供了议题，也为后来接受斯宾诺莎铺平了道路。莱辛针对葛茨的令人震惊的辩论，大大削弱了一直逼迫斯宾诺莎主义者的正统派的立场。但是，更重要的是，莱辛已经表明，在不接受《圣经》权威的情况下，自己有可能成为一名路德派。对新教反宗教改革精神的重述，再没有比莱辛的《反对葛茨》更好的了。莱辛在该著作中公开澄清路德宗非主流思想的原因。一旦摆脱了《圣经》的权威，路德宗中所有潜在的泛神论力量就会浮现出来，现在就可以自由地表达自己了。

1785年后，对斯宾诺莎的舆论从几乎普遍的蔑视变成了几乎普遍的赞赏，这主要归于雅可比《关于斯宾诺莎学说的书简》出版的功劳，他在其中揭示了莱辛的斯宾诺莎主义。莱辛是启蒙运动中最受敬仰的人物，他的信条自动为每一个秘密的斯宾诺莎主义者赋予了合法性。现在，斯宾诺莎主义者们可以一个个地从他们的壁橱里出来，排成纵

---

[1] 值得注意的是，雅可比有着极为自由的政治观点，这一点在他的《莱辛所言》（*Etwas, das Lessing gesagt hat*, 1782）中进行了阐述。见 Jacobi, *Werke*, II, 325–389。雅可比在与门德尔松进行争论之前发表了这部作品，也许是为了避免被葛茨指摘。

队站在莱辛的背后。如果莱辛是一个可敬的人，一位斯宾诺莎主义者，那么他们就也是了。具有讽刺意味的是，雅可比的《关于斯宾诺莎学说的书简》并没有像门德尔松所担心的那样破坏莱辛的声誉。恰恰相反，这使他成为新教徒（nonconformists）眼中的英雄。莱辛将非正统的时尚变成现实，成为时尚的非正统派就是斯宾诺莎主义者。

当然，莱辛的信条只说明了斯宾诺莎主义是如何变得值得尊敬的。它解释了一个斯宾诺莎主义者为何会走向公众，但没有解释他为何首先成为斯宾诺莎主义者的原因。因此，要了解斯宾诺莎主义为何会成为许多其他思想家的信条，我们必须得考虑 18 世纪末科学的新形势。

斯宾诺莎主义的命运之所以回升，部分原因是一神论（theism）和自然神论（deism）的衰落。到了 18 世纪中叶，一神论受到科学之手的批判。一神论的两个基本原则——信仰神迹和《圣经》的权威——看起来越来越不可信。到了 18 世纪中叶，现代物理学的现状是，它对自然必然秩序的描述使人们开始质疑神迹的可能性。大约在同一时间，对《圣经》历史和文献学的批判，经由莱比锡的埃内斯蒂（J. A. Ernesti）和哥廷根的米凯利斯（J. D. Michaelis）之手，开始逐步削弱着《圣经》的权威。[1]《圣经》似乎不再是超自然灵感的产物，而是人类自己在特定历史和文化环境下写作的产物。斯宾诺莎对于《圣经》批判背后的主要原则——《圣经》是自然的产物——已经被证明是正确的。

尽管自然神论似乎与现代物理学和关于《圣经》的批判相一致，但它也开始衰落了。如果说一神论是科学的牺牲品，那么自然神论就是哲学批判的牺牲品。自然神论的支柱是本体论和宇宙论证明。但

---

[1] 有关埃内斯蒂和米凯利斯对《圣经》批判的影响，见 Hettner, *Geschichte*, I, 354–355。

是，这些证明在 18 世纪 80 年代就已失去了可信性。休谟的《自然宗教对话录》（*Dialogues Concerning Natural Religion*）、巴特勒的《自然宗教与启示宗教之类比》（*Analogy of Religion*）和狄德罗的《论盲人书信集》（*Lettre sur les aveugles*）严重破坏了宇宙论论证，而康德的第一批判似乎给了本体论论证致命一击（a fatal exposé）。

尽管一神论和自然神论很容易受到科学进步和哲学批判的攻击，但斯宾诺莎的泛神论似乎可以豁免。事实上，在 18 世纪，斯宾诺莎是现代科学的倡导者。他在《神学政治论》中提到的《圣经》批判科学（science of biblical criticism）显然是具有开创性的，并且远超其时代。《伦理学》中的激进自然主义似乎呈现出现代科学的哲学。斯宾诺莎对终极因和天意的否认，对决定论和宇宙无限性的肯定，对非人格化的宇宙之神（cosmic God）的信仰——所有这些都被认为是现代科学自然主义的结果。当然，斯宾诺莎的理性主义，尤其是他在形而上学中所使用的几何学方法，在 18 世纪 80 年代基本上不再为人所信了，无人如此天真地相信它的正确性。但是，更重要的是，在 18 世纪，斯宾诺莎体系中更多的是自然主义的内容而非几何学方法的形式赢得了人们的尊重。对斯宾诺莎宇宙之神的信仰似乎被看作是关于科学本身的宗教。

因此，在 18 世纪末，斯宾诺莎主义部分吸引人之处就是它对世界的宗教态度，这种态度即使不是现代科学的结果，但也仍与其保持一致。斯宾诺莎的泛神论似乎是一条可行的中道：在被蒙蔽的一神论和自然神论与无情的唯物论和无神论之间。如果歌德时代的思想家不愿意回到一神论或复兴自然神论，那么他们也不会倾向于霍尔巴赫的《自然的体系》（Holbach, *System de La nature*）或主张赤裸裸的无神论和唯物论。

除了哲学和科学的现状外，在 18 世纪后期的德国，斯宾诺莎主义取得胜利的背后还有其他因素。路德宗本身就是其中一个不可估量的因素，尤其是其平等与上帝建立直接联系的理想。一旦《圣经》的权威被抛弃，我们就会看到路德如何使自己的理想适应泛神论。为了让路德宗内部潜藏着的泛神论倾向实现出来，还必须满足两个条件。首先，必须不再信任《圣经》的权威；其次，必须保持路德的理想。这两个条件都齐了。加强对《圣经》的批判和莱辛在与葛茨之争中所取得的胜利满足了第一个条件。第二个条件的满足是通过虔敬派运动来实现的，直到 18 世纪后期，它的影响仍然很明显。在歌德时代的泛神论者中，有不少人具有虔敬派的背景，这不可避免地影响了他们的思想。

为了理解 18 世纪末斯宾诺莎主义在德国的兴起，我们要考虑到路德宗这一维度，这一点至关重要。[1]路德的理想是早期斯宾诺莎主义者的指导精神，对后期斯宾诺莎主义者而言亦复如是。从 17 世纪末到 18 世纪末，确实存在着一种单一的斯宾诺莎主义传统，这一传统一直受到路德的启发。歌德时代，泛神论的一个显著特征表现出了路德一贯的影响力。几乎所有后期斯宾诺莎主义者都坚持认为：拥有上帝的经验和保持与整个自然的交流是重要的。我们在歌德、谢林、施莱尔马赫、诺瓦利斯、荷尔德林和赫尔德的理论中一次次地发现过这种表达。正是这种歌德时代泛神论的神秘色彩，使其区别于正统斯宾诺莎主义的理性主义。好像理智地爱上帝是斯宾诺莎体系的开始而不是结束。然而，除了重申路德关于与上帝建立直接联系的理想之外，歌德时代泛神论的另一特征又是什么？ 17 世纪末，对斯宾诺莎主

---

[1] 贝克在他的《早期德国哲学》第 359 页中指出，斯宾诺莎在德国的影响力上升，而理性主义在下降，这是一个自相矛盾的现象。然而，我们一旦认识到歌德时代泛神论的路德维度，这个悖论就消失了。

义而言的真实，在 18 世纪依然不失为真实：那是没有《圣经》的路德教义。

## 第三节　关于莱辛的斯宾诺莎主义之争

1783 年 3 月 25 日，雅可比、莱辛和门德尔松的共同好友，莱马鲁斯（《申辩》的作者）的女儿爱丽丝·莱马鲁斯给雅可比写了有关柏林的最新消息[1]。而就在前一天，她还拜访了门德尔松，门德尔松向她讲述了自己的最新文学计划。门德尔松向她保证，他仍然打算完成他长期承诺的关于莱辛这个角色的作品，这是自 1781 年 2 月莱辛去世后一直以来的计划。这本小册子是对他最亲密朋友的致敬，他俩相识 30 载，并且莱辛也跟他分享了自己所有最私密的思想。爱丽丝·莱马鲁斯很高兴看到门德尔松最近的决心，并立即将这一喜讯传达给了雅可比。

在听到门德尔松的这一计划后，雅可比于 1783 年 7 月 21 日致函爱丽丝·莱马鲁斯，询问门德尔松是否了解莱辛最终的宗教观[2]。他有重要的事情要告诉她，如此重要的事情他只能以友谊的名义私下吐露了。对于正统派来说，这确实是一则令人震惊的新闻。但是，雅可比仍然觉得有义务讲这句话："在最后的日子里，莱辛是一位坚定的斯宾诺莎主义者！"尽管令人震惊，但雅可比暗示，莱辛就是这样向他袒露的。当然，这一事实应该传到了门德尔松的耳朵里。如果门德尔松要写一本有关莱辛传记的书，那他肯定有必要了解一下莱辛的斯宾诺莎主义。但很明显，整个事情显得非常微妙。如何可能向正统

---

[ 1 ] Jacobi, *Werke*, IV/l, 38n.

[ 2 ] Ibid., IV/l, 39–40.

派的公众揭示莱辛的非正统派观点呢？斯宾诺莎在18世纪德国的声誉表明，作为一位斯宾诺莎主义者也就是作为一位无神论者。门德尔松将不得不极其谨慎地对待莱辛最终的宗教观。如果他公开泄漏了莱辛的斯宾诺莎主义，这必然会震惊公众，只会诋毁而非增加莱辛的声誉。但是，如果他完全压制事实，那么他就不能声称要写出真实或可靠的传记。雅可比告诉爱丽丝·莱马鲁斯，他不知道莱辛是否向其他人，尤其是门德尔松传达了自己的观点。莱辛有可能告诉门德尔松；但他也有可能没有，因为莱辛在去世前很长一段时间里并没有见过门德尔松，并且他也不喜欢写信。然后，雅可比将决定权交给爱丽丝·莱马鲁斯，由她来决定是否告诉门德尔松关于莱辛的斯宾诺莎主义。

尽管雅可比给爱丽丝·莱马鲁斯的书信看似完全是真诚和善意的，但实际上是虚伪的。雅可比非常清楚，莱辛并没有向门德尔松承认过自己的斯宾诺莎主义立场[1]。雅可比也掂量着向公众公开莱辛的斯宾诺莎主义的后果，鉴于他将在两年后发表与莱辛的私密对话。尽管雅可比以无动于衷的态度将此事转交给爱丽丝·莱马鲁斯自行决定，但他恰恰是想让她通知门德尔松。

那么，为什么雅可比如此煞费苦心呢？他想干什么？简而言之，他为门德尔松设下了陷阱。雅可比知道他提供的信息会惊动门德尔松；并且他算计出，这将迫使门德尔松怀疑或否认莱辛的斯宾诺莎主义的主张，因为这相当于称自己最好的朋友为无神论者啊！当门德尔松有了疑心或怀疑后，他就可以加入这场争辩，并透露与莱辛的个人对话内容。这样的策略将证明他与莱辛更加亲密，以暴露门德尔松对

---

[1] 据雅可比所言，莱辛告诉过自己且从来没有告知过门德尔松关于他的最新观点，见 *Werke*, IV/l, 42。

他们的老朋友最私密见解的无知。因此，从表面上看来，门德尔松声称自己是莱辛的唯一合法继承人和发言人，这乃是攸关之事。雅可比自己想要这个头衔，因此他倾向诉诸偷偷摸摸的伎俩来获得它。

雅可比渴望挑战门德尔松的主张，这已经可以从一年前他与门德尔松的一场小小的文学争论中看出端倪，它预示着之后的许多争论。雅可比在《莱辛所言》（*Etwas, das Lessing gesagt hat*, 1782）中引用了莱辛的一段话，以支持他对各种形式的政治和宗教权威的攻击："费布朗尼乌斯（Febronius）和他的信徒们所说的，只是对贵族们无耻的奉承；因为他们所有反对主教权利的论证要么毫无根据，要么以双重和三倍的效果适用于贵族本身。"[1]对于雅可比来说，莱辛勇敢地批判了新教贵族和天主教主教，这都是很重要的。这意味着莱辛不是柏林启蒙思想家之一，他们时刻准备放弃自己的知识分子理想，以便与道德和政治现状妥协。莱辛与柏林人不同，他的正直使他的观点合乎逻辑地得出结论，并不顾道德和政治后果。因此，雅可比感到，在与各种形式的专制主义作斗争时，莱辛站在了他这边——而且，显而易见，这包括在柏林的"启蒙的专制"。

雅可比的书出版后，门德尔松对此发表了一些批判性的评论，其中有一些是质疑雅可比对莱辛的理解[2]。这些评论随后被转给了雅可比，雅可比据此采取了非同寻常的步骤，编造了一篇针对自己的文章，其中就包括门德尔松的评论。然后，他于1783年1月在《德意志博物馆》（*Deutsches Museum*）杂志匿名发表了该文章。这一引人注目的策略终于给了雅可比想要的机会：与门德尔松进行公开辩论。在回复门德尔松的批判时，雅可比与门德尔松针对莱辛反讽的解释发生了争

---

[1] Jacobi, *Werke*, II, 334.

[2] Mendelssohn, *Schriften*, VI/l, 103–108.

执。[1]门德尔松声称，莱辛反对贵族的陈述只是他喜欢悖论的一个例子，因此不能严肃地归因于他。这种对悖论的热爱，使莱辛倾向于用另一种夸张来反对任何被广泛相信的夸张。但是，雅可比通过诉诸他对莱辛的特殊理解来反驳这种解释。他说，莱辛亲口告诉他，他绝不会出于悖论而陷入悖论，他永远不会攻击一种真正的信念，除非它是基于糟糕的证明。对莱辛反讽的这种解释对这场争论的到来也很重要。根据雅可比的说法，这意味着莱辛向他坦承自己的斯宾诺莎主义并非仅仅出于对悖论的热爱。

尽管雅可比采取了孤注一掷的策略，但门德尔松并没有被引诱而加入这场论战。门德尔松只是礼貌地承认了雅可比的观点。他认为雅可比只是一介文人，不值得他花时间。当然，雅可比发现了这一点，并对此感到受辱和沮丧。下次，他绝不会让门德尔松这么轻易地溜走。

正如雅可比所预料的那样，爱丽丝·莱马鲁斯忠实地传达了莱辛的斯宾诺莎主义秘密。1783 年 8 月 4 日，她写信给门德尔松并告诉了他关于雅可比提供的信息，并附上了雅可比 7 月 21 日的书信副本[2]。门德尔松对如此惊人的消息有何反应？说得委婉些，这是一种困惑和烦恼。8 月 16 日，门德尔松在回复爱丽丝·莱马鲁斯时惊愕地问："莱辛是斯宾诺莎主义者，这意味着什么？"[3]雅可比必须为自己的主张作出解释。就目前的情况而言，他的主张过于空洞和模糊，以至于他无法对其提供重要的论断。"莱辛到底说了什么？""他在什么情况下怎么说的？""对于斯宾诺莎主义，莱辛表达了什么？""他

---

[1] Jacobi, *Werke*, II, 404-405.

[2] Mendelssohn, *Schriften*, XIII, 120ff.

[3] Ibid., XIII, 123ff.

心目中的斯宾诺莎是何种特定的学说？"在门德尔松开始评论雅可比的主张之前，所有这些问题以及更多其他问题都必须得到回答。无论雅可比怎么说，门德尔松都表示怀疑。他摒除了这种可能性，即莱辛是一位纯粹的斯宾诺莎主义者。如果莱辛曾经说过，他认为斯宾诺莎主义是唯一可能的体系，那他要么失去理智，要么就处于另一种好斗和讽刺的情绪中，他只是为了争辩之故而捍卫不受欢迎的观点。但是，门德尔松说，假设雅可比所说的莱辛的斯宾诺莎主义属实，那么他认为没有理由压制它。没有任何理由像雅可比所想象的那样去掩饰或审查这一点。真理的利益不会妥协，只有坦率地揭示莱辛的斯宾诺莎主义才能维护真理的利益。门德尔松告诉爱丽丝·莱马鲁斯："即使是我们最好的朋友之名，也不应发出比其应得的更璀璨的光芒。"

只要雅可比设法证实他的指控，门德尔松愿意接受和宣传莱辛的斯宾诺莎主义，他似乎已经放弃了与雅可比争辩。实际上，他只是在博弈。门德尔松知道爱丽丝·莱马鲁斯会将信件内容转给或概括给雅可比，因此他必须仔细权衡自己的回答。门德尔松的回信中含有虚伪的成分，就像雅可比的原始信件一样。他似乎很愿意承认的也正是他最害怕的那一点。如果简单地断言莱辛的斯宾诺莎主义，那么将无可挽回地损害他朋友的声誉。因此，门德尔松并不建议雅可比公开这一信息，事实上，他想要竭尽全力地阻止他公开。那么，为什么他表面上愿意承认雅可比所提出的这一赤裸裸的真相呢？他至少有两个动机：第一个动机是，门德尔松试图反对雅可比的推测，即他可能想要隐瞒事实并写出不那么真诚的墓志铭。但这个推测使他的真诚受到质疑，于是他别无选择，只能不予理会。第二个动机是，门德尔松的明确意愿也表明了其信心，即如果雅可比能证明他的主张为真，那么他将以一种与自然宗教和道德准则的事实完全一致的无害方式来解释莱辛的斯宾诺莎主义。两年后，争论处于白热化，门德尔松在他的《致莱辛的朋友们》（ *An die Freunde Lessings* ）中坚称，从他与莱辛建立友谊以来，他就一直知道莱辛对斯宾诺莎主义的同情。但是，他将莱辛的斯宾诺莎主义与早期片论《理性的基督教》中所阐述的思想联系在一起。至少门德尔松在这一片论中发现了斯宾诺莎主义的特点完全符合所有道德和宗教的基本事实。因此，如果门德尔松能在雅可比之前，发表他关于莱辛的斯宾诺莎主义的论述，那么雅可比关于莱辛的斯宾诺莎主义的公开声明之被动就得到消除。这样一来，门德尔松就可以轻易保住莱辛的名声了。总而言之，门德尔松的虚伪表现在一件事上：他识破了雅可比的陷阱，并巧妙地避开了它。[1]

现在非常清楚的是，雅可比和门德尔松之间的论战即将到来。有一件事情让此论战顺其自然地发生。1783 年 9 月 1 日，爱丽丝·莱马鲁斯正式将门德尔松 8 月 16 日的回信摘录转给了雅可比。[2] 收到转发的书信后，雅可比感到已别无选择，只能答应门德尔松的要求，提供更多有关莱辛的斯宾诺莎主义的信息。[3] 因此，仅两个月后（1783 年 11 月 4 日），雅可比写下了一封长信（四开纸共 36 页）来描述了他与莱辛的对话，据称莱辛在此期间承认了斯宾诺莎主义。正是他与莱辛的这段对话记录，对 18 世纪晚期德国的文化领域产生了如此巨大的影响。据雅可比所言，他们的决定性对话发生在 1780 年夏，当时雅可比开始了他的"伟大旅行"，前往沃尔芬比特尔拜访莱辛。雅可比

---

[1] 门德尔松想要取代雅可比并挽救莱辛的声誉，这从门德尔松后来的两封信中可以明显看出。1785 年 10 月 8 日他写给尼古莱的信，以及 1785 年 10 月 21 日他写给爱丽丝·莱马鲁斯的信，见 *Schriften*, XIII, 309, 320。

[2] Jacobi, *Werke*, IV/l, 43–46.

[3] Ibid., IV/l, 46–47.

首次见到莱辛是在 7 月 5 日下午。次日早晨，莱辛来到雅可比的房间邀请他一起参观著名的沃尔芬比特尔图书馆。雅可比刚写完他的书信，与此同时，为了招待莱辛，他给莱辛看了一些东西，其中包括歌德年轻时期未出版的诗作《普罗米修斯》（*Prometheus*）。在评价这首诗时，莱辛做了令人印象深刻的表白。正如雅可比所回忆的那样，对白如下：

> 莱辛：我觉得这首诗很好……它的观点也是我的观点。上帝的正统思想已不再适合我。"大一和整全［一与一切］"（One and All），除此我不知其他。这是这首诗的主旨，我必须承认，这让我欣慰。
>
> 雅可比：那您就和斯宾诺莎差不多了。
>
> 莱辛：如果我要以任何人的名字为我自己命名，那么再没有比斯宾诺莎更好的了。
>
> 雅可比：斯宾诺莎对我来说已经足够好了，但我们在他的名字里找到了一种良莠不齐！
>
> 莱辛：嗯，如此说来……但你知道谁比他更好吗？

此时，由于图书馆馆长的到来，对话中断了。但次日早上，莱辛又来见雅可比并急于向他解释"大一和整全"的含义，因为担心自己吓到了雅可比。

> 莱辛：我来和你谈谈我的"大一和整全"。你昨天感到震惊吗？
>
> 雅可比：您确实让我感到惊讶，并且我确实感到有些尴尬。但是您没有让我震惊。我当然没想到您是一位斯宾诺莎主义者

或泛神论者。让我难以想象的是您会如此迅速、坦率和明确地放下你的立场。我此行主要意图是为了得到您的支持，来反对斯宾诺莎。

莱辛：那么，你了解斯宾诺莎吗？

雅可比：我相信我属于几个屈指可数的知道他的人。

莱辛：这样就没必要帮助你了。因为，你也将成为他的朋友。除了斯宾诺莎的哲学外，就没有其他哲学了。

雅可比：那可能是。对于决定论者而言，如果他要保持一致，就必须也成为宿命论者。其他一切都从那里起步。

当雅可比对斯宾诺莎的哲学作解释后，对话停止了。他的解释强调了斯宾诺莎对自由意志、天意和一个人格化上帝的否认。从雅可比所反映的这段对话来看，莱辛似乎赞同他所解释的主要论点。雅可比简短解释之后，对话继续：

莱辛：因此，我们不会因为你的信条［斯宾诺莎］而分道扬镳吗？

雅可比：无论如何，我们都不想这样。但我的信条并不取决于斯宾诺莎。我相信世界存在着理智的和人格的原因。

莱辛：哦，如此更好了！现在，我要听到一些全新的内容。

雅可比：我不会为此而感到激动。我用"致命的一跃"来化解此事。但通常您不觉得头足倒置有什么特别的乐趣？

莱辛：哪里哪里，只要我不步入后尘就行。然后你会再次恢复常态，不是吗？因此，若无神秘之处，我得一探究竟。

随后，对话变成了关于自由问题的辩论。雅可比承认，对他来说最重要的概念是终极因。他解释说，若无终极因，那么我们必然否定自由，接受彻底的宿命论。但是，宿命论的景象对雅可比来说是可怕的。如果宿命论是真的，那么我们的思想就不可能指导我们的行动，而只能是观察它们。我们不做我们所想的事，我们只考虑我们所做的事。尽管雅可比充满激情和信念，但莱辛仍然保持着冷静，未为所动。他直言不讳地回答说，自由的概念对他而言毫无意义。他以真正的斯宾诺莎主义者的方式拒绝了拟人论的终极因和自由意志。他说，我们把我们的思想看作是事物的第一原则，这只是人类虚荣的产物。随后，莱辛嘲笑雅可比，问他如何设想出上帝的人格。他怀疑雅可比是否能按照莱布尼茨哲学来构想，因为这种哲学最终都归结为斯宾诺莎哲学[1]。雅可比承认，莱布尼茨和斯宾诺莎的哲学之间确实存在着一致关系。因为莱布尼茨是决定论者，所以他也必定如斯宾诺莎，是位宿命论者。

在这里，对话触及一个关键点。雅可比承认了斯宾诺莎和莱布尼茨哲学的一致性，并拒绝了他们固有的宿命论，或者如莱辛所暗示的那样，雅可比似乎拒斥了所有的哲学。雅可比的回答对于即将开始的争论至关重要。

> 莱辛：因为您的哲学，您将不得不拒斥所有的哲学。
>
> 雅可比：为什么是所有的哲学？
>
> 莱辛：因为您是完全的怀疑论者。
>
> 雅可比：恰恰相反，我将自己从一种使怀疑论成为必然的哲

---

[1] 这是雅可比报道的一部分，但听起来有点不真实。在一个早期的段落中，"沿着斯宾诺莎的路线，莱布尼茨提出了前定和谐"（Durch Spinoza ist Leibniz nur auf die Spur der vorherbestimmten Harmonie gekommen），莱辛怀疑莱布尼茨和斯宾诺莎的一致性。见 Lessing, *Werke*, XIV, 294-296。

学中摆脱出来。

莱辛：把你自己摆脱出来，去了哪儿？

雅可比：走向了"光"，当斯宾诺莎说光时，光就照亮了他自己和黑暗。我喜欢斯宾诺莎，因为他比其他任何哲学家都更能使我相信，某些事情无法解释，一定不要在它们面前闭上眼睛，而只需在发现它们之后接受它们……即使是最伟大的头脑，当他根据清晰的概念试图解释一切并加以理解时，也会遇到荒谬的事情。

莱辛：那不试图解释事情的人呢？

雅可比：无论谁，如果他不想解释那些不可设想之事，而只想知道事物开始的分界线：他将为人类的真理收获最大的空间。

莱辛：亲爱的雅可比，语词仅仅是语词而已！你想要确定的边界无法确定。而在它的另一边，你可以充分自由地发挥你的梦想、谬论和无知。

雅可比：我相信我可以确定边界。我不想描绘它，而只想认出已经存在的东西。就梦想、谬论和无知而言……

莱辛：混乱想法出现的地方，就是它们流行的地方。

雅可比：虚妄的想法发现越多，流行则越广。爱上某些解释的人会盲目地接受每一个后果。

此时，雅可比用几行名句总结了他的哲学。

雅可比：正如我所看到的，哲学家的首要任务是揭示，揭示存在（ Daseyn zu enthüllen ）。解释仅仅是达到这个目标的一种手段。一种方法：它是第一项任务，但绝不是最后的任务。最后的任务是无法解释的：无法解决的、直接的和单纯的。

在这里，雅可比迅速得出结论。我们只剩下莱辛关于雅可比哲学的有趣而讽刺的评论。

> 莱辛：很好，非常好，我可以使用所有这些；但我不能以同样的方式来遵循它。总的来说，你的致命一跃并不会令我不悦；我可以看到正常的人会头足倒置地走向何处。如果可行的话，带我一起去。
>
> 雅可比：如果您恰恰踩在我弹起一跃的那一点上，那么其他一切都将随之而来。
>
> 莱辛：即使我也跟着那样跃起，但我无法要求我的老腿和沉重的脑袋和我一起飞跃。

门德尔松对雅可比异乎寻常的报道有何反应？从1783年11月18日他写给爱丽丝·莱马鲁斯和约翰·莱马鲁斯（Johann Reimarus）的一封信来看，他显然妥协了。[1]门德尔松承认，雅可比的解释回答了他的问题，并且"令他完全满意"，尽管他增加了"暂时"（*vor der Hand*）这一重要的限定。他称赞雅可比，甚至为他之前的失礼而致歉。起初，他认为雅可比只是一介文人；但现在，他可以看到雅可比是为数不多的以思考为主业的人之一。随后，门德尔松做出了重要的让步：雅可比的优点就是他可以理解莱辛为何愿意向他吐露心声。这种让步相当于使他认识到，他自己并无定夺莱辛品格的优先权。在承认了对手的力量后，门德尔松决定退出战斗。正如他所解释的那样："他曾挑战过的骑士摘下了他的盔甲；当他看到真正的对手时，他现在正戴上

---

[1] Mendelssohn, *Schriften*, XIII, 156–160.

了他的金属手套。"[1]

然而，门德尔松在 11 月 18 日的书信中写了一些更加令人震惊的文字，他显然愿意承认莱辛已经陷入一种粗鄙的斯宾诺莎主义形式，这对道德和宗教构成了危险。他告诉莱马鲁斯一家人，有必要通过一则显著的危险例子（即莱辛）来警告哲学家，在没有指导方针的情况下放任思辨所涉及的危险。他还同意了约翰·莱马鲁斯对莱辛的斯宾诺莎主义的判断：莱辛对悖论和反讽的热爱，再加上他在扮演魔鬼的辩护人（*advocatus diaboli*）中采取极端立场的倾向，最终占据了他的一切。无论如何，在撰写有关莱辛人物品格的文章时，他从未打算把莱辛塑造成一个圣人或先知。他的主要责任是坚持真理，即纯正和朴实的真理，这意味着如莱辛所是地描绘出莱辛，包括他的愚蠢和软弱。门德尔松试图淡化莱辛对斯宾诺莎主义的认可，他声称自己从未把任何伟人在他最后的日子里所说的话放在那么重要的位置，特别是像莱辛这样喜欢"跳跃"（leap）的人。门德尔松似乎至少承认了这种可能性，莱辛的斯宾诺莎主义即莱辛在他的《理性的基督教》中所拥护的斯宾诺莎主义，与其青年时代的斯宾诺莎主义不同。

通过 11 月 18 日门德尔松的和解信，雅可比和门德尔松之间的整个争论似乎都缓和了。在向雅可比道歉并撤回挑战之后，门德尔松显然放弃了争取。雅可比对门德尔松的回复进一步巩固了和平与善意的一般表现。1783 年 12 月 24 日，爱丽丝·莱马鲁斯致信门德尔松称，雅可比对他的信感到"完全满意"[2]。实际上，自从门德尔松表面上妥协以来，他完全有理由感到满意。出于对善意的回报，雅可比告诉门德尔松无需道歉，同时他在评论中感到"非常高兴"，认为有必要提醒

---

[1] Mendelssohn, *Schriften*, XIII, 157.

[2] Ibid., XIII, 165–166.

"思辨的迷恋者"。对雅可比来说，这番话确实是他们中最大的妥协。这证明了门德尔松愿意在哲学上妥协，还证明了如果哲学威胁到道德和宗教，他愿意用理性制止它。因此，门德尔松似乎也承认，如果哲学不受道德和宗教指导原则的控制，那么理性将以斯宾诺莎主义的无神论和宿命论告终。本质上，这就是雅可比想要表达的一切。

接下来，雅可比和门德尔松之间表面上的休战持续了7个月。尽管门德尔松在11月18日的信中表现出了妥协和默许的口吻，但他只是为即将到来的争辩屏息凝神而已。实际上，他的信是一种巧妙的拖延战术，是一种为赢得时间而讨价还价的方式。门德尔松告诉爱丽丝·莱马鲁斯和约翰·莱马鲁斯，他需要更多的时间来考虑雅可比的立场。如果他似乎投降了，那仅仅是因为他不想过早地挑战雅可比，并刺激他发表自己的报告。门德尔松最想做的事一直是，找时间解释莱辛的斯宾诺莎主义，使其与道德和宗教相一致。他必须比雅可比的讲述（莱辛的斯宾诺莎主义版本）抢先出版，因为，雅可比的讲述肯定会将斯宾诺莎主义归咎于莱辛，从而损害莱辛的声誉。

现在是万事俱备，只欠东风了，唯一的问题是门德尔松何时开始向雅可比开火。第一个不祥的预兆出现在1785年7月4日，当时爱丽丝·莱马鲁斯写信告诉雅可比一些令人振奋的消息。爱丽丝·莱马鲁斯向雅可比提到门德尔松给她的最后一封信，大概写于1784年4月[1]，她说道："他告诉我，如果今年夏天他的身体健康允许并且有时间，他会把关于莱辛人物传的书放在一边，以便冒险和斯宾诺莎主义者论战。"[2]

---

[1] 原始文本丢失了。奥尔特曼对其可能发表的评论，见 Mendelssohn, *Schriften*, XIII, 398。

[2] Mendelssohn, *Schriften*, XIII, 398.

未经门德尔松的同意，爱丽丝·莱马鲁斯天真地向雅可比透露了门德尔松的作战计划。"冒险和斯宾诺莎主义者论战"可能只意味着一件事：对雅可比本人的攻击，因为雅可比声称所有哲学终结于斯宾诺莎主义。一场论战显然即将打响，雅可比告诉爱丽丝·莱马鲁斯，他对这个消息感到"高兴"。

一个月后，终于正式宣战。1784 年 8 月 1 日，门德尔松第一次直接给雅可比写信（没有爱丽丝·莱马鲁斯作为中间人），信中他提出对莱辛叙述的对话内容持反对意见[1]。然后，门德尔松在几句重要的话语后提出了挑战："您以骑士的风范扔下了您的金属手套；我捡起了它；现在，让我们在我们共同尊敬的年轻姑娘眼前，以真正的骑士习惯来开始我们的形而上学较量吧。"[2]

9 月 5 日，雅可比直接回复了门德尔松。他感到遗憾的是，由于自身健康状况欠佳，使得他无法对门德尔松的反对意见做出任何回应。但是，雅可比答应在他的健康状况改善后尽快给门德尔松详细的答复。在此期间，雅可比向门德尔松寄去了他与斯宾诺莎之间的模拟对话的副本《赫姆斯特里特的来信》（Lettre a Hemsterhuis），阐明了他对斯宾诺莎的解释。尽管雅可比身体不好，但他确实设法提出了一个要点：他提醒门德尔松，他的哲学并不是斯宾诺莎的哲学。相反，他用帕斯卡的著名诗句概括了这一要点："自然驳倒了怀疑主义者，理智驳倒了独断论者。"（*La nature confond les Pyrrhoniens, et la raison confond les Dogmatistes*）

雅可比再次假惺惺地声称，他对扔下金属手套之事一无所知。但

---

[1] 见 Mendelssohn's "Erinnerungen an Herrn Jacobi," in Mendelssohn, *Schriften*, III/2, 200–207。

[2] Mendelssohn, *Schriften*, XIII, 216–217.

是，门德尔松如果认为他扔掉了手套，那么他就不会胆怯和退缩。雅可比接受了挑战（他为激发这次挑战做出了巨大努力），并把自己托付给了天国、爱丽丝·莱马鲁斯姑娘和他对手的高尚心灵。伴随着骑士较量的浪漫氛围，论战开始了。但这很快就被证明一点儿也不浪漫。出于我们很快就会看到的原因，它变得有恶意，然后变成悲剧。

论战开始得很缓慢。1784—1785 年秋冬季，几乎没有发生任何事。门德尔松如蜗牛般慢慢做研究，雅可比的健康状况也开始恶化。当情况终于好转时，雅可比遭受了沉重的打击：他的三子去世，然后他的妻子亡故。[1]现在，所有关于回复门德尔松反对意见的想法都不可能了。

直到 1785 年 4 月底，在收到门德尔松反对意见后的 8 个月后，雅可比才找到力量写信回复门德尔松。4 月 26 日，他给门德尔松寄了一份长篇手稿，这是他解释斯宾诺莎的概要[2]。但是，雅可比只是重申了他的立场。他并没有对门德尔松的异议给出相同分量的反驳（*quid pro quo*），而是明确地对门德尔松说，他错过了重点。这不是对话的基础。更不祥的是，雅可比在附信中给出了一条危险的预言："也许我们将活着看到这一天，就像大天使和撒旦为摩西遗产的争辩一样，也会发生一场关于斯宾诺莎遗产的争论。"[3]显然，正如莱辛所说，斯宾诺莎被当作死狗对待的日子已经过去了。

雅可比迟迟未回复门德尔松是情有可原的，也是注定的。当雅可比竭尽全力回应门德尔松的反驳时，门德尔松却变得越来越不耐烦了。在雅可比的回信到达柏林之前，门德尔松做出了一个重大决定。

---

［1］1784 年 10 月 18 日雅可比写给哈曼的信，见 Hamann, *Briefwechsel*, V, 239–242。

［2］Jacobi, *Werke*, IV/l, 210–214.

［3］Ibid., IV/1, 167.

他于 1785 年 4 月 29 日写信给爱丽丝·莱马鲁斯，他打算在不与雅可比商量，也不再等待他答复反对意见的情况下，出版他的书的第一部分[1]。门德尔松厌倦了等待雅可比的回复，并怀疑他可能永远不会回复自己。他还认为，如果他正式而明确地陈述自己的观点，那么他就可以使整个争论变得更有实质性意义。

尽管这似乎是一个完全合理的决定，但考虑到门德尔松与雅可比的微妙关系，这也是一个值得怀疑的举动。这势必会给他们之间已遭削弱的信任带来紧张。一方面，尽管门德尔松获得了引用雅可比叙述的许可，但人们都知道，在征询雅可比同意之前，他是不会引用的。毕竟，雅可比才是莱辛临终忏悔的见证人，因为他首先提供了相关信息。但另一方面，门德尔松确实认为他的决定不会破坏这一默许。他向爱丽丝·莱马鲁斯解释说，他不会在书中卷一提及雅可比的谈话。只有在卷二中才会考虑涉及这些内容；因此，有足够的时间就此事征询雅可比。这样一来，门德尔松告诉爱丽丝·莱马鲁斯，他可以在履行对雅可比的诺言的同时正式声明自己的立场。

这就是门德尔松如何将此事转给爱丽丝·莱马鲁斯的方式。但是，事情的真相比这要复杂得多。实际上，门德尔松是按照他以往的策略行事的[2]。他想压倒雅可比的风头，抢先公开他对事件的描述。只有这样，他才能保护莱辛的名誉，以避免雅可比对莱辛的斯宾诺莎主义提出任何破坏性的指控。当然，按照门德尔松所言，他在书中卷一并未提及雅可比的谈话。但是，他确实写了一章关于莱辛泛神论的内

---

[1] Mendelssohn, *Schriften*, XIII, 281.

[2] 从门德尔松 1785 年 4 月 29 日写给爱丽丝·莱马鲁斯的信中可以明显看出，他是按照这一策略行事的；见 Mendelssohn, *Schriften*, XIII, 281。在这里，门德尔松坚持认为莱马鲁斯不应该让雅可比看到他即将出版的书稿（手写本）。只有出版的副本才是雅可比眼中的目的。而那时，雅可比即使采取有效行动也为时已晚。

容，并把"一种纯化了的泛神论"（a purified pantheism）归结于莱辛，一种被认为与道德和宗教事实相一致的泛神论。对于这一章节的设计，其目的是为了抢占雅可比的风头，以剥夺雅可比揭示莱辛的斯宾诺莎主义那全部令人震撼的价值。

在最终收到雅可比对他反对意见的回复之后，门德尔松更是坚定决心继续出版他的书。正如门德尔松在 5 月 24 日写给爱丽丝·莱马鲁斯的信中所解释的那样，事实证明，与雅可比争辩是不可能的[1]。雅可比把他所有的反对意见都当作误解来驳回；他解释得越多，事情就越模糊。因为他们说的是不同的哲学语言，所以没有共同的辩论术语。因此，在不征求雅可比同意的情况下出版他的书似乎显得更加明智。如果雅可比看到手稿，那又会有什么区别呢？无论如何，他的所有批评都是难以理解的。

1785 年 7 月 21 日，门德尔松终于克服了自己的不情愿，给雅可比写了一封逾期已久的信[2]。这是一件微妙的事情，但他必须完成：他不得不告诉雅可比关于决定出版自己的书的事情，并且书名"晨课"已确定。尽管门德尔松很谨慎，但他还是把一切都搞砸了。门德尔松诚实而坦率地告诉雅可比，他发现他写的一切都晦涩难懂。然后，他说通过出版他的书确立争议的状态（statum controversiae）。这个拉丁语短语模棱两可且选择不当。门德尔松没有解释他是如何确定争议的状态的，而是让雅可比猜测他是否会提及他与莱辛的谈话。他没有提到只打算在计划的卷二中涉及这些内容，因为他认为爱丽丝·莱马鲁斯已经将他的详细计划告知了雅可比。实际上，她几个月前就这样做了。门德尔松的计划如此模糊，《晨课》给雅可比狂热和怀疑的想象力

---

[1] Mendelssohn, *Schriften*, XIII, 282.

[2] Ibid., XIII, 292.

提供了足够的燃料。

不难想象，雅可比对门德尔松的来信会有何反应。说的委婉些，雅可比颇为愤怒。门德尔松在不经他同意的情况下，公布他提供的信息似乎就是公然违背了他的信任。就他所知，门德尔松将他描述成恶魔的代言人（*advocatus diaboli*），也就是说，他是一个十足的斯宾诺莎主义者，对超越所有哲学信仰的立场一无所知[1]。简而言之，雅可比看穿了门德尔松试图抢他风头，因此他很生气。他能做什么？雅可比觉得自己别无选择，只能是出版，尽快地出版。面对门德尔松粉饰了围绕莱辛的斯宾诺莎主义的所有问题，他不能袖手旁观。因此，雅可比匆匆忙忙地拼凑好自己的书，这是一部奇怪的大杂烩，其中包含他给爱丽丝·莱马鲁斯和门德尔松的信、门德尔松给他和莱马鲁斯的回信以及他与莱辛的对话等内容，所有这些都援引哈曼、赫尔德、拉瓦特和《圣经》的名言来装饰。雅可比在一个月内将这些内容拼凑成册，冠之以"关于斯宾诺莎的学说——致摩西·门德尔松先生的信函"（*Ueber die Lehre von Spinoza in Briefen an Herrn Moses Mendelssohn*，以下简称《关于斯宾诺莎的学说》）之名。由于雅可比不想让门德尔松弄清自己的计划，因此他并没有征求他的同意就发表了他的书信。他知道这是不道德的；但他认为这很公平，属于一报还一报；因为门德尔松擅自使用了他与莱辛的对话内容。尽管这是一场疯狂的赌博，但雅可比的策略得到了回报。他的《关于斯宾诺莎的学说》最早于9月初出版，而门德尔松的《晨课》由于出版推迟，直到10月初才得以问世。雅可比以微弱的优势赢得了此次出版竞赛。

如果说门德尔松的书激怒了雅可比，那么雅可比的书就震惊了门德尔松，以至于门德尔松拒绝相信它的存在。其实，门德尔松有很

---

[1] Jacobi, *Werke*, IV/l, 226–227.

多理由感到不安。首先，雅可比在自己设计的比赛中通过抢先出版而击败了他。这产生了一个严重的后果：这意味着他不能再确定《晨课》是否能保住莱辛的声誉；因为《晨课》与雅可比的《关于斯宾诺莎的学说》不同，他没有公开讨论莱辛对斯宾诺莎主义的承认。门德尔松也对雅可比未经其同意而发表他的私人信件感到愤慨[1]。但是，最令门德尔松受伤的是，雅可比暗示他与莱辛之间没有哲学上的融洽关系（rapport）。雅可比很狡猾，他以最残酷的方式说清楚了这一点。在《关于斯宾诺莎的学说》的开头，雅可比说他曾经问过莱辛，是否曾将自己的真正哲学信念（他的斯宾诺莎主义）透露给门德尔松。雅可比声称，莱辛的回答是"绝不"[2]。这样的揭露肯定会伤害门德尔松，因为雅可比质疑了门德尔松与莱辛 30 年友谊的交情。但雅可比无法抗拒这一做法。雅可比对门德尔松使用了关键一招，并打出声称自己是莱辛的合法继承人和发言人的最后王牌。

这场论战达到了痛苦的高潮，但也带来了悲剧的结局。门德尔松渴望抹去雅可比对斯宾诺莎主义的指责所造成的莱辛名声上的瑕疵，并决心捍卫他与莱辛的完整友谊，决定反击雅可比的《关于斯宾诺莎的学说》。因此，在 1785 年 10 月至 11 月期间，门德尔松情绪低落且躁动不安，写下了关于这一场论战的最后声明，即他的《致莱辛的朋友们》。这篇简短的小册子旨在作为《晨课》的附录，并替代了门德尔松所计划的卷二部分。

门德尔松的小册子的核心内容，是分析雅可比发表与莱辛对话的意图。根据门德尔松的说法，雅可比的目的是提醒人们所有理性思辨

---

[1] 1785 年 10 月 16 日门德尔松写给康德的信和 1785 年 10 月 21 日门德尔松写给莱马鲁斯的信，见 Mendelssohn, *Schriften*, XIII, 312–313, 320–321。

[2] Jacobi, *Werke*, IV/l, 42.

活动所涉及的危险——斯宾诺莎主义的无神论和宿命论——并引导他们回到"信仰之路"。雅可比以莱辛为例，说明理性如何使我们误入歧途，并陷入无神论的深渊。门德尔松假设，雅可比最初与莱辛对话的原因是，他想把莱辛改宗为正统和神秘的基督教。雅可比想带领莱辛进入"斯宾诺莎主义的荆棘丛"（the thorny thicket of Spinozism），以便他能够认清自己的错误做法，并放弃他的理性以实现信仰的飞跃。门德尔松坚信莱辛看穿了雅可比张罗他改宗的热情，并且十分滑稽地故意配合他。莱辛总是更乐于看到一个错误的信念被有力地捍卫，而不是真正的信念被无力地辩护。由于雅可比被证明是这样一位显赫的斯宾诺莎捍卫者，莱辛只是不时地点头同意，以刺激他继续看好戏（watch the pyrotechnics）。因此，莱辛并没有向雅可比透露他的斯宾诺莎主义的任何秘密，而只是鼓励他继续他的辩证秀。这种解释的结果很明显：雅可比被莱辛对讽刺和悖论的热爱所欺骗。通过暗示雅可比被骗，门德尔松不仅质疑雅可比与莱辛的友谊之成色，而且还希望确立自己对莱辛的优越理解。与此同时，门德尔松以为自己已经为莱辛追回了名誉。尽管莱辛也许也有失于玩弄辩证术，但当他向雅可比讲述自己的斯宾诺莎主义立场时，他至少没有作出郑重的私下承认。总而言之，《致莱辛的朋友们》一文巧妙地暴露了雅可比的意图。门德尔松对莱辛的辩护虽然意义深远，却也十分薄弱。它的前提条件正是雅可比在争论开始之前就否定的莱辛的讽刺观点。

门德尔松于1785年12月底完成了《致莱辛的朋友们》。就他而言，这是他对此事的最终解释，他不想再和"雅可比先生"扯上任何关系[1]。门德尔松非常急于澄清整个问题，决定在稿件完成后立即付印。因此，1785年12月31日，在柏林一个寒冷的日子里，门德尔松出门

---

[1] 1785年10月21日门德尔松写给莱马鲁斯的信，见 *Schriften*, XIII, 320–321。

将手稿交给了沃斯（Voss）和索恩（Sohn）出版商。因为他太过着急，甚至忘记了穿外套，这实际上是一个致命的错误。他回来后就病倒了，病情急速恶化，他在 1786 年 1 月 4 日早晨去世。

门德尔松逝世的消息传遍了德国，几乎举国感到遗憾和哀伤。但是在悲剧之后，闹剧后脚就到了。门德尔松的去世成为一场巨大丑闻的主题，这是泛神论之争为何引起如此多公众关注的原因之一。当门德尔松的一些朋友暗示[1]，其他人也直言不讳地说[2]，雅可比对门德尔松的死负有直接责任时，这一丑闻就出现了。根据可靠的报道，门德尔松对雅可比的《关于斯宾诺莎的学说》感到非常忐忑，以至于他的健康每况愈下。自从二十年前他与拉瓦特那场痛苦的争执以来，他就一直处于神经衰弱的状态；当雅可比的书出现后，他的病情变得更糟了。他的身体状况是如此脆弱，以至于哪怕是最小的挫折、最小的失调都意味着死亡。正是由于这个原因，门德尔松的受寒被证明是致命的。即使雅可比不是门德尔松死亡的非主要原因，但他也造成了其死亡最基本的先决条件。正如一份报告所说，他的死也许太过戏剧化了，"他成为莱辛友谊的受害者，并作为一名殉道者捍卫被压制的理性特权，为反对狂热和迷信而牺牲。拉瓦特的强求给予他第一击，而雅可比完成了最后一击"。[3]随后爆发了激烈的争论，讨论雅可比是否以及在多大程度上应对门德尔松的死负责。[4]

---

[1] 如恩格尔（Engel）为《致莱辛的朋友们》作序，见 Mendelssohn, *Schriften*, III/2, 179–184。恩格尔引用了马库斯·赫兹（Marcus Herz）关于门德尔松最后一次患病的报告。

[2] 卡尔·菲利普·莫里茨（Karl Phillip Moritz）在 1786 年 1 月 24 日的《柏林特权报》（*Berlinische Privilegirete Zeitung*）中明确提出了这一指控。（《柏林特权报》的全称应该是《柏林政治和学术问题王国特权报》。——译者注）

[3] 引自 Altmann, *Mendelssohn*, p. 745。

[4] 关于这场论战，见 Altmann, *Mendelssohn*, pp. 744–745。

无论这些关于雅可比的强硬手段在门德尔松之死的故事中真相如何，它们至少都是不错的神话故事。如果雅可比没有真的杀死门德尔松，那么他就是象征性地杀死了他。他给了门德尔松摇摇欲坠的哲学（已经被康德在"第一批判"中动摇过的）致命一击。实际上，不仅门德尔松死了，启蒙运动本身也死了。门德尔松是启蒙运动古典时期的领袖人物，当他的哲学倒塌时，这一时期也就此结束。因此，雅可比对门德尔松的"谋杀"是毁灭启蒙运动本身的一个恰当比喻。

## 第四节　争论的哲学意义

这就是雅可比和门德尔松关于莱辛的斯宾诺莎主义之争的梗概。但是，这一切的哲学意义又何在？它提出了什么哲学问题？表面上，争论仅围绕莱辛的斯宾诺莎主义问题。然而，得出只有这个传记始末才是关键的结论，乃是草率的。这样的结论并不能解释为什么争论者给莱辛的斯宾诺莎主义赋予了如此巨大的哲学意义。如果要领会这场争论的哲学意义——真正说来是对参与方的意义——那么我们首先必须研究其潜在的象征意义（symbolism）。我们必须考虑争论各方彼此都象征着什么。

对于雅可比来说，莱辛是一个极具象征意义的人物，实际上，他可以是用来获得重要的哲学观点的象征。莱辛本质上是雅可比用来批评柏林启蒙者（尤其是作为他们领袖的门德尔松）的工具。从他早年开始，雅可比就轻视柏林的启蒙思想家[1]，他们是由恩格尔、尼古

---

[1] 我们必须阅读文本后面的潜台词才能看到这一点。但这确实是事实。见 Jacobi, *Werke*, II, 410-411 和 IV/2, 248-249, 272-273。1783 年 6 月 16 日雅可比写给哈曼的信和 1786 年 5 月 19 日雅可比写给布克霍尔茨（Buchholtz）的信，见 *Jacobi's Nachlass*, I, 55-59, 80。

莱、埃伯哈特、斯波尔丁（Spalding）、佐尔纳（Zollne）和比斯特（J. Biester）组成。在他眼中，这个群体代表着一种智识专制和独断论的形式，与天主教会一样坏。它不过是一种伪装的"耶稣会教义和哲学上的教皇制"。"柏林停尸房"（*morgue berlinoise*）将自己设定为真理的最高标准，即最终的智识上诉法庭[1]。所有与它不同的观点，都被轻蔑地驳斥为没有达到普遍理性的标准。结果就是启蒙者背叛了他们自己所承诺和捍卫的价值观：宽容和思想自由。

在雅可比看来，柏林那帮人的另一个致命罪过是他们的伪善。为了遵守道德、宗教和政治现状之故，他们愿意放弃自己的智识理想。[2] 尽管他们公开宣称彻底批判和自由探究的理想，但他们一看到这些理想会导致非正统或危险的后果，就会放弃。每当他们的批判和探索似乎威胁到道德、宗教和国家的基础时，他们就会止步。

对于这种伪善，雅可比提出一个有趣的诊断。他指责柏林那帮人不能把探索和批判发挥到极致，因为他们是"功利主义分子"[3]。他们重视哲学不是出于其自身的目的，而只是作为实现目的的一种手段。这个目的无非就是启蒙运动：公众教育、促进社会福利和实现普遍的文化。[4] 柏林那帮人几乎都是"通俗哲学家"（*Popularphilosophen*），他们明确的目标是使哲学实践化，将其带入公共生活，如此这般，哲学就不再是精英的私密财富，而是整个公众的共同福利。然而，由于他们对启蒙运动筹划的热爱，使得柏林那帮人准备为此牺牲自己的自由探索和批判的理想。

---

[ 1 ] Jacobi, *Werke*, IV/2, 250, 268–270.

[ 2 ] Ibid., IV/2, 244–246, 272.

[ 3 ] Ibid., IV/2, 244–246.

[ 4 ] 门德尔松的文章《什么是启蒙？》（Was heisst aufklären?），见 *Schriften*, VIII, 115–119。

但是，哲学能为两位主人服务吗？理性和公众？它可以既是批判性的又是实践的，既是理性的又是负责任的，既是真诚的又是有用的吗？那么，哲学的目的是什么？真理还是普遍幸福？为自己之故而探究还是为了大众的启蒙？这就是雅可比所提出的问题，正如柏拉图在《申辩篇》中所诘问的一样。雅可比像苏格拉底一样，深信这个问题包含了悲剧冲突的所有素材。在他看来，哲学本质上是不负责任的，像苏格拉底或哈曼那样让大众不快的消遣。他认为，哲学支持道德、宗教和国家是一种幻想，它的作用恰恰相反：它破坏了它们。如果我们在不施加任何指导的情况下追求自由探索到极致，那么我们必然会陷入怀疑。但是，怀疑主义会侵蚀道德、宗教和国家的基础。它给我们带来了可怕的幽灵：无神论、宿命论、无政府主义。

因此，正如雅可比所见，柏林那帮人陷入了困境。如果他们忠于他们的自由探索和批判的理想，那么他们将不得不放弃他们的启蒙筹划；但是如果他们坚持自己的启蒙筹划，那么他们就必须限制自己的自由探索和批判。哲学不能同时为真理和公众服务。这是苏格拉底的悲剧，他试图使之兼顾两者。雅可比觉得，柏林那帮人将不得不重新吸取苏格拉底的教训，他正在为他们准备 18 世纪的毒芹汁，也即莱辛的斯宾诺莎主义的苦药。

在雅可比看来，莱辛是一个具有深刻象征意义的人物，因为他正代表了"柏林那帮人的精神"的对立面。雅可比认为莱辛是唯一勇敢而诚实的启蒙思想家。尽管他知道后果，但他有勇气为探索本身而探索；只有他一个人可以真诚地将批判带到悲剧性的结论上，而没有道德或宗教上的顾虑。与流行观点相反的是，在那个时代，是莱辛而不是门德尔松才是真正的苏格拉底。

雅可比认为他有充分的理由以这样的眼光看待莱辛。难道不是莱辛坚持区分真理和效用的领域吗？[1]难道不正是他鄙视调解哲学和宗教的肤浅尝试，也不正是他认为理性主义神学是草率的哲学和无灵魂的宗教吗？[2]难道不正是他才敢于出版《沃尔芬比特尔残篇》，即使它威胁到了道德和宗教现状？[3]难道不正是莱辛内心单纯的信仰超越了冷漠和死气沉沉的理性知识吗？出于所有这些原因，雅可比才能如此欣然地认同莱辛，即使他是雅可比所鄙视的意识形态的一个启蒙运动缩影。在利用莱辛的形象来批评柏林建制派时，雅可比确实偶然发现了一件非常有力的武器。在柏林那帮人钦佩的所有人物中，莱辛格外突出。如果最令人尊敬的启蒙思想家莱辛被证明与道德和宗教现状背道而驰，那么这将使柏林那帮人再次思考他们的理性会把他们引向何方。

但是，对雅可比而言，莱辛最重要的事实是他的斯宾诺莎主义。莱辛是最激进、最诚实的启蒙思想家，但他也是一位斯宾诺莎主义者。对雅可比来说，这种联系当然不是偶然的。这意味着莱辛这个唯一诚实的人，可以接受所有探究和批评的后果：无神论和宿命论。按照雅可比的观点，所有理性思辨，如果总是始终一致和诚实的话，那么就和莱辛的情形一样，必定归结于斯宾诺莎主义；但斯宾诺莎主义恰恰

---

[1] 莱辛《恩斯特和法尔克》的"第五次对话"。见 Lessing, *Werke*, XIII, 400–410。雅可比引用了书中的内容，见 *Werke*, IV/2, 182。

[2] 莱辛的《出版者的对立面》(*Gegensatze des Herausgebers*)，见 Lessing, *Werke*, XII, 431ff。也请参阅莱辛于 1773 年 4 月 8 日和 1774 年 2 月 2 日写给他哥哥卡尔的信，见 *Werke*, XIX, 83, 102。

[3] 事实上，正是莱辛首先出版了莱马鲁斯这部异教作品，使得雅可比后来向公众披露莱辛的斯宾诺莎主义得到了认可。雅可比以莱辛所提出的关于一个人有义务陈述真相的教导为理由，而不管他对此有多么不舒服。见 Jacobi, *Wider Mendelssohns Beschuldigungen*, in *Werke*, IV/2, 181–182。

就是无神论和宿命论。[1]因此，莱辛的斯宾诺莎主义是所有理性探究和批判所带来的危险后果的象征：一个警告标志。

现在，正是这种对理性主张的攻击，而不仅仅是莱辛的斯宾诺莎主义传记的轰动，真正动摇了门德尔松和整个柏林启蒙运动。这项指控无异于在指责门德尔松一生为之致力的理性主义形而上学，从而最终导致斯宾诺莎主义，因此对道德和宗教是危险的。不仅门德尔松对莱辛的认识成为攸关之事，更重要的是，他热爱形而上学的一生也成为攸关之事。因此，形而上学背后那个鼓舞人心的希望——我们可以理性地证明对上帝、不朽和天意的信仰的假设——现在受到了质疑。

从一开始，门德尔松就非常清楚他的哲学和他对莱辛的认识处于危险之中。甚至在决定撰写《晨课》之前，门德尔松就从哲学上看到了他与雅可比的冲突。他猜测，启蒙运动和狂飙突进运动之间正在酝酿着另一场竞赛，那就是"理性的旗帜"和"信仰派"之间的论战。门德尔松读完雅可比关于他与莱辛的对话内容后，于1783年11月18日致信爱丽丝·莱马鲁斯和约翰·莱马鲁斯，他在信中说："我仍然坚信，有必要提醒一下投身思辨的人，并通过一个引人注目的例子向他们展示，当他们在没有指导的情况下从事思辨活动时会面临哪些危险……我们当然不想自己组建一个派别；我们一旦组建并试图招募新兵，我们就会成为我们向其宣誓过的旗帜的叛徒。"[2]门德尔松在此暗示雅可比犯了改宗的罪，他试图改造莱辛使他加入信仰派；同时，他将雅可比的改宗与他自己更自由、更宽容的哲学进行了对比。门德尔松在这里提出的观点，提前透露了他将在随后的《致莱辛的朋友们》

---

[1] Jacobi, *Werke*, IVII, 216–223.

[2] Mendelssohn, *Schriften*, XIII, 157–158.

中分析雅可比的意图。[1]在《致莱辛的朋友们》中，门德尔松认为雅可比发表他与莱辛的对话的意图是为了说服他（门德尔松）所有哲学的危险后果，并使他改宗（基督教）。门德尔松认为，雅可比正是用莱辛的形象来警告所有理性探究中固有的无神论和宿命论之危险。换句话说，门德尔松准确地理解了这一不祥之兆（writing on the wall），并正确地估量了莱辛的斯宾诺莎主义的象征意义。

关于撰写《晨课》的决定确实是一场哲学对传记的胜利。尽管本书至少有一章专门讨论莱辛的斯宾诺莎主义问题，但其主要目的肯定是哲学。从1785年7月4日爱丽丝·莱马鲁斯写给雅可比的信中，我们可以明显看出，这封信解释了门德尔松决定写书的目的。关于门德尔松给她的最后一封信（写于1784年4月），爱丽丝·莱马鲁斯告诉雅可比，门德尔松正推迟关于莱辛人物传记的出版，支持与斯宾诺莎主义者的战斗。[2]尽管门德尔松显然将哲学问题放在首位，但重要的是，正如信中最初所暗示的那样，它不仅仅涉及斯宾诺莎主义的正误。相反，门德尔松所面临的攸关问题是形而上学本身的可能性和局限性，以及理性是否可以为基本的道德和宗教信仰提供任何正当的理由。门德尔松"冒险与斯宾诺莎主义者争论"的决定意味着，他打算对雅可比提出的，一切哲学思辨都以斯宾诺莎主义为归宿这一有争议的主张提出异议。这样的主张对他拥护沃尔夫－莱布尼茨哲学构成了一个严峻的挑战。

对于雅可比而言，如果门德尔松代表着启蒙运动的所有罪恶（vices），那么对于门德尔松而言，雅可比就象征着狂飙突进运动的一切危险。从一开始，门德尔松就坚信雅可比只是另一个"狂热者"，另

---

[1] Mendelssohn, *Schriften*, III/2, 194–196.

[2] Ibid., XIII, 398.

一个虔诚的神秘主义者，想着揭穿理性并将其转变为非理性的，仅基于启示录宗教和唯一《圣经》的基督教形式。门德尔松不禁由雅可比联想到他生活中的另一桩痛苦事件，这件事大约发生在 15 年前。1769 年，门德尔松与瑞士牧师拉瓦特（J. C. Lavater）（其中最臭名昭著的宗教狂热者）发生了激烈的争执。拉瓦特要求门德尔松驳回为邦尼特《哲学复兴》（Bonnet, *La Palingenesie philosophique*）中的基督教辩护或公开改宗[1]。与拉瓦特之争是门德尔松一生中最重大和最难以忍受的事件，因为这使他对犹太教的个人深切忠诚受到威胁。门德尔松永远不会忘记拉瓦特事件；在他疲倦和怀疑的眼神中，雅可比是以拉瓦特面目出现的人物。他坚信与雅可比之争将是拉瓦特事件的痛苦重现。

但重要的是，我们要看到雅可比的传教士热情不仅给门德尔松带来了个人挑战，而且也给哲学带来了挑战。对于门德尔松来说，他是否应该忠于犹太教，与他是否应该忠于理性本身是一样的。因为他对犹太教的信仰是他对理性信仰的重要组成部分。与雅可比一样，门德尔松将基督教视为本质上的超自然宗教，其唯一基础是天启和《圣经》。但在他看来，犹太教是一种内在理性宗教，它不仅仅包含宗教教规，而且还坚持对所有信仰进行理性辩护。正如门德尔松在《回忆》中对雅可比所解释的那样，"我的宗教承认，除了通过理性的手段之外，没有义务解决怀疑；它不仅仅要求人们相信永恒的真理"[2]。因此，雅可比要求门德尔松皈依基督教，无异于让他放弃自己的理性并实现信仰的飞跃。但这是门德尔松根本不愿意接受的。他辩称，雅可

---

[1] 关于这场论战的细节，见 Altmann, *Mendelssohn*, pp. 201–263。

[2] Mendelssohn, *Schriften*, III/2, 205. 门德尔松在耶路撒冷为这些有关犹太教和基督教的观点辩护，见 Mendelssohn, *Schriften zur Aesthetik und Politik*, II, 419–425。

比的理性的致命一跃在观念上和个人方面都是毫无意义之举。因此，他毫不犹豫地告诉雅可比："对是否存在着不仅超越而且完全超出我们概念范围以外之物感到疑问，这就是我所谓的超越自我的飞跃。我的信条是：对我无法想象之物的怀疑不会干扰我。一个我无法回答的问题，对我来说就不是一个问题。"[1]理性主义者的信条很少以如此坦率和明确的措辞来表达。现在，门德尔松有责任捍卫这一信条，他在《晨课》中激情地接手了这一任务。

现在，我们应该清楚了，为什么雅可比和门德尔松之间的主要问题不是简单的传记问题。莱辛是否向雅可比承认了他的斯宾诺莎主义这一严肃的事实问题鲜有争议[2]，莱辛作出这样的承认被公认为既成事实；甚至门德尔松也没有质疑雅可比的诚实。当然，确定莱辛在何种意义上是个斯宾诺莎主义者，这倒更是一个问题。但即使是这个问题，也几乎没有引起争论的激情。事实上，雅可比对莱辛的思想，以及他对门德尔松对莱辛的斯宾诺莎主义的解释都了无兴趣。[3]只有当我们认识到莱辛的斯宾诺莎主义，只是所有理性探究和批判的后果的象征时，我们才能理解莱辛的斯宾诺莎主义的重要性。如果莱辛被证明是斯宾诺莎主义者，那么每一个有自尊心的启蒙者都必须承认，理性正走向无神论和宿命论，这种承认反过来又会威胁启蒙最重要的信条：理性的权威。雅可比提出了一个非常令人不安的问题：如果理性将我们推向深渊，那么我们为何还要忠于理性？因此，莱辛的斯宾诺

---

[1] Mendelssohn, *Schriften*, III/2, 303.

[2] 最绝望的时候，门德尔松在《致莱辛的朋友们》中对此提出了质疑。见 *Schriften*, III/2, 191-192。然而，总的来说，门德尔松的策略是接受莱辛忏悔的事实，然后又以某种无害的方式对其进行解释。

[3] *Wider Mendelssohns Beschuldigungen*, in *Werke*, IV/2, 181, 在此，雅可比实际上排除了门德尔松的"纯化了的泛神论"的可能性。

莎主义的传记问题与理性本身的权威这一更大的问题结合在一起变得尤为重要。历史上莱辛所说的或所想的仅在于它说明了所有理性探究的一般后果时才是有意义的。

在这一点上，我们应该明白为什么争议的中心问题不是解经学上的。因为，它根本不关涉斯宾诺莎哲学的正确解释，即无关乎是无神论还是宿命论的。它更没有涉及斯宾诺莎哲学体系的真假问题，这似乎是争论的唯一哲学层面。这些确实是争论引出的问题；但它们仅在雅可比的一般性论点（即必然性的理性导致无神论和宿命论）的基础上才是重要的。雅可比和门德尔松所面临的问题不是斯宾诺莎的形而上学以无神论还是宿命论为归宿的具体问题，而是所有形而上学是否都以它为归宿的更普遍的问题。雅可比可能会用其他一些形而上学的体系来说明他的观点（例如莱布尼茨的观点），因为他认为所有形而上学的体系最终都是相同的（如果它们正好是始终如一的），并且它们都会对道德和宗教产生破坏性后果。[1]

如果我们要提炼泛神论之争背后的根本哲学问题，也就是雅可比和门德尔松所看到的那些，那么我们就必须将注意力集中在雅可比对理性的批判上。我们可以用两难的形式来概括这种批判，雅可比在与莱辛的对话中多次提出了这一两难[2]，并在之后明确地加以指出[3]。我们面临一个艰难而重大的选择：我们要么跟随我们的理性，成为无神论者和宿命论者；要么我们放弃我们的理性，完成对上帝和自由的信

---

[1] 就此有趣的是，雅可比在《致费希特的信》（1799）中把费希特的哲学，而不是斯宾诺莎的哲学，看作是所有思考的范例。但他坚持认为，这并不意味着他的观点会发生任何根本性的改变，因为他认为费希特和斯宾诺莎的体系同样具有宿命论倾向。见 Jacobi, *Werke*, III, 9–11。

[2] Jacobi, *Werke*, IV/I, 59, 70–72.

[3] Ibid., III, 49.

仰飞跃。更笼统地说，我们必须选择理性的怀疑主义或非理性的信仰。这些选择之间根本没有合适的中间道路，也没有办法通过理性为道德和宗教辩护。

从表面上看，雅可比的两难无非是改头换面了的理性与信仰、哲学与宗教之间的旧冲突。当然，这尽管是雅可比的起点，但他并没有就此而止步。他扩大了这一矛盾，使得"信仰"不仅涵盖宗教，而且还涵盖道德、政治和常识性信念。这致命一跃不仅宣扬要信仰上帝，还要支持自由、其他思想、外部世界以及人类灵魂的永恒存在。

因此，从更广泛的角度来看，雅可比的两难是一个长期的两难，与哲学本身一样古老。哲学事业的目的是为了考察和批判，并在可能的情况下证明我们最基本的原则和信仰是科学、宗教、道德和常识的必要前提。但是在实现这一任务时，哲学几乎不可避免地导致怀疑论：对归纳法和自由、上帝的存在、其他思想以及外部世界的怀疑。一种纯粹的批判理性与宗教、道德、科学和常识之间的标准会发生冲突。当我们根据自己的批判理性审视这个世界时，我们通常所认为的在我们的世界中为了行动所必须相信之物，往往被证明是无法接受的。作为站在世界之外的纯粹理性的哲学家，我们发现有必要拒绝我们的许多普通信念；但作为生活在世界上并在其中活动的普通人类存在者，我们发现有必要恪守它们。现在，雅可比的两难正是哲学和普通信仰之间永恒冲突的重要部分。雅可比试图说的是，这种冲突在原则上是无法解决的。他认为，激发我们追求哲学的希望——这种希望是我们能够理性地证成宗教、道德和常识的信念——只不过是一种幻觉。因此，雅可比对理性的抨击迫使我们首先重新审视我们从事哲学的动机。

雅可比用一个醒目的词来表示所有哲学研究的怀疑论后果："虚无主义"（*Nihilismus*）。实际上，他对这个词在现代哲学中的普遍使用的确负有责任。[1]雅可比对于这个词的使用确实值得注意——在该术语方面具有了优先的地位，因为他使虚无主义成为所有哲学的基本问题。如果"虚无主义"是一个恰当表示所有哲学探究之怀疑论后果的词，而哲学又试图避开怀疑论的后果，那么哲学的确是一场反虚无主义的绝望斗争。如果哲学家无法逃脱怀疑论，那么按照雅可比的标准，他事实上就无法避免虚无主义。因此，虚无主义是雅可比对所有哲学的最终指控和首要批判。

更确切地说，雅可比的"虚无主义"是什么意思？他在什么意义上使用它？雅可比对该术语的使用很重要，仅仅因为他是第一个将其引入现代哲学的人。理解雅可比对该词的用法有助于我们从源头上定义这个重大的模糊概念。但是，正如我们对雅可比这样的反体系思想家所期望的那样，他从未给出其明确的或一般的定义。然而，他对这个词的使用比乍看之下所设想的更具专业性、哲学性和字面性。关于雅可比使用该术语最重要的一点是，他用它来指特定的认识论立场。实际上，该术语与雅可比的另一个术语"自我主义"（egoism, *Egoismus*）几乎是同义[2]，尽管相比之下它的范围更广些。根据早期雅可比的观点，利己主义者是一个激进的观念论者，否认一切独立于自己感觉的现实存在[3]。他更是一个唯我论者（solipsist），对自己的永恒实在以及外部世界和其他思想都提出了质疑。但是，雅可比在后来的著作中倾向于将"虚无主义者"（nihilist）一词替换为"自我主义

---

[1] 1799 年，雅可比在《致费希特的信》中第一次使用了这个术语；见 Jacobi, *Werke*, III, 44。

[2] 英语词"egoism"一般翻译成"利己主义"，但那是在伦理学语境中，此处并未凸显伦理学意义，故处理成"自我主义"。——译者注

[3] 见 the "Beyträge" to David Hume, *Werke*, II, 310。

者"[1]。和自我主义者一样，虚无主义者否认任何事物独立存在于他自己意识的直接内容，不管是外在物体、其他思想、上帝，甚至是他自己。因此，对于虚无主义者而言，存在的只是他自己瞬间生灭的意识状态、流逝的印象或表象；但有必要补充一下，这些表象并未表象出任何东西。虚无主义者一如其拉丁语的词根所示：一个否认一切存在者，一个肯定虚无者。或者，就像雅可比所说的那样，虚无主义者生活在一个"出于又归于虚无，自为自在的虚无"（out of nothing, to nothing, for nothing and in nothing）的世界[2]。

在雅可比的意义上，与虚无主义对立的是实在论（realism），广义上的"实在论"被定义为相信各种实体的独立存在，无论这些实体是物质、其他的思想还是上帝。雅可比认为，摆脱虚无主义的唯一方法，乃至实在论的唯一基础，是对外部现实的直接感知。这种直接观念是对存在的一种直观把握，一种无法证明其确定性的直观，且必须被接受为一种纯粹的信念。雅可比认为，要证明这些直观的真理，就有重邀虚无主义的危险。

但是需要特别指出的是，对于雅可比而言，"虚无主义"没有严格的认识论含义。[3]它还具有一种伦理学的含义——一个与该词的现代含义并非偶然相关的含义。雅可比使用这个词为陀思妥耶斯基（Dostoyevsky）的小说或施蒂纳（Stirner）的无政府主义提供了所有素材。当雅可比说虚无主义者不仅否认了事物的存在，而且否认了价值

---

[1]见 *Brief an Fichte*, *Werke*, III, 22–23, 44。

[2] Jacobi, *Werke*, III, 22.

[3] Baum, *Die Philosophie Jacobis*, pp. 37ff，因此，该文本正确地强调了雅可比"虚无主义"的认识论意义；但他随后又低估了它的伦理意义。我建议雅可比用"虚无主义"取代早期的"利己主义"，这恰恰是为了强调利己主义的伦理后果。

的存在时，雅可比所使用该词的伦理要素就变得非常明确了。[1]由于他否认外部世界、其他思想、灵魂和上帝的存在，因此虚无主义者把自己从所有伪实体的义务中摆脱出来。存在的一切都是他自己的瞬时生灭的意识状态，他关心的只不过那些而已。他发现了自己内在的唯一价值来源，并相信他所意愿的都是对的——仅仅是因为他愿意如此。虚无主义者的确是个自大狂（egomaniac），以至于他坚信自己就是上帝。[2]

## 第五节　雅可比对理性的第一次批判

在提炼了泛神论之争背后的主要哲学问题之后，我们仍然面临着一个艰巨的任务，即解释雅可比何以认为这是一个问题。或者，更准确地说：为什么雅可比认为自己的两难是不可避免的？他为什么认为我们只有两种选择：理性的虚无主义或非理性的信仰？

为了理解雅可比的立场，我们首先要理解他对斯宾诺莎的解释。因此，我们必须揭示他关于斯宾诺莎哲学的一些明显过分夸张的主张背后的根据。有两个主张特别值得我们注意：（1）斯宾诺莎的哲学是形而上学的典范、思辨的模型；（2）斯宾诺莎主义是无神论和宿命论。这两个主张很重要，因为它们支撑着雅可比两难背后的主要前提：必然的理性归结于虚无主义。

雅可比后来对斯宾诺莎的解释——在他的《书简》第一、二版中的解释——关键在于，雅可比将斯宾诺莎视为现代科学的先知[3]。斯

---

[1] Jacobi, *Werke*, III, 36-37.

[2] Ibid., III, 49.

[3] 从雅可比发现斯宾诺莎时的描述来看，他早先有关于斯宾诺莎的不同解释，当时他强调斯宾诺莎是作为一个严谨的形而上学者。见 *David Hume* 第一版，pp. 79-81。

宾诺莎代表的不是一种垂死的形而上学理性主义的神话，而是代表着最前沿的新兴科学自然主义。根据雅可比的《给赫姆斯特惠斯先生的信》（"Brief a Mr. Hemsterhuis"）和《书简》的第七"论稿"所指出的，斯宾诺莎哲学的目的是找到对宇宙起源的机械论解释[1]。斯宾诺莎的哲学延续了古代伊壁鸠鲁和现代笛卡尔传统，因为他们都试图从严格的机械论和自然主义角度解释宇宙的起源。雅可比认为的合理性范式不是沃尔夫的、莱布尼茨的三段论推理，甚至不是斯宾诺莎的形而上学，而是现代科学的机械论原理。

雅可比告诉我们，斯宾诺莎哲学的指导原则是所有机械论或自然主义哲学的指导原则：充足理由律。至少根据雅可比的解释[2]，该原则指的是对于所发生的一切，都必须具有某种或一组条件，从而在给定某种或一组条件的情况下，事物必然发生。雅可比将这简单的原则视为斯宾诺莎哲学的核心。因此，雅可比在与莱辛的对话中，用古老的学术格言"无不能生有"（ *ex nihilo nihil fit* ）[3]来总结"斯宾诺莎主义的精神"。这句格言只是充足理由律的一句口号，简而言之就是：某物总是来自其他事物。当然，雅可比承认，还有许多其他哲学家支持这一原则。但是雅可比认为，斯宾诺莎与他们的区别就在于他如此一贯而坚定地运用它[4]。因此，与大多数哲学家不同，斯宾诺莎肯定了世界的无限性与一种完全必然性的体系。

现在，对雅可比而言，斯宾诺莎的哲学是形而上学的范式，即思辨的典范，正是因为他始终如一地普遍应用充足理由律，而这是一切理性和推论思维的基础。他说，只有在我们掌握事物存在的条件时，

---

[ 1 ] Jacobi, *Werke*, IV/1, 124–125; IV/2, 133–139.

[ 2 ] Ibid., IV/2, 145–146, 153–155, 159.

[ 3 ] Ibid., IV/1, 56.

[ 4 ] Ibid., IV/1, 125–126.

我们才能够设想或理解事物。如果我们想解释一些事情,那么我们必须知道它的条件,即它背后的"机制"(mechanism)。正如雅可比所说:"如果我们能够从事物的近因中获得事物,或者我们能够掌握一系列事物的直接条件,我们就会设想出该事物;我们以这种方式掌握或推导的东西给了我们一种机械联系。"[1]如果我们始终如一地普遍适用充分理由律,那么我们也能假定存在的一切都可以根据理性加以解释或设想。换句话说,我们是彻底的形而上学者或思辨哲学家。因此,雅可比把一个彻底的理性主义者把握为一个完整的、连贯的自然主义或机械论。

雅可比认为,正是这种激进的自然主义和坚定的机械论成为斯宾诺莎无神论和宿命论的源头。根据雅可比的观点,如果我们相信上帝的存在,那么我们必须假定上帝是他自身存在以及所有其他一切存在的原因。[2]同样,如果我们相信自由,那么我们必须假定意志是自发的,没有任何在先前原因(prior cause)的原因可以迫使其行动。[3]因此,在这两种情况下,都必须假定存在一些无条件或自发的原因,即一个没有任何先前起作用的原因迫使其采取行动。但这当然只是假设,如果我们普遍应用充足理由律,那么我们将无法做出这样的假设。充足理由律如果普遍适用,那么对于每种原因都存在某个先前的原因迫使其行动。

当然,这种对充分理由律的理解以及雅可比对自由和上帝概念的解释会再次使我们陷入两难。如果我们普遍适用充足理由律并假设为一个彻底的自然主义,那么我们就必须接受无神论和宿命论。但是,

---

[1] Jacobi, *Werke*, IV/2, 149, 154.

[2] Ibid., 1V/2, 153–157.

[3] Ibid., IV/2, 157.

如果我们假设上帝和自由的存在，相信无条件的原因的存在，那么我们必须承认它们是完全无法解释和难以理解的。我们无法解释或设想它们，因为这相当于为无条件者假定了某个条件，而这是荒谬的。如果我们相信上帝和自由，那么我们别无选择，只能承认它们是谜。[1]

现在我们应该清楚的是，雅可比的理性虚无主义理论不仅仅是对前康德独断论形而上学方法的攻击。[2]雅可比认为，斯宾诺莎的哲学之所以成为理性范式，并不是因为它的几何学方法或先天推理，而是因为它严格地贯彻了充足理由律。那么，这就意味着，尽管康德签发了形而上学理性主义的死亡证明，但雅可比的两难仍挥之不去。虽然康德最终反对雅可比，并认为斯宾诺莎主义已经走上了一切独断论形而上学的道路[3]，但他的证明并未影响到雅可比的要旨。雅可比的观点是，充足理由律的彻底应用与信仰上帝和自由不相容，而康德本人也完全赞同这一点。

这幅雅可比对斯宾诺莎解释的草描也提供了另一个一般的观点来看待他对理性的攻击。如果接受雅可比的两个观点（即理性导致虚无主义，而自然科学是理性范式），那么我们必然会得出这一结论：自然科学是虚无主义的源头。因此，雅可比抨击理性的目标是自然科学本身。为了削弱理性，雅可比对科学发展的后果提出了一些令人不安的怀疑。他关切着许多哲学家在18世纪开始出现的担忧，以及许多哲学家在20世纪继续出现的担忧：即科学的进步正在导致我们基本的道德和宗教信仰的破坏。由此发生的机械论既令人熟悉，又令人恐惧。科学越进步，人们就越能发现生命、人类行为和宇宙起源的原

---

[1] Jacobi, *Werke*, IV/1, 155.

[2] 这是贝克所假设的，见 Beck, *Early German Philosophy*, p. 335。

[3] Kant, *Werke*, VIII, 143n.

因；但是，人们越能找到这些原因，人们就越支持唯物主义、决定论和无神论。在抨击理性时，雅可比特别提到了这种预测[1]。对雅可比非凡成功的一个解释是，18 世纪晚期，不少人担心科学正朝着这个方向发展。

## 第六节　雅可比对理性的第二次批判

尽管他花了很多时间和精力详细阐述自己的观点并为之进行辩护，但雅可比对斯宾诺莎的解释并不是他与启蒙运动战斗的唯一武器。他还有其他反对理性霸权的论证，它们同样具有挑战性。在他的《书简》（第一版）的结尾部分，雅可比开始从理性的另一个甚至更脆弱的方向来展开攻击。[2]在这里，雅可比的做法是不考虑理性探究和批判的后果，而是考虑其背后的动机。斯宾诺莎的无神论和宿命论不仅仅是理性的终点（ *terminus ad quem* ），也是让他感兴趣的起点（ *terminus a quo* ）。在漫长的研究中，雅可比的意图不明确，但主旨却很明确，他对启蒙运动最基本的信念之一表示怀疑：有一种纯粹客观的探究，通过它我们可以摆脱一切利益来判断真假。如果他能证明这种信念是错误的，那么启蒙运动将真正被终结。将不再有一个公正和普遍的理性来摧毁保护既得利益者（教会和贵族）的偏见、迷信和无知。因为理性的动机将被证明仅仅是其自身的偏见和既定利益。

---

[1] 见 Jacobi, *Werke*, IV/2, 149; IV/1, 147-148。在日内瓦的几年里（早期），雅可比反对一些法国百科全书学家的无神论和决定论。见 Levy-Bruhl, *Philosophie Jacobi*, pp. 29-50。

[2] 见 Jacobi, *Werke*, IV/1, 230-253。从这些段落中，我们并不能完全清楚雅可比的意图。他并没有明确表示他试图批评启蒙运动的这种信念。见 Jacobi, *Fliegende Blatter*, in *Werke*, VI, 167-168。

雅可比认为，这种信念乃是一种幻想，因为它预设了理性和意志之间的虚假关系。他说，并不是理性支配着我们的利益和意愿；相反，我们的利益和意愿支配着我们的理性。[1]正如古老的格言所说："理性不是意志的主人，而是意志的奴仆。"这种说法并不新鲜，甚至可以在启蒙运动的倡导者休谟和爱尔维修那里找到。但是，雅可比将这一说法扩展到了新的危险的方向。他说，理性不仅服从于实践领域的意志，而且还服从于理论领域的意志。意志不仅决定着行动目的的善恶，而且还决定着探究目的和标准的真伪。雅可比的主要观点是，我们不能将理论和实践领域分开，因为知识是正确行动的结果，真理是正当利益的结果。

但是为什么会是这样呢？雅可比有什么理由提出如此激进且显鲁莽的主张？在《书简》第一版中，我们找不到令人满意的答案。只有在《大卫·休谟》和大幅增补的《书简》第二版中，雅可比才阐明了其立场背后的一般理论。[2]雅可比得出了这一激进结论是基于两点：首先，理性只知道它创造了什么，或者只知道它符合其活动规律的东西。这并不是对理性的批判，只是对启蒙运动中理性定义的重述。例如，在康德那里就可以发现它，雅可比在这里有可能会想到康德[3]。其次，理性的创造性活动并非纯粹不涉私人利益或目的本身；它被一种更基本的利益和欲望所支配，一种它无法控制的，甚至不了解的利益和欲望，即生存的绝对需要所支配。[4]理性的任务是出于物种的生存之故而控制、组织和主宰我们的环境。雅可比认为，理性与语言齐头并进

---

[1] Jacobi, *Werke*, IV/1, 234–235, 248.

[2] 见 Jacobi, *Werke*, IV/2, 125–162 和 *Werke*, II, 222–225。

[3] 在雅可比的《致费希特的信》中，他明确地重申了康德对于理性的定义。见 *Werke*, III, 3–16。

[4] Jacobi, *Werke*, IV/2, 130–131.

地发展，而语言的目的是将有关其生存方式的信息从上一代传递给下一代。[1]

这些观点叠加在一起，严重破坏了门德尔松和启蒙者所假设的客观探究的可能性。[2]它们对我们可以谈论的纯粹"客观的"真理标准的任何意义都提出了质疑。第一点意味着，在自然中外部对象的意义上，没有一种我们所有的知识都以某种方式与之相符的客观真理。理性不合乎自然，但自然合乎理性。换句话说，理性并不符合给定的真理标准，而是创造了它们。这一点仍然使康德哲学的客观性概念成为可能，即客观性在于符合普遍而必然的规则。那么，唯一的问题是，是否有这样的规则？雅可比非常坚定地回答："没有。"他的第二点针对的是康德的立场，甚至质疑了他那更为温和的客观性概念。雅可比否认存在任何康德哲学意义上的符合纯粹的、不偏不倚和自主的（autonomous）理性标准的客观性之类的事物。问题是理性不是一种完全自治的（self-governing）能力；它受到我们作为生物的需求和欲望的控制。我们不能将理性从我们的需求和作为生物的功能中分离出来，因为它的任务正是组织和满足它们。当然，立法是理性的事务，雅可比乐于向康德承认这一点。但是，他接着补充道：在这样做时，理性受我们作为生命存在的利益支配，而这些利益又不相应地受理性的控制和评价。相反，它们反倒决定了理性评价的真正标准。

从表面上看来，这一立场似乎并不是危险的相对论。即使我们承认雅可比的前提，对雅可比的回应似乎仍然存在着一条貌似合理的反相对论路线。我们可以向他承认，决定我们真理标准的是我们的利

---

[1] Ibid., IV/2, 131. 在此，雅可比可能是在赫尔德的影响下写作的。他的早期论文，见 Herder's Ueber den Ursprung der Sprache, in *Werke*, VI, 243–264。

[2] 门德尔松对客观探究可能性的信念将在第三章第二节、第三节中进行讨论。

益。然后，我们可能会争辩说，我们的利益是普遍的。对于诸如自我保存之类的生物学利益而言确实如此。因此，在所有论述的背后只有一个目标即自我保存的意义上仍然可能存在客观性。我们可以根据一个更普遍的标准来评价所有不同的真理标准，这个更普遍的标准要求以是否是一种有效的生存手段作为采纳标准。

但是，从本质上看，雅可比的立场比表面上看来更具有相对论的倾向。如果我们更仔细观察，会发现雅可比并不仅仅提出了一个生物学意义上的利益概念。他还认识到文化在利益形成中的作用，甚至更具苗头性的是，他指出文化标准常常彼此不可公度的。例如，在早期的一篇论文中，雅可比写道，当一个时代的哲学和宗教被另一个时代的标准所评判时，往往完全是胡说八道。[1]因此，尽管雅可比敢于冒险，但他确实陷入了相对主义。他坚持认为，决定我们理性的利益是相互矛盾的，而且这些利益彼此间不可通约。它们之间没有可调和的合理标准，因为理性被不同的术语定义。

雅可比并没有从这一论点中得出结论，说我们应该从我们的词汇表中删掉真理的概念。但他确实认为，我们至少应该修改关于如何获得真理的观念。他坚持认为，我们不是通过公正的沉思来获取知识，而是通过拥有正确的意向并采取正确的行动来获得知识。雅可比认为："永恒的知识只给予寻求它的心灵。"在《书简》中，他总结了自己的一般立场，"我们发现自己已身处地球；我们在那里的行动也决定了我们的知识；我们的道德意向也决定了我们对事物的洞察力"[2]。

但是，雅可比这一来之不易的立场不可避免地提出了一个问题：

---

[1] 见 the "Vierter Brief" to Jacobi's Briefe tiber Recherches philosophiques (1773), in *Werke*, VI, 325−344。

[2] Jacobi, *Werke*, IV/1, 232.

我们怎么知道我们如何行动？我们怎么知道我们的意向应该是什么？我们似乎在采取行动之前必须掌握一些知识，以便在所有可用的选项中做出正确选择。雅可比没有回避这个问题。但是，他也没有对拥有一些先天知识的必然性做出任何让步。他说，如果我们想知道如何行动，那么我们所需要的就是信念，对基督应许的信念。[1]然而，除了愿意遵行基督的诫命行事以外，信基督意味着什么？一旦服从他的诫命，我们就可以确信无疑：我们将以正确的方式行事，从而获得永恒的知识。然而，在我们采取行动之前，尝试检验和批判基督的话语是毫无意义的，因为我们只有在行动完成时才获得知识。如果我们有信念，那么我们就会行动；如果我们行动，我们就会拥有知识。但是，在行动之前的所有批判无非是一种乞题谬误（*petitio principii*）。就像一个盲人否认颜色的存在似的。

雅可比声称他的行动认识论代表了基督教精神。他告诉门德尔松，在对比他的基督教与门德尔松的犹太教时，"我的宗教精神是人通过引导过上帝的生活来认识上帝"[2]。随后，雅可比在《约翰福音》的语境中阐述了这一说法。他说，基督教的上帝就是爱的上帝，而这样的上帝只会向那些爱他和以他的精神行事者揭示自己。[3]有信念就是爱上帝和自己的同胞，如此这般生活的回报就是上帝的知识。

在这种新的认识论的基础上，雅可比发展出了一种关于哲学本身的性质和限度的一般理论。由于我们的行动决定了我们的知识，而且我们的行动又是由我们所生活的一般文化决定的，因此，哲学仅是其时代的产物。雅可比接着问："哲学可以超越历史吗？"他的回

---

［1］Jacobi, *Werke*, IV/1, 212–213, 240–244.

［2］Ibid., IV/1, 212–213.

［3］Ibid., IV/1, 212.

答是否定的。哲学无非是一个时代的自我反思。在黑格尔《精神现象学》之前约 20 年，在施莱格尔《先验哲学讲座》(*Vorlesungen über Transcendentalphilosophie*)之前的 15 年，雅可比写道，"每个时代都有自己的真理，就像它有自己活生生的哲学一样，它在其发展过程中描述了这个时代的主要行为方式"[1]。

雅可比毫不犹豫地根据这些理论得出了一个非常激进的政治结论。他说："如果我们要提升一个时代的哲学，那么我们必须首先改变它的历史、行动方式、生活方式。"[2]但是，结论似乎只是激进而政治性的。雅可比并没有设想出任何像马克思那样具有革命性的理论。他认为，只有通过改革其道德，才能解决当今时代的问题。当代的一个大问题是其日益增长的物质主义，它对财富和舒适的偏爱高于其他一切，这导致诸如爱国主义、正义和共同体等道德价值观的下滑。拯救这种令人遗憾的状况的唯一方法是恢复道德，而这只能通过回归我们祖先善的旧基督教信仰来实现。对雅可比而言，这是一个已被证明的古老真理："宗教是将人类从苦难中拯救出来的唯一手段。"[3]

## 第七节　雅可比对信念辩护

雅可比抨击理性的核心目的是为了说服我们相信信念(faith)的必然性和无处不在。信念之于雅可比犹如理性之于门德尔松：真理的终极试金石。如果门德尔松主张我们必须根据理性来检验每个信仰

---

[1] Jacobi, *Werke*, IV/1, 237.

[2] Ibid., IV/1, 238.

[3] Ibid., IV/1, 240.

（belief），那么雅可比则说，任何这样的检验最终都取决于理性的致命一跃。信念是不可避免的，是一种不得不做的必然的承诺行为。正如雅可比在回应门德尔松的理性主义信条时发誓道："我亲爱的门德尔松，我们都是在信念中出生的，我们必须留在信念中，就像我们都生于社会中，也必须在社会中一样。"[1]

为什么信念不可避免呢？雅可比在《书简》中告诉我们，对于信念我们是无法避免的，因为我们忠诚于理性也是一种信念行为。[2]所有证明都必须在某个地方停止，因为证明的第一原则本身是无法证明的。那么，除了信念之外，我们对这些原则的确定性有何信仰？所有无法证明的信仰都是信念；然而，这些原则是无法证明的；因此，相信它们就等于信念。于是，雅可比对门德尔松信条的回答是：这只是一个单纯的信念行为。门德尔松不能不预设这一点来证明他对理性的信念。

然而，门德尔松可以利用雅可比本人承认的一个简单观点来回应这一证明：理性的首要原则是自明性，即具有直观的或直接的确定性。如果它们是自明的，那么我们不仅会相信它们是真的；而且我们知道它们是真的。但是，我们所知道的不只是我们所相信的。那么，如何把对第一原则的信仰变为一个纯粹的信念行为？雅可比的论证是，从合并两种不同的不可证明的信仰而得出它的合理性：一种是因为无法证明之物是自明的和公理的；另一种是由于不确定性或不可验证性而无法证明。门德尔松可以通过回答雅可比对第一理性原则的信仰属于第一种而非第二种信仰，来消解雅可比的反对意见。

雅可比将这两种非常不同的信仰（belief）合并，是他对"信念"

---

［1］Jacobi, *Werke*, IV/1, 210.

［2］Ibid., IV/1, 210–211, 223.

（faith）一词的专门运用。通常意义上，信念反对所有形式的知识，无论是自明的还是可证明的。但是，如同哈曼一般，雅可比也故意扩展了该词的使用范围，因此它不反对所有知识，而只反对可证明的知识。他认为，所有不允许理性证成或证明的信仰都是信念，这包括自明的真正的信仰[1]。所以，雅可比认为，论证的第一原则的信仰与对上帝存在的信仰一样，是一种信念行为。

雅可比对"信念"一词的广泛使用显然具有倾向性，可为宗教和道德信仰辩护。由于他融合了这两种不可证明的信仰，因此使宗教和道德信仰像算术公理一样确定，而算术公理像宗教信仰一样不确定。这两种信仰之间的明显差异是拒绝而非接受雅可比这一用法的原因。实际上，歌德和赫尔德正是基于这些根据驳斥了雅可比的信念概念。[2]

显然，雅可比对"信念"一词的广泛使用是完全站得住脚的，那就是把知识的普通定义的严格结果作为可证成的真实信仰。如果我们坚持这个定义，那么我们认为虽然确定但仍无法证明的信仰，就不能等于知识。因此，即使我们对理性的第一原则的信念也只能是一种信仰行为。这样的解释并不能为雅可比混淆两种不可证明的信仰辩解；但至少使他的用法更容易被理解。这一理解的唯一问题是雅可比并不总是遵守这一定义。因为，他有时将无法证明的信仰称为知识。虽然，普通定义是将信念与各种形式的知识作对比，但雅可比仅将其与推论的或可证明的知识进行对比。

如果雅可比试图说服我们相信信念的必然性是可疑的，这是基

---

[1] Jacobi, *Werke*, II, 144-146.

[2] 见 *Goethe to Jacobi*, October 21, 1785, in *Briefwechsel zwischen Goethe und Jacobi*, pp. 94-95。另参阅 1785 年 6 月 6 日赫尔德写给雅可比的信，见 Herder, *Briefe*, V, 128-129。

于对"信念"一词的偏见性使用，那么他试图说服我们相信它无处不在就是合理可信的。像哈曼一样，雅可比认为我们必须限制充足理由律，因为我们不能要求为所有信仰辩护或证明。他认为，我们的大多数常识性信仰无法得到证明，这正好是一个事实。[1]正如我们要相信外部世界的实存。因为我们无法证明来自我们感官的所有根据，当我们无法感知它们时，我们无法推断对象仍然存在。出于类似的原因，我们无法证明我们相信其他思想的存在或归纳法的可靠性。如果我们不想陷入怀疑论而拒绝所有无法证明的信仰，那么我们就不得不限制理性证成的要求。我们必须认识到，信念领域比我们最初想象的要广泛得多。它涵盖了所有无法被真正证明的信仰，不仅包括我们的道德和宗教信仰，还包括最基本的常识上的相信。

雅可比在主张信念无所不在的同时，还经常诉诸他非常钦佩的另一位哲学家大卫·休谟的证明。像哈曼一样，他承认自己沾惠于苏格兰的怀疑论者[2]。因为正是休谟教导他，常识的相信不能通过理性来证明，信念的范围应延伸到生活的各个角落。出于对他的感激，雅可比将他最重要的作品之一命名为《大卫·休谟》。

但是，像哈曼的怀疑论一样，雅可比运用休谟的怀疑论是为自己服务的。尽管雅可比很乐意用休谟的怀疑论来限制理性的范围，但他不愿意接受休谟的怀疑论结论，即所有日常的相信（everyday beliefs）都是没有根据的。实际上，他利用休谟的论证来达到相反的目的。休谟认为常识性信仰是不可证明的，于是可怀疑它们，而雅可比则用同一论点来表明它们享有无需证明的直接确定性。这正是雅可比背叛了他声称是休谟合法继承人的地方。他从休谟怀疑论的挑战中撤出，立

---

[1] Jacobi, *Werke*, II, 142ff.

[2] Ibid., II, 128–129, 156–157, 164–165.

即赋予了信念领域的确定性。雅可比坚持认为这种确定性是不言而喻的、无法解释的，因此拒绝回答休谟的怀疑性问题：我怎么知道这一点？所以，我们很难抗拒这样的结论：休谟会对其虔诚的追随者（雅可比）给出"热情拥护者"（enthusiast）的封号。

# 第三章　门德尔松与泛神论之争

## 第一节　门德尔松在哲学史上的地位

目前，摩西·门德尔松是康德在"第一批判"的"谬误推理"（*paralogismus*）一章中被"驳斥"的哲学家，这是我们这个非历史时代（nonhistorical age）的可悲遗产。对于一个被称为"他那个时代的苏格拉底"的思想家、柏林启蒙运动的领衔人物而言，这可不是什么好名声。门德尔松在启蒙运动中的关键作用是无可争议的。考虑一下他与莱辛和尼古莱之间的著名友谊，他那有影响力的文章《什么是启蒙运动？》对期刊《普通德意志丛书》的文艺评论所作出的开拓性贡献，以及他对宗教自由与宽容的经典辩护：《耶路撒冷》（*Jerusalem*）。莱辛有充分的理由将门德尔松作为《智者纳旦》（*Nathan der Weise*）中著名角色纳旦的原型；门德尔松确实是与他那整个年代相称的标志。

鉴于门德尔松作为犹太教和现代世俗文化之间的调解人这一有影响力的角色，我们当代门德尔松形象之不公正就更加明显了。门德尔松比其他任何人都值得称赞，因为他将犹太人带离了犹太人限制区，并融入现代文化的主流。[1]在这方面，门德尔松对犹太人生活的影响

---

[1] 门德尔松是唯一可以与斯宾诺莎相提并论的人物，而斯宾诺莎背弃了犹太人的生活，因此放弃了一致性的任何尝试。

就好比路德对德国人的影响一样。[1]据说，门德尔松和路德都把他们的民族从传统和权威的束缚中解放了出来。路德为德国人之于罗马天主教会所做的，正是门德尔松为犹太人之于塔木德教（Talmudism）所做的事情。作为一名正统的犹太人，门德尔松压根就不是同化的使徒。他希望犹太人保留自己的身份，维护自己的传统，并忠于他们的宗教信仰。但是，他支持德国人与犹太人之间的对话与共生，认为两者之间可以相互学习。门德尔松为实现这一目标采取了两个重要步骤。第一，他在《耶路撒冷》中捍卫了宗教宽容和自由，这本书获得了广泛的认可[2]；第二，他通过将《希伯来圣经》翻译成德语，使犹太人更容易使用德语阅读。对犹太人的生活而言，门德尔松的翻译成就可与两个世纪前的路德翻译相媲美[3]。

即使承认了门德尔松的历史重要性，我们也会问：为什么门德尔松在哲学史本身中很重要？也有人可能会说，文艺批评、《希伯来圣经》的翻译和捍卫政治事业并不等于严格意义上的哲学，因为对民族文化的贡献并不一定等于对哲学历史的贡献。在哲学史上，除了那位被康德摧毁的不幸的思想家之外，真的还有什么理由让门德尔松在哲学史上占有一个更崇高的地位吗？

如果仅考虑美学和政治哲学的领域，那么门德尔松在哲学史上应该只占有一个狭小而安全的地位。门德尔松的美学常被视为他对哲学

---

[1] 海因里希·海涅的《论德意志的宗教哲学史》（*Zur Geschichte der Religion und Philosophie in Deutschland*），见 Heine, *Werke*, VIII, 185。

[2] 关于《耶路撒冷》的影响，见 Altmann, *Mendelssohn*, pp. 530–531, 533–535, 550, 593。

[3] 论门德尔松翻译的意义，见 Schoeps, *Mendelssohn*, pp. 131ff.5。

最重要的贡献[1]，是从鲍姆加登迈向康德和席勒的重要一步[2]。门德尔松的政治理论，作为对启蒙运动自由主义价值观的捍卫，在地位上可与康德相提并论。作为对宗教宽容的辩解，门德尔松的《耶路撒冷》确实与洛克的《论宽容》(Letter on Tolerance)和斯宾诺莎的《神学政治论》不相上下。[3]

然而吊诡的是，门德尔松最初成名的领域是最不为人所知的领域，也是对他而言最重要的领域：形而上学。他的大部分时间和精力都致力于形而上学，几乎他所有的哲学著作都在这个领域内。门德尔松的确是理性主义形而上学传统，即笛卡尔、斯宾诺莎、莱布尼茨和沃尔夫传统中的最后一个人物。他的形而上学著作是该传统中最好的之一。他的形而上学著作在风格上令人印象深刻，表现出了清晰、严谨和优雅——康德认为门德尔松的作品是"哲学精确性的典范"——并且在哲学上具有启发性，其著作解释了理性主义传统的许多基本思想。[4]莱布尼茨或沃尔夫未加表达或含糊不清的内容，通常都由门德尔松来加以阐明和捍卫。[5]然而，门德尔松经常被还原为莱布尼茨－沃尔夫体系的次要门徒，变成了只会普及莱布尼茨的奥义

---

[1] Beck, *Early German Philosophy*, p. 326.

[2] 对于门德尔松在美学史上的地位的有用总结，见 Beck, *Early German Philosophy*, pp. 326–332 和 Best, "Einleitung" to Mendelssohn's *Aesthetische Schriften*, pp. 3–24。

[3] 论门德尔松的政治理论，见 Altmann, *Mendelssohn*, pp. 514ff 和 Schoeps, *Mendelssohn*, pp. 126–149。

[4] 见 Kant to C. G. Schütz, late November 1785, in *Briefwechsel*, 280–281。也请比较康德对门德尔松的文体的致敬，见 Prolegomena, *Werke*, IV, 262。

[5] 因此，对于门德尔松的"获奖论文"，贝克写道："没有任何一篇论文能如此清晰地呈现莱布尼茨—沃尔夫的认识论；很有说服力地展现了传统观点的每一个优势，同时也无意间揭示了每一个缺点。"见 Beck, *Early German Philosophy*, pp. 332, 335。

和沃尔夫哲学的通俗哲学家。[1]

但是，门德尔松不仅是另一位理性主义者，而且是该共同思想学派中的一位人物。除此之外，他应该在理性主义传统中占有殊胜地位。他是所有理性主义者中最现代的，因为他意识到并回应了"形而上学的危机"（他正努力保持其作为一门科学的资格）。在笛卡尔、斯宾诺莎、莱布尼茨和沃尔夫写作之际，形而上学仍然具有权威，这在很大程度上是由于经院哲学传统的持续影响。但是，门德尔松不得不为失去形而上学信仰的后代人写作。到了 18 世纪的第三个二十五年，甚至在康德的"第一批判"出现之前，形而上学就受到了来自几个方面越来越多的批评：休谟的怀疑论和法国的启蒙运动哲学，克鲁修斯和洛克在德国的经验主义追随者，以及根本无暇坚持理性主义彻底性（*Gründlichkeit*）的整个通俗哲学大军。门德尔松对这些批评的回应是有趣且重要的，因为它们提出了形而上学传统本身的情况。实际上，门德尔松不仅意识到了形而上学的问题：这是他毕生专注的事业。他的"获奖论文"（1763）恰恰旨在表明形而上学能跻身数学的科学地位。门德尔松的最后一部形而上学著作《晨课》是他早期关注的延续，一篇经过修复的"获奖论文"，其目的是应对形而上学传统的两大新威胁：康德和雅可比。

当然，本章的任务不是考察门德尔松的成就在历史长度和现实宽度的影响，而是关注于其中的一个阶段和一个方面：他在《晨课》中对理性和形而上学传统的辩护。尽管哲学史通常将门德尔松归入前康德哲学时期的传统，将其视为从莱布尼茨到沃尔夫再到鲍姆加登谱系中的最后一位理性主义者，但他的《晨课》是后康德哲学史上不可或缺的篇章。历史本身迫使我们进行这种分类。《晨课》在"第一批判"

---

[1] 黑格尔对门德尔松的看法，见 Hegel, *Geschichte der Philosophie, Werke*, XX, 264。

之后出版；这是就康德和雅可比对理性主义传统批判的一种反应。然而，更重要的是，哲学上的正义要求我们兼听辩方和控方的案情陈述。除非我们首先看到理性主义传统是如何被捍卫的，否则我们无法公正地评价康德和雅可比的批判。因此，无论从历史还是从哲学的角度来讲，我们都有义务在后康德哲学史上看待门德尔松的《晨课》。

## 第二节　对理性的捍卫

《晨课》的主要目的是捍卫门德尔松的信条，即忠于理性作为哲学真理的最终标准。表面上，《晨课》是对莱布尼茨和沃尔夫形而上学传统的阐释和辩护。但是，重要的是要看到这些问题与门德尔松本人是密不可分的。对他而言，捍卫理性等于捍卫莱布尼茨－沃尔夫形而上学的可能性。如果没有上帝、灵魂、天意和不朽的论证性知识，那么理性的论据就会瓦解。雅可比将是正确的：我们将不得不放弃理性以保持我们的信念。

门德尔松对理性信仰的基础，他对理性作为真理标准的信念的基础，完全是他的判断理论。[1]与莱布尼茨和沃尔夫一样，门德尔松也支持这种理论，即所有判断在原则上都是相同的，因此判断其真与假最终都取决于矛盾原则。根据该理论，判断的谓词仅明确了"主词概念"中已经包含的内容。尽管从我们的普通知识（我们对事物只有一个模糊的知识）的角度来看，大多数判断似乎是不完全

---

[1] 该理论和门德尔松的一般认识论在《晨课》的前七讲中有详细介绍，标题为"先验知识"（*Vorerkenntnis*）。见 *Schriften*, III/2, 10–67。门德尔松在这里的论点在很大程度上重演了他在早期"获奖论文"（1763）中的立场。因此，我根据这部早期著作来理解《晨课》。"获奖论文"中的相关段落，见 *Schriften*, II, 273–275, 277–278, 302–303 与307–308。

相同的，但如果我们能够充分分析主词概念中所涉的内容，那么它们将被证明是相同的。如果我们对上帝有无限的认识，而上帝又对万物有一个清晰而完整的认识，那么我们就会知道一切都是必然而永恒的真理。因此，门德尔松将判断力分析比作使用放大镜：将模糊和混淆之处弄得清楚明晰，但又不会添加任何新内容。

这种判断力理论对一般知识理论具有极其重要的后果。也就是说，至少在原则上，理性可以确定所有形而上学判断之真伪。为此，仅需分析主词的概念就可以看出谓词是否由该主词推断出。通过这个简单的过程，理性将为形而上学提供一个真理的充分标准。

门德尔松的判断理论虽然简单漂亮，但也存在问题。对于门德尔松在《晨课》中所提出的理论，雅可比在《大卫·休谟》（1787）中给出了答复并提出了一个经典的反对意见：门德尔松未能区分概念与实在的联系。[1]他假定主谓词之间的联系在本质上也是自然界的因果联系，因此似乎是理性使我们洞悉了事物的真正联系。但是雅可比认为，这种假设乃是一种幻想，因为它掩盖了这两种联系之间的根本差异。主谓词之间的概念联系是非时间性的（nontemporal），因为从逻辑上说，主词先于谓词。但是，因果之间的所有真正联系都是时间性的（temporal），因为原因在时间上先于结果。雅可比进一步指出，我们不能假设因果关系与主谓关系相对应，因为从逻辑上讲，肯定原因并否认后果是可能的。因此，雅可比得出结论，真正的联系是事物之间的时间联系，理性是无法解释的。假设一切都可以根据理性来理解，那么我们必须像斯宾诺莎在《伦理学》中所说的那样，完全否定时间的实在性。

雅可比反对门德尔松理论背后的高贵谱系。克鲁修斯在《理性真理》（*Vernunftwahrheiten*, 1745），康德在《将负值概念引入世俗智慧

---

[ 1 ] Jacobi, *Werke*, II, 193-199.

的尝试》（*Negativen Grössen*, 1763），对沃尔夫提出了同样的反对观点。[1]自从休谟在其 1739 年的《人性论》中首次提出这一问题以来，因果关系问题确实已成为对理性主义传统的有力挑战。康德在 1763 年提出了这样的问题："如果某物存在，那为何竟还要有别物存在呢？"（If something is, then why should there be something else? ）这个问题将一直困扰着他，直到 1781 年"第一批判"的完成。尽管这个问题由来已久且很重要，但门德尔松还是未能在《晨课》中解决它。在这里，他的重述超过了他对经典的判断力理论的辩护。他未能解决这个问题，这确实成为《晨课》中为理性辩护的一个严重弱点。

除了因果关系问题，门德尔松的判断理论还存在着另一个困难：莱辛称其为"可能性与现实、概念与存在之间巨大而刺眼的沟壑"。门德尔松承认，通过判断分析发现的所有真理只是形式上的假设，因此它们并未告诉我们有关存在本身的任何消息。[2]它们的形式为："如果 S，那么 P。"是否存在一个"S"，仍然是个悬而未决的问题。门德尔松认识到，与数学家不同，哲学家不仅必须确定概念之间的关系，还必须确定这些概念是否有对象。从概念到现实的转变确实是"哲学家必须解开的最大难题"，除非他能解决它，否则他会冒玩弄那些与现实无关的概念之险。

看到莱辛所描述的这一沟壑后，门德尔松仍然想试图跨越它。尽管他认为，只在概念可以自我确证，或者否认其指称是荒谬的明确意义上，理性可以跨越这个沟壑[3]。我们被告知的只有这两个概念。第

---

[1] 见 Crusius, *Werke*, II, 52–53, 123–124 和 Kant, *Werke*, II, 52–53,123–124。然而，值得注意的是，康德纠正了克鲁修斯关于逻辑和现实之间的区别的特有表述。见 Kant, *Werke*, II, 203。

[2] Mendelssohn, *Schriften*, II, 283, 293, 299.

[3] Ibid., II, 293–294.

一个是思维着的存在的概念；第二个是最完美的存在概念：上帝。在这里，门德尔松想到了笛卡尔的"我思"和安瑟尔谟（Anselm）的本体论论证。像沃尔夫一样，他坚持这两个论证的修正版本。

门德尔松对这一困难的回应并没有强化他的立场，反而暴露了其潜在的弱点。门德尔松对理性的辩护，除了取决于这样的一个主张（inter alia），即理性提供了存在意义的结论之外；还取决于另一个主张，即我思和本体论非常有争议性的证明。当康德和雅可比抨击这些论点时，门德尔松被迫通过紧密结合经院哲学上的细节来捍卫自己的立场。然而，这种细枝末节并不能说服一位首先质疑所有证明权威的狂飙突进者。

门德尔松为理性辩护的主要部分集中在《晨课》的第七章。正是在这一章中，门德尔松为启蒙运动客观探究的理想作辩护——无论后果和利益如何，我们都需要探究真理。门德尔松通过抨击一位很有影响力的 18 世纪教育理论家巴泽多（J. B. Basedow）来为客观探究辩护。巴泽多的成名哲学观点是他的"信仰义务"（Glaubenspflicht）。根据巴泽多的观点，如果一项原则对于道德行为或人类幸福是必要的，那么即使我们无法通过纯粹的理性手段来确立其真理，我们也有义务相信它。[1]巴泽多的立场和康德与雅可比的立场存在着明显的相似性；因此，在批判巴泽多时，门德尔松也有可能在批判康德与雅可比。[2]

门德尔松对所有类似巴泽多这样的观念做出了标准答复：它们未

---

[1] 见 Basedow, "Vorbericht," in *System der gesunden Vernunft*, esp. pp. 5, 76, 144。

[2] 尽管门德尔松在《晨课》中抱怨道，他未能跟上哲学的所有新进展，特别是"摧毁一切的康德"的著作，但他仍然阅读了"第一批判"，并对其内容了如指掌。参阅他于 1783 年 4 月 10 日写给康德的信，参见 Mendelssohn, *Schriften*, XIII, 99–100。他还阅读了伽尔韦对"第一批判"的评论，并与尼古莱讨论了批判哲学。关于门德尔松对"第一批判"的认识，见 Altmann, *Mendelssohn*, pp. 673–675。

能区分道德和知识的标准[1]。他认为，所有这些观念都会混淆道德和知识上的赞同，也就是说，信其为真的接受理由（*Erkenntnisgründe*），以及在道德上赞同并采取行动的理由（*Billigungsgründe*）。实际上，它们是完全不同的。我们没有道德义务相信上帝、灵魂不朽和天意，因为我们不能为这些信仰的真与假负责。所以，它们是真还是假与我们的意志无关，即便有道德上的后果，但还是有必要承认它们的错误。用门德尔松的话来说，同意一种信念的必然性不是"道德上的"（*sittlich*）[2]而是"身体上的"（*physisch*），因为我们对于其真或假没有选择。门德尔松宣称，哲学家尊重信仰的唯一职责是有义务去研究它。

这一观点是门德尔松对形而上学的辩护，或者如他所说的，形而上学是必不可少的。据此，为了证成我们的道德和宗教信仰，我们必须确定它们为真，或者我们必须获得它们与现实相符的知识。仅仅确定它们在道德上是善的或有益于幸福是不够的。但是，证明我们的道德和宗教信仰（获得对上帝、天意和不朽的知识）的这一工作是形而上学。当然，康德拒绝形而上学，认为它太过思辨。但是，门德尔松会回答说，如果形而上学是思辨的，那么一定可以避免它吗？他认为，康德关于相信的义务概念只是为了避免艰巨的研究任务而已。

门德尔松承认，我们的研究有可能不会得出任何明确的结论。但是他仍然认为，相比于坚持真正的信念而不研究，不获取知识而研究真理更具优势。[3]固执地坚持信仰——即便是真正的信仰——而没有

---

[1] Mendelssohn, *Schriften*, III/2, 69–72.

[2] sittlich 更应该译作"伦理上的"，但英美界对德语词 Ethik, Sittlich, Moral, Tugend 等区分不严格，根据汉译习惯这里还是译成"道德上的"。——译者注

[3] Mendelssohn, *Schriften*, III/2, 72.

探究真理的问题在于，它最终会导致迷信、偏狭和狂热。门德尔松说，根据事物发展的自然链条，知识导致满足，满足导致懒惰，懒惰导致不去探究；疏于探究最终会导致迷信、偏狭和狂热。如果我们要避免这些恶习，那么我们就必须恢复怀疑和自由探究的精神。

因此，对门德尔松而言，重要的不是我们相信什么，而是我们如何相信——我们给出我们信仰的理由，承认错误的意愿，考虑反对的观点，并且即使我们确信自己是正确的，也要继续调查。这就是启蒙的基本原则，尤其是以莱辛、尼古莱和门德尔松为中心的柏林圈子的基本原则。莱辛借用著名的一段话给出了经典表述："如果上帝的右手握着所有真理，而左手握着犯错的探究，然后上帝说：'选择！'我会谦卑地选择他的左手，然后说：'天父赐予吧！纯粹的真理只属于您。'"[1]在门德尔松看来，像雅可比这样的哲学所带来的问题是，它更重视我们信什么，而不是我们如何信，从而会导致不宽容、专制和独断论的所有危险。一个重视教条而不重视思想自由的政府很可能会利用强制手段来维持道德和宗教现状。[2]

但是，门德尔松为客观探究做辩护的过程中存在着明显的循环。门德尔松只是通过使用某些道德和政治价值（自由主义的价值观）来证明价值中立的探究合理。这似乎是为了证明其合理性而放弃了客观探究，或者似乎是为了捍卫它而放弃了理性。当然，这恰恰是雅可比想要门德尔松不得不承认的地方，即他对理性的信仰最终只是理性自身的致命一跃。

但问题在于这个循环是否是一个恶性循环。在这里，答案还不是很明确。这个问题又倒退了一步。现在，这取决于我们是否可以通过

---

[1] Lessing, *Werke*, XIII, 24.

[2] 见 Mendelssohn's *Jerusalem*, in *Schriften zur Aesthetik und Politik*, II, 275ff。

一个纯粹理性论证和客观探究的过程，来确定门德尔松的政治价值观的对错与善恶。如果不是这样，那么门德尔松就不得不承认，他对客观探究的辩护绝不是客观的。但如果是这样的话，他为客观探究所做的整个辩护就已经进入一个前所未有的新领域：政治哲学。在这种情况下，门德尔松在《晨课》中对理性的辩护最终就取决于他在《耶路撒冷》中对自由主义的辩护。

## 第三节　门德尔松的噩梦，或确定方向

尽管门德尔松质疑了雅可比关于理性与信仰之困境的有效性，但他也承认哲学与一般信仰之间存在着表面上的冲突。他认为这是"常识"（Gemeinsinn）和"思辨"（Spekulation）之间的冲突，但他并未使用"信念"或"理性"这些语词。[1]尽管术语不同，冲突却是相同的。门德尔松认为，思辨跟常识的关系，与理性同信仰关系同属批判性关系。甚至门德尔松的"常识"和雅可比的"信念"的扩展都是相同的。这两个术语的使用范围都很广，因此它们都指道德、宗教和日常生活的所有基本信念。[2]

当然，雅可比与门德尔松不一致的地方就在于，哲学和一般信仰之间的冲突是否可以解决的问题。门德尔松肯定而雅可比否定的是，冲突在原则上是可以解决的。如果哲学导致怀疑主义，那么对于门德尔松而言就意味着哲学在其思辨的过程中误入了歧途。他认为，常识和思辨有着同一来源，它们仅仅是一种能力的两种形式：理性的能力。

---

[1] Mendelssohn, *Schriften*, III/2, 81ff.

[2] 因此，门德尔松认为，道德和宗教的基本信仰只是常识。见 Mendelssohn, *An die Freunde Lessings*, in *Schriften*, III/2, 197ff。

常识是理性的直观形式，而思辨是其推论形式。常识一眼就能看出，思辨是通过对前提和结论的三段式分析逐步说明。尽管常识在本质上是理性的，但它并没有自我意识到其信仰的原因。思辨的任务是将这些原因带入自我意识中，并为常识的直觉提供推论的正当性。

　　然而，如果这些关于常识和思辨的主张恰好相互矛盾，会发生什么呢？如果哲学未能找到常识性信念的理论说明，且告诉我们对生活必需的信念持怀疑态度，我们该怎么办？门德尔松对这个问题深感忧虑，为此他在《晨课》中用了整整一章的篇幅来解答。[1]他以一种寓言的形式来回答。

　　门德尔松告诉我们，一天晚上，在听了一个穿越阿尔卑斯山的故事后，他做了一个奇怪的梦。他梦见自己也在穿越阿尔卑斯山，而且他得到了两个向导的帮助。一位向导是瑞士农夫，坚强而健壮，但没有精明的头脑；另一位向导是个天使，骨瘦如柴并且很柔弱，但内省而显病态。走到十字路口，两位向导朝着相反的方向走去，可怜的门德尔松站在那儿感到十分困惑。但是，他很快就被一位老妇人的到来所搭救，这位老妇人向他保证，他很快就会知道路了。妇人揭露了两位向导的身份。农夫的名字叫"常识"，天使叫"沉思"。然后，她告诉他，这些角色常常会彼此意见分歧，相背而行。但是，她安慰他并说，他们最终会回到十字路口，让她来解决冲突。门德尔松问妇人："那您是谁？"她说，在世上她以"理性"为名，而在天堂，她被称为……这时，他们的谈话被一个狂热群体的到来打断了，他们集结在沉思的天使周围，并威胁要击败常识和理性。他们用可怕的尖叫声攻击。随后，门德尔松在恐惧中醒来。

　　门德尔松认为他的梦为哲学家们提供了一些有用的建议。如果哲

---

　　[1]见 "Vorlesung X," 和 "Allegorischer Traum," in *Schriften*, III/2, 81ff。

学家偏离常识的道路太远，那么他就应该重新定位自己。他应该回到常识和思辨所处的十字路口，并根据理性比较它们相互矛盾的主张。经验告诉哲学家，正确通常是站在常识这一边，而思辨仅仅因为其论证上的错误而与常识相矛盾。因此，哲学家应该回溯他的步骤并发现错误，以便在常识和思辨之间达成一致。这是门德尔松著名的"确定方向"（method of orientation），后来被康德所采用。

尽管确定方向把求证的责任推给了哲学家，但门德尔松承认，有时候思辨是正确的。当理性在思辨的论证中找不到任何错误时，无论它如何谨慎地回溯其步骤，以及当思辨能够解释常识性错误是如何产生时，门德尔松都愿意认可思辨的观点。他认识到，常识有时会因为其判断过于仓促或粗心而出错。尽管常识是理性的一种潜意识和直觉形式，但并不意味着它是绝对可靠的。实际上，正是因为常识以一种直觉和潜意识的方式进行推理，所以它才很容易误入歧途。

仔细审视门德尔松的梦，我们发现这确实是一场令人困惑的噩梦，因为它掩饰了门德尔松对理性无能为力的深切焦虑。门德尔松的梦的显化内容——确定方向，掩盖了其潜在内容，即哲学与一般信仰之间脆弱的停战协议。事情的真相是，门德尔松潜意识地承认了雅可比很多。门德尔松通过承认当理性站在思辨这一边的情况下，常识与思辨之间存在冲突，他认为雅可比的困境是有根据的，即使只是在某些情况下如此。[1]因此，雅可比与门德尔松之间的唯一区别是，雅可比认为理性总是导致虚无主义，而门德尔松则承认理性有时会导致虚无主义。但是，如果理性命令我们放弃一种常识信仰，而该信仰又是一种道德和宗教必不可少的，我们该怎么办呢？例如，如果理性与这样的思辨一致，即没有理由去相信其他思想的存在时，我该怎么办？如

---

[1] Mendelssohn, *Schriften*, III/2, 82.

果我要根据自己的理性行事，那么我不必像对待自己一样尊重他人；但常识和道德确实强烈反对这种原则。如果门德尔松不愿意接受思辨活动的虚无主义后果——以及经过理性检验和证明的后果——那么这难道不是表明他对常识的承诺只不过就是以雅可比的方式进行的非理性信仰飞跃吗？实际上，坚持常识而反对理性的更好判断，难道不会招致门德尔松对雅可比提出的狂热、独断论和迷信的指控吗？

门德尔松噩梦的另一面是，当我们提起这个问题时，它就变得很明显了，即是什么理性代表竟以如此愉快的方式解决了思辨与常识之间的冲突呢？如果这是一种批判的能力，一个要求知道我们信仰原因的能力，那么它无异于思辨。但如果它是一种直观的能力，并且是根据"一种自然的（natural）眼光"来判断所有问题的能力，那么它不过就是常识。因此，我们似乎没有任何标准来确定这个神秘能力的身份，这个标准并不能归结为有待解决争端的两种能力中的任何一个。然后，我们面临一个棘手的问题：理性站在哪一边，是常识还是思辨？考虑到理性应该裁决这些能力之间的争议，这就是一个特别令人尴尬的问题。

假设在常识和思辨之间没有第三种理性能力进行调解，那么我们必须确定在发生冲突时应该遵循何种能力。但是在这里，门德尔松只给我们提供了一个最令人困惑的建议。他无法决定哪种能力应被优先考虑。有时他说，我们必须相信我们的常识，压制我们的理性，直到理性回到我们一般信仰之中。[1]他在《致莱辛的朋友们》中承认，自然宗教的真理对他来说仍然不可动摇，尽管所有关于上帝存在的证明都注定失败。[2]他坚持认为，我们绝不能让道德和宗教信仰依赖于思

---

[ 1 ] Mendelssohn, *Schriften*, III/2, 79-80.

[ 2 ] Ibid., III/2, 197-198.

辨或形而上学的证明，因为那让它们陷于危险之地。但这种常识信仰，以及对理性论证的猜疑，难道不是对门德尔松信条的背叛吗？有时候，门德尔松说，理性的任务是"纠正"常识[1]，并且他认识到常识可能会由于没有充分研究其信仰的原因而出错[2]。实际上，门德尔松在反对巴泽多的争论中毫不含糊地站在思辨的立场上，坚定不移地保持进行研究的必要性，不顾及由此导致的道德和宗教的后果。

门德尔松在这里的摇摆态度只反映了他认识到肯定一种同时牺牲另一种能力的严重后果。他再次陷入独断论或怀疑论的旧困境。如果他仅遵循自己的思辨能力，那么他可能会产生怀疑，而拒绝常识、道德和宗教的一些基本信念；但如果他仅遵循常识，那么他可能会陷入独断论，将所有的探究和批判都视作诡辩。在思辨与常识持续冲突之际，门德尔松的"确定方向"使我们无法在这两个危险的极端之间选择方向。

不出所料，门德尔松的矛盾心理成为他所处理辩论的普遍不满的来源。不管好坏，人们普遍认为门德尔松并没有明确支持理性的权威。康德认为，门德尔松有时支持常识而反对思辨，背叛了他宣称的对理性的忠诚。魏岑曼指出，门德尔松的常识信仰与雅可比的信念的飞跃无异。因此，对于那些将身家性命押在理性的人来说，问题仍然在于如何捍卫其权威，同时又不对常识做出致命的让步。我们很快将看到康德是如何试图解决这一最棘手的问题的。

---

[1] Mendelssohn, *Schriften*, III/2, 198.

[2] Ibid., III/2, 82.

# 第四节　批判斯宾诺莎主义和纯化的泛神论

《晨课》的重要组成部分是门德尔松反驳斯宾诺莎主义者，其中，在第十二、十四和十五讲中他抨击了"唯一者"（the *Alleiner*）。批判斯宾诺莎主义者对门德尔松来说很重要，因为雅可比利用斯宾诺莎主义来威胁理性的权威。由于雅可比将斯宾诺莎主义等同于无神论和宿命论，因此他声称一切理性导致斯宾诺莎主义的主张，都等于主张一切理性都以无神论和宿命论结束。门德尔松对雅可比所提出的斯宾诺莎主义等同于宿命论和无神论的观点没有异议。因此，如果他要维护理性的权威，那么反驳斯宾诺莎主义就显得尤为必要。只有这样才能证明理性不会导致无神论和宿命论。

门德尔松通过定义斯宾诺莎主义，并指出其与莱布尼茨和沃尔夫主义的区别来开始他的辩驳。门德尔松将斯宾诺莎主义视为泛神论的一种形式，并将其定义为这样的学说，即上帝是唯一可能和必然的实体（substance），而其他一切都只是他的样式（mode）。[1]因此，斯宾诺莎主义者认为我们和外于我们的世界没有实体性的实在，我们只是那单一无限实体上帝的诸变式（modifications）。所以，门德尔松将斯宾诺莎主义概括为在莱辛与雅可比的对话中所使用的泛神论口号："一与一切"（*Hen kai pan* / One and All）。

门德尔松使用了他之前在演讲中所概述的"确定方向"，并提出了一个问题："我们从哪里开始？"[2]泛神论者和自然神论者从哪里开始，又从哪里分开的？他们在哪里达成共识，他们之间的冲突根源是

---

[1] Mendelssohn, *Schriften*, III/2, 104.

[2] Ibid., III/2, 105–106.

什么？根据门德尔松的观点，泛神论者和自然神论者都同意以下几个命题：（1）必然的存在者拥有自我知识，即他自知为必然的存在者；（2）有限的事物形成一个无始无终的无限系列；（3）有限的存在者依赖上帝而实存，并且不可设想其本质竟与上帝分开。但是，门德尔松说，泛神论者和自然神论者分道扬镳是因为一个问题，即离开了上帝，有限的存在者是否有一个实体性的存在。自然神论者确认但泛神论者否认的是，有限存在者离开上帝仍是截然不同的实体。自然神论者将其视为截然不同的实体，泛神论者将其视为统一实体的样式。因此，门德尔松将自然神论者与泛神论者之间的问题视为一元论与多元论之间的冲突。

所以，门德尔松反驳斯宾诺莎主义者的第一个策略是，考察斯宾诺莎关于一元论必要性的证明。[1]门德尔松从沃尔夫对斯宾诺莎的批判中汲取了一个要点[2]，并声称这一证明基于对实体的任意定义。他说，我们很容易同意斯宾诺莎的观点，即如果独立存在是实体的必要条件，那么就只能有一种实体，无限存在者本身就是实体；因为只有无限存在者才不会依赖其他任何东西而存在。但是，门德尔松坚持认为，将独立存在视为实体的必要条件是武断的。我们通常所说的实体仅仅是具有永久本质或性质（essence or nature）的某种存在，尽管其偶然性发生了变化，但本质仍保持不变。实体与这种存在的永久性本质是一致的，即它仍然取决于存在者是否存在。因此，我们有必要区分独立的（das Selbständige）实体和现存的（das Fürsichbestehende）实体。尽管只能存在一个独立的实体，但是由于只有无限才不依赖于其他任何事物而存在，因此可以有许多现存的实体存在。

[1] Mendelssohn, *Schriften*, III/2, 106-107.

[2] Wolff, *Theologica naturalis*, *Werke*, VIII/2, 686, par. 683.

门德尔松承认，这一反对意见仍未能反驳斯宾诺莎。它仅影响斯宾诺莎的论证，但并不影响他的主要学说。[1]为了反驳这些学说，我们必须表明它们未能解释我们日常经验中的一些无可争辩的特征。而门德尔松认为他的论证可以证明这一点。[2]他希望读者思考以下几点：斯宾诺莎将思想和广延作为神圣实体的两个属性。他认为广延是物质的本质，而思想则是心灵的本质。但门德尔松反驳道，物质不仅意味着广延，心灵也不仅意味着思想。物质还在于运动，心灵还在于意志和判断力。[3]门德尔松认为，现在斯宾诺莎无法解释身心的这些附加特征，因为它们不可能起源于其唯一无限的实体。这种实体作为一个整体不能成为运动的源头，因为它是整个宇宙，整个宇宙不能改变其位置，因此它不能在运动中。同样，这种实体也不能成为欲望或判断力的源头，因为斯宾诺莎明确否认我们可以将人类的这些特征（如意志、欲望和判断力）归于上帝。所以，门德尔松得出结论，我们不得不拒绝斯宾诺莎主义，因为它未能说明经验的两个基本特征：物质的运动和心灵中的欲望与判断能力的存在。我们不能像斯宾诺莎所希望的那样，简单地将我们经验的这些方面视作想象中的幻觉，因为我们仍然需要解释这种幻觉的起源。

在这一点上，正如自然神论者似乎以反对意见压倒了泛神论者一样，门德尔松允许这个论证采取令人惊讶的转变来反对自己。在第十四讲的开头，他介绍了他的朋友莱辛正捍卫一种新的、更强大的泛神论，即门德尔松所称的"纯化的泛神论"。门德尔松对莱辛

---

[1] Mendelssohn, *Schriften*, III/2, 107.

[2] Ibid., III/2, 107–110.

[3] 在这里，门德尔松指的是他的三种能力理论，根据这一理论，精神包括意志、欲望和判断的能力。他在《晨课》中阐述了这一理论，见 *Morgenstunden*, lecture 7, in *Schriften*, III/2, 61ff。

说："您最多拒绝的是斯宾诺莎，而不是斯宾诺莎主义。"在随后莱辛和门德尔松之间的虚构对话中，莱辛愉快地承认了门德尔松早先的所有反对意见。但是他坚持认为，一个斯宾诺莎主义者可以承认这些观点，并仍可坚持其基本论点：万物都存在于上帝之中。纯化的泛神论避免了斯宾诺莎的两个错误：它不否认上帝的意志，也不将广延归因于上帝。纯化的泛神论者的上帝是严格意义上的精神存在，具有理智和意志，但无广延。他的确与莱布尼茨和沃尔夫的上帝极为相似：他拥有无限的理智，以最清晰的方式构想所有可能的世界；并且他选择了最美好的世界。尽管存在相似之处，但自然神论者与泛神论者之间仍然存在严重的分歧。自然神论者断言上帝在所有可能的世界中选择了最好的，在神圣心灵之外赋予了世界之独立的存在，而泛神论者否认了这种世界的存在。根据纯化的泛神论，万物仅存在于上帝的无限理智中，除了作为他观念的对象外，没有其他实存。门德尔松问莱辛："如果我正确地理解了你，那么你就是承认了世界之外的上帝，但否认了上帝之外的世界，这使上帝成了无限的自我论者（egoist）。"莱辛承认这正是他的观点。

　　尽管门德尔松认为莱辛的纯化的泛神论不会像斯宾诺莎主义那样造成道德上的破坏性后果，但他还没有准备好接受它。[1]他在第十四讲剩余部分中阐述了对此的反对意见。门德尔松认为，纯化的泛神论的致命弱点就在于，它无法区分关于一个事物的上帝概念和事物本身。因此有必要进行如此区分：作为一个有限事物的上帝概念是无限和完美的，而事物本身是有限且不完美的。如果拒绝做出这样的区

---

[1] 有时，人们认为门德尔松接受了一种纯化的泛神论。见 Beck, *Early German Philosophy*, pp. 354, 339。但门德尔松反驳了莱辛，他认为这一假设与第十四讲后半部分的内容完全不一致。

分，那么就是想通过将有限且不完美的事物置于上帝的心灵中来否认上帝的完美。正如门德尔松所总结的那样，"有限制和被限制是一回事，知道一个与我们截然不同的存在所具有的限度是另一回事。最完美的存在者知道我的弱点，但他本身没有这些弱点"[1]。

在这里，门德尔松所考虑的更广泛的问题是任何形式的泛神论的基础。也就是说，如果上帝是完美且无限的，而世界是不完美和有限的，那么上帝怎么可能在世界里，或者世界又如何在上帝那里呢？这个问题困扰着门德尔松之后的泛神论者一代人。赫尔德、谢林和黑格尔都在努力寻找并解答这个问题。[2]即便是最纯粹的泛神论者从《晨课》中走出时，也会对他的哲学良知产生一些令人不安的怀疑。

## 第五节　门德尔松对康德的不公开批判

当然，门德尔松在《晨课》中对泛神论的批判是对雅可比的变相攻击。但是，在《晨课》里还隐藏着另外一个人，他对门德尔松和雅可比同样重要，尽管他的名字从未被提及。这个人就是康德。门德尔松在序言中承认他无法研究"第一批判"[3]，但从许多段落中仍然可以明显地看出，无论是从康德哲学术语的使用，还是从康德哲学的本质立场出发，他心中都想到了康德[4]。其实，我们不难理解门德尔松为什么要讨论康德，因为康德对他的形而上学的威胁和雅可比

---

[1] Mendelssohn, *Schriften*, III/2, 118.

[2] 有趣的是，门德尔松明确反对黑格尔，后来谢林解决了这个问题。他否认上帝让他"远离"其本性的可能性——无限的理解体现在有限之中——因为这与上帝的无限是不相容的。见 Morgenstunden, *Schriften*, III/2, 120.

[3] Mendelssohn, *Schriften*, III/2, 3.

[4] *Schriften*, III/2, 10, 60ff., 152ff., 170–171.

的威胁一样。实际上，对门德尔松而言，康德和雅可比代表了两难的两端：独断论与怀疑论，或神秘主义与虚无主义。雅可比是独断论者或神秘主义者，因为他那理性的致命一跃逃避了批判的要求；康德是怀疑论者或虚无主义者，因为他破坏了证明道德和宗教信仰合理性所必需的形而上学。[1]门德尔松为了证明他的理性主义形而上学是正确的，就必须证明它是这些极端之间的唯一中间道路；但这就意味着，他必须解释康德和雅可比的相关思想。他与康德之争必然是一场无声的争论，因为门德尔松已年迈体弱，无法冒险与雅可比论争，更不用说像康德这样的强大对手了。

门德尔松与康德的不公开争论在《晨课》中占有中心地位：前七章对观念论的讨论是此书的核心。[2]门德尔松认为，康德的观念论是自己哲学的主要威胁。这是对常识的冒犯，是对道德和宗教的威胁。如果我们认为一切都只存在于表象中，那么我们如何在世界上行动，如何履行我们的义务，以及如何敬奉上帝？门德尔松对康德观念论的解释是他那个时代通俗哲学的典型代表。[3]像伽尔韦（C. Garve）、费德尔（Feder）和魏斯豪普特（Weishaupt）一样，门德尔松认为康德和贝克莱的观念论之间没有本质区别。无论是康德还是贝克莱，观念论

---

[1] 门德尔松早在"第一批判"之前就认为康德是一个危险的怀疑论者。门德尔松在回顾康德《通灵者之梦》（1766）时对康德著作中怀疑和嘲讽的语气表示失望。见 Mendelssohn's article in AdB 4/2 (1767), 281。但康德的这一形象对门德尔松毫无影响。在《晨课》中，他提到了摧毁一切的康德哲学。门德尔松从大众哲学那里获得了许多关于康德的信息，他很有可能在脑海中强化了这一形象。伽尔韦、尼古莱、费德尔和普拉特纳都告诉过门德尔松他们对于康德的看法，即他们视康德为怀疑论者。

[2] Mendelssohn, *Schriften*, III/2, 10–67, esp. 35–67.

[3] 门德尔松在《普通德意志丛书》的伽尔韦的评论中接受了康德的解释。见 *Mendelssohn to Reimarus*, January 5, 1784, in *Schriften*, XIII, 168–169。后经费德尔的编辑，加夫的评论等同于康德和伯克利的观念论。

者都坚持认为，除了精神实体之外，没有任何东西存在；他否认存在与其表象相对应的外部客体。[1]门德尔松再次错误地认为——与伽尔韦、费德尔和魏斯豪普特一样——康德并不肯定而是否认自在之物的存在。

门德尔松反对观念论的主要论点在于对外部世界现实的归纳论证。门德尔松意识到，从所有感官的证据到外部世界的存在，不可能有一个逻辑上的确定推论，但他认为这种推论具有"很高的可能性"[2]。我们对外部世界存在的所有归纳推论都基于感知的相符或一致性所提供的证据之上。如果所有的感官都彼此一致，并且多个观察者的经验彼此一致，如果最终具有不同感官的观察者也彼此一致，即使在逻辑上不确定，那么这种感知的客体很可能继续存在。我们越常感觉到某事，实际上它们就越有可能存在。

对于门德尔松的这一早期计划（《晨课》），康德并未对其做任何答复，但不难想象的是他会对门德尔松的论点有何反应。[3]它们基于归纳推理的合法性，以乞题谬误的方式反对休谟的怀疑论。根据休谟的说法，我们过去总是感知到某些东西，但我们并没有理由根据这一事实假设将来会继续感知到它们。[4]尽管康德试图在"第一批判"的"先验演绎"中对此作出回应，但门德尔松在《晨课》中却无视了它。康德乐于回应休谟，这确实是康德哲学相对于门德尔松哲学的一大

---

[1] Mendelssohn, *Schriften*, III/2, 56–57, 59.

[2] Ibid., III/2, 47, 15–17, 53–55.

[3] 关于康德的计划，参阅 1785 年 9 月 28 日和 10 月 28 日哈曼写给雅可比的信，见 Hamann, *Briefwechsel*, VI, 77, 107。碰巧的是，康德最终确实抨击了《晨课》，但却没有相关争论的细节。见他的 "Bemerkungen" to Jakobs Prüfung der Mendelsohnischen Morgenstunden, in *Werke*, VIII, 151–155。

[4] 见 Hume, *Treatise on Human Nature*, bk. I, sec. 2, pp. 187–218。

优势。[1]

在《晨课》的最后一讲（第十七讲）中，门德尔松也暗地里与康德争论。当康德在"第一批判"中批判了本体论论证后，他试图勇敢地保全它。在 1763 年的"获奖论文"中，门德尔松提出了一种新的本体论论证，他避开了实存的概念，而是使用了非实存和依存关系的概念，他觉得这些概念并不那么困难。[2]尽管他同时代许多人，尤其是康德和雅可比在 1763 年都不相信门德尔松的观点，但门德尔松在 1785 年仍然认为他的论点和以往一样有效。他对这一论点的信心从未动摇，因为他认为这避免了康德对实存概念的反驳。[3]

然而，门德尔松并没有简单地重述他的旧论点；毋宁说，他还对康德的批判作了两个回应。他的第一个回应是，从可能到实在，从本质到实存，只有在一种情况下是有效的，那就是唯一的无限存在：上帝。[4]有限存在和无限存在之间有着本质上的区别，即在本质上完美存在和无限存在的实存是必然的，但对于不完美和有限的存在的本质来说则不是必然的。门德尔松认为，康德在批判本体论论证时忽略了这一点，因为他秘密地假定，在有限存在下的可能和实在之别，可经适当修正地（*mutatis mutandis*）运用于无限存在。因此，他所有用来证明本质和存在的区别的例子都是从有限的存在中获得的，例如：著名的一百塔勒（普鲁士的旧货币单位）例子。但是，正如康德所说，虽

---

[1] 门德尔松在《晨课》中对可能性概念的阐述是基于他较早的《关于可能性的思想》（*Gedanken von der Wahrscheinlichkeit*）（1756）。见 Mendelssohn, *Schriften*, I, 147-164。但正如贝克所说："门德尔松完全忽视了休谟问题的困难。"见 Beck, *Early German Philosophy*, p. 321。

[2] Mendelssohn, *Schriften*, II, 300.

[3] Ibid., III/2, 153.

[4] Ibid., III/2, 148-149.

然一百个微不足道的塔勒的本质并不涉及它的实存，但是上帝的本质确实涉及了它的实存，因为上帝的本质比一百塔勒的本质更加完美。

第二个回应是，本体论论证不受康德关于"存在不是一个谓词"论证的影响。假设实存不是一个谓词，而是对一个事物的所有属性的肯定或假定，那么不假定或不肯定它的所有属性，就不可能想到无限存在的本质。在有限的偶然存在和无限的必然存在之间确实存在区别。也就是说，无限是必然假定其所有属性，而有限是可能不假定其所有属性。[1]在门德尔松看来，从无限或最完美的存在到实存的推论，并不受我们如何分析实存的概念的影响。

如果我们回顾一下门德尔松对泛神论之争的贡献，我们很难拒绝这样一个结论：尽管门德尔松的意图崇高，但他削弱了理性而不是加强了它。他以理性主义形而上学的主张为依据来说明理性的事实，但这些主张至少是非常有争议的。他认为，只有理性主义的判断理论是正确的，这样的理性才能成为形而上学中真理的充分标准；但这一理论存在严重的弱点：既不能解释真正的联系，也不能保证结论具有实存的意义。门德尔松还把一些主要的道德和宗教信仰——对上帝、天意和不朽的信仰——建立在先天论证之上。但是，这些论证在"第一批判"中受到了康德的严厉批判；而门德尔松未能以任何彻底和严谨的方式回应康德，这使他的整个立场暴露出来了。因此，到了最后，门德尔松似乎威胁到了而不是捍卫了理性的两个基本主张：理性是形而上学中真理的充分标准的主张，理性证成我们基本的道德和宗教信仰的主张。

门德尔松为理性辩护的另一个严重弱点归根结底在于，它未能解决雅可比提出的更深层次的问题。在召唤斯宾诺莎的幽灵时，雅可比

---

[1] Mendelssohn, *Schriften*, III/2, 152–153.

无非是影射现代科学明显的宿命论和无神论后果。事实上，正是现代科学的这些后果深深地困扰着 18 世纪晚期的思想家。然而，门德尔松采用斯宾诺莎的古老的沃尔夫式反驳并未减轻这些担心。因为，这里关键不是斯宾诺莎体系的几何论证，而是其背后的自然主义精神。

也有人嘀嘀咕咕地怀疑门德尔松背叛了他所要捍卫的信条。他的道德和宗教信仰对他来说比理性更重要，如果理性继续与之矛盾，他宁愿放弃理性。无论如何，这是从他的"确定方向"中学到的可悲教训。果然，当事情变得艰难时，门德尔松确实站在了雅可比这一边。那么，谁来为理性辩护呢？

考虑到门德尔松的失败表现，如果在关键时刻有其他人加入这场论战并捍卫日渐瓦解的理性权威，那么这将是至关重要的。我们需要一个新的辩护，不能重蹈门德尔松的覆辙。这一辩护将必须把理性与形而上学的主张分开；它必须回应雅可比的斯宾诺莎主义背后的更深层次的挑战；它必须采取一种支持理性的明确立场。康德的命运就是为此进行辩护。我们将很快看到他是如何在雅可比和他的盟友那里成功地完成这一辩护。

# 第四章 康德、雅可比和魏岑曼之争

## 第一节 托马斯·魏岑曼的《后果》

1786年5月，门德尔松的《晨课》和雅可比的《书简》出版六个月后，一本奇怪的匿名小册子出现了，它对泛神论之争的进程产生了重要影响。它有一个醒目而神秘的标题："雅可比哲学和门德尔松哲学的后果：来自志愿者"（*Die Resultate der Jacobischer und Mendelssohnischer Philosophie von einem Freywilligen*）。这本小册子以其充满激情和挑衅性的语调引起了轰动，它有助于使广大公众相信这场论战的重要性。[1]不过，这位"志愿者"是谁呢？关于他的身份有很多猜测，有一阵子传言说他不是别人，正是赫尔德[2]。但很快真相就得到曝光：作者是鲜为人知但却极具天赋的托马斯·魏岑曼（雅可比的朋友）。

在泛神论之争中，魏岑曼在很多方面（当然不是全部）都站在雅可比这一边。他同意雅可比的观点，即所有的哲学都以斯宾诺莎主义结束，只有通过理性的致命一跃，我们才能避免无神论和宿命论。[3]尽管

---

[1]关于《后果》的影响，参阅1787年5月14日杰尼什写给康德的信，见 Kant, *Briefwechsel*, p. 315 和 Goltz, *Wizenmann*, II, 158-159, 164, 166-167,186-187。

[2]见 Hamann to Jacobi, May 13, 1786, in Hamann, *Briefwechsel*, VI, 390。

[3]然而，晚年的魏岑曼对斯宾诺莎的态度发生了变化，他开始喜欢怀疑主义而不是斯宾诺莎主义。见 Glotz, *Wizenmann*, II, 169。

如此，魏岑曼仍然坚持（理由充分地），他不仅仅是雅可比的追随者，他是通过自己独立的反思才达到此立场的。[1]这无疑是他书名中"志愿者"一词的线索。魏岑曼选择这个词是为了强调他不是雅可比的新兵[2]。事实上，他在文章中一次又一次地证明了他所主张的独立反思是正确的。魏岑曼经常提出新的想法，他也经常用新的论点为雅可比辩护。此外，我们很快就会看到，他有时会尖锐地批判雅可比的几个证明。

魏岑曼对泛神论之争作出了几项重要贡献：第一，他澄清了争论的状态，解释了雅可比和门德尔松之间的异同。特别有贡献的是，他指出了门德尔松立场中隐藏的非理性主义。第二，他做了很多事情让雅可比的立场得到更公平的听取。这是必要的，因为柏林那帮人都非常热衷将雅可比驳斥为像拉瓦特那样的纯粹的狂热者。第三，他通过忽略个人、传记和注释性问题，集中精力于哲学问题，提高了论战的整体基调。这也恰逢其时，因为在 1786 年的春天，雅可比和门德尔松的朋友们以令人震惊的速度互相抨击，丧失了他们最初的所有哲学兴趣。

最重要的是，魏岑曼对康德的影响确保了他在哲学史上有个短暂而安全的地位。《后果》是康德反思泛神论之争的出发点。确实是魏岑曼使康德相信，雅可比和门德尔松都朝着非理性主义的危险方向前进，必须对此采取措施加以解决。[3]后来，魏岑曼与康德之争对康德也很重

---

[1] 魏岑曼声称他甚至没有告诉雅可比就撰写了《后果》，见 1785 年 9 月 8 日魏岑曼写给豪斯勒特纳（Hausleutner）的信，见 Goltz, *Wizenmann*, II, 116–117。在此信中，魏岑曼甚至批评了雅可比最近发表的《书简》。就雅可比而言，他并不反对魏岑曼的独立主张。见 *Wider Mendelssohns Beschuldigungen* 第一版前言。

[2] 魏岑曼对赫尔德和哈曼的恩情和雅可比的一样多。他于 1786 年 7 月 4 日写给哈曼的信，见 Hamann, *Briefwechsel*, VI, 454–456。魏岑曼说，在所有人中，他对赫尔德最忠诚。但即便如此，他还是强调："据我所知，我始终可以自由地判断。"

[3] Kant, *Werke*, VIII, 134.

要，因为这迫使他在"第二批判"中阐明了他的实践信念学说。[1]如果有人努力去阅读"第二批判"背后的内容，那么很明显，其几个结论部分都是针对魏岑曼的秘密论战。康德自己也承认了魏岑曼的优点，即他很难得地将诚实、清晰和哲学深度结合起来。魏岑曼在 27 岁时不幸去世，当时正值论战的巅峰，康德对他给予了慷慨而崇高的敬意。他在"第二批判"中写道："这样一位优秀而头脑清晰的能干者的去世是令人遗憾的。"[2]甚至有人说，魏岑曼的英年早逝是"德国哲学界的重大损失"[3]。

最终，以《后果》作为中心论战的结局是，雅可比和门德尔松关于理性权威的观点并没有本质区别。[4]魏岑曼认为，阻碍这些哲学家达成一致意见的原因是门德尔松的立场严重不一致。尽管门德尔松宣称，除了理性以外，他不承认任何真理的标准，但他也说理性必须根据常识来确定自己的方向。但是，魏岑曼问道：理性是形而上学的最高权威，同时常识又是理性的指南，这怎么可能？

根据魏岑曼的观点，门德尔松关于常识与理性之间关系的立场存在致命的歧义。[5]有时，门德尔松认为常识知识与理性是相同的，因此它只是理性的一种直观形式；但在另一些时候，他认为常识与理性是不同的，因此它在思辨中指导和纠正理性。但这两种选择都不令人满意。在第一种情况下，当理性误入歧途时，我们再也不能用常识来指导和约束它；因为根据定义，理性只是解释和证明常识的直观。在第二种情况下，我们可以继续用常识来指导和纠正理性，但这样一来，我们就丧失了理性的最高权威。在思辨与常识相悖的情况下，我们将

---

[1] 第四章第三节详细讨论了这一争论。

[2] Kant, *Werke*, V, 143.

[3] Beck, *Early German Philosophy*, p. 372.

[4] Wizenmann, *Resultate*, pp. 35–36, 39ff.

[5] Ibid., pp. 35–36.

被迫支持与理性相悖的信念。假设门德尔松在这些令人不安的选择中倾向于后者，就像他在《晨课》中所做的那样，那么他的常识观和雅可比的信念观之间确实没有什么区别。雅可比的信念和门德尔松的常识都提供了超越对理性的解释和论证的直观洞察力，即使当理性与之相矛盾时，这些要求也会得到同意。

在证明了门德尔松的立场的不一致性之后，魏岑曼接着抨击了门德尔松的确定方向。像康德一样，他拒绝这种方法是因为他不能接受理性的基本真理标准，即常识。魏岑曼对常识提出了所有常见的反对意见：它充满了矛盾，常常是错误的，它不能超越单纯的表象来解释事物的起因。[1]一般而言，魏岑曼虽然迫切希望能够限制理性的权力，特别是在宗教方面，但他仍然坚持赋予理性高于常识的权威。在这方面，他觉得他比门德尔松更忠于理性。魏岑曼认为[2]，与其用常识来引导理性，不如让理性来引导常识，难道他不是声称他认识到没有比理性更高的真理标准了吗？然而，通过优先考虑常识，门德尔松将自己置于与他所反对的雅可比相同的指控下：他承认了一种超越一切批判的"盲目信念"（blind faith）。这种对常识的批判性立场是魏岑曼与雅可比更重要的区别之一，雅可比总是将常识的相信与信念的确定性放在同等的位置。

魏岑曼对常识的批判确实为他反对门德尔松的总体论辩提出了一个严重的问题。也就是说，如果理性有权批判常识，如果门德尔松的常识和雅可比的信念在本质上是一样的，那么为什么理性不也应该有权批评信仰呢？为什么信念应该免受批判，而常识却不能呢？所有这些疑问只为提出一个更基本的问题：门德尔松声称理性有权批判信念，这何错之有？

---

[ 1 ] Wizenmann, *Resultate*, pp. 132–134.

[ 2 ] Ibid., pp. 172–173.

魏岑曼的功劳正是他直面了这一难题，他的回答很有意思，因为它类似于康德在泛神论之争中的立场。魏岑曼认为，雅可比和门德尔松在道德和宗教信仰的正当性方面有一个重要的区别。[1]门德尔松试图通过将直接知识归因于常识来为信仰提供理论上的正当性，而雅可比则试图通过显示信仰在意志中的起源来证明一种实践的正当性。这是雅可比的本质立场，魏岑曼断言，信念不是对知识的要求，而是内心的要求[2]。雅可比认为，我们获得信念不是通过知识来获得，而是通过拥有正确的意向和采取正确的行动来获得。

现在，魏岑曼认为这种信念的实践概念解决了眼前的问题，它消除了要求批判常识而非信念的明显不一致性。他说，批判信念而非常识是不公平的，因为对知识的批判是理性的任务，而对意志的批判要求当然就不是理性的范围。一个关于应该是什么样的实践要求，不像关于事实是什么的理论上所主张的那样要接受证明或证伪。[3]

魏岑曼提出了一个支持实证宗教（positive religion）简单而有力的证明，这是《后果》的优点之一。雅可比只是含糊其辞地暗示，魏岑曼是明确而直截了当的辩论。他的论证特别有趣，因为它从康德的前提开始，然后从中得出信仰主义的结论。在虔敬派的手中，一种本质上是康德式的认识论成为一种强大的武器：抑黜理性的主张，提升信念的主张。

魏岑曼论证的主要前提是他对理性的定义，他在一开始就明确指出了这一点。根据这个真正意义上的康德式定义，理性的任务是联系

---

[1] Wizenmann, *Resultate*, pp. 162–163, 166.

[2] 魏岑曼在脑海中勾勒出了雅可比的立场，见 *Briefe über Spinoza, Werke*, IV/I, 230ff。

[3] 康德当然不同意。他会辩称，批评行动的要求正是理性的范围。因此，在他看来，这种矛盾仍然存在。

起(*relate*)事实,即比较和对比它们,或相互推断出彼此。但是,它不能创造或揭示事实,事实必须被给予。根据康德的本体论论证的批判[1],魏岑曼提出了一般性论题,即理性不可能证明任何事物的存在。如果我们要知道某些事物的存在,那么它必须在经验中提供给我们。当然,推断出(*infer*)某物的存在是有可能的,但前提是其他物的存在是已知的。魏岑曼解释道,所有的推论都只是形式上的假设,这样我们就可以推断一件事物的存在,前提是另一件事物已经被给出。因此,魏岑曼用康德的方式得出关于知识有两个来源的结论:一是经验,它给予我们关于事实的知识;二是理性,它通过推断把这些事实联系起来。[2]

　　基于康德的定义和区分,魏岑曼建立了他的实证宗教。如果我们知道上帝的存在,那么我们就不能通过理性来认识它,因为理性不能证明任何事物的存在;相反,我们必须通过经验来认识它。但何种经验能让我们认识上帝呢?魏岑曼坚持认为,只有一种东西能给我们这样的知识,那就是天启。因此,所有宗教的基础都是实证的,基于对上帝启示的信仰之上。[3]最后,魏岑曼得出了一个重大结论:要么是实证宗教,要么就没有宗教。正如他那激动人心的台词:"要么没有宗教,要么是实证宗教。德国人!我对你们能找到一个更正确和公正的理性判断表示怀疑。从我这边来说,除了通过信念、信任和顺服之外,

---

　　[1]魏岑曼很高兴在《后果》中向康德提出质疑,因为康德是否会站在门德尔松这一边而卷入这场论战,目前还不清楚。事实上,此时雅可比希望康德会站在他这一边。尽管如此,魏岑曼与雅可比不同,他从一开始就对康德的批判持反对立场。1786年6月9日和7月15日,他写给豪斯勒特纳的信,见 Glotz, *Wizenmann*, II, 156, 169。早在雅可比之前,也就是1783年的时候,我们就发现魏岑曼对康德持批判的立场。正如他在1783年8月30日写给豪斯勒特纳的信,见 Ibid., I, 347。所有这些都已表明,魏岑曼独立于雅可比。

　　[2] Wizenmann, *Resultate*, 20ff.

　　[3] Ibid., p. 185.

还能与上帝有其他关系吗？从上帝的角度来看，除了启示、命令和希望之外，还能与我建立别的关系吗？"[1]

《后果》被特别关注的原因是它为泛神论之争引入了新的怀疑论基调。门德尔松以理性为依据，雅可比以直观为立场，魏岑曼并不接受这两种真理标准。他不仅质疑门德尔松对理性的信任，也质疑雅可比对直观的信心。在《后果》的一段非常坦率的文句中，魏岑曼怀疑是否有直观或感觉能让我们对上帝之实存有一种直接认识。[2]虽然他承认这种直观的可能性，但他认为这些直观永远不会为上帝之实存提供充分的证据。他坚持认为，它们永远不会完全揭示上帝的本质，因为人类的有限经验不足以满足上帝的无限性。[3]不像雅可比试图证明信念是一种特殊的直接认识形式，魏岑曼却坚持认为我们必须满足于纯粹的信仰，尤其是相信上帝在历史上的启示。[4]这是一种必须基于信任才能接受的信仰，信任那些首次目睹这种超自然事件的人。

遗憾的是，魏岑曼于1787年2月英年早逝，他哲学中的这条怀疑论线索基本上未被挖掘。如果魏岑曼活得足够长，那么，他就能清楚地阐明他思想中怀疑论的方向。魏岑曼去世前6个月，在他写给雅可比的信中，他明确表示，最好的哲学不是斯宾诺莎主义，而是怀疑论："如果某人必须有一种关于上帝的自然主义哲学，那么斯宾诺莎的哲学是唯一连贯的哲学。但更好的是怀疑论，它不要求这样的知识。因

---

[1] Wizenmann, *Resultate*, pp. 196–197.

[2] Ibid., pp. 159–160.

[3] 参考 *Kant's argument against mysticism*, in *Werke*, VIII, 142。

[4] 1785年9月19日，魏岑曼写给豪斯勒特纳的信，见 Glotz, *Wizenmann*, II, 169。在这里，魏岑曼说他哲学中的一切都建立在"可感的历史经验"（sensible-historical experience）之上。

此，怀疑论是我正确且明确的立场。"[1]

# 第二节　康德对泛神论之争的贡献

康德要想远离泛神论之争并非易事。争论双方都认为康德是他们的盟友，都尽力说服他为他们的事业而战。哈曼和雅可比都特别渴望康德加入他们的"信仰派"。在雅可比的《驳门德尔松的指责》（*Wider Mendelssohns Beschuldigungen*）[2]一书中，他已经暗中通过称康德为另一位有信仰的哲学家，试图争取康德的支持。[3]1785年秋，哈曼鼓励康德对门德尔松的《晨课》发起抨击。[4]但与此同时，门德尔松和他的支持者们也在积极争取康德的支持。1785年10月16日，门德尔松亲自写信给康德，总结了他对此事的看法，并暗示他是站在康德这一边的，反对"不宽容和盲信"[5]。1786年2月，门德尔松死后仅仅一个月，他的两个盟友，马库斯·赫兹和约翰·比斯特鼓动康德加入反对雅可比的论战之中，为可怜的摩西·门德尔松报仇。他俩的敦促力度似乎还不够，康德的两个年轻弟子，舒茨和雅各布在1786年春致信康德，也竭力主张他加入论战。[6]有趣的是，他们认为是门德尔松而不是雅可比才是康德最大的敌人。他们警告康德，沃尔夫学派正在门德尔松周围集结队伍，为批判的失败"唱一首胜利之歌"。

---

[1] Glotz, *Wizenmann*, II, 169.

[2] 该书的全称是《驳门德尔松有关〈关于斯宾诺莎学说的书信〉的指责》（*Wider Mendelssohns Beschuldigungen betreffend die Briefeüber die Lehre Spinozas*）。——译者注

[3] Jacobi, *Werke*, IV/2, 256–257.

[4] Hamann, *Briefwechsel*, VI, 119.

[5] Mendelssohn, *Schriften*, XIII, 312–313.

[6] 1786年2月舒茨写给康德的信和1786年3月26日雅可比写给康德的信，见 Kant, *Briefwechsel*, pp. 282, 287。

康德对周围那些充满愤怒的争论持什么态度呢？最初，这是一种矛盾心理，反映了康德既想支持又想反驳门德尔松与雅可比的愿望。就门德尔松而言，康德有充分的理由感到矛盾。他不能接受门德尔松独断的形而上学，但也不拒绝他对理性的辩护。这种对门德尔松的复杂情感导致他动摇了自己的计划。1785 年 11 月，康德打算抨击《晨课》，他认为这是"独断式形而上学的杰作"[1]。但到了 1786 年 4 月，康德的计划不再是击败门德尔松，而是变成了赞扬他。康德决定为《柏林月刊》写一篇文章来致敬门德尔松和他的《耶路撒冷》。[2]致敬《耶路撒冷》可能只意味着一件事：康德站在门德尔松的立场上，认为理性是形而上学和宗教中真理的最终裁决者。

就雅可比而言，康德的态度同样很矛盾。考虑到雅可比对形而上学众所周知的祛魅，他对雅可比感到有些亲近。例如，他告诉哈曼，他对雅可比的《书简》感到"非常满意"，对雅可比在《驳门德尔松的指责》中使用他的名字也并无异议[3]。但康德仍然不是雅可比的"沉默的崇拜者"，他计划着抨击他，就像他批判门德尔松一样。[4]因此，他在 1786 年 4 月 7 日致信赫兹，希望他能为柏林的《柏林月刊》写一篇文章，揭露雅可比的"把戏"（chicanery）[5]。

1786 年 6 月 11 日，当比斯特给康德写了另一封求恳信时，康德终于被鼓动起来了。[6]从表面上看，6 月 11 日的控诉信了无新意，比

---

［1］1785 年 11 月康德写给舒茨的信，见 *Briefwechsel*, pp. 280ff。

［2］1786 年 4 月 9 日哈曼写给雅可比的信，见 Hamann, *Briefwechsel*, VI, 349–350。

［3］1786 年 9 月 28 日和 10 月 28 日哈曼写给雅可比的信，见 Hamann, *Briefwechsel*, VI, 71, 107。

［4］注意这一点很重要，因为有时候人们会认为康德秘密地支持雅可比。见 Altmann, *Mendelssohn*, p. 707。

［5］1786 年 4 月 7 日康德写给赫尔兹的信，见 *Briefwechsel*, pp. 292–293。

［6］Kant, *Briefwechsel*, pp. 299–304.

斯特再次警告康德这种新的狂热的危险，并恳求康德能说一句反对之词。康德以前就听过这种评价，而且确实有两次是单独从比斯特那里听到的。[1]但这次，比斯特想出了一个新的策略。他含沙射影地说，康德有重大的政治职责进入这场论战。比斯特说，"转变"很可能马上就会发生，他指的是腓特烈二世（Frederick II）健康状况不佳，腓特烈·威廉二世（Frederick Wilhelm II）即将接班。此时，柏林和普鲁士的自由派人士对是否应该维持出版自由，或实行新的审查制度感到非常焦虑。康德也有同样的焦虑。他一直很欣赏腓特烈二世的自由主义政策，在他看来，启蒙运动时代就是腓特烈的时代，重建任何审查制度都必然会影响到担任公职的哲学教授。现在，比斯特知道了康德的焦虑并加以利用。如果"这个国家的第一位哲学家"被指控支持"独断式的狂热无神论"，那么公众会怎么想？更重要的是，腓特烈二世和他的大臣们会怎么想？这就是柏林人对雅可比的指责。而自从雅可比在《驳门德尔松的指责》中引用了康德之后，许多人认为康德是站在雅可比这一边的。因此，如果康德不马上说点什么，那么他就会被雅可比的笔涂上污渍。更糟糕的是，保持沉默肯定不会让这位新君主对出版自由的后果有一个好的看法。现在，康德已经下定决心了，他不得不进入这场论战，以维护出版自由的尊严，"在所有的公民责任中，出版自由留给了我们唯一的财富"[2]。

1786年10月，《柏林月刊》终于出版了康德关于泛神论之争的稿件，题目是"何谓在思维中确定方向"（Was heisst: Sich im Denken orientiren?）。虽然这篇文章很少有人阅读，但它对于全面理解康德哲

---

[1] 1785年11月8日和1786年3月7日比斯特写给康德的信，见 *Briefe*, X, 417–418, 433。

[2] 值得注意的是，康德在论文结尾处使用了这句话："何谓在思维中确定方向？"见 Kant, *Werke*, VIII, 144。

学是极其重要的。它为我们提供了在康德著作中几乎找不到的内容：解决神秘主义和常识哲学中的问题。为了确定康德哲学与互竞的当代哲学体系的关系，有必要不仅将其视为休谟的怀疑主义和莱布尼茨的理性主义的，而且是雅可比的神秘主义和门德尔松的常识哲学的替代选项。当康德挑战休谟和莱布尼茨时，他总是理所当然地承认了一个重要的假设：在哲学中，理性是真理的最终标准。但当他对雅可比和门德尔松提出异议时，他不得不审视并证明这一假设是正确的。因此，康德这篇论文的重要性就在于，它揭示了他忠于理性背后的动机和正当理由。

在这篇文章中，康德处于雅可比和门德尔松之间的中间立场。他接受他们的一些原则，但拒绝从这些原则中得出如此极端的结论。一方面，他同意雅可比关于知识不能证明信念正当性的观点，但他不同意其理性不能证明信念正当性的结论；另一方面，他同意门德尔松所提出的，有必要通过理性证明信念的正当性，但不接受他通过理性证明信念正当性需要知识的结论。

康德之所以能够在雅可比和门德尔松之间走上一条中间道路，是因为他否认了他们的一个共同前提：理性是一种知识能力、一种理论能力，其目的是认识自在之物或无条件者。14 个月后，"第二批判"于1788 年 1 月出版，康德以"第二批判"的中心论点为基础，假定理性是一种实践能力：它不描述这种无条件者，而是规定它为行为的一个目的。理性在两种意义上规定了无条件者：当它命令我们为自然的一系列条件寻求最终条件时；或当它绝对地命令我们不顾我们的利益和环境而采取某个行动时。在这两种情况下，无条件者都不是我们所知道的实体，而是我们行动的一个理想，无论是科学探究还是道德行动。通过将理性与知识分开，康德为一个独立于形而上学的信念的理性辩护创造了机会。

康德这篇论文的核心是他的"理性信念"（rational faith, *Vernunftglaube*）概念。他把其定义为纯然基于理性的信念[1]。康德指出，所有的信念在最低意义上都是理性的，它不能与理性相抵触，但理性信念的特殊之处在于它只基于理性（与传统或启示相反）。它仅仅建立在理性的基础上，因为它的获准只需要绝对命令，作为一个普遍法则的准则的逻辑一致性。在这里，康德暗示绝对命令为我们相信上帝、天意和不朽提供了充分的基础，虽然他只在"第二批判"中才真正论证了这样一个演绎的细节。[2]

尽管康德和雅可比一样，否认信念必须以知识为理由，但重要的是要看到他的理性信念与雅可比理性的致命一跃是截然相反的。康德的理性信念是以理性为基础的，雅可比理性的致命一跃则与理性背道而驰。仅注意到这一点，康德就断然否定了雅可比理性的致命一跃[3]。当理性证明 P 为非 P 时，就相信 P，他认为这是荒谬的，更不用说反常了。

康德虽然仅以理性为基础，但仍然坚持理性信念不等于知识，而只是"[主观]认其为真"（*Fürwahrhalten*）。他认为"信念"在"主观上"是充分的，但在"客观上"不是充分的信仰[4]。"主观上"是充分的，因为它是建立在绝对命令的普遍必然性的基础上，这对每一个理性存在者都是成立的；但是，"客观上"是不充分的，因为它不是基于物自体的知识。

---

[1] Kant, *Werke*, VIII, 140–141.

[2] 康德究竟是如何从绝对命令中得出这些信念的，这是一个复杂的问题，它会把我们带到很遥远的地方。在"何谓在思维中确定方向"中，康德本人并不深究这一由来。读者可以参考康德的论点，见 B 版 *Kritik*, *Werke*, V, 110–118.

[3] Kant, *Werke*, VIII, 143–144.

[4] Ibid., VIII, 141.

康德以理性信念的概念为武器，走在门德尔松的独断论和雅可比的神秘主义之间。由于理性信念并不以物自体的知识为前提，它避免了门德尔松的独断论；而且它是建立在绝对命令之合理性基础上的，因此它避开了雅可比的非理性神秘主义。

康德的这篇论文不仅概述了他相对于雅可比和门德尔松的立场，而且还严厉批判了他们的立场。康德在反对雅可比和门德尔松的同时提出了一个基本观点：他们都犯有破坏理性之过，理性在哲学中必须是真理的最终标准。雅可比故意违背理性，而门德尔松是在无意中违背了理性。但其结果都是一样的：他们都提倡一种知识能力，其洞察力高于所有理性的批判。因此，在雅可比和门德尔松之间的选择是两种非理性主义的选择：一种是常识，另一种是信念。康德暗示，只有批判哲学才能维护理性的权威。

在康德看来，雅可比无疑是犯了非理性主义的错误。[1]雅可比告诉我们，斯宾诺莎主义是唯一连贯的哲学，但他主张理性的致命一跃，以避免其无神论和宿命论。然而，门德尔松也犯了这个错误，这个问题并不是那么简单。事实上，他的目的不就是要捍卫理性吗？康德注意到了门德尔松的意图，并适时地予以赞扬。[2]然而，像魏岑曼一样，他认为门德尔松无意中背叛了自己的理想。他对常识概念的模棱两可使他误入歧途，因此他有时把常识看作一种有能力纠正理性的特殊知识能力。但是，把直观能力赋予常识，然后在发生冲突的情况下把它置于理性之上，这就是对非理性主义的认可。

然而，倘若康德用非理性主义指控雅可比和门德尔松是正确的，那么问题仍然存在：非理性主义有什么不对？为什么常识或直观不能

---

[1] Kant, *Werke*, VIII, 143–144.

[2] Ibid., VIII, 140.

成为哲学中真理的标准？为什么一定要以理性作为我们的指南？

在康德的论文中，他代表理性提出了两个论点：第一个论点是一个简单但基本的观点：这个理性是不可避免的[1]。我们不只是应该遵从理性，而是必须遵循理性。康德认为，理性的普遍规则或抽象概念是一切知识的必要条件。直接直观本身不可能是知识的充分来源，因为它必须证明从中得出的结论是正确的，而这种证明需要概念的运用。例如，如果我们想知道我们凭直观感知上帝，那么我们必须运用一些关于上帝的普遍概念。否则，我们怎么知道我们直观到的是上帝而不是别的什么呢？因此，仅仅要求我们证明直观是正确的，就迫使我们承认理性至少是真理的必要条件。

第二个论点是以自由的政治基础为理性辩护。他认为，如果我们要保证思想自由，那么我们就必须把理性纳入我们的真理标准中。[2]理性是对抗独断论的堡垒——独断论要求我们仅仅接受权威的信仰——因为它要求我们质疑所有的信仰，只接受那些与我们批判性反思相一致的信仰。一旦有了理性，就没有人能站在任何人之上，因为每个人都有能力提出问题、推断和评估证据。然而，直观并不是这样。如果我们把它作为真理的标准，那么我们就认可独断论。假设只有少数精英能够对上帝直观，那么，那些没有这种直观的人将不得不接受精英的命令。换句话说，他们将不得不向知识权威卑躬屈膝。

康德用一种异乎寻常的方式总结他反对雅可比和魏岑曼的非理性主义：完全的知识自由会自我毁灭。[3]雅可比和魏岑曼想要这样的自

---

[1] Kant, *Werke*, VIII, 142-143.

[2] Ibid., VIII, 144-146.

[3] Ibid., VIII, 144f.

由，因为他们为了探索自己的直觉和感受而推翻了理性的约束；但是，在这样做的同时，他们也认可专制，因为只有少数精英才能拥有这样的直觉和感受。康德在这里运用了他整个哲学的一个总主题：自由需要法则的约束。知识自由需要理性规则，正如道德自由需要道德法则一样。

康德在论文的结尾处向雅可比和魏岑曼发出了严厉的警告：你们正在破坏你们哲学所必需的真正自由。在几个激动人心的段落中，康德直接回应了魏岑曼对"德国青年"的演讲，他恳求他们考虑一下他们非理性主义的后果："有才智和心胸开阔的人！我尊重你的才华，热爱你对人性的感觉。但你有没有想过，你对理性的攻击会走向何方？你当然也希望思想自由不受侵犯，因为没有这一点，连你想象中的自由幻想也会很快结束。"[1]无疑，鉴于腓特烈·威廉二世即将继位，这是一次及时的恳求。

## 第三节　魏岑曼回应康德

康德在《柏林月刊》发表的文章中赞扬了"《后果》的那位明白易懂的作者"，因为他如此清楚地指出了雅可比和门德尔松观点的相似之处。此时康德还不知道作者的身份，但他同时指出，该作者（魏岑曼）已经走上了"一条危险的道路"，一条通向狂热者和"彻底废黜理性"的道路。

魏岑曼被康德的含沙射影深深地激怒了，尽管身体不好，他还是决定给康德写一封回信。他的回复《〈后果〉的作者致那位伟大的康德教授》（"An den Herrn Professor Kant von dem Verfasser

---

[1] Kant, *Werke*, VIII, 144.

der Resultate"）出现在 1787 年 2 月的《德意志博物馆》（*Deutsches Museum*）杂志上，当时是康德论文发表仅四个月后。魏岑曼的文章采取了一种致康德公开信的形式，这封公开信最终向公众揭示了他作为《后果》的作者身份。在这篇冗长、费解、晦涩难懂的文章中，魏岑曼为自己设定了两个目标：第一，反驳康德关于非理性主义的指控；第二，证明康德实践信念概念的前后不一。

为了澄清对自己非理性主义的指控，魏岑曼否认自己曾经持有康德归结给他的雅可比式的立场。[1] 他同意康德的观点，即如果理性能够证明上帝的不存在，那么禁止信仰的飞跃就是非理性主义的。但魏岑曼抗议说，他从未说过理性有如此强大的力量。相反，他所说的只是，理性既不能证明上帝的存在，也不能否定上帝的存在。在这种情况下，对上帝的信仰不能用"无理性"来形容，只能用"超理性"或"非理性"来形容。

然而，诚实迫使魏岑曼对这些免责声明加以限定。他承认他曾经说过，理性证明了上帝的非实存；但是他很快补充说，这是自然神论者信仰的上帝，也就是说，这是一个抽象的、非人格化的、超验的实体。但他仍然坚持认为，他并没有说理性证明了有神论者之上帝的非实存，即在历史上向人类展示自己的人格化的上帝。换句话说，对自然神论者之上帝的信仰是非理性的，而对有神论者之上帝的信仰则不是。有了这种区别，魏岑曼巧妙地避开了康德对非理性主义的指控，并把它放在了自然神论者柏林那帮人的家门口。

无论魏岑曼多么聪明，他的回答都只是通过放弃《后果》的最初观点而逃脱康德的指控。在此，魏岑曼的立场确实完全是雅可比式的，尽管他一再否认。因此，他说斯宾诺莎的哲学是唯一前后一致的，

---

[1] Wizenmann, "An Kant," in Hausius, *Materialien*, II, 108–109.

它证明了上帝的非实存正是在有神论者的人格化存在的意义上。[1]然而，与此同时，魏岑曼告诫我们要对这个有神论者的上帝有信仰。这无疑是非理性主义，不仅是康德而且也是魏岑曼自己的标准。至少在《后果》中，魏岑曼犯下了被指控之过。

但如果魏岑曼的自卫是失败的，那么他对康德的反击就更成功了。他继续向康德发起进攻，把狂热者的指控抛回给康德。他认为，康德对信仰的辩护是"实践理性的需要"，这本身就导致了各种各样的狂热者，因为它从一种需要的存在转向了一种能够满足它的对象的存在。魏岑曼问道，它错误地把愿望变成了现实，这难道不是狂热者的本质吗？在康德的推理中，一个恋爱中的男人梦见他欲望中的女人也爱他是适当的，只是因为他需要被爱。[2]

在"第二批判"中，康德明确地提出了自己的反对意见并涉及魏岑曼的名字。[3]他同意魏岑曼的观点，即当需求来自感性时，从需求中推断某物的存在是不合逻辑的，犹如恋爱中的男人一样。但是，当这种需求出于理性，并由普遍和必然的法则证明是正当时，那就另当别论了。换言之，一个人想要相信某件事和一个人应该相信某件事是有区别的。

尽管康德对指控他任意性的回答是有效的——它对证明信仰正当性的各种需要进行了严格的限制——但它仍然没有回答魏岑曼的主要观点：从任何需要（无论是感性的还是理性的）推断某物的存在是不合逻辑的。根据魏岑曼的观点，一个人想要相信还是应该相信没有区别；在任何一种情况下，都存在着一种不合逻辑的推断结果，即从需要到满足它的对象的实存。

———————

[ 1 ] Wizenmann, *Resultate*, pp. 233-234, 140-141.

[ 2 ] Wizenmann, "An Kant," in Hausius, *Materialien*, II, 124.

[ 3 ] Kant, *Werke*, V, 142-146.

在对狂热者的指控进行自我辩护之后，魏岑曼对康德的"理性信仰"概念进行了精心而巧妙的辩论。[1]他的辩论既有历史意义，也有哲学意义：它标志着对康德概念的首次批判性回应，并对其提出了若干经典的反对意见。魏岑曼的论点可以概括如下。（1）康德不能从理性的需要来推断上帝的存在。他所能推断的只是我们应该如上帝仿佛存在一样思考和行动。用康德的术语来说，理性的需要证成了一种调节性的而非构成性的原则。它不能证成一种构成性原则，因为它是用一个明显且不符合逻辑的（ *non sequitur* ）推论来推断上帝的存在，即仅仅是因为我们有道德义务相信上帝之实存。（2）如果康德真的试图证明一个构成性原则是正确的，那么他就重新进入了思辨的领域，在那里有必要根据理论基础来确定信仰的真伪。但这将打破康德对知识的限定。（3）康德陷入了一个恶性循环：他把信仰建立在道德之上，因为他说我们有道德义务相信上帝；但是他也把道德法则建立在信仰之上，因为他声称没有信仰就不可能有道德。（4）如果像康德所说的那样，道德独立于宗教，道德的动机和根据都不需要信仰上帝、天意或不朽，那么又有何必要拥有这样的信仰呢？（5）"理性需要"的概念是一种术语矛盾（ *contradictio in adjecto* ）。如果一个人以需要来证成信仰，那么所有的理性论证都会停止，因为理性的唯一任务就是思考一种信念之真伪，而非好坏。在这个问题上，魏岑曼在门德尔松那里找到了一个意料之外的支持，门德尔松也认为，对信仰的唯一合理的解释必须是理论上的。

康德试图在"第二批判"的"辩证论"中不同的地方回应魏岑曼的反对意见。尽管康德不对魏岑曼做直接引用，除了在一个脚注中，

---

[1] Wizenmann, "An Kant," in Hausius, *Materialien*, II, 122–130.

但不难发现其表面之下的反驳。"第二批判"确实是一个重写本，揭示了康德早期的意图，即写一篇辩论来回应对他的批判。[1]

在魏岑曼所有的反对意见中，康德尤其担心第一和第二条反对意见，他用了整整两个章节来加以回应。[2]至于第三和第四条，康德在几个单独的段落中进行了讨论，而第五条反对意见至今没有得到明确回应。让我们看看康德对前四条反对意见的回应：（1）调节性原理不能满足理性的需要，因为它要求自然与自由、幸福与美德之间不是假设的而是真正的一致。然而，这种一致的条件是上帝的存在，不仅是因为我们仿佛他存在地思考与行动。因此，我们有理由从理性的需要来推断出构成性原理。[3]（2）在给予实践理性以理论理性所不具备的构成性原理的权利时，不是为了各种思辨重开大门。因为所有这些实践理性都有权假设上帝存在；但它无权对上帝如何存在作出进一步的判断。[4]（3）虽然道德法则确实是证明信仰正当性所必需的，但反之则不成立，因此不存在恶性循环。对上帝和不朽的信仰不是证明道德法则的正当性，也不是根据道德法则采取行动的必要条件。相反，它们只是为了激励人们按照最高善的理想行动，即幸福与美德成正比的理想。魏岑曼认为之所以存在循环，是因为他混淆了"至善［圆善］"（highest good）这一术语的两层含义："至上善"（supreme good），无条件的善或善的绝对标准，即道德法则；以及"完满善"（consummate good），这是善的最大可能程度，即幸福与美德的和谐。在这些术语

---

［1］关于康德早期的目的，以及批评家批判"第二批判"的目标。见 Beck, *Commentary*, pp. 56-61 和 Vorländer, "Einleitung" to *Kritik der praktischen Vernunft*, pp. Xvff.

［2］Kant, *Werke*, V, 134-146.

［3］Ibid., V, 122-124, 134ff.

［4］Ibid., V, 134-146.

中，信仰不是实现至上善的正当性和现实性的必要条件；但它是实现完满善的现实性的必要条件。[1]（4）对至上善义务的意义，虽然道德是独立于信仰的，但是对于完满善义务的意义，道德则不是独立于信仰的。对完满善的义务取决于其信念的实现，而不是它的规范性根据。换句话说，信仰只为有限存在者提供一种激励，促使他履行对完满善的义务。[2]

遗憾的是，尽管有一个很好的开始，但康德与魏岑曼之争在 1787 年初就过早地、悲剧性地结束了。魏岑曼对康德的回应被证明是他力量的最后一次爆发，事实上，这也是他的墓志铭。魏岑曼罹患肺结核已有多年，稍有劳累就会对他的健康造成重大伤害。对《后果》的研究严重令他衰弱不堪；而写下他对康德的回应简直就是要了他的命。[3]魏岑曼完成回应后不久，健康状况急剧恶化；2 月 21 日，也就是这封信写完的那个月，他去世了。因此，他成为泛神论之争的第二个牺牲者，不幸的是，他本应是最有前途的论争者。

# 第四节　雅可比对康德的攻击

1786 年春，在泛神论之争最激烈之际，雅可比仍然希望康德支持他反对门德尔松和柏林那帮人的论战。同年 4 月，在他出版的《驳门德尔松的指责》中，他借助康德之名来为自己辩护，以对抗狂热者的指

---

[1] Kant, *Werke*, V, 110–111.

[2] Ibid., V, 125.

[3] 见 Glotz, *Wizenmann*, II, 156–157, 205. 1787 年 3 月 10 日魏岑曼写给雅可比的信，见 *Briefwechsel*, VII, 114ff。哈曼说，魏岑曼在泛神论之争中为了他的论辩而"殉道"。

控。[1]雅可比声称，康德乃"思想家中的赫拉克勒斯"[2]，其立场与他本人大致相似。他也否认上帝存在的证明，他也认为知识不能证明信仰的正当性。雅可比问道："因此，如果没有人敢称康德为'狂热者'，那么他们为什么敢如此称呼我呢？"他谦虚而谨慎地补充说，他并不是要把康德的哲学降低到他的水平，或者把他的哲学提升到康德的水平。但很明显的是，雅可比在争取康德的支持，这无疑使门德尔松的朋友们感到震惊。

直到1786年秋天，雅可比都一直希望得到康德的支持。来自哥尼斯堡的一些有希望的消息提高了他的期望：哈曼告诉他，康德对《书简》很满意，他计划攻击门德尔松。[3]所以，当康德的论文于10月刊登时，雅可比自然会感到失望。现在他明白了，康德想在自己和门德尔松之间持中立态度，自成"一派"。雅可比渴望加入论战，于是立即制定了作战计划。1786年10月31日，在写给哈曼的一封信中[4]，雅可比表达了对康德论文的失望并概述了对他的批判，后来又将其附在《大卫·休谟》一书中。这一批判注定会在后康德哲学史上声名鹊起，成为迄今为止对康德最具影响力的批评之一，尤其是对后康德观念论发展的影响。让我们看看雅可比都说了些什么吧。

雅可比对康德的批判源于他与门德尔松的论战，实际上这只是他对启蒙运动整体批判的一部分。他对康德哲学的主要反驳与他对所有

---

[1] Jacobi, *Werke*, IV/2, 256ff.

[2] 赫拉克勒斯（Hercules），是古希腊神话中最伟大的英雄，宙斯与阿尔克墨涅之子，天生力大无穷。——译者注

[3] 1785年9月28日至10月28日哈曼写给雅可比的信，见 Hamann, *Briefwechsel*, VI, 77, 107。

[4] Hamann, *Briefwechsel*, VII, 36.

哲学的反驳是一样的：它走向了虚无主义的深渊。如果康德哲学保持其一致性，那么就证明它是"一种虚无（nothingness）的哲学"。

此外，对雅可比来说，康德开始逐渐具有一种特殊的象征意义。他不仅仅是一位哲学家，像莱布尼茨或斯宾诺莎那样的哲学家，他们的哲学恰好也以虚无主义告终。相反，从1799年的《致费希特的信》（*Brief an Fichte*）开始[1]，雅可比就将康德的哲学——特别是由费希特持续而系统地发展起来的哲学——视为所有哲学的范式，因此是虚无主义真正的缩影。现在，雅可比将抨击哲学首次变成了抨击康德，尤其是对费希特的抨击，雅可比认为费希特只不过是一名激进的康德主义者。

---

[1] 雅可比在《致费希特的信》中赋予康德哲学的重要性，标志着他在《书简》中所表达的立场发生了明确的变化。虽然《书简》把斯宾诺莎的形而上学看作是哲学的范例，但他在《致费希特的信》中将康德的哲学以其激进和系统化的费希特哲学的形式视作唯一真正的理性体系："……一个真正的理性体系只有以费希特哲学的方式才有可能。"见 Jacobi, *Werke*, III, 19。雅可比曾在斯宾诺莎的无神论和宿命论中发现了虚无主义的所有危险，现在他在费希特的观念论中也发现了。自从雅可比开始将费希特的体系视为唯一的理性范式以来，他的观点发生了明显的变化。

尽管雅可比对此变化很有自知之明，但他还是尽最大努力将其最小化并加以解释。在《致费希特的信》中，他解释道：他并不是说费希特的哲学取代了斯宾诺莎的哲学作为思考的范式，似乎费希特的哲学在不断地描绘出理性的虚无主义后果方面比斯宾诺莎的哲学要优越。相反的是，他指出费希特和斯宾诺莎的哲学共享一个基本原则并且它们是相辅相成的。这正是所有知识和思考的第一原则，即所谓的"主客同一原则"。见 Jacobi, *Werke*, III, 10-11。

雅可比认为，所有哲学都试图证明主体与客体、心灵与身体、自我与自然的同一。费希特和斯宾诺莎代表了证明这种同一的两种互补方法。费希特从自我开始，演绎自然的现实性；而斯宾诺莎从自然开始，演绎自我的现实性。费希特的哲学只不过是"反向的斯宾诺莎主义"。费希特从斯宾诺莎的原则出发，认为心灵和身体只是同一种物质的不同属性；只是他没有像斯宾诺莎那样把这个物质放在他自己之外的宇宙里，而是把它放在他自己的绝对自我里。见 Jacobi, *Werke*, III, 10-11。

在雅可比看来，康德在哲学史上的关键地位在于一个事实。也就是说，康德是第一位发现所有知识的原则的思想家，也就是雅可比所说的"主客体同一原则"（the principle of subject-object identity）。虽然它并不明确，但雅可比所指的是康德"新思想方法"背后的原则，这是哥白尼革命的基石，正如在"第一批判"的序言中所解释的那样。[1]这一原则表明，理性只知道它根据自己的先天法则所创造的东西。因为它意味着自我只知道自己活动的产物，所以它使自我知识成为所有知识的范式。雅可比的术语"主客体同一"是指主体将客体转化为自身活动的镜子的自我知识。

雅可比反对康德的主要理由是，这一原则导致虚无主义。如果它是普遍化的（就像费希特所说），通过理性获得的知识就成为所有知识的范式，那么它就直接导致了"思辨的自我主义"（speculative egoism），也就是说，一种将所有实在都融入我自己的表象中的唯我论。雅可比认为，这种唯我论是康德原则的直接结果，因为它意味着我们所知道的一切只是我们自己的表象，是我们理智活动的产物。[2]我们不知道除了这种活动之外和之前存在的任何实在，这些事物不是由它所创造的，无论是自然、其他思想、上帝，还是作为这一活动源头的真正自我。因此，我们被困在我们自己意识的圆圈里，一个只由表象组成的圆圈，可是这些表象什么也没有表象出来。

现在，雅可比与我们一起面临着另一个两难。要么我假设知识在原则上是无限的，把所有的实在都融为虚无；要么我认为它是有限的，并承认我意识之外的实在对我来说都是不可知的。所以，我要么了解自己，要么一无所知。但这没有中间的选择，即我知道一些东西外在

---

[ 1 ] *KrV*, A, xx; B, xviii, xiii.

[ 2 ] Jacobi, *Werke*, III, 15ff.

于我。这一两难很快就成为谢林和黑格尔的一个巨大挑战，他们的客观观念论［唯心论］就是为了摆脱这个困境而设计的。[1]

雅可比反对物自体的著名论证，必须根据他对康德的一般性批判来理解。雅可比把自在之物看作是康德防止其哲学陷入虚无主义的最后的、绝望的方法。如果这种权宜之计失败了——雅可比认为，这是必然的——那么康德必须承认，他把所有的实在都还原为我们意识的内容。雅可比说，费希特的悲惨命运就是把康德哲学朝着这个方向发展而造成的。费希特摆脱了康德关于物自体的哲学；但通过这样做，他揭示了其哲学的真正倾向和内在精神：虚无主义。

雅可比分为两步来反驳物自体。[2]第一步是指责康德在假设客体是表象的原因时存在前后矛盾。根据雅可比的观点，康德不能假定经验对象是表象的原因，因为他明确指出，它们只不过是表象，因此它们不可能又是表象的原因。但康德也不能认为先验对象是表象的原因。因为他明确地告诉我们，我们不能认识它；如果我们不能认识它，那么我们就更不能认识到它是我们表象的原因。

雅可比论证的第二步是补充声明，即这种前后矛盾是不可避免的。换言之，如果康德假设客体是表象的原因是矛盾的，那么他必然

---

[1] 见 Schelling, *Fernere Darstellung*, in *Werke*, I/2, 405–413 和 Hegel, *Phänomenologie*, *Werke*, II, 137f。1794 年，费希特的《知识学》的结尾处也在与这个困境作斗争。见 Fichte, *Werke*, I, 280–282。

[2] 这个段落的经典之处，见 "Beyträge" to Jacobi's David Hume, *Werke*, II, 291ff。值得注意的是，雅可比论证中的作者原话（*ipsissima verba*）不同于它的许多解释。正如雅可比最初所提出的论点，并没有明确地针对自在之物，而是指向作为表象的原因的事物，他将其确定为"先验对象"。雅可比也没有对此提出批判，这通常归因于它，即对自在之物的非法假定将存在和因果关系的范畴扩展到了经验之外。在他的论稿中，他从来没有特别提到康德关于范畴界限的解释。这种批判暗示了雅可比的论点，但他从未明确指出。

会这样做。雅可比认为，这是必然的，因为康德假设我们有一个被动的感性（passive sensibility），而当谈论一个被动的感性时就意味着有某种东西可以作用于它。康德首先假定了一种被动的感性，因为他想在他的哲学体系中保持一种实在论的假象。

因此，对物自体的假设与康德的哲学体系是不相容的，但却是必然的。雅可比用一句著名的讽刺诗来总结康德的困境："我需要物自体的假设才能进入康德的哲学体系；但有了这个假设，我就不可能留在康德的哲学体系中。"[1]

1787年，当雅可比在《大卫·休谟》中首次对康德发出虚无主义的指控时，他还不知道仅在一年后将要出版的康德"第二批判"。他几乎不知道康德很快就会用他的"第二批判"来解释和捍卫他对自由、上帝和不朽的实践信念。从表面上看，实践信念的概念将康德从虚无主义中解救出来，因为它证明了对超越自己意识的事物（即上帝、天意和不朽）的信仰是正当的。

然而，即使在"第二批判"出现之后，雅可比也没有收回他关于虚无主义的指控。相反，他强调了自己的观点。他认为康德的实践信念不过是另一种防止虚无主义的特殊技巧。雅可比在后来的著作中对康德的实践信念概念提出了两个反对意见。[2]（1）康德既否认信仰是一种知识形式，又禁止了物自体的知识直觉的可能性，他的信仰仍然是"主观主义的"，也就是说，它不给我们任何独立于我们的表象的实在的知识。从我们的实践信念中，我们所知道的就是必须假定一些理性原则，以便仿佛它们为真那样地去思考和行动。换句话说，我们只知

---

[1] Jacobi, *Werke*, II, 304.

[2] 见 Jacobi, "Vorrede zugleich Einleitung," in *Werke*, II, 34–37; Ueber das Unternehmen des Kriticismus die Vernunft zu Verstande zu bringen, III, 100–103 和 *Brief an Fichte*, III, 40–41.

道更多关于我们自己的东西，而对实在本身一无所知。（2）康德试图在实践理性的基础上建立信仰的尝试失败了，因为他的绝对命令只提供了一条道德准则的必要条件，而不是充分条件。但是，如果绝对命令是无意义的，那么就没有理由相信对上帝、天意和不朽的信仰是道德的。

这些批判表明，雅可比已经意识到他和康德的信仰概念之间存在非常重要的区别。事实上，雅可比已经开始将康德的概念与他自己的概念进行对自己不利的比较。在1799年的《致费希特的信》中，雅可比把发自内心的"自然信仰"看作康德"理性信仰"的解药，而康德的"理性信仰"据说来自纯粹理性。[1]他写道，"没有什么比康德试图把理性引入道德中更让我厌恶的了"。从绝对命令的空虚中，他清楚地知道这种企图已经破灭了。在雅可比看来，康德未能正确把握理性与兴趣之间的关系。他正确地认为兴趣决定信仰——在这一点上雅可比和康德是一致的——但他错误地认为理性可以以任何方式决定或限制这些兴趣。绝对命令的空洞向我们显示的恰恰是相反的事实：兴趣决定理性，而不是相反。

雅可比和魏岑曼对康德的反击显然使他们在与启蒙运动的战斗中取得了胜利。在泛神论之争中，只有康德哲学有代表理性的明确立场。但是，康德哲学似乎正在走向深渊。为了保持一致，他必须放弃他的自在之物，然后变成一个彻底的虚无主义，即否认任何超越瞬间意识状态的存在。康德的道德信仰无法逃脱这种唯我论的噩梦，因为即使是一致的，它至多也只能让我们在思想和行动时，仿佛上帝、天意和不朽是存在的。

在雅可比和魏岑曼的反击之后，证明理性的责任就落在了启蒙思

---

[1] Jacobi, *Werke*, III, 40–41.

想家身上，以捍卫理性的圣名。为了维护理性的权威，启蒙思想家必须证明——以某种方式——理性可以证明信仰是正当的。然而，其前景不仅看起来很暗淡，而且确实不是一般的暗淡。很显然，再也不可能像门德尔松那样从理论上为信仰辩护了。康德对理性主义的批判似乎阻塞了这种选择。但与此同时，康德对信仰的实践证明是极其困难的。它建立在空洞的绝对命令之上；它最多能保证调节性理念，而这些尚不足以满足信仰。因此，到了最后，理性似乎已经被画上了一片虚无。雅可比的困境似乎没有得到任何解决。我们要么放弃理性来拯救我们的信仰，要么放弃我们的信仰去维护我们的理性。

# 第五章 赫尔德的心灵哲学

## 第一节 赫尔德与18世纪的心灵哲学

在 18 世纪的前四分之三的时间里，心灵哲学家都陷入了两难的境地。每当他们思考笛卡尔的身心问题（mind-body problem）时，他们仍然被同样的老问题所困扰。"由于心灵是自然的一部分，那么它可以根据自然法则来解释吗？""或者说心灵在自然之外，于是它无法根据自然法则解释吗？"对于正统的启蒙运动者或哲学家来说，他不愿意为贝克莱的观念论或马勒伯朗士（Malebranche）的偶因论（occasionalism）而放弃他的常识，这些问题似乎已经耗尽了所有选择的余地。在他看来，似乎必须在唯物论和二元论之间作出选择——唯物论通过将心灵还原为一架机器来解释心灵，而二元论将心灵置于科学研究无法企及的超自然领域。他没有看到任何介于这两个极端之间的中间道路：一种既不是还原论也不是唯物论的对心灵的自然主义的解释。

18 世纪的心灵哲学家们之所以受困于此，很大程度上是因为他们无法摆脱笛卡尔式的旧假设之桎梏，即自然主义解释的范式是机械的。他们仍然认为，解释一个现象就是把它纳入因果律之下。这正是现代科学在解释物理宇宙时所采用的成功方法，现代科学的进步显然是不可避免的，这预示着所有自然事件都可以用类似的方式来解释。但正是这种在物理学中被证明如此成功的方法，却让哲学家们陷入了两难境地。如果他们根据自然规律解释心灵，那么他们就把它简化为一台机器；但是如果他们坚持它的独特性，那么他们就把心灵藏在一个神秘的超自然的领域里。因此，他们似乎把心灵变成了机器或幽灵。

这种困境确实是泛神论之争背后的一个根本问题。如果我们接受这样一个前提，即机械论是自然主义和科学解释的范式，那么理性的权威就会受到质疑；因为这样看来，似乎是理性本身而不仅仅是机械论，导致了唯物论和宿命论。摆脱这些困境的唯一办法就是限制理性的力量，并假设一个超自然的精神领域。如我们所见，这种推论在泛神论之争中尤为明显。[1]知识与信仰的两难处境，正是这场论战的核心所在，它心照不宣地预设了机械论是唯一的解释或认识形式。雅可比、魏岑曼和康德认为这一困境是有效的，因为他们都致力于解决这一困境。由于他们认为机械论是知识的范式，他们感到被迫地"为了给信仰腾出空间而否定知识"；因此他们假设了一个不可知的超自然领域，以保护自由和不朽免受自然科学的侵犯。

约翰·哥特弗雷德·赫尔德是 18 世纪德国复兴心灵哲学最值得称赞的哲学家。通过对机械论霸权的质疑，他的心灵活力论（vitalist theory of mind）提出了一条介于还原主义唯物主义和超自然主义二元论两个极端之间的中间道路。赫尔德没有把机械论看作是唯一的解释范式，而是恢复了亚里士多德的古老范式：目的论和整体论。根据赫尔德的活力论，心灵既不是机器也不是幽灵，而是一个有生命的有机体。解释心灵并不是要把它归入因果律之下，而是要知道它行动的目的以及它作为其中一部分的整体。

但重要的是要认识到，赫尔德并没有简单地重复亚里士多德的

---

[1] 见第二章第四节。

解释模式。相反，他根据不断发展的生物科学重新解释了它们，这似乎给它们带来了新的生命。18世纪中叶前后，生物科学的发展似乎证实了一种活力论的心灵哲学的原则。哈勒的应激性理论，尼达姆和莫佩尔蒂对预成论（preformation theory）的批判，以及波尔哈夫（Boerhaave）对活力（*vis viva*）概念的复兴，似乎都为活力论提供了有力的证据。[1]他们似乎证明了活力论者的观点，即在心灵和身体领域之间存在着连续性，而生命力是两者的本质。赫尔德一直密切关注着最新的生物学发展，认为他的理论具有严格意义上的现代性和科学性。因此，生物科学已经敲响了机械论的丧钟，所以我们不再需要与机械论进行艰苦斗争了。

赫尔德的心灵理论彻底改变了泛神论之争中的竞赛状态，而将其推向了一个新的、有前途的方向。理性的权威问题被视为涉及目的论和整体论作为解释模式的合法性这一棘手问题。实际上，这里有一个问题是康德、雅可比、魏岑曼和门德尔松都未加考虑过的。如果这些都是同样合法的范式，且也能够获得科学地位，那么它们就可以支持日益衰落的理性权威。不存在理性导致宿命论和唯物论的这一危险，也没有必要假设一个超自然的心灵领域。然后，我们就可以对心灵做符合其独特性的自然主义的解释。在信仰和知识的两难境地之间的中间道路最终将明显是一种心灵的活力论。

虽然赫尔德通常以他的历史哲学闻名，但最终心灵哲学才是他最关心的问题。他对历史的兴趣源于他对心灵的关注，因为他把历史看作是心灵的钥匙。他深信，只有通过观察心灵的成长和发展才能认识心灵，而这种成长和发展只能追溯历史。

---

[1] 论波尔哈夫和哈勒对赫尔德的心灵哲学的重要性，见 Clark, *Herder*, pp. 233ff。论李约瑟和莫佩尔蒂对预成论批判的重要性，见 Hampson, *Enlightenment*, pp. 88, 222–223。

在整个哲学生涯中，赫尔德的理想是根据自然规律解释人类特有活动的起源——艺术、语言、科学、宗教和哲学。因此，他需要一种既不是还原论亦非超自然论的心灵哲学。（还原论者的理论不能解释心灵的独特性，而超自然论者也不能解释这一切。）赫尔德早期的哲学著作代表了这种心灵哲学的几个发展阶段。《片稿》[1]描绘了它的方法并提出了它的目标；《论语言的起源》（*Ueber den Ursprung der Sprache*，1772）在更整体的层面上定义和捍卫其目标；《关于人类教育的另一种历史哲学》（*Auch eine Philosophie der Geschichte der Menschheit*，1774）确切地阐述了它的方法论；以及《对人类灵魂的认知和感知》（*Vom Erkennen und Empfinden der menschlichen Seele*，1778）明确表述了心灵哲学的一般原则。赫尔德的代表作《人类历史哲学的概念》（*Ideen zur Philosophie der Geschichte der Menschheit*，1784）是他在其早期作品中构思最终要实现和阐述的哲学纲领。

尽管赫尔德是经过长期艰苦的奋斗才实现了他的理想。在奋斗的过程中，他也有很多反对者。而在所有反对者之中，谁应该是那最激烈、最直言不讳的呢？那就是他以前的两位老师：康德和哈曼。在心灵哲学上，康德和哈曼与其存在根本的对立——哈曼的整体论与康德的二元论截然相反——但他们在一个基本点上是奇怪的伙伴：他们都反自然主义，他们都否认根据自然规律来解释心灵的可能性和特殊性。正是这种信念驱使哈曼对赫尔德的《论语言的起源》进行了严厉的批判；也正是这个信念，促使康德针对赫尔德的《人类历史哲学的概念》写了一篇充满敌意的评论。随后，赫尔德与哈曼和康德之争具有很大的哲学意义，因为它涉及了一个关键问题，即一

---

[1]《片稿》指赫尔德的《当代德国文学之片稿》（*Fragmente über die neuere deutsche Literatur*，1767—1768）。——译者注

种非还原论的自然主义的心灵哲学之可能性。

本章共有三个目的，都与上述主题有关。第一个目的是追溯赫尔德心灵哲学的发展、目的（第二节）、心灵哲学的原则（第五节）和心灵哲学的方法（第四节）。第二个目的是分析康德和哈曼对赫尔德理论的反驳，并根据他们的论战判定康德、哈曼和赫尔德是如何重新阐述他们的思想的（第三、六、七、八节）。第三个也是最后一个目的是更详细地描述赫尔德对泛神论之争的贡献。

## 第二节　赫尔德的《论语言的起源》

1769 年，柏林科学院（Akademie der Wissenschaften）宣布了一项关于以下问题的优秀论文竞赛："如果人类只剩下自己的自然能力，那么他们还能发明语言吗？还能用什么方法发明语言？"这些问题引起了一些参赛者们反对科学院的已故成员苏斯米尔希（J. P. Süssmilch）"证明第一语言不源自人类，而只是源自创造者的尝试"（*Versuch eines Beweises, dass die erste Sprache ihren Ursprung nicht vom Menschen, sondern allein vom Schöpfer erhalten habe*）的这一最新观点。赫尔德多年来一直在思考这些问题，他抓住了参加这次比赛的机会[1]。1770 年 12 月，他给他的朋友哈特诺奇（Hartknoch）写信道："一个精彩的、伟大的、真正的哲学问题，一个为我而出的问题。"[2]所以，在 12 月的最后几天里，赫尔德匆忙地写他的稿子，以赶上 1 月 1 日的截止期限。正如预期所料，他的《论语言的起源》因具有独创性的贡

---

[1] 见 the first edition of the *Fragmente* (1767), *Werke*, I, 151ff 和 1768 第二版，*Werke*, II, 1-111。《片稿》已经粗略地勾勒出了赫尔德后期论著中所包含的语言哲学；但这篇论文在阐明和捍卫一个普遍的哲学目标方面比这本书走得更远。

[2] Haym, *Herder*, I, 401.

献而被公正地授予一等奖，这本书最终在科学院的赞助下于 1772 年出版。这部著作是赫尔德哲学发展史上的一个里程碑，标志着他哲学研究的起点。正是在这里，赫尔德首次明确地定义和捍卫他的自然主义与非还原论的心灵哲学。

赫尔德的论文所涉及的问题——语言的起源是神圣的还是人类的——现在看来已经完完全全地过时了，仅仅具有历史意义。但重要的是，我们不仅要看到其表面问题，还应看到一个仍然是我们关心的更普遍的问题：自然主义或科学解释的局限性。赫尔德和科学院都很清楚，如果一个人能够对语言的起源作出自然主义的解释，那么这是朝着将心灵本身纳入自然主义世界观的方向迈出了重要一步。语言通常被认为是理性的必要工具，因此对语言起源的自然主义解释就相当于是对理性起源的自然主义解释。然后，我们就可以把理性——我们内心深处的思考过程——看作是一种自然现象，就像一个球从比萨斜塔上落下来的速度一样自然。

关于这个普遍的问题，赫尔德采取了坚定的立场，他支持自然主义。他论述的主要目的是勾勒出语言起源的自然主义理论。这个理论由两部分组成，每一部分都是一个完全令人信服的自然主义所必需的。第一部分的论点认为没有必要假设语言的超自然原因，因为人类理性本身就具有创造语言的能力。或者，正如赫尔德所说："如果理性的使用对人类来说是自然的，并且理性的使用需要语言，那么语言的创造对人类来说也是自然的。"[1] 然而，这个论点对于一种完全的自然主义来说仍然不够，因为它假定了理性本身的存在，这当然打开了关于理性超自然起源的各种思考的大门，从而最终开启语言本身。第二

---

[1] Herder, *Werke*, V, 38.

个论点弥补了这一空白，解释了理性本身的起源。[1]大体来说，该论点指出人类发展出了一种理性的能力，因为与受本能支配的动物不同，人类为了生存必须学习一般性事实才能生存；并且语言是人类储存这些事实的手段，以此可以将一代人身上所学到的东西作为生存的教训传授给下一代人。

为了给他的自然主义铺平道路，赫尔德以对语言起源的超自然主义理论的论战开始了他的论文。他的主要目标是苏斯米尔希的理论。苏斯米尔希认为，人没有能力自己创造语言，而是依靠上帝来为其创造语言的。尽管这样的理论显然有宗教动机，但苏斯米尔希坚持认为，它是建立在理性和经验的基础上的，而不是《圣经》。[2]事实上，他的主要论点是完全可靠的，因为它是基于两个正确的前提。第一个前提是，语言是理性的必要工具，如果没有它，那么理性就处于萌芽和休眠状态；第二个前提是，语言不是动物的产物，而是理性本身的产物。苏斯米尔希认为，仅凭这两个前提，人类无法创造语言。因为，如果没有语言，人类的理性是不成熟和惰性的，那么人类如何能创造语言呢？我们陷入了一个恶性循环，在这个恶性循环中，人们应该通过他的理性创造出使之成为可能的工具。因此，为了逃离这个恶性循环，我们必须援引一个"扭转乾坤之伟力"（*deus ex machina*）：一个拥有全能智慧的超人。但这样的智慧唯有上帝才能拥有。

总而言之，这就是苏斯米尔希的论文中那著名的、不幸的论点。但赫尔德并没有因此而感到惊讶，因为他对它不屑一顾。赫尔德巧妙

---

[1] 在赫尔德的论文中，他一度放弃了所有关于理性起源的推断。见 *Werke*, V, 95。但这句话必须结合上下文来理解。他是对形而上学思辨的放弃，而不是对理性起源的经验理论的放弃。事实证明，赫尔德在他论著的后半部分仅仅阐释了一个关于理性起源的经验理论。

[2] Süssmilch, "Einleitung," in *Beweis*, pars. 3, 16.

地把苏斯米尔希的论点反其道而行之，从而得出了完全相反的理论。他反问道：如果语言是理性发展的必要条件，正如苏斯米尔希所宣称的那样，如果理性的使用对人来说是本能的，正如苏斯米尔希所承认的那样，那么语言的创造对于人来说不应该也是本能的吗？[1] 赫尔德认为，苏斯米尔希陷入了自己的恶性循环，这确实是他整个理论的归谬。如果人类的理性只通过语言来发展，那么人类怎么可能理解上帝在使用语言时给他的教导呢？为了理解上帝的教诲，人类必须有一种发展良好的理性，也就是说，他必须已经有了语言。

无论赫尔德多么精明，他的辩驳对苏斯米尔希来说仍然不是决定性的，苏斯米尔希很可能会回答说："如果理性只是一种潜能，一种单纯的潜能，那么这就足以让人理解上帝，尽管这还不足以让他创造语言。"这种认为理性仅仅是一种潜能的观点给赫尔德制造了许多麻烦，他从来没有对其作出明确的回应。因此，他承认理性最初只是一种潜能，但他也坚持认为，理性是一种自发的、自我激活的"趋势"（*Tendenz*）[2]。正是这个附加的假设让赫尔德脱离了苏斯米尔希的恶性循环——但是，苏斯米尔希必然会合理地拒绝这个假设。因此，赫尔德的论点非但没有驳倒苏斯米尔希，反而引出了这个问题。这是赫尔德后来不得不承认的一点，这让他很尴尬。[3]

然而，赫尔德自然主义的有效性并不取决于他的论战。最终的决定性一步是他对语言问题所提出的新方法。赫尔德坚持认为有必要对语言的起源进行"发生学"（genetic）研究。这种研究的主要原则是，语言和自然界中的一切事物一样，都有其历史，并经历着从简单

---

［1］Herder, *Werke*, V, 39–40.

［2］Ibid., V, 32–33.

［3］Ibid., VI, 299–300.

到复杂、从萌芽到分化的演变和发展。正是在这一原则的争论中，赫尔德最终与苏斯米尔希达成了和解。他质疑了苏斯米尔希的一个基本前提：语言是被给予的和永恒的，是一个复杂的、系统的以及完全合理的结构，亘古如此。[1]当然，如果这是真的，那么苏斯米尔希关于语言的神圣起源论点就变得完全可信了。上帝必须创造语言，因为人的智力有限，不可能一下子创造出一个完全合理的结构。但赫尔德向我们保证，这样的语言图景是完全违背事实的，因为我们可以从经验中看到语言在演变和发展。正如我们可以看看有多少抽象词是从隐喻开始的。因此，苏斯米尔希理论的阿喀琉斯之踵（Achilles' heel）不在于任何先天论证，而是对经验事实的完全不公正。

发展一种语言起源的自然主义理论只是赫尔德论述的总体目标。但这绝不是赫尔德的具体目标，更非一种原初的努力。自然主义理论在他之前业已形成，事实上是由卢梭和孔狄亚克（Condillac）这样的著名思想家提出的。他们的理论已经引起了激烈的争论，而苏斯米尔希的文章实际上是对他们的一种反驳。然而，重要的是我们要看到，赫尔德不同意卢梭和孔狄亚克的自然主义，正如不同意苏斯米尔希的超自然主义一样。他这一论述的具体目的是建立一种新的自然主义理论，避免卢梭和孔狄亚克自然主义理论的所有陷阱。

更确切地说，赫尔德所反对的这些自然主义理论是什么？这些理论有什么问题？尽管他们在原则上都是自然主义的，但是卢梭和孔狄亚克的理论是完全不同的。卢梭认为，语言最早是伴随着情感的自发表达而产生的。人类需要表达自己的情感（例如，爱、愤怒和恐惧），因此他发出声音。这些声音当然不过是呼喊，但它们也是最早的语

---

[1] Süssmilch, "Einleitung" and "Schluss," in *Beweis*.

词。因此，语言从情感的原始表达开始。[1]然而，孔狄亚克认为，语言并非源于自然的呼喊，而是源于任意约定（arbitrary conventions）。语言的目的是交流，但要做到这一点，首先必须对声音的含义达成一致。由于人们对同样的刺激有同样的反应，所以他们很容易对声音的含义达成一致。[2]

根据赫尔德的观点，卢梭和孔狄亚克的理论正好说明了对立之弱点，而这两个极端是任何合理的自然主义理论都必须避免的。他用一句话总结了他们的困境："如果卢梭把人变成动物，则孔狄亚克把动物提升为人。"[3]卢梭把人简化为动物，因为他认为他的语言就像所有动物的语言一样，只存在于叫喊声中。但他没有认识到人类语言的显著特征，即认知内容。绝大多数语词不是表达情感，而是描述事物。然而，如果我们只考虑人的动物本性，那么我们就无法解释这些语词的起源。相反，孔狄亚克把动物提升为人，因为他认为人类在自然状态下必然已经拥有了语言的概念。为了取得事物的有声命名概念，或者为了理解习俗的目的，我们必然已经有了一个复杂的语言概念。因此，孔狄亚克预设了他试图解释的内容：语言的起源。

尽管他们说明了相反的错误，但赫尔德认为卢梭和孔狄亚克的理论受制于一个错误。他们都忽视了人的本性。他们要么把人的理性还原为动物本性，比如卢梭的例子；要么预设了人的理性而不解释，比如孔狄亚克。然而，赫尔德坚持认为，理性才是语言起源的关键。既然人类是唯一拥有语言的生物，那么我们难道没有理由从人特有的本

---

[1] 见 Rousseau, *Sur l'inégalité parmi les hommes, in Oeuvres Complètes*, I, 175ff。赫尔德还批判了莫佩尔蒂，他的理论与卢梭相似。见 Maupertuis, *Dissertation*, p. 349。

[2] Condillac, *Essai sur l'origene des connaissances humaines*, pt. 2, sect. 1, pars. 1–12.

[3] Herder, *Werke*, V, 21.

性中寻找语言的起源吗？这是赫尔德整个研究的指导性假设。[1]

按照他的方法论指导原则，赫尔德从理性概念开始了他的研究。他强调理性的整合与统一功能。它不是一种能力加上其他的能力，就好像人主要是一种具有额外理性能力的动物似的。相反，理性是指导、组织和控制人所有其他能力的力量。人类所有的力量都是人类特有的，因为理性赋予了它们方向。事实上，理性赋予这些力量以统一性，如果人在其中一种力量中是动物，那么他在所有力量中都是动物。

借用洛克的一个术语，赫尔德有时称理性为"反省"（reflection, *Besonnenheit*）[2]。他选择这个词来指代人类特有的自我意识。然而，理性和自我意识之间的这种联系从何而来？答案在于赫尔德对理性的一般定义，他在论述中预先假定了这一点，但后来又做了明确说明。[3]在他的《人类历史哲学的概念》中，他将理性与本能做了对比，并将理性定义为学习、获取一般事实知识的能力。在这个意义上，自我意识显然是理性的必要条件，因为它是所有学习的前提。例如，如果我们意识不到我们的经验，那么我们甚至无法记住或验证我们的经验。

为什么理性必然产生语言？为什么语言的创造对它来说如此自然？尽管这些问题对他的理论至关重要，但赫尔德也只是给出了模糊而粗略的回答。[4]他的关键论点就在于，理性只能凭借语言来控制和组织我们的经验。为了对我们的经验进行排序和分类，理性必然能够

---

[1] Herder, *Werke*, V, 21.

[2] "那么，通过反省……我所理解的意思是，由于心灵对自己的活动及其方式的注意，产生了对理解行为的观念。"见 Locke, *Essay*, bk. 2, chap. 1, par. 4。

[3] Herder, *Ideen zur Philosophie der Geschichte der Menschheit* (1785), in Werke, XIII, 144-145.

[4] Herder, *Werke*, V, 28-34.

重新确定它的各方面，并将它们与其他方面区分开来。但要重新识别这些方面，就必须赋予它们一些只指代它们的符号，而不是其他符号。因为符号是必要的，如果没有它，我们就无法记住或验证这是同一方面。但是，在给我们经验的不同方面打上符号时，我们已经在使用语言了。于是，赫尔德感叹道："我们反省的第一个显著特征就是灵魂的话语。有了这个话语，人类的语言就被发现了！"[1]

假设理性产生了语言，那么理性本身又是如何产生的呢？现在，让我们来看看赫尔德理论的第二部分，这部分几乎占据了他后半部分论述的全部篇幅。在这部分，赫尔德给出了一个有趣的原型达尔文主义说明（proto-Darwinian account）：为什么理性（甚至语言）是人类生存所必需的。赫尔德观察到，与动物和昆虫不同的是，人类几乎没有本能和天生的技能来引导自己。这些本能和天生的技能对动物和昆虫是有用的，它们的环境有限，为了生存只需要进行有限数量的活动。但是它们对人类来说是无用的，人类不仅必须生活在从沙漠到北极的各种环境中，而且为了生存，他们还必须从事几乎所有的活动。因此，这就意味着，人类必须学会如何生存。现在，如果每一代人都不想体验上一代人的危险，以至于威胁到生存的机会，那么人类就有必要总结和记住他所处环境的实际情况（这种植物是以何种方式栽培，这种动物是危险的）。换句话说，人要学会生存，就必须有理性。但是，更重要的是，他还必须要有语言，因为记住这些实际情况并将其传达给后代的唯一手段就是语言。如果没有语言，那么每一代人都会犯和过去一样的错误，使自己面临同样的危险，从而减少生存的机会。因此，语言是老一辈人教导年轻人如何生存的媒介。

---

[1] Herder, *Werke*, V, 35.

## 第三节　哈曼与赫尔德关于语言起源之争

哈曼对语言的本质有着长期而深刻的兴趣，但却对语言的起源问题毫不关心。[1]在 1771 年 12 月 27 日刊发的《哥尼斯堡学术和政治报》（*Königsbergische gelehrte und politische Zeitungen*）上，他回顾了科学院竞赛的贡献之一：迪特里希·蒂德曼（Dietrich Tiedemann）的《解释语言起源的尝试》（*Versuch einer Erklärung des Ursprungs der Sprache*）。

蒂德曼的论文对一个被忽视但值得注意的语言起源的争论问题作出了贡献。[2]蒂德曼的立场在许多方面与赫尔德惊人地相似。像赫尔德一样，他试图在还原论和超自然主义的极端之间找到一条中间道路。他也反对苏斯米尔希和卢梭，也主张用历史的方法来解决语言的起源问题。蒂德曼与赫尔德的主要区别就在于，蒂德曼肯定而赫尔德否定前语言知识（prelinguistic knowledge）的可能性。蒂德曼是一位

---

[1] 事实上，哈曼已经写了一篇关于语言的文章，作为对 1759 年举行的科学院早期论文竞赛的回应。这篇文章就是他的《试图解释一个学术问题》（*Versuch über eine akademische Frage*），见 Hamann, *Werke*, II, 121-126。竞赛集中在 "语言对意见和意见对语言的相互影响"（L' influence reciproque du langage sur les opinions & des opinions sur le langage）的问题之上。在这篇文章中，哈曼为符合语言习惯的自然语言的特性辩护，反对戈特舍德和米凯利斯所推行的理性主义观点。

[2] 对蒂德曼论文的无知使最优秀的评论员误入歧途。因此，埃尔弗里德·布希瑟（Elfriede Büchsel）在评论哈曼有关语言的著作时认为：（1）蒂德曼仍然处于正统理性主义的范围内；（2）他没有设想语言问题的起源途径。见 *Hamanns Hauptschriften erklärt*, IV, 131。但第一个假设与蒂德曼的经验主义相悖，第二个假设与他的文本完全不一致。见 Tiedemann, *Versuch*, pp. 173-174。

坚定的经验主义者，他说，我们首先有表象，其次才能给它们命名。[1]

无论蒂德曼的作品有什么优点，哈曼都对其进行了严厉的批评。他强烈反对蒂德曼的自然主义，觉得这种自然主义忽视了语言中的神圣因素；并且痛斥蒂德曼的经验主义，认为这还是还原论的。很难想象他会对一部哲学论文有如此强烈的控诉，他说："我们将把它留给那些不仅仅是灵长类动物，甚至不仅仅是腐败的评论家，来判断作者的哲学是多么肤浅和空洞。"[2]

尽管如此谩骂，哈曼确实对蒂德曼的论文有一些实质性的反对意见。他批评了蒂德曼的机械论语言观，认为语言不过是语法部分的集合。哈曼认为，我们不能简单地通过解释词类的起源来解释语言的起源，因为语言不能还原为口述（*partium orationis*），正如理性不能还原为三段论的形式一样。哈曼还指责蒂德曼没有解释符号和表象之间的联系；为了深入了解语言的起源，有必要对这种联系作一解释。至少，哈曼最不愿意接受蒂德曼关于前语言知识的论断，这与他自己认为语言是理性的必要工具的观点相左。

虽然哈曼还没来得及看，但他在对科学院竞赛的贡献上还是忍不住选择了赫尔德。赫尔德不仅获了奖，而且还是哈曼的门生，他在大学时代一直是哈曼的弟子。[3]因此，在他的评审结束时，哈曼向公众承诺，"赫尔德的金奖论文"将使他们有更多的机会去思考眼前的问题。但哈曼的乐观是建立在一个错误的前提之上的。他相信赫尔德的文章将为蒂德曼的自然主义提供解药。因此，他对蒂德曼论文的严厉批判预示着一场暴风雨即将来临。

---

[1] Tiedemann, *Versuch*, pp. 163–167.

[2] Hamann, *Werke*, III, 16.

[3] 关于赫尔德与哈曼的早期关系，见 Haym, *Herder*, I, 31–51; Dobbek, *Herders jugendzeit*, pp. 116–137; Adler, *Der junge Herder*, pp. 59–67.

当赫尔德的获奖论文最终面世时，不出意外地，哈曼深感失望。他认为这是对他们共同原则的背叛，他甚至扬言要和他的学生绝交。[1]他所期待的是对自然主义的反驳，以及比苏斯米尔希更为复杂的神性起源理论；但他得到的只是对自然主义的辩护，以及对宣称是"最可怕的谬论"的神圣起源理论的攻击。在对赫尔德1772年3月20日出版在《哥尼斯堡学术和政治报》一文的简要回顾中，哈曼让人们看到了他的失望，并宣称"要为更高的假说复仇"[2]。

这不是什么说说而已的威胁。在后来的三篇论稿中，哈曼在《玫瑰十字会骑士关于语言的神圣和人类起源的最后嘱托》(*Des Ritters von Rosenkreuz letzte Willensmeynung über den göttlichen und menschlichen Ursprung der Sprache*，以下简称为《玫瑰十字会骑士》)和《语文学思想和疑问》(*Philologische Einfälle und Zweifel*)的论稿评介中展开了一场激烈的论战，以反对赫尔德和腓特烈二世掌权的整个科学院。[3]尽管这些文章常常被视为神秘主义者的作品而被忽视[4]，但它们值得我们密切关注。它们不仅对赫尔德和启蒙运动进行了有趣的批评，而且从总体上对语言哲学提出了一些重要的问题。

赫尔德获奖论文的致命缺陷在哪里？在思考了几个月后，哈曼在《语文学思想和疑问》中告诉我们，他得出了一个令人不安的结论：赫

---

[1] 1772年6月14日哈曼写给赫尔德的信，见 Hamann, *Briefwechsel*, III, 7-8。

[2] Hamann, *Werke*, III, 19.

[3] 对于哈曼和赫尔德之争，还有以下著作具有同样重要的意义，如 *Au Solomon de Prusse, Selbstgespräch eines Autors, An die Hexe zu Kadmonbor*，见 *Werke*, III, 55-60, 67-79 以及 81-87。

[4] 因此，帕斯卡认为哈曼只是"迂回"到了苏斯米尔希的神圣起源理论。见 Pascal, *Sturm und Drang*, p. 176. 海姆（Haym）也采取了类似的态度，见 Haym, *Herder*, I, 494-495。

尔德从来没有认真回答过科学院设置的问题。[1]他的理论与其说是解释，不如说是个笑话。为什么？因为它是如此绝望地循环和重复，以至于它根本无法解释任何事情。根据哈曼的说法，赫尔德所谓的人类语言起源的证明，取决于他引入的模糊术语"反省"。然而，这种神秘的能力是什么，只是理性的另一个名字吗？因此，赫尔德的整个理论可以归结为一个简单的断言，即理性创造了语言。但是，哈曼问道，这不是要解释真正的现象吗？为什么理性创造了语言？赫尔德回答这个问题时所说的，理性用语言表达自己是"自然的"。但这只会把问题往后退了一步：何谓自然呢？

哈曼基于这些理由来谴责赫尔德的整个理论，这公平吗？不可否认的是，赫尔德通过引入模糊的"反省"概念，相比起他想要解决的问题，他制造了更多的问题。然而，他的理论并不仅仅是基于这个概念。赫尔德理论的核心出现在论述的后半部分，他从生存的需要来解释语言的起源。不管这个解释多么富有思辨性，但它既不是循环，也非重言式。

尽管哈曼对赫尔德的论战是不公平的，但他对人类起源理论提出了一些有趣的一般性批评。他暗示他所攻击的自然主义本身的可能性，是类似于赫尔德后半部分论述所给出的那种解释。在《玫瑰十字会骑士》一文中，哈曼对伊壁鸠鲁的学说在拉·梅特利和霍尔巴赫，甚至康德本人手中的复兴感到遗憾。[2]心灵起源于"一摊泥或黏液"，对他来说似乎是不可能的。它充其量可以制造出"一个漂亮的面具"，但绝不会产生诸如"火热的精神"（a fiery spirit）或"呼吸的能量"

---

[1] Hamann, *Werke*, III, 41ff.

[2] 哈曼也在抨击康德时貌似有道理。在《自然通史》的序言部分，康德承认他的理论与伊壁鸠鲁的理论相似，见 *Werke*, 1, 226–227。

（breathing energy）。伏尔泰和休谟的不确定使他怀疑牛顿、伽利略和开普勒的"福音派的必然性"。伏尔泰向他表明，心灵和身体的本质是不可知的；休谟告诉他，自然法则的可能性是值得怀疑的，因果之间并无必然的联系。

除了引用休谟和伏尔泰的话，哈曼还提出了他自己反对任何形式的自然主义的有力论据。他认为，对生命或理性的起源进行自然主义解释的最大障碍是身心问题。[1]身心联系本质上是神秘的，因此不可能根据自然法则来解释心灵的起源。任何怀疑这种神秘联系者，只需想想休谟对因果关系的顾忌。既然休谟已经证明了任何事件之间不可能存在必然的联系，那么更进一步的是（a fortiori），在诸如一个心理意图和一种身体运动这样的异质活动之间不可能存在必然联系。在提出心身问题这一幽灵时，哈曼在这里触及了问题的核心，并对自然主义提出了棘手的挑战。不过，我们很快就会看到，赫尔德对这一挑战有了回应。

哈曼在语言起源的文章中不仅对自然主义理论进行了批判，而且还概述了自己的超自然主义理论。哈曼的理论基础是他对神人统一的神秘视野。正如他在《玫瑰十字会骑士》的第一段中所解释的那样："这种神人习语的共联性（communion）是我们所有知识和整个有形构造的首要原则和关键所在。"[2]哈曼认为，这一原则意味着语言的起源不可能完全是神的或人的。相反，它必须同时是神圣的和人类的、超自然的和自然的。既然上帝是通过人来行动的，那么人通过其自然能力创造的也是上帝通过人所创造的。

哈曼的神人共存（coexistence）的原则使他致力于语言起源的双

---

[1] Hamann, *Werke*, III, 29, 40.

[2] Ibid., III, 27.

重理论（dual-aspect theory）。这一理论认为语言有两个原因：一个是神的，另一个是人的，每一个原因都足以解释语言的起源。它们都是对同一创造过程同样有效的解释或描述。因此，即使我们用赫尔德所假设的人类的自然能力足以创造语言，我们也不能排除上帝的起源。相反，仍然有可能来自神的起源，即上帝通过人的自然能力创造了语言。这至少是哈曼想要捍卫的上帝起源理论的一个版本。正如他在《玫瑰十字会骑士》一文中所写的那样，"如果一个更高的存在，或者一个天使，就像巴兰之驴（Bileams ass）的情况一样[1]，上帝要通过我们的语言行动，那么所有这些行动，就像伊索寓言中会说话的动物一样，都会根据人性的类比来表现自己；即使在语言的起源这一方面……可以出现并成为一个不仅仅是人类的东西"[2]。

根据这一版本的神圣起源理论，没有必要再退回到苏斯米尔希的超自然主义，并假设语言的起源需要一些与自然正常进程相反的奇迹。[3]我们只需假设语言是通过自然手段创造出来的，但上帝是通过这些手段共同作用于我们。对像赫尔德或蒂德曼这样的自然主义者来说，这确实是一个痛苦的教训。如此令人信服地证明一种现象是通过自然法则产生的，而这仍然不能反驳在这些法则的工作中可能共存的超自然现象的存在。

但重要的是，我们要看到哈曼并不总是忠于他的双重理论。在阐述他对语言起源的描述时，他有时会借用苏斯米尔希的思想和《圣经》中的传统，这些思想完全不可能都被翻译成自然主义的习语。例如，

---

[1]"巴兰之驴"出自《旧约·民数记》第二十二章，讲述沉默温顺的驴被主人巴兰训斥和杖打后，上帝使驴开口说话以抗议它的主人。——译者注

[2] Hamann, *Werke*, III, 27.

[3] 见 Hamann, *Werke*, III, 17, 11. 20–26, 在此文本中，哈曼似乎对苏斯米尔希的理论同样感到不满。

哈曼在论稿中对赫尔德的评价就重温了苏斯米尔希的观点，即语言是从神的教诲中学习来的。[1]然后，在《玫瑰十字会骑士》的结尾处，他概述出了一个极端超自然主义的语言起源。从本质上讲，这是根据他自己的神秘视野对语言起源的修订。这就是哈曼在创造语言之后立即描述语言起源的方式："自然的每一个表象都是一个话语——一种新的秘密的、不可言喻的神的力量和思想共联性的符号、意向和承诺。人类最初所听到的、看到的和触摸到的一切都是活生生的语词。在他口中和心里都有了这些，语言的起源就像孩子的游戏一样自然、明显、简单。"[2]

最后，哈曼是否存在一种一以贯之的语言起源理论是值得怀疑的。他对自然主义采取了几种不相容的立场，因此无法确定他的理论在多大程度上是超自然主义还是自然主义的。最初，哈曼采取纯粹的防御立场反对自然主义。[3]他似乎承认自然主义可能为语言的起源提供充分的解释；但他只想证明，自然主义的解释并不排除超自然主义的解释。这是双重理论的立足点。而后，哈曼的立场更弱了。[4]他似乎认为自然主义的解释是不充分的，而只是必要的。之所以说不充分，因为它还需要考虑超自然主义的因素，如上帝创造的语言能力。最后，哈曼继续抨击自然主义的可能性[5]，认为自然主义对语言的起源不能提供必要且充分的解释。因此，他觉得诉诸自己神秘视野下的起源说才是可行的。

抛开这些矛盾和神秘的猜测，哈曼关于语言起源的理论仍然具有重要的哲学价值。这一理论最重要的价值出现在《语文学思想和疑问》的

———————————

［1］Hamann, *Werke*, III, 20–21.

［2］Ibid., III, 32.

［3］Ibid., III, 27, II. 1–14.

［4］Ibid., III, 27, II. 15–21.

［5］Ibid., III, 28–29, 39–40.

一开始，哈曼在此解释了其理论背后的哲学人类学。哈曼从与赫尔德相同的出发点开始：人的本质特征包含自由和理性在内；这种理性不在于本能或天生的理念，而在于人的学习能力。[1]但是，他给了自由和理性概念一个完全不同于赫尔德的解读。赫尔德在他的论述中以非社会的和非历史的方式看待人性[2]，而哈曼坚持把人性放在社会和历史的语境中。哈曼认为，哲学人类学的第一原则已经由亚里士多德在《政治学》中加以确立："人是一种政治动物，城邦之外，非神即兽。"哈曼认为，如果我们认真对待这一原则，那么我们就必须从社会和历史的角度来解释自由和理性概念。这意味着，自由不在于个人固有的某种特殊能力，而在于个人在社会中指导其生活的独特方式。更确切地说，自由是一种"拥护共和的荣耀"（republican privilege），可以统治他人，也可以被他人统治。同样，亚里士多德的原则暗示了，理性远不止是一般的学习能力或个人对自己的经验所作出的反应方式。相反，我们必须在其社会和历史背景下看待学习：它是一个人吸收文化传统的方式。哈曼坚持认为，对我们理性的形成至关重要的是一种文化传统的内化："我们理性的精力（stamina）和柔化力（menstrua）[3]是启示和传统，我们把它们变成我们自

---

[1] Hamann, *Werke*, III, 38.

[2] 无论如何，这是哈曼对赫尔德论著的解读。但这样的解读并不完全准确或公允。例如，赫尔德在《第二自然法则》（*Zweites Naturgesetz*）中强调，一个人是"社会的产物"，见 Herder, *Werke*, V, 112。然而，赫尔德与孔狄亚克在进行传统主义之争时，他确实被冲昏了头脑，并提出了一个极端的主张：人类可以在孤立的环境中发展语言，见 *Werke*, V, 38。这段文字决定了我们对哈曼这篇论文的理解。

[3] "menstrua"的意思是经期，但在西方很多古老传说里，经期中的女人代表着一种精神力量，可以让敌人变得虚弱无力。故此，译者根据上下文将其译作"柔化力"。实际上，"stamina""menstrua"和"vital juices"理解成古代汉语的阳、阴、生命汤汁则更为妥帖。——译者注

己的属性，转化为我们的力量和生命力（vital juices）。"[1]

哈曼的亚里士多德人类学思想是其语言的社会和历史观的基础。哈曼认为，如果我们不把语言理解为一种共联性手段，那么我们就完全无法理解语言。语言，就像所有本质上的人类创造物一样，必须在其社会和历史背景下加以理解；它不是与个体分离的产物，而是整个民族的产物。语言除了是一种语言习惯和一种体现在语言中的文化传统以外，还能是什么呢？它是一个民族所有独特思维方式的宝库，它既塑造了一个民族的思想，又反过来被它所塑造。

《语文学思想和疑问》前几页所载的《袖珍人类学》（*Anthropologie in nuce*）思想具有重要的历史意义。它是启蒙运动时期反对个人主义人类学做出的最早回应之一，也是从自由和理性的社会和历史概念开始，最终在后康德哲学中占主导地位。具有讽刺意味的是，哈曼的最初目标，也是赫尔德的使命，那就是把哈曼的教义传给后康德一代。在《人类历史哲学的概念》中，赫尔德承认了哈曼批评背后的观点，并将他的教诲融入了自己的历史哲学中。通过这项研究工作，哈曼的思想被传递了下一代。[2]

## 第四节　赫尔德的发生学方法

尽管赫尔德在《语言的起源》一书中阐述了他的哲学总目标，但他没有解释如何实现这些目标。我们被告知，哲学必须寻求对人类活动特征的自然主义但非还原论的解释；但是，如何获得这样的解释，

---

[ 1 ] Hamann, *Werke*, III, 39.

[ 2 ] 关于《人类历史哲学的概念》的影响，见 Haym, *Herder*, II, 260—264 和 *Die romantische Schule*, pp. 582ff。

我们仍然一无所知。换言之，赫尔德没有考虑到方法这一最重要的问题。

然而，如果我们认为赫尔德未意识到这个问题，那就错了。尽管他在论述语言时忽略了这一点，但早在 1767 年，也就是在他撰写这篇文章的三年前，赫尔德就开始思考这个问题了。在他的《当代德国文学之片稿》的第一部引言和第二部"选集"（*Sammlung*）的初步论述中，他就已经勾勒出了哲学方法的轮廓，即后来他因此而成名的发生学方法（genetic method）[1]。

赫尔德在《片稿》中反思的出发点是文学评论的一些问题。赫尔德提出了关于理解和评论文学作品的正确方法的问题。他认为真正的评论家不会以先入为主的原则或标准评价一部作品，而是根据作者的意图从内部理解它。但赫尔德意识到，理解作者的意图并不是一个简单的任务。他认为，评论家必须考虑到作品创作的所有因素，特别是构成作品所需的社会和历史条件，诸如语言、风俗、宗教和文化的政治制度等因素。因此，评论家的根本任务是站在作者的立场上，同情他的目的，认同他的文化背景。然后，他应该根据作者自己的目的和价值观对作品进行内部评价。作者的计划成功了吗？他是否表达了体现自己文化的特殊生活？他是否利用了自己语言的自然财富？在赫尔德看来，这些都是评论家必须自问的问题。如果评论家坚持使用先入为主的标准，那么他的评论最终会导致乞题谬误。他不再是一个公正的品鉴者，只会使自己的文化标准与作者的文化标准相悖。

在 1768 年出版的《片稿》第二版和修订版中，赫尔德在方法论的发展上又向前迈进了一步。[2] 在书中，他开始运用从康德《宇宙发展史

［1］Herder, *Werke*, I, 141–143,247–250.

［2］Ibid., II, 1–110.

概论》(*Allgemeine Naturgeschichte und Theorie des Himmels*)中学到的一个原则：所有的自然事物都有一个历史。[1]赫尔德立即将康德的原则概括出来，不仅对所有自然事物，而且对所有人类创造物亦复如是，这一点意义重大。语言、艺术、科学和宗教都被视为与自然事物有着一样的兴衰过程。赫尔德认为，要理解人类的创造，我们必须抵制将它们视为永恒的或自然的这一诱惑。相反，我们必须把它们视为历史的产物。有必要从发生学上解释它们，因为它们的起源造就了它们本来的面目。正如赫尔德在一段意味深长的段落中所解释的那样："从一件事的起源来看，它历史的一部分是我们无法理解的，而这一部分可以解释很多事情，事实上它也是最重要的部分。正如一棵树是从根上长出来的，艺术、语言和科学也是从它们的起源中生长出来的。在种子里有其创造物的所有潜能；在一种现象的起源中，存在着对其解密的全部宝藏，据此，我们对它的解释就变成了发生学的了。"[2]

大约七年后，在他的《关于人类教育的另一种历史哲学》(1774)中，赫尔德重提他的方法问题，并把它放在了他所关注的最前沿部分。这部充满激情和演讲式的作品，其目的是揭露启蒙运动历史方法论的一些弊端。赫尔德的主要目标是伏尔泰、莱辛和休谟等历史学家。我们把此研究称为赫尔德的论方法(*Discourse on Method*)，这可以说是正合适的。这个标题的讽刺意味就在于这样一个事实，即它不仅仅意味着另一种历史哲学，而且还意味着构成任何未来历史哲学方法论的序言。

在《关于人类教育的另一种历史哲学》中，赫尔德简单地将《片稿》中的发生学方法扩展到历史和人类学领域。他概括了对内在理

[1] 关于这本书对年轻赫尔德的重要性，见 Adler, *Der junge Herder*, pp. 56–59。

[2] Herder, *Werke*, II, 62.

解的要求，使之不仅适用于文学，而且还适用于人类的一切活动。我们如何认识亚马逊河印第安人、古希腊人或中世纪僧侣的行为？在这里，同样的方法论也适用。评论家有必要中止他的先天原则和道德标准。正如他们（评论家）必须根据作者的目的来判断作品一样，历史学家也必须根据行为主体的意图来理解一个行为。他不仅必须知道行动的动机（根据自然法则使行动成为必要的条件），而且还必须知道行动的原因（让行动主体自己看到并证明行动的正当价值观和信念）。与评论家一样，历史学家必须同情行为主体，认同其文化的语言、习俗和价值观。现在，评论家的基本准则变成了历史学家的准则："……走进这个时代，走进这个地域，走进整个历史，去感受你自己融入一切——只有现在，你才踏上理解话语的道路上。"[1]

然而，为什么有必要对文化采取一种内在理解呢？为什么不应用先天原则或绝对标准呢？赫尔德简单地回答了这个问题——但这个回答动摇了启蒙运动的根基。他认为，应用普遍性或绝对性原则具有误导性，因为实质上它们根本就不存在。启蒙运动时期的哲学史学家们所采用的标准，显然是普遍的、自然的或理性的；归根结底，它们不过是各自文化和时代的标准，但却被非法地普遍化，就好像它们适用于所有文化和时代一样。因此，从一种显得是绝对或普遍的标准来判断一种文化，这就犯了一个根本的错误：种族中心论（ethnocentrism）[2]。它是用一种文化隐秘地判断另一种文化。赫尔德认为，这一错误正是启蒙运动历史哲学的主要缺陷。启蒙思想家认为18世纪欧洲的价值观是历史本身的目的，而不是将其他文化视为自己独特的价值目的本身；然后，他们根据对这些目的的贡献程度来评价其他所有文化。在

---

[1] Herder, *Werke*, V, 503.
[2] 虽然赫尔德没有使用这个术语，但他的立场以此作为准确总结。

1785 年，赫尔德开始把康德的历史哲学看作是这种滥用的范例。

因此，赫尔德的发生学方法论基础就是他的历史和文化的相对论学说。赫尔德是第一个用如此大胆的通用术语阐明新的激进理论[1]，这一理论在《另一种历史哲学》中是被非常明确地提出来的。赫尔德曾多次公开表述，不同文化的价值观是不可公度的（incommensurable），在它们之间不能用绝对的标准来评判。[2]他用一个常被引用的隐喻来总结他的学说："每个民族都有自己的幸福中心，就像每个球都有自己的重心一样。"[3]

实际上，赫尔德的方法，甚至文化相对论学说本身，都还有一个更深层次的基础理论。这不啻赫尔德从哈曼那里获得的哲学人类学。根据人类学的观点，没有一个单一的、永恒的、在所有时代和文化中都相同的人类本质。更确切地说，人类本质取决于他的文化，所以人类的形式和不同文化一样多。人类唯一的自然本质是其可塑性（plasticity），他有能力适应最多样化的环境，无论是气候、地形条件还是文化条件。实际上，不存在一个霍布斯式的自然人（Hobbesian natural man），这些人在自然状态下有一些固定的需求，这为评价所有的社会和政治制度提供了标准。恰恰相反：人的本质是由这些制度所塑造的，因此，在这些制度之外没有绝对的立场可供判断。所以，考虑到社会和历史的形成作用，发生学方法是完全必要的。由于文化决定了人真正的个性，因此哲学家别无选择，只能根据其文化的规范、信仰和传统，内在地理解人。

综上所述，关于赫尔德的发生学方法的本质，有必要强调两个基

---

[1] 关于赫尔德在这一点上的独创性，见 Berlin, *Vico and Herder*, pp. 209ff。

[2] Herder, *Werke*, V, 502–503, 507–508, 509–510.

[3] Ibid., V, 509.

本的指导原则。根据第一条指导原则，人类特有的活动（语言、宗教、艺术、哲学、科学）不是先天的、永恒的或超自然的，而是社会、历史和文化力量的产物。因此，解释这些活动是为了描述他们的社会历史起源（social-historical genesis），而这个起源使他们是其所是。此外，根据第二条原则，有必要根据行为主体的动机而不仅仅是根据其是否符合因果律来理解行为。因此，理解一个行动，不仅要知道它的原因，而且要知道它的动机。根据第一个指导原则，赫尔德不仅排除了超自然主义者，他们相信这些活动是上帝赋予的，而且也排除了理性主义者，他们认为它们是天生的、普遍的或永恒的。在第二个指导原则中，他提出了一种新的目的论解释范式，反对唯物主义的机械论范式。换言之，第一条指导原则是自然主义的解释准则，第二条是非还原性的解释准则。总之，这些指导原则保证了赫尔德的目标：对人类特有活动的自然主义及非还原性的描述。

当然，赫尔德的方法解释起来比实践起来更容易些。对另一种文化的内在理解显然存在困难。我们如何能够接受另一种文化的立场，而不让自己文化的价值观和信仰影响我们的感知和判断？赫尔德确实发现了这里存在的问题。[1]但他的解决方案仍很薄弱：对事实进行更彻底的研究，以更大的耐心和更准确的方式审查有关其他文化的语言、习俗和传统的所有资料。他认为，我们越是研究这些资料，我们就越会跳出自己的文化认识论之外壳。

然而，这种乐观肯定会招致怀疑论者的不屑。我们需要研究的事实是什么呢？我们如何认识它们，尤其是当我们自己的判断受到文化条件限制的时候？赫尔德只是在重申客观性的必要性——当客观性的可能性受到质疑时。事实上，赫尔德的文化相对论的强版本削弱了所

---

[1] Herder, *Werke*, V, 503.

有客观性的可能性。如果我们的感知和判断完全受制于我们的文化，那么就不可能走出我们的文化之外，以另一种文化本身的方式去理解它。因此，激进相对论的结论似乎是对其他文化知识的可能性的彻底怀疑。除非赫尔德仔细地定义和限定他的学说，否则它不会支撑而只会破坏他的方法论。

无论赫尔德的方法论证明有什么困难，事实证明它是一个历史性的成功。它对后康德哲学一代人，尤其是费希特、谢林和黑格尔产生了明显的影响。费希特在《知识学》（1794）第三部分"实践知识学的基础"（Pragmatische Geschichte）、谢林在《先验唯心论体系》（System des transcendentalen Idealismus, 1800）、黑格尔在《精神现象学》（1807）中都运用了这种方法。他们三人都同意赫尔德的观点，即人类特有的活动是文化的产物，理解这些活动就是要追溯它们在历史上的起源。

## 第五节　赫尔德的活力论原则

1774 年 12 月，赫尔德为了学术奖而提交了另一篇题为《对人类灵魂的认知和感知》（Vom Erkennen und Empfinden der menschlichen Seele）的论文。这篇论文被多次重写，最终于 1778 年出版。[1]科学院提出的问题是"灵魂的两种基本能力，认知（knowledge, erkennen）和感知（feeling, empfinden）的类型和关系是什么？"但是，这一次赫尔德并未获奖。原因是他不同意科学院所提出的问题背后的主要假设：灵魂有两种独立的能力，它们以某种方式相互作用。赫尔德站在他以

---

[1] 关于这篇论文创作背后的复杂历史，以及其版本之间的重大差异，见 Haym, Herder, I, 669–670。

前的老师哈曼这一边，认为灵魂的所有能力都是不可分割的并统一在一个单一的、活生生的整体中。他撰写这篇论文的一个目的是要阐明哈曼这个旧主题。赫尔德非常清楚，他与科学院的分歧将使他失去获奖的机会。但这并未削弱他自己对于这项研究的立场和看法。赫尔德认为，《对人类灵魂的认知和感知》是他最好的作品；并且认为该书的主题是如此重要，以至于所有的哲学都要建立在它们的基础之上。[1]

《对人类灵魂的认知和感知》标志着赫尔德思想发展的一个重要阶段。当《论语言的起源》开启了他的哲学计划，《片稿》和《关于人类教育的另一种历史哲学》制定了他的哲学方法论时，《对人类灵魂的认知和感知》则阐述了他的一般形而上学原理。正是在这里，赫尔德首先提出了他的有机动力理论（theory of organic powers），这一理论几乎适用于他后来的所有哲学著作。这个理论的目的是要解决赫尔德仍然面临的一个棘手难题：身心问题。身心看似如此异质的实体，它们是如何可能交互作用呢？其答案显然是必然的，如果赫尔德要实现他的目标，即寻找人类活动特征的自然主义解释。如果身心之间的关系本质上是神秘的，或者如果心灵是独立于身体和整个自然，那么很显然，这样的解释将是不可能的。

很有可能的一个事实是，哈曼提醒了赫尔德注意身心问题的重要性。哈曼在《玫瑰十字会骑士》和《语文学思想和疑问》中声称身心关系本质上是神秘的，这肯定给赫尔德提出了极大的挑战。《对人类灵魂的认知和感知》是赫尔德对这一挑战的回应，他的目的是捍卫自然主义以反对哈曼的异议。

赫尔德的论文也是对启蒙心理学的批判。一种将灵魂划分为几

---

[1] Haym, *Herder*, I, 671.

个部分的能力心理学，一种将心灵还原为机器的原始唯物主义，以及一种将智力视为灵魂主导力量的狭隘的唯智论——所有这些18世纪心理学的趋势都受到了抨击。赫尔德拒绝接受所有这类理论，他有两个原因：一是过于还原论，二是过于二元论。赫尔德坚持认为，还原论和二元论的问题在于，它们不能公正地对待一些基本事实。如果我们是还原论者，把心灵简化为一架机器，那么我们就无法解释它的独特性；如果我们是二元论者，把心灵从身体中分离出来，把心灵的所有能力都分开，那么我们就无法解释它们相互之间存在作用这一事实。因此，我们需要的是一些新的心灵理论，它既不是还原论，也非二元论。这个理论必须同时考虑到身心之间的依赖性和独立性。《对人类灵魂的认知和感知》的中心任务就是勾勒出这样一个理论。

赫尔德心灵理论背后的指导性假设是，身心不是不同的实体，而是单一生命力量的不同程度的组织和发展。根据这一理论，身体不仅仅是一台机器，而且不是一种只在施加某种外力时起作用的系统。相反，它是一个有机体，一个自发产生其活动并自我组织的系统。总之，心灵不是一种无实体的精神，而只是身体力量的最高程度的组织和发展。重要的是我们要看到，这一理论并不是通过它是什么样的事物或实体来定义心灵，而只是通过它独特的目的或功能来定义心灵，即整合、控制和组织身体的各种功能。[1]

赫尔德的理论假设了一种单一的原则、概念来统一我们的身心概念：活力（power, *Kraft*）的概念。活力的本质是指自生成、自组织的活动，即从简单的组织逐步发展到较高的组织程度的活动。身心的区别

---

[1] 哈曼在《语文学思想和疑问》中为亚里士多德式的心灵定义奠定了基础。见 Hamann, *Werke*, III, 37–41。这很可能是对赫尔德理论的一个刺激因素。

不是种类上的区别，而是程度上的区别：身体是无定形的力，心灵是有组织的力。从这一理论出发，我们可以用心理和生理两个方面来看待心灵和身体：心灵是身体的更高层次的组织，或者身体是心灵的较低层次的组织，这取决于我们采取的视角。

赫尔德坚持认为，该理论的一大优点是避免落入二元论和还原论的陷阱。这个理论显然不是二元论的，因为它定义了心灵的目的，即控制和组织身体的各种功能。[1]它也不是还原论的，因为它指出心灵是身体各种功能的统一体，这种统一体被视为一个整体，不能还原为身体各部分的总和。然而更重要的是，还原性的整体问题现在已经无关紧要了，因为赫尔德打破了唯物主义背后的中心原则：身体是一台机器。据赫尔德所言，身体不是僵死的机器，而是活的有机体。因此，这就剥夺了唯物主义者和机械论者的还原论的解释术语。他们无法解释身体，更不用说心灵了。

赫尔德认为，该理论还有另一个重要优点，它很容易就能解释身心之间的交互作用。[2]由于它们不是异质性实体，而是单一生命力的不同方面，因此它们之间的相互作用是毋庸置疑的。事实上，这个理论不仅解释了这种可能性，甚至还解释了身心互动的必要性。心灵不仅可以而且必须与身体互动，因为它的本质是组织和控制身体的各种功能。相反地，如果身体没有心灵的组织和指导，它将停止运作和存在。

赫尔德发现他的理论在新的生物科学领域得到了进一步证实，特别是在哈勒的生理学研究中。事实上，《对人类灵魂的认知和感知》的

[ 1 ] Herder, *Werke*, VIII, 176–177.

[ 2 ] Ibid., VIII, 178.

最终草稿为讨论哈勒研究的意蕴提供了一个重要立场。[1]不难理解赫尔德为何对哈勒的研究如此热情。赫尔德认为，哈勒对"应激性"现象的观察表明，心灵和身体中存在着某种相同的生命力，即在施加刺激时肌肉组织收缩，在消除刺激时肌肉组织松弛。一块明显的物质（肌肉组织）似乎是活的，对刺激有自己的反应力。根据这些观察，赫尔德认为有理由得出这样的结论：应激性是物质和心灵之间缺失的联系，是从物质联系到心灵连续的（lex continui）基本过渡。如果心灵是组织和控制感觉的力量，那么感觉反过来也不过是由刺激构成的。[2]因此，心灵本身似乎是在应激性中起作用的物理 – 生理力的一种功能。多亏了哈勒，赫尔德将生理学视为一种新的心灵哲学的基础，这种哲学将研究身心之间的连续性。正如赫尔德曾经说过："根据我的陋见，没有一种心理学不是一直紧跟着生理学的。"[3]

不管它有何优点，赫尔德的理论也招致了一些严厉的反驳。他意识到了这些反对意见，便试图回答。

"这些生物机能的力是什么，难道仅仅是重弹它们要解释的隐秘之质（qualitates occultae）的老调吗？"这是康德在1785年对赫尔德的主要反对意见之一。但赫尔德自己却在大约十年前就提出了这一点。他的回答是什么呢？赫尔德承认，我们不知道这种力的内在本质，并且他也承认，我们不能仅仅通过假设某种普遍的力来解释任何事情。但他坚持认为，我们从经验中确信一种力的效验，因此，我们有理由假定某些生物机能的力是这些影响的原因。赫尔德的目的是赋予力的概念一个严格意义上的尝试性或假设性地位，尽管这绝

---

[1] 该书最终版本的"刺激"（Reiz）章节，参见 Herder, *Werke*, VIII, 171ff。

[2] Herder, *Werke*, VIII, 171.

[3] Ibid., VIII, 177.

不是调节性的。他将力的本质问题视为一个经验的而非形而上学的问题；他预计，不断发展的生物科学总是在身体中发现新的力（即动物磁性说，animal magnetism），它将逐渐接近并解决这个问题。然而，问题仍然存在：力的概念能被赋予这样的经验或科学地位吗？在假设这样的力时，赫尔德没有超越经验的限度吗？这就是问题所在。而且，我们很快就会看到，康德总是不厌其烦地沿着这些路线追问着赫尔德。

"我们只能通过类比我们自己的活动，将目的归因于外部客体，因此任何有机论都是拟人的。"这是康德后来对赫尔德的另一个反驳，但赫尔德在 1778 年就已经有了答案。他的回答既坦率又鲁莽。赫尔德公开承认，我们对生物机能的类比认识来源于我们把外部事物比作我们自己。对我们来说，对物自体的纯粹洞察是不可能的；因此，我们必须满足于认识事物是如何对我们显现的，或者它们是如何像我们一样的。这就是说：我们不得不屈从于类比。因此，赫尔德承认："我并不为自己……感到羞耻，我追求形象、追求类比……因为我不知道我的思维能力还有什么别的活动。"[1]

这种对类比作用的认识使得赫尔德对文学的重要性认识得出了一个惊人的结论。他认为，文学对于理解生活而言比哲学更重要。通过类比来把握生活，是文学的巨大力量。荷马或索福克勒斯，但丁或莎士比亚，比亚里士多德或莱布尼茨，洛克或莎夫茨伯里（Shaftesbury）更有助于我们理解生活。

但是，赫尔德关于类比解释的坦率和大胆立场，难道不会使他陷入困境吗？当他承认理论的文学特性时，他难道不是放弃了其科学地位的主张吗？难道他不是简单地用超自然的解释来换取拟人化的解释

---

[1] Herder, *Werke*, VIII, 171.

吗？这些也是康德后来在与赫尔德之争中提出的问题。

## 第六节　康德与赫尔德的争执

1762 年至 1764 年，赫尔德在哥尼斯堡大学求学期间一直是康德最有才华和最专心的学生之一。[1]他受了他认为是自己最好的老师——康德的一大恩情。康德同样对他这位年轻学生的才华印象深刻。康德允许他免费参加讲座，并满怀兴趣和欣赏地关注他的研究事业。但随着时间的推移，师生之间的距离变得越来越大。康德开始怀疑赫尔德与哈曼之间的亲密关系，但这在语言起源之争后很快就恢复了。[2]他把赫尔德的《人类最古老的文献》(*Aelteste Urkunde des Menschengeschlechts*)——这是哈曼向他解释过的著作[3]，看作他再次陷入了哈曼的神秘主义。就赫尔德而言，他几乎没有兴趣研究"第一批判"，他发现"第一批判"是"一块很难咀嚼的骨头"，他承认这与他自己的思维方式背道而驰。[4]尽管有这层紧张关系，但康德和赫尔德仍然保持着表面上的师生之谊。至少，康德从不让人知道他的疑虑，而赫尔德也通过哈曼向他以前的老师问好。

一场风暴云在 1783 年夏的某个时刻爆发了。在一场沙龙里，赫尔德听到了一则非常令人不安的消息：康德认为他应该为"第一批判"

---

[1] 关于赫尔德早期与康德的关系，见 Haym, *Herder*, I, 31-51; Dobbek, *Herders jugendzeit*, pp. 96-116; Adler, *Der junge Herder*, pp. 53-59。

[2] 1772 年 8 月 1 日赫尔德写给哈曼的信和 1772 年 10 月 6 日哈曼写给赫尔德的信，见 Hamann, *Briefwechsel*, III, 10, 16-17。也见 1773 年 1 月 2 日赫尔德写给哈曼的信，见 Hamann, *Briefwechsel*, III, 28-29。

[3] 1774 年 4 月哈曼写给康德的信和 1774 年 4 月 6 日和 8 日康德写给哈曼的回信，见 Kant, *Briefwechsel*, pp. 118-129。

[4] 1782 年 3 月初，赫尔德写给哈曼的信，见 Herder, *Briefe*, IV, 209。

的不受欢迎负责。赫尔德几乎不敢相信自己的耳朵。但不管怎样，这正是康德和赫尔德的出版商哈特诺克（J. F. Hartknoch）私下告诉他们的。[1]赫尔德被这个消息震惊了。他最好的康德老师怎么能指责自己最好的学生之一呢？赫尔德承认"第一批判"不合自己的胃口，但他抗议说，他从未说过或写过任何反对它的内容。

尽管这些否认可能是诚实的，但不难看出康德怀疑的根源。自从1781年5月"第一批判"出版以来，他一直因受众很难接受"第一批判"而苦恼。如果"第一批判"要产生影响，重要的是它要在魏玛和耶拿的范围里听到认可的声音，这两个地方正在迅速成为德国的文化中心。而赫尔德在魏玛是众人瞩目的焦点，并且与文学界几乎所有人都有着密切的联系。康德已确信，在启蒙运动和狂飙突进运动之意识形态斗争中，赫尔德站在了哈曼这一边。因此，赫尔德似乎成了大家接受"第一批判"的一个严重障碍。[2]

很显然，康德与赫尔德的争执即将发生。康德可能觉得，如果要确保"第一批判"被公众认可，他将不得不对抗赫尔德的影响。唯一的问题是怎么做。这个问题的答案终于在1784年7月10日揭晓了，当时《文学总汇报》的编辑舒茨要求康德评论赫尔德的最新力作《人

---

[1] Caroline Herder, *Erinnerungen, Gesammelte Werke* (Cotta ed.), LIXLX, 123。

[2] 这是康德对赫尔德《人类历史哲学的概念》的敌意解读。然而，康德评论的动机常常是大家猜测的话题。一个常见的解释是，康德把赫尔德的《人类历史哲学的概念》看作是他自己的一些前批判学说的再现，他现在想谴责这些学说，见 Clark, *Herder*, p. 317 和 Haym, *Herder*, II, 246。但很难看出这一理论是如何构成这一解释的。为什么康德要如此严厉地抨击赫尔德，只因他坚持康德的旧学说？这种忠诚的解释只能是奉承，与其说是严厉的批评，倒不如说是温和的谏言。之前所有关于康德动机的猜测都有一个严重的失误：它忽视了卡罗琳·赫尔德的证词。正是她说出康德认为赫尔德对受众很难接受"第一批判"负有责任。如果这是真的，我们就没有理由怀疑这样的证词，那么它就很容易解释康德的敌意。

类历史哲学的概念》。康德欣然接受了这个机会，甚至放弃了版税。这是找赫尔德算账的一个好机会，也可以削弱那些妨碍"第一批判"被接受的力量。康德对《人类历史哲学的概念》第一部分的评论于1785年1月正式发表，对其第二部分的评论随后于同年11月付梓。

康德对赫尔德《人类历史哲学的概念》的评论被准确地描述为"一部隐藏在客观性外表下人身攻击的杰作"[1]。书中充满了讽刺的恭维、贬低性的批评和教员式的忠告，所有这些都用枯燥但得体的学术风格加以掩饰。康德用轻蔑的言论来评价赫尔德的神职，然后不公平地声称他的书不能按照惯用标准来评判，这句话明显是针对作者的。

尽管康德如此痛批，但他的评论仍然具有重要的哲学意义。简言之，它包含了康德对赫尔德哲学的几乎每个主要方面的回应。赫尔德的自然主义、历史主义、活力论和方法论都受到了简短但残酷的轰炸。如果我们认为赫尔德哲学是康德哲学的替代选项[2]，那么康德的评论对于阐明这种替代的反应就变得更加重要。对康德评论背后的问题和论据作一个简短的考察，可以让我们更深入地了解康德缘何采取这种立场。

康德对《人类历史哲学的概念》的评论，主要是对试图通过自然科学证明形而上学正当性的批判。这是现代的和实证主义的精神对"伪科学"的全面攻击，令人确实很惊讶。评论所提出的主要问题以及随后围绕其评论的争议，涉及的是科学解释的方法和限度。科学的正确方法是什么？什么是真正的科学解释？自然的方法与形而上学的方法的界限是什么？这就是具有争议的问题。

然而，当我们想起康德和赫尔德都拥有大致相似的科学理想时，争论立刻变得更加复杂了。他们都同意自然主义的必要性，并且都使

---

[ 1 ] Clark, *Herder*, p. 317.

[ 2 ] 这是一个普遍的观点，见 Beck, *Early German Philosophy*, p. 382。

用相同的标准来区分科学和形而上学，即可能的经验。然而，他们在自然主义的界限或在哪里划分自然与形而上学的界限上却存在分歧。这个界限可以说就是"可能的经验"。但它是什么呢？经验从哪里开始又从哪里结束？这确实有一个非常严肃的问题。如果我们把经验的边界设得太大，那么我们就允许各种形而上学；但是如果我们把它们设得太小，那么我们就会让可解释的变得不可理解，同时过度地限制了科学的边界。这一问题很快就成为康德与赫尔德之争的症结所在。康德指责赫尔德超越了经验的限度，而赫尔德则指责康德任意限制这个范围，使可理解的变得不可理解。那么，谁犯下了形而上学之过，康德还是赫尔德？

康德在赫尔德的《人类历史哲学的概念》中面对的是一种新的形而上学——一种他在"第一批判"中甚至没有考虑过的形而上学。这种形而上学并不是起步于先天地运用在康德"第一批判"中被无情揭露的沃尔夫式三段论工具。相反，它运用了自然科学的方法和成果进行后验的论证。它把形而上学看作各种科学的普遍体系。总之，它是康德在1763年"获奖论文"中所提到的形而上学模式：牛顿方式的本体论。赫尔德受到康德早期著作的影响，并在其后期哲学中继续运用其方法论。[1] 具有讽刺意味的是，康德在批判赫尔德《人类历史哲学的概念》中的形而上学时，却与他自己的前批判时期的影子展开了搏斗。

康德对《人类历史哲学的概念》的评论是对赫尔德的新形而上学的尖锐攻击。康德把这种形而上学视为伪科学，是一种错误地、试图

---

[1] 例如，赫尔德在他的《旅行日记》（*Reisejournal*）中，表达了一种在"康德精神"中的形而上学愿望——一种不是"空洞的思考"而是"包含了所有经验科学的成果"的形而上学，见 *Werke*, IV, 383-384。这篇"获奖论文"显然是这种情绪的根源。

经验地验证经验上无法验证之物。他一再指责赫尔德试图通过自然科学的后门潜入形而上学。因此，他一次又一次地批判赫尔德从薄弱的经验前提中得出了宏大的形而上学结论；他一度非常明确地说："虽然赫尔德以通常流行的方式痛斥形而上学，但他仍然一直在实践形而上学。"[1]因此，康德在为《人类历史哲学的概念》写充满敌意的书评时，不仅带有个人的动机，而且也带有哲学的动机。如果"第一批判"的消极教诲没有白费，那么康德就必须不断地努力，把这种新的形而上学扼杀在萌芽状态中。这条恶龙（即从他自己的"获奖论文"中诞生的）在吞噬"第一批判"之前就必须被屠戮。

在康德看来，赫尔德隐蔽的形而上学的主要例子就是他的有机力（organic power）概念。他问道，这个概念意味着什么，难道是试图通过完全未知之物来解释人们知之甚少之物吗？因为我们从经验中所知道的都是有机力的效应，所以在可能的经验中不能给出关于力本身的知识。因此，不管赫尔德承认与否，在假设有机力时，他正在超越可能经验的限度，从而沉迷于形而上学。[2]在提出这一反对意见时，康德实际上只是在重复对学术上实体形式的旧批判，笛卡尔、培根和霍布斯都把这种形式斥之为"隐秘之质"。

正如上一节所讨论的，赫尔德努力预料了这种旧批判。他认为，有机力的假设并未假定隐秘之质，因为它们的结果是从经验中认识的。但这个回答只是回避了康德的问题：如果我们不知道力本身，那么我们怎么知道在经验中看到的是它们的结果呢？

在康德看来，赫尔德对理性起源的自然主义解释同样是形而上学的。在《人类历史哲学的概念》卷四中，赫尔德构思了解剖学上和

---

[ 1 ] Kant, *Werke*, VIII, 54.

[ 2 ] Ibid., VIII, 53.

生理学上的先决条件，强调了大脑结构和人的直立姿势等因素的重要性。[1]具有讽刺意味的是，他的其中一些推测受到康德在《宇宙发展史概论》结尾处的理论启发[2]，这是年轻的康德的另一部作品，曾深受赫尔德的赞赏。但现在，康德断然否定了这种形而上学的推测。他说，这些重大的物质因素对人类理性的影响显然超越了理性的限度，尽管他没有给出任何正当的理由。[3]但康德接着问道：如果我们要用力的概念来解释理性的起源，那么为什么不仅仅是为理性本身而援引一种独特的力呢？为什么要费心用更简单的力来解释理性，就好像它是物质内在力的效果一样？因此，认同实体形式这一旧问题又冒了出来。

除了《人类历史哲学的概念》中所隐藏的形而上学之外，康德也强烈反对赫尔德的哲学方法。他发现赫尔德的哲学方法和他的形而上学一样，都是伪科学。在他的《人类历史哲学的概念》中，赫尔德采用了类比的方法，在假设未知事物与已知事物相似的基础上，对未知事物进行了推断。在使用这个方法的过程中，他再次追随年轻的康德，康德在他的《宇宙发展史概论》中把我们的太阳系和宇宙的其他部分进行了类比。[4]但是康德反驳说，无论这种方法在自然科学中多么有用，它都是一种正确的哲学方法的对立面。相反，它混淆了哲学和诗意（poetry）之间的界限，舍弃清晰和严谨的认识而倾向于模糊和任性的想象力。这样的[诗意]方法允许隐喻取代解释，寓言取代评论，推测取代论证。康德坚持认为，一门历史哲学首先需要的是"概念确定中的逻辑缜密

---

[1] Herder, *Werke*, XIII, 119–126.

[2] Kant, *Werke*, I, 355–356.

[3] Ibid., VIII, 53–54.

[4] Kant, *Werke*, I, 250, 255, 306–307, esp. 228.

性”和“对原则的仔细分析和验证”[1]。康德甚至在评论的结尾处建议赫尔德在撰写他的下一部作品前“对他的特殊才能施加一些限制”，为了“谨慎地运用自己的理性”，他应该约束自己“大胆的想象力”。

尽管赫尔德无疑是做了一些草率的类比，但康德对他的方法论的批评并不完全公平。实际上，康德推荐的方法被赫尔德明确地拒绝了。[2]赫尔德认为，康德所要求的严谨、清晰和精确的标准在研究生命和历史时是无法达到的。更重要的是，他会认为，康德的定义和证明的学术程序并没有根据行为主体的目的，内在地把握生命。赫尔德对类比的辩护比康德设想的要复杂得多。他在《对人类灵魂的认知和感知》中认为，我们在历史中的唯一准则就是类比，因为我们不能理解别人的行为，除非通过类比我们自己的行为来理解。因此，赫尔德并不像康德所说的那样，无意中将哲学与文学混为一谈，而是有意地将哲学推向了文学的方向。据称，文学以其所有的想象和隐喻，为我们提供了对生活最深刻的理解。因此，莎士比亚胜过莱布尼茨，出于同样的理由，赫尔德也就胜过了康德。

## 第七节　康德与赫尔德之争以及“第三批判”的由来

《人类历史哲学的概念》第二部分的评论发表后，康德与赫尔德之争似乎突然结束了。在1787年6月25日康德写给舒茨的信中，他正式取消了所有进一步的论战行动。[3]康德声称他自己没有更多的时间，拒绝了舒茨关于评论《人类历史哲学的概念》第三部分的提议。他认

---

[1] Kant, *Werke*, VIII, 45.

[2] 1785年1月赫尔德写给维兰德（Wieland）的信，见 Herder, *Briefe*, V, 102–103。

[3] Kant, *Briefwechsel*, p. 319.

为是时候抛开论战转向完成自己批判哲学的紧迫任务中了。因此，康德通知舒茨，他计划致力于"鉴赏批判基础"（*Grundlage der Kritik des Geschmacks*），这后来被称为"第三批判"的第一部分，即"审美判断力批判"（*Kritik der aesthetischen Urteilskraft*）。

尽管康德正式停止了敌对行动，但实际上他与赫尔德的论争才刚刚开始。现在，赫尔德的支持者们正准备反击，这将迫使康德作出回应。[1] 更重要同时也更具恶兆性的是，康德与赫尔德之争引发了一些严重的问题——这些问题对批判哲学造成了巨大的挑战；康德看到了这个挑战后，他知道不可忽视。他决定研究"鉴赏批判"，这只是表面上为结束他与赫尔德的辩论；他更多的是决心要在反思辩论中提出更深层次的问题。

康德所面临的这些问题是什么呢？它们都围绕着棘手的目的论问题。有没有可能把终极因归结于自然界中的事物？终极因是否可以还原为动力因？如果不能，那么它们是否同样有能力制定科学规律？这些问题总是隐藏在康德与赫尔德之争的表面之下。论战提出的问题之一——赫尔德的力概念的合法性，最终取决于目的论问题。如果有可能把终极因归结于自然事物，且这些原因不能还原为机械因，那么力的概念确实有其独特的解释价值。然而，康德在评论《人类历史哲学的概念》时，没有考虑到这个更深层次的问题。他简单地驳斥了赫尔德的力概念，认为它是一种隐秘之质，一种无知的避难所，只是简单地重述了要解释的东西。然而，正如莱布尼茨很久以前指出的那样，这种反对一种"活力"（*vis viva*）的观点也属于乞题谬误，无端地假设

---

[1] 在赫尔德的盟友中有康德后来的弟子莱因霍尔德，他对赫尔德的热情辩护激起了康德的强烈反击。见 Kant, *Werke*, VIII, 56–58。

机械因果关系是自然解释的唯一形式。[1]

因此，现在康德有责任研究目的论这个棘手的问题。但这远不止是他对力的概念的批判：批判哲学本身的命运还悬而未决。如果目的论解释能够成为自然法则，那么人类理性起源的一种新的自然主义解释的大门就敞开了，这种解释不是基于机械论原则，而是基于目的论法则。我们所有的理性不过是有机力的表现，所以理性不再属于独立自主的本体领域。假设这样的解释是可能的，那么"第一批判"的本体－现象二元论，以及建立在它之上的"第二批判"的整个道德哲学，都有崩塌的危险。这种解释形式确实是康德在"第一批判"中没有充分考虑的一种可能性。[2]在那里，康德把因果关系的范畴限制在现象界中，但他仍然缺乏一个一致的或详细的目的论理论。且无论如何，他对因果关系范畴的限制并不会困扰赫尔德。因为赫尔德赞同，如果基于机械论原则，那么理性就是无法解释的，因此赫尔德提出了另一种可能性：目的论的可能性。

尽管目的论很重要，但如果不是1786年10月至11月《德意志水星报》（*Teutsche Merkur*）杂志中出现的一篇题为《关于人类的其他事情：致赫罗·比斯特博士》（Noch etwas über die Menschenrassen:

---

[1] Leibniz, *Discours de Metaphysique*, pars. x–xi, xix–xxii, in *Schriften*, IV, 434–435, 444–447.

[2] 康德在"第一批判"中多次坚持目的论的规定地位，见 *KrV*, B, 718–721。但是，值得注意的是，他仍然不认为目的论是解释本体界的对立面。相反，他倾向于将目的论的解释当作是最终可以简化为机械论的解释，见 *KrV*, B, 720–721。康德在早期的著作中绝对没有预料到他在"第三批判"中会提出目的论理论。因此，在将目的论解释简化为机械论解释时，"第一批判"与"第三批判"之间的联系很奇怪。此外，在"第三批判"之前，康德有时把目的论原则视为可以在经验中验证，如见世界历史论文之"Achter Satz", in *Werke*, VIII, 27。然而，这与"第三批判"不符，"第三批判"赋予了这些原则严格的规定地位。

An Herro Dr. Biester）的挑衅性文章[1]，那么对于康德来说，目的论可能仍然是一个过时的问题。这篇奇怪的文章是对康德人种理论的批判，尤其是针对康德最近的一篇文章，即发表在 1785 年 11 月《柏林月刊》上的题为《论人种概念的确定》（Bestimmung des Begriffs einer Menschenrasse）的文章。前文的作者是著名的生物学家和人类学家乔治·福斯特尔[2]。所有人似乎对目前的这一难题并不感兴趣，事实上，这一难题往往被忽视了。[3]在这里，我们乐于忘记一个没有引起我们注意但难以接受的事实：福斯特尔是赫尔德《人类历史哲学的概念》的崇拜者，且他刚与赫尔德结盟。[4]正如耶拿和魏玛的许多人一样，福斯特尔也认为康德对《人类历史哲学的概念》评论对赫尔德而言并不公正。所以，如我们所料，他在《德意志水星报》上撰文延续了赫尔德与康德的论战。虽然福斯特尔在文章中的主要目的是抨击康德的人种理论，但他不时地发表一些言论，显然是为了捍卫赫尔德的一些思想。福斯特尔对赫尔德的辩护基本上是隐秘的，从不提及赫尔德的名字。但是康德觉得很可疑，很容易就揭穿了福斯特尔的伪装，寥寥数语就暴露了他争论的意图。[5]

尽管康德和福斯特尔关于人种之辩的细节在这里与我们无关[6]，

---

[1] TM 4 (10–11, 1786), 57–86, 150–166.

[2] 福斯特尔对于 18 世纪后期德国的意义，见 Hettner, *Geschichte*, II, 579–594。

[3] 普遍忽视这篇论文的一个重要的异议，见 Riedel, "Historizismus und Kritizismus," *Kant-Studien* 72 (1981), 41–57。

[4] Haym, *Herder*, II, 455–456.

[5] 涉及福斯特尔对力的概念的辩护，康德写道："福斯特尔也许还想支持一个超形而上学者（hypermetaphysician），并给他一些幻想的素材，以便他以后可以用这些素材自娱自乐。"康德在这里所指的"超形而上学者"只能是赫尔德。这一段引自 *Werke*, VIII, 180。

[6] 更多细节，见 Riedel, "Historizismus und Kritizismus," pp. 43–51。

但鉴于其哲学意义，这场辩论背后有一个值得我们关注的主要问题。这就是康德和福斯特尔对生命起源的两种理论，其分别代表了18世纪生物学两种主要的对立理论。康德是"预成论"（preformation）的拥护者，它从预先形成的遗传因素的存在来解释生命的起源。这些因素的起源通常归因于神的创造；但是康德把所有这类推测都当作形而上学来驳斥。他认为，自然科学所能解释的只是这些预先形成因素在代际的传递；但它不能解释这些因素本身的起源。相比之下，福斯特尔和赫尔德一样是"自然发生说"（spontaneous generation）这一理论的拥护者。这一理论解释了生命起源于物质中存在的自然发生力，这些自发力适应并对周围环境（气候、地形等）作出反应。福斯特尔与康德不同，他断言，如果我们假设物质中存在有机力，那么在原则上可以解释生命本身的起源。福斯特尔认为，有机力概念并不像康德所指控的那样是形而上学的，而是从经验事实中得出的有效推论。在《德意志水星报》上的这篇别具挑衅性的文章中，福斯特尔指责康德不允许这样的推论，是"一种无男子气概的恐惧"[1]。

从现有的少量历史证据来看，福斯特尔的文章似乎是康德对目的论问题反思的催化剂。至少值得一提的是，在福斯特尔发表文章之前，康德在关于"第三批判"的几点评论中从未提及过目的论批判，而只是提到了"鉴赏批判"。但就在福斯特尔的文章发表一年之后，实际上，在康德准备对其作出回应的同时，他就将"目的论"称为其体系的必要组成部分。在1787年12月27日写给莱因霍尔德的信中，康德宣布了他哲学体系的最终结构，明确指出"目的论"是其体系的中心，是"第一批判"理论哲学和"第二批判"实践哲学之间的连

---

[1] Forster, "Menschenrassen," p. 75.

接纽带。[1]

最终，康德在 1788 年 1 月至 2 月的《德意志水星报》杂志上撰文回应福斯特尔。他以《论目的论原理的哲学意义》（"Ueber den Gebrauch der teleologischen Prinzipien in der Philosophie"）作为标题来揭示他对目的论问题的新发现。该文的确是对"第三批判"的"目的论判断力的批判"（Kritik der teleologischen Urteilskraft）的初步探究。康德在其结论段落中致力于解决目的论问题，并提出了"自然目的论"（natürliche Teleologie），这很快就成为"第三批判"的后半部分。

康德对福斯特尔的回应揭示了他处理目的论问题背后的动机。当福斯特尔指责康德因"无男子气概的恐惧"而不允许对有机力的存在进行推论时，康德用他的反对目的论的论点进行了反击。[2]因此，康德论证背后的动机是显而易见的：揭穿赫尔德有机力概念的科学地位，并以此来抵御它对"第一批判"的本体－现象二元论的威胁。康德反对福斯特尔的策略是——最终是为了反对赫尔德——通过厘清所有目的论判断中固有的形而上学维度来揭示有机力概念的伪科学地位。康德现在发现，他唯有通过考虑目的论的更深层次的问题，才能成功地反驳赫尔德的概念。在面对福斯特尔将有机力作为一个经验主义概念进行辩护时，重申隐秘之质的旧指控是行不通的。

至此，我们对该问题的考察得出了一个令人惊讶的结论。康德的目的论在"第三批判"中的由来与我们所期望和通常所给出的解释背道而驰。[3]作为康德理论的催化剂，并不是弥合本体界与现象界之间

---

[1] 见 Kant, *Briefwechsel*, pp. 333-334。这是有关批判哲学的一种新结构，因为在康德早期对哲学各个分支的分类中，康德并未提到目的论。见 *Grundlegung* 前言, *Werke*, IV, 387-388。

[2] Kant, *Werke*, VIII, 180-181.

[3] Cassirer, *Kants Leben*, pp. 294ff.

差距的问题。情况恰恰相反：刺激因素是如何捍卫和保护这种二元论的问题。

当然，康德在"第三批判"中涉及了这两个方面。他的目的不仅是为了保护，而且是克服本体－现象二元论。[1]如果目的论的威胁是要摧毁这种二元论，那么它也承诺要弥合它。因此，康德在"第三批判"中面临着既要限制目的论又要保护目的论的微妙任务。解决这一问题的方法是他的目的论判断力的调节理论，它既确立了目的论的必然性，又确立了目的论的调节性地位。

尽管康德确实面临着这两大问题，但事实仍然是，他的理论的直接刺激因素和动机源于福斯特尔的文章；康德抨击福斯特尔的动机不是弥合而是要捍卫二元论。福斯特尔用赫尔德的力概念来解释生命的起源，重申了赫尔德对康德二元论的威胁。康德看到了这种威胁，并且知道他不能通过简单的反驳来避免，即通过将生命起源的解释纳入现象界并对本体界不构成危险来回应。他非常清楚地认识到，福斯特尔和赫尔德正在质疑本体－现象边界的合法性，他们想解释理性本身的起源。因此，如果康德要保护二元论，他就必须限制有机力概念中隐含的目的论主张。这成为"第三批判"后半部分的中心任务。

康德在"目的论"中反对福斯特尔的论证构成他在第三部中批判判断理论的基础。康德从定义一个基本原则开始他的论证，这个基本原则是康德论证的前提。根据这一原则，自然科学中的一切都必须以自然主义加以解释，即不诉诸形而上学的原则或超自然的原因。[2]由

---

[1] 从"第三批判"的导论中，我们就可以看出这一点，见第三批判的第二导论，in Kant, *Werke*, V, 174–176, 176–179, 195–197。

[2] Kant, *Werke*, VIII, 178–179.

于福斯特尔和赫尔德也赞同这一原则，康德相信他的论证是从一个共同的前提出发的。接下来的问题是，如何界定自然主义解释的限度。对于康德而言，这些限度是明确的：它们是可能经验的边界。如果我们假设这个根本的力无法在经验中被证实，那么"我们就离开了富有成果的自然研究领域而误入形而上学的沙漠"。关于这些限度，康德再次认为，他可以依赖于福斯特尔和赫尔德所赞同的共同前提，因为他们都是反对以形而上学作为观测的支持者。既然赫尔德和福斯特尔同意自然主义的原则并且也同意自然主义在可能经验中的局限性，那么他们与康德之争的根源只在于他们是否坚持这一原则，以及他们是否保持在这些限度之内。换句话说，康德提出了一个问题：福斯特尔和赫尔德是否忠于他们的自然主义理想？

可想而知，康德对这个问题的回答是一个强调语气的"不"。他认为，赫尔德和福斯特尔都违背了他们的自然主义理想，因为他们假定物质内部存在有机力，而有机力的实存无法被任何可能的经验所证实。康德认为，有机力概念完全是形而上学的，因为它把目的归于自然之物。[1]但为什么目的的概念是形而上学的呢？这就关系到目的论解释的合法性关键问题。而康德对此给出了明确的答案。康德认为，如果我们把目的归于自然之物，那么我们就超越了可能经验的限度，因为我们只能通过自己的经验来理解合目的的活动，在那里我们为了观念或原则而根据目的行动。但据我们所知，自然本身没有任何东西是按照这样的目的或为了理念之故而行动的，因为我们没有任何证据表明自然中的所有东西都像人类存在者一样具有理性。尽管植物和动物似乎都有其目的地活动，但它们似乎是无意识的意图或无理性的目的；矛盾的是，它们有目的地活动，但却是无目的的合目的性

---

[1] Kant, *Werke*, VIII, 178–182.

（purposively but without a purpose, *zweckmässig ohne Zweck*）。因此，我们只能通过类比我们自己的活动，将目的归于自然事物。但我们无法在任何情况下证实这种类比。我们不可能证实这个类比，正如我们不可能跳出自我，成为一种植物或动物一样。因此，将目的归于自然超越了可能经验的限度；所以，根据自然主义解释的一般标准，它完全是形而上学的。

在指出目的论判断力的类比地位时，康德显然只是重复了赫尔德在《对人类灵魂的认知和感知》中的一个旧论点。因此，赫尔德将不得不始终同意康德的观点。像康德一样，他也肯定自然主义的必然性，他也主张自然主义的限度是经验的限度，他也坚持目的论的解释是类比的。那么，康德反对赫尔德的论点就相当于是对不一致性的简单指控。根据康德的观点，赫尔德的不一致是因为他既承认目的论的解释是类比的，又假装它们具有自然主义或科学的地位（作为构成性原理）。这是一个明显的矛盾，因为赫尔德承认类比判断超越了可能经验的限度，而可能经验的限度是自然主义解释的限度。

当然，康德不会反驳赫尔德在《对人类灵魂的认知和感知》中的主张，即对生命的最好理解是在文学中找到的。他与赫尔德之争的唯一焦点是赫尔德声称目的论解释可以是类比的同时又是科学的。正如赫尔德有时所承认的那样，适宜的类比领域是文学。但在康德看来，我们不能同时完成自然科学和文学的类比。赫尔德哲学的致命缺陷是它试图两者兼而有之。

## 第八节　赫尔德与泛神论之争

赫尔德加入泛神论之争并没有让任何人感到惊讶，尤其是赫尔德本人。斯宾诺莎的幽灵一直萦绕在他心头，就像萦绕过莱辛、门德尔松和雅可比一样。[1]早在 1775 年，赫尔德就计划写一部关于莱布尼茨、莎夫茨伯里和斯宾诺莎三位哲学家的著作，为每一位哲学家的观点辩护，并解释他们之间的相似之处。在赫尔德早期的作品中，也涉及斯宾诺莎主义的主题，这是他敏锐地意识到并渴望承认的一份感激。但由于这样或那样的原因，关于斯宾诺莎的研究总是被推迟。[2]

然而，1783 年 11 月 22 日，雅可比把他与莱辛的对话记录寄给了赫尔德，于是他终于有机会收集并澄清自己对斯宾诺莎的看法。雅可比急切地希望在即将到来的与门德尔松之争中获得赫尔德的支持；为了结盟，他甚至在《致斯宾诺莎的信》( *Briere über Spinaza* ) 中赞许地引用了赫尔德的话。[3]但是雅可比显然会很失望。赫尔德很高兴地发现，像莱辛这样的杰出人物也与斯宾诺莎主义者志同道合。这无形中支持了他自己的信念，也给了他表达自己观点的勇气。因此，1784 年 2 月 6 日，当赫尔德最终回复雅可比时，他宣布了自己的斯宾诺莎主义，这种重大而惊人的承认丝毫不逊色于莱辛，他写道："说实话，亲爱的雅可比，自从我进入哲学领域，我就一直意识到莱辛立场的真理性，即只有斯宾诺莎的哲学本身才是真正一致的。"[4]

在这样一个声明之后，赫尔德在泛神论之争中显然为自己量身定制了一个角色。那就是以成为斯宾诺莎的代言人为己任。现在，门德

---

[1] 赫尔德究竟何时开始研究斯宾诺莎，还存在争议。海姆估计这个时间应该是 1775 年，这是以一些赫尔德评论作为根据的。见 Haym, *Herder*, II, 269。但阿德勒认为，早在 1767 年的时候，赫尔德就对斯宾诺莎进行了研究。见 Adler, *Der junge Herder*, pp. 164, 272。阿德勒的观点在《哲学原理》( Grundsätze der Philosophie ) 一文中有很好的佐证，见 *Werke*, XXXII, 227–231，该文中显示了赫尔德研究斯宾诺莎主义的详情，注明是写于 1767 年左右。关于这个原稿的日期，见 Suphan's note in *Werke*, XIV, 669。

[2] 1784 年 2 月 6 日赫尔德写给雅可比的信，见 Herder, *Briefe*, V, 28。

[3] Jacobi, *Werke*, IV/I, 246–247。

[4] Herder, *Briefe*, V, 27。

尔松、康德、雅可比和魏岑曼都背弃了斯宾诺莎，赫尔德觉得有必要为他做辩护。[1]1787年4月，他正式完成了他对这场论战的贡献——《上帝，若干对话》(*Gott, Einige Gespräche*)写成。通过这部著作，论战呈现出一个新的、有趣的维度。

《上帝，若干对话》对于泛神论之争的意义主要在于赫尔德对斯宾诺莎富于创造性的重新诠释。赫尔德完全推翻了雅可比、门德尔松和魏岑曼关于斯宾诺莎主义的观点。赫尔德没有将其视作对道德和宗教的威胁，反而认为这是它们唯一的基础。斯宾诺莎主义不是无神论或宿命论，而是为我们提供了一个站得住脚的上帝和自由概念的唯一的哲学。在赫尔德看来，斯宾诺莎哲学的巨大力量就在于它使我们的道德和宗教信仰与理性和科学自然主义相一致。

当然，这种对斯宾诺莎哲学的道德和宗教维度的重新评价，与一些非正统的道德和宗教概念并行不悖。但赫尔德向莱辛坦言："神圣的正统概念不再适合于我。"在赫尔德看来，上帝既不是超验的，也不是人格化的，而是无所不在的且非人格化的；自由不是任意的选择，而是根据自己本质的必然性和上帝的仁慈设计行事。然而，赫尔德坚持认为，接受这些不太正统的观念并不意味着放弃基督教。相反，它仅意味着以一种新的、深刻的方式重新解释我们的信仰。《约翰福音》和斯宾诺莎的道德哲学，基督的圣爱(agape)和理智地爱上帝(love of God)，对于赫尔德而言都是一样的。[2]因此，我们可以同时拥有我们的信仰和我们的哲学。雅可比的困境只有在我们接受他的关于上帝和自由的正统思想的情况下才是有效的。然而，如果我们以一种不那么正统的方式重新解释

---

[1]1784年2月6日，赫尔德在写给雅可比的信中写道："我的观点是，自从斯宾诺莎死后，没有人完整的论述'一'和'全'的体系。"见 Herder, *Briefe*, V, 28。

[2]1784年2月6日和12月20日，赫尔德写给雅可比的信，见 Herder, *Briefe*, V, 29, 90–91。

它们，那么我们就会发现斯宾诺莎的哲学并没有破坏而是支持了道德和宗教。因此，雅可比的信仰飞跃是多余的。正如赫尔德向雅可比解释的那样："如果没有必要做出致命一跃，那么我们何必枉费此力呢？我们当然不必这样做，因为我们处于上帝创世的平等基础上。"[1]

在赫尔德重估斯宾诺莎哲学的道德和宗教含义的背后，是他对斯宾诺莎自然主义的重新解释。和雅可比一样，赫尔德把斯宾诺莎的哲学看作是科学自然主义的典范，而不是形而上学独断论的残余。但赫尔德用完全不同的术语来解释这种自然主义。它并不像雅可比那样就意味着唯物主义或机械论，而是一种完全不同的术语：活力论（vitalism）。在赫尔德眼中，斯宾诺莎的宇宙不是一台机器，而是一个有机体。

从表面上看，他把斯宾诺莎解读为一个活力论者似乎是荒谬的，尤其是当他否认终极因的时候。实际上，赫尔德一度承认，他对斯宾诺莎的解读与其说是对他的解读，不如说是一种修正。[2]然而，赫尔德确实认为他只是在更新斯宾诺莎的自然主义，使之与生物科学的所有新进展相协调。雅可比认为科学正朝着唯物主义的方向发展，与之不同的是，赫尔德坚持认为科学正朝着活力论的方向发展。为了证明他的观点，赫尔德引用了物理学和生物学的新发现，这些发现表明身体由各种力组成（如电和磁力）。[3]如果斯宾诺莎能活过一个世纪，那么他就能摆脱笛卡尔物理学中先入为主的机械论，并把力而不是实体作为自己的第一原则。

通过对斯宾诺莎活力论的解读，赫尔德能够重估他哲学中的道德

---

[1] Herder, *Briefe*, V, 90.

[2] Herder, *Werke*, XVI, 492–493.

[3] Ibid., XVI, 418, 438.

和宗教含义。在斯宾诺莎原本贫瘠阴郁的宇宙中，现在就有了生命和天意的空间。在赫尔德的解读中，斯宾诺莎的上帝不是停滞的、静止的实体，而是一种活生生的、积极的力；它不是根据盲目的必然性而行为，而是出于理智目的。

作为恢复斯宾诺莎哲学的道德和宗教层面的论战部分，赫尔德试图澄清对斯宾诺莎无神论和宿命论的指控。他毫不费力地证明了无神论的指控是不公正的。赫尔德认为，我们不能说斯宾诺莎是无神论者，因为无神论者是否认上帝存在的人，不管上帝是如何被构想的。[1] 相反，斯宾诺莎并没有否认上帝的存在，而是把上帝变成了他的第一原则，即他的存在实在论（ens realisimum）。这样的立场应该被称为"泛神论"，而不是"无神论"。

赫尔德对泛神论之争的贡献之一，是他对斯宾诺莎之泛神论提出了比雅可比或门德尔松更为复杂的解读。他正确地恢复了斯宾诺莎对能动自然（natura naturans）和被动自然（natura naturata）的区别。[2] 根据赫尔德的说法，雅可比和门德尔松指责斯宾诺莎是无神论，因为他们错误地把他的上帝等同于有限事物的总和。可以理解的是，他们对上帝的信仰只不过是对事物整体性的信仰这一提议犹疑不定。但赫尔德接着指出，斯宾诺莎的上帝不仅仅是所有事物的总和；相反，他是所有事物都存在于其中的自足的实体。所以，尽管斯宾诺莎的上帝离不开这个世界，但上帝并不等同于这个世界。

对宿命论的指控与对无神论的指控相比，给赫尔德带来的问题更多。为了澄清斯宾诺莎的这一指控，赫尔德承认他必须偏离斯宾诺莎

---

[1] 1784 年 2 月 6 日和 12 月 20 日，赫尔德写给雅可比的信，见 Herder, *Briefe*, V, 28-29, 90。

[2] Herder, *Werke*, XVI, 444-445.

体系的"文字";但他坚持认为，这不涉及其"精神"的改变。赫尔德认为，斯宾诺莎体系的精神不是宿命论的（即他并不认为一切都是由盲目而无目的或理智原因之必然性所决定的），因为斯宾诺莎必须将意志和认识归于上帝。[1]在《伦理学》中，斯宾诺莎似乎否认了上帝的意志和认识。[2]但赫尔德解释说，这些段落要么不符合他作为一个哲学的整体系统，要么就没有必要。赫尔德说，根据他的一般原则，斯宾诺莎不仅可以而且必须把认识归于上帝。因为如若他所说，上帝拥有一切的完美，那他必定拥有思想，这是最伟大的完美。同时也没有什么能阻止斯宾诺莎把意志归于上帝，也就是说，他假定上帝为具体目的而行动。尽管斯宾诺莎否认终极因，但他这么做只是因为这些原因似乎将任意性归咎于上帝的活动。但赫尔德坚持认为，这并不意味着我们不能将目的或设计归因于上帝的活动。[3]因为，即使上帝的活动仅仅是出于他自己本性之必然性，他仍有可能为了某种目的而行动。至少在赫尔德看来，出于必然而行动和为了某种目的而行动是完全一致的。因此，我们可以将上帝的活动视为有目的的，而不把任意性或偶然性引入斯宾诺莎的体系。

赫尔德进入泛神论的争执，迫使他澄清了他对雅可比和门德尔松的立场。赫尔德对雅可比进行了尖锐的批评。他不仅为斯宾诺莎辩护而反对雅可比的无神论和宿命论，而且还抨击雅可比的人格化和超自然的上帝概念。赫尔德告诉雅可比，我们不能把人格归于上帝，因为这显然是拟人化的。[4]有人格就意味着有愿望、欲望和态度，这些都

---

[1] Herder, *Werke*, XVI, 474–476.

[2] Spinoza, *Ethica*, par. I, app., Opera, II, 71.

[3] Herder, *Werke*, XVI, 478–481.

[4] 见 Herder, *Werke*, XVI, 495–496. 1784 年 12 月 20 日赫尔德写给雅可比的信，见 Herder, *Briefe*, V, 90。

是有限存在者或人独有的特征。我们也不能把上帝构想成在世界之"上"且在世界之"外"的一个超自然实体，因为这样一个超自然的上帝是不可知的，因此与我们无关。

赫尔德对雅可比的上帝概念的批判，虽然表面上只具有争论的价值，但对整个泛神论之争是有意义的。因为这使雅可比非常有问题的假设受到了质疑，即信念需要信仰超自然的和人格化的上帝。通过对信仰提出严格的要求，雅可比显然将信仰置于相对于理性的弱势地位，并很容易就得出关于信仰的非理性结论。但在质疑这些任意的要求时，赫尔德帮助弥合了理性和信仰之间的鸿沟。

赫尔德站在门德尔松这一边，捍卫理性批判宗教信仰的权利。[1]他指责雅可比认为信仰超越了批判。[2]宗教信仰是建立在历史证据的基础上的，这种证据必须根据现有的证据加以权衡。赫尔德和门德尔松一样，认为理性不仅具有批判的力量，而且具有证明宗教信仰的力量。但重要的是我们要注意到，他们在理性如何证明信仰正当性的观点上存在着相当大的分歧。与门德尔松不同的是，赫尔德认为理性不能为我们提供上帝存在的先天证明，因此他早就拒绝了《晨课》中的经院式证明。[3]在他看来，上帝存在的唯一可能的证明是后验的，而非先天的。理性有能力揭示宇宙秩序与和谐这一真相；而这些使如下观点成为可能：即使不是先天的确定，那么也存在一个明智而仁慈的造物主。

赫尔德的《上帝，若干对话》的目的不仅是重新解释斯宾诺莎的哲学，而且是改变它。赫尔德仍然忠于两个基本的斯宾诺莎主义学

---

[1] Herder, *Werke*, XVI, 511.

[2] Ibid., XVI, 508, 511.

[3] Ibid., IV, 383–384.

说:泛神论和自然主义。他将这些学说和其他哲学家的学说自由地结合起来,创造了他自己折衷混合体(eclectic mixture)。因此,赫尔德绝不是一位严格的斯宾诺莎主义者,他甚至拒绝称自己为斯宾诺莎主义者。[1]实际上,他认为斯宾诺莎的哲学存在严重的弱点,这些弱点要求它进行内在转化。

据赫尔德所言,斯宾诺莎哲学中最严重的问题源于他的神性属性理论。[2]在他看来,这一理论有两大缺陷:第一,斯宾诺莎使广延变成了神性的一个实体属性。这不仅使上帝可以存在于空间中,而且他仿佛就是一大块物质,这也使斯宾诺莎陷入了矛盾。也就是说,斯宾诺莎对永恒和时间进行了截然的区分,但其广延不能像时间一样成为单一的永恒实体的属性;因为时间和广延都具有变得复杂、可分割和可朽坏的基本属性。第二,斯宾诺莎使思想和广延成为上帝的唯一属性。这与斯宾诺莎自己所说的"无限的上帝以无限的方式显现自己"相矛盾[3];但是,更严重的是,它在身心之间制造了一种不可调和的二元论。赫尔德认为,斯宾诺莎理论中的这两个困难都源于他对笛卡尔理论的继承。尽管它们与斯宾诺莎自己的思想格格不入,但斯宾诺莎从未从笛卡尔理论——即身体的本质是广延,心灵和身体是异质的——中挣脱出来。

鉴于斯宾诺莎哲学中的这些弱点,我们该如何克服它们? 我们如何修正斯宾诺莎哲学体系并使它具有它所缺乏的内在统一? 赫尔德坚持认为,在这个关键时刻,让莱布尼茨来拯救斯宾诺莎。[4]莱布尼茨

---

[1] Herder, *Werke*, XVI, 420. 1784 年 2 月 6 日,赫尔德写给雅可比的信,见 Herder, *Briefe*, V, 27。

[2] Ibid., XVI, 447–448.

[3] Spinoza, *Ethica*, par. I, prop. XVI, Opera, II, 16.

[4] Herder, *Werke*, XVI, 451–452.

的力的概念，即有机的或实体性的力解决了斯宾诺莎体系中的这些问题。我们不应该把斯宾诺莎的上帝看作是一种具有两种异质属性（思想和广延）的实体，而应该把它看作是一种具有无限显现的力。斯宾诺莎的僵死实体变成了一种活跃的、有生命的力，他的上帝变成了单子世界中的单子，即所有力中的原始力（ Urkraft aller Kräfte ）。这种力的概念不仅取代了作为物质本质的广延，而且在身心之间起到了中介作用，使它们不再是不同的属性，而是同一原始的力的不同组织程度。

莱布尼茨和斯宾诺莎的综合——泛神论的活力论或活力论的泛神论——仍然是赫尔德《上帝，若干对话》的核心成就。通过向斯宾诺莎的静态宇宙注入生命，赫尔德使斯宾诺莎主义成为后康德时代饶有吸引力的学说。因此，这似乎有可能将一个人的科学自然主义和其本人的道德与宗教信仰结合起来。在很大程度上，正是出于这个原因，赫尔德的活力论的泛神论（ vitalistic pantheism ）成为谢林和黑格尔的自然哲学的灵感来源。18 世纪后期德国斯宾诺莎主义的复兴，实际上更多的是赫尔德的活力论的泛神论的兴盛期，而不是原原本本的斯宾诺莎主义；而活力论的泛神论最终源于《上帝，若干对话》一书。[1]

尽管为泛神论之争论作出了贡献——一种活力论的泛神论，一种对斯宾诺莎泛神论更复杂的解释，为斯宾诺莎反对无神论和宿命论的指控给出了一个必要的辩护——赫尔德的《上帝，若干对话》仍然被认为是失败之作。它对赫尔德在这场争论中的更多原创而深远的贡献（即他的活力主义心灵理论，有望解决理性的危机）几乎没有任何价值。如果有可能存在一种自然主义且非还原性的心灵理论，那么我们就可以扩展理性的领域而不必担心道德后果，即无神论和机械宿命论。

---

[1] 关于赫尔德对自然哲学家的影响，见 Haym, *Die romantische Schule*, pp. 582–583 和 Hoffmeister, *Goethe und der deutsche Idealismus*, pp. 1–2, 12ff., 33–34, 39–40。

但赫尔德这本书的致命缺陷就在于，它未能证明他理论背后的关键预设：目的论和机械论一样，能够提供自然主义或科学的解释。康德在"目的论"论文中对这一预设进行了强烈的批判并提供了强有力的证明，认为任何目的论解释都不能宣称自然主义的地位。但在《上帝，若干对话》中，赫尔德并未对此作出任何回答。于是，我们就感到忐忑不安：赫尔德的心灵理论建立在一种形而上学之上，并不比门德尔松的形而上学更具有辩护力。

随着赫尔德的心灵理论陷入一个脆弱的境地，整个理性权威的问题似乎比以往任何时候都更加难以解决了。雅可比两难的三种可能的解决方案似乎毫无结果。门德尔松的形而上学被康德的批判击溃；康德的道德神学被雅可比和魏岑曼的反击所削弱；而赫尔德的心灵理论易于受到康德反目的论的反驳。因此，这似乎仍然没有任何可以通过理性为道德和宗教信仰提供辩护的指望了。

# 第六章 洛克主义者的攻击

## 第一节 通俗哲学:运动的草描

在 1750 到 1775 年前后,特别是在腓特烈二世的开明专制统治下的柏林,同时在首任校长明赫豪森(A. Münchhaussen)的自由政策下的哥廷根大学,一场新的哲学运动开始蓬勃发展。这一运动代表了德国启蒙运动的大众哲学,"通俗哲学"因此而得名。其主要成员中有比斯特、埃伯哈特、恩格尔、费德尔、伽尔韦、尼古莱、普拉特纳、魏斯豪普特。虽然这些人物现在大多已模糊,但在他们的时代里他们都是佼佼者。通俗哲学家是法国哲学界的德国同仁,他们之于德国犹如伏尔泰、狄德罗和达朗贝尔之于法国一样重要。

通俗哲学家与启蒙哲学家分享着相同的目标:传播启蒙运动。启蒙运动被理解为对一般大众的教育,将其从迷信、无知和奴役中解放出来,以及培养其品味、礼仪和理性。[1]因此,通俗哲学不仅是一场智识运动,也是一场政治运动。它的主要目的是实践的:打破哲学与生活、思辨和行动之间的障碍,使理性原则不被深锁于象牙塔中,而是

---

[ 1 ] 关于教育观念对启蒙运动的重要性,见 Mendelssohn, "Ueber die Frage was heisst aufklaren?" in *Schriften*, VI, 113–121。

由教会和国家来加以践行。[1]

虽然模仿了法国和英国的启蒙运动，但通俗哲学也是对德国本身趋势的回应。法国和英国启蒙运动从洛克和牛顿的哲学获得灵感，但德国启蒙运动则在莱布尼茨和沃尔夫的哲学中找到了自己可鉴的资源。通俗哲学家犹如启蒙哲学家对待牛顿和洛克一样地对待莱布尼茨和沃尔夫：他们将其学说通俗化，令之成为公众意识的一部分。虽然许多通俗哲学家忠于莱布尼茨和沃尔夫，但他们仍然对莱布尼茨－沃尔夫学派中一个令人不安的倾向有所反应，即它那日益增长的经院主义。在通俗哲学家的眼中，沃尔夫的方法论以其所有学究式规定、严格的证明和煞费苦心的体系建构，正在把哲学变成一门精英和深奥的学科。这种精英主义和神秘主义使他们想起了中世纪的经院主义，那可是启蒙运动的主要敌人之一。因此，通俗哲学在肯定莱布尼茨－沃尔夫哲学中开放的内容时，拒斥了其深奥的形式。

试图用最有效的方式传播启蒙运动，通俗哲学家致力于文学和哲学的追求。他们不是根据加注了编码的沃尔夫式文章来提炼出技术性论文，而是写出文章、警句和通俗的教科书。任何可以教育公众的东西都是达到他们目的的手段。他们在编辑文学评论方面确实非常成功。发行的刊物有尼古莱的《全德丛书》(*Allgemeine deutsche Bibliothek*)、比斯特的《柏林月刊》(*Berliner Monatsschrift*)、维兰德的《德意志水星报》(*Teutsche Merkur*)、海涅的《哥廷根学报》(*Göttinger gelehrte Anzeige*)。多亏这些期刊，文学批评达到了很高的标准，许多哲学作品找到了更广泛的大众。通俗哲学家也有效地将法国和英国启蒙运动哲学引入德国。他们翻译了休谟、洛克、比蒂(Beattie)和里

---

[1] 年轻的莱因霍尔德在他早期论文《关于启蒙的思考》(Gedanken über Aufklärung)中明确而坚定地阐述了这一目标，见 *Deutsche Merkur*, July/August (1784), 5-8。

德，更不用说卢梭、孔狄亚克、伏尔泰和狄德罗了。[1]

虽然他们中的许多人受到莱布尼茨和沃尔夫的影响，但通俗哲学家并不是任何特定哲学家的门徒。他们实际上是自觉的折衷学派。来自最对立的哲学家的思想被他们结合在一起，哪怕是以牺牲连贯性为代价；例如，洛克的经验论混合着莱布尼茨的形而上学也并不少见。然而，根据通俗哲学家，这种折衷主义不是对批判性和独立思想的背叛，相反是对其的肯定。他们坚信，哲学家必须摆脱掉各学派的宗派主义精神，从而必须发展出自己的个人哲学。理性的人根据每个系统的优点来进行判断，根据他批判性评价的结果从中加以取舍。

通俗哲学家的政治立场是自由与改良的，但不是革命或激进的。他们呼吁思想自由、宗教宽容和教育改革，但他们不赞成民主。他们相信法律面前人人平等和自然权利；但他们从未质疑精英统治的必要性。虽然他们想启发大众，但他们不想让其质疑国家。事实上，大多数通俗哲学家欢迎腓特烈二世的仁慈专制，并且他们的大部分智识和政治活动——无论是在皇家学院还是诸如自由墙（Freimauer）等秘密社团——都受到了皇家赞助。与启蒙哲学家不同的是，通俗哲学家更多的是他们政府的代理人，而不是他们政府的批评者。

作为忠诚的启蒙运动者，通俗哲学家自然想不惜一切代价维护理性的权威。他们认为理性是对道德和宗教信仰的唯一有效约束，是反对迷信和无知的最有效武器。因此，在关于泛神论争论中，他们既对康德和门德尔松抱有同情，也对哈曼和雅可比保持敌对。雅可比对理性的批评令他们深感不安，因为他质疑了他们整个启蒙运动计划的价

---

[1] 冯特（Wundt）列出了一份由通俗哲学家所翻译作品的完整清单，见 *Schulphilosophie*, pp. 270–271。

值。如果理性确实导致无神论和宿命论，正如雅可比所宣讲的，那么启蒙运动必然会腐败，而非改善道德。

虽然在泛神论的争论中通俗哲学家与康德为伍，但他们通常又是康德最棘手的论敌之一。二十多年里，他们在无数的小册子、评论和文章中抨击了康德哲学。甚至有一些期刊致力于批评康德，如费德尔的《哲学丛书》（Philosophische Bibliothek）和埃伯哈特的《哲学杂志》（Philosophisches Magazin）。然而，缘何对康德有如此的敌意？通俗哲学家认为康德的意图和他的哲学一样，既高尚又危险。虽然康德打算捍卫理性的权威，但他的哲学预示着会破坏理性。通俗哲学家反对康德的运动的总主题，是康德的哲学落脚点在于休谟的怀疑论，其否认了我们转瞬即逝的印象以外的任何知识。在他们看来，康德的实践信念只是一种掩盖这些怀疑论后果的策略。它充其量证明了那条规则准则，即我们应该仿如上帝、不朽和天命都存在一般地思考和行动；但事实上，我们所能知道的只是我们意识的限度。就像门德尔松一样，通俗哲学家坚持对信仰理论上的捍卫，因为唯有这种捍卫才能满足对上帝、不朽和天意实存的信念[1]。

在对康德提出这些批评时，通俗哲学家证明出雅可比和魏岑曼竟不期然地是盟友，而他们本来是严重对立的。在1780年代和1790年代，通俗哲学家和信仰哲学家（Glaubensphilosophen）组成了一种合唱，联合起来把一个罪名归咎于康德：休谟的唯我论或虚无主义。然而，在这个合唱中存在一个非常重要的不和谐音符。虽然信仰哲学家认为康德的哲学是理性的范式，因此表明了所有理性探究的危险后

---

[1] 康德道德神学的三个悬设是上帝存在、灵魂不朽与自由意志，但本书作者总是（远不止这一处）使用"God""providence""immortality"这三个概念来指称康德悬设，这等于说"providence"和自由意志是一回事了，但实际上"providence"恰恰表示天意、神的意思，几乎与自由意志相反。——译者注

果，但通俗哲学家认为康德的哲学歪曲了理性的本质。正如雅可比所言，理性不是"主体—客体同一的原则"，而是常识（common sense, *der gesunde Menschenverstand*）。[1]

虽然通俗哲学家拼命地捍卫启蒙运动，但他们最终却更多的是给启蒙运动带来了衰落而非幸存。他们对康德的批评致使把证明责任反加诸他们自身。为保持理性的权威，他们必须提出一种新理论，以捍卫道德、宗教和常识信仰。然而，他们通常不得不提供的只是老调重弹的莱布尼茨-沃尔夫的论证，而这些又很容易受到休谟和康德的批评。通俗哲学家要么就满足于诉诸常识，作为道德和宗教的最终裁决。但在这样做时，他们更是在背叛理性的事业而非致力于理性的事业了。因为正如康德和魏岑曼所说，如果常识对休谟的怀疑论没有回应，那么它充其量不过是无知的避难所，只是雅可比式的信仰一跃。

虽然证明责任落在他们身上，但通俗哲学家并未准备为理性提供新辩护。这样的辩护超出了他们发起运动的目标，其初衷并不在于发现理性的原则，而只为了实施它们。然而，在将自己限制在这一目标时，通俗哲学家已回避了一个主要的哲学问题：理性是否值得这样实施？他们没有看到，根本问题实际上并不是实践的——我们如何根据理性行动？毋宁说，它是哲学的——我们应该根据理性行动吗？由于未能处理这一问题，通俗哲学家最终导致了运动的终结和启蒙运动本身的衰落。

虽然通俗哲学家没有对理性采取本源或深刻的辩护，但他们在18世纪末对理性权威的讨论作出了一项重要的贡献：对康德的批判。他们经常提出尖锐的反对意见，质疑康德赞同理性权威的主张。这些反

---

[1]"common sense"一词在汉语的日常语言中也经常使用，如"春捂秋冻""饭后百步走"等，但哲学上的常识是指健全的理智，基于共通感的判断（力）。——译者注

对也颇具影响，因为它们有时导致康德重新思考并重新规划他的立场。事实上，在"第一批判"之后，康德哲学的任何发展阶段都不能忽视通俗哲学家的功劳。他们构成了康德早期论敌的绝大多数，康德早期大部分的论战都是与他们发生的。

然而，任何处理通俗哲学家的长期论战的人都会立即遇到个麻烦，即如何组织和划分大量的材料（争论、文章和评论）。由于材料数量如此众多，而且他们又是折衷论者，因此通俗哲学家特别难以被归类或分类。

尽管有这种多样性，我们可以在通俗哲学家中区分出一些大致的群体。考察他们的著作、兴趣和教育背景，我们发现他们中大多数（如果不是全部的话）至少有一个基本的分界线。虽然几乎所有的通俗哲学家都受到莱布尼茨和沃尔夫的影响，但其中一些是经验论者，更忠于洛克的传统，而另一些则是理性论者，更忠于沃尔夫的传统。[1]前者有费德尔、伽尔韦、洛修斯（J.F. Lossius）、马恩勒斯（C. Meiners）、尼古莱、皮斯托留斯、塞勒（C.G. Selle）、蒂德曼、蒂德（G. Tittel）以及魏斯豪普特；后者有埃伯哈特、福莱特、马斯、普拉特纳、施瓦布、乌尔利希（J.A. Ulrich）。这两个群体自然分享诸多相同的关切和信念，但两者仍有一个根本的区别：经验论者或洛克主义者否认先天观念的可能性，而理性论者或沃尔夫主义者则肯定了这种可能性。

经验论和理性论通俗哲学家的这种差异不可避免地导致了他们在回应康德时的基本分歧。双方都很快认识到康德试图综合唯理论和经验论。但是，正如我们可能预期的那样，经验论者认为康德过度倾

---

[1] 还有其他划分，比如可参考阿德曼（Erdmann）在 *Kants Kriticismus* 中的分类，pp. 8–9。

向于理性论,而理性论者则认为他过于屈服于经验论。根据经验论者的说法,康德在假设先天存在和悬设经验之外的本体领域方面过于理性。然而,根据理性论者的说法,在要求在经验中验证思想,并否定通过纯粹理性获得知识的可能性方面,康德是过度的经验论者。在接下来的讨论中,这些差异将会反复出现。

## 第二节　洛克主义者反康德运动的大事记

洛克主义者对《纯粹理性批评》的问世并不感到兴味盎然。他们对康德这部鸿篇巨制的第一反应是失望。深受他们喜欢的反倒是前批判时期康德的作品。[1]他们欣赏《一个视灵者的梦》(*Traume eines Geistessehers*)的怀疑论色调,欣赏《论优美感与崇高感》(*Beobachtungen*)的有趣观察,还称赞《证明上帝存在唯一可能的证据》(*Beweisgrund*)中的精妙论证。康德似乎成了他们其中之一。他似乎与经验论者有相同的倾向,相同的形而上学兴趣,以及同样的广受欢迎的欲求。但"第一批判"残酷地粉碎了这些幻想,这些肤浅的温和情感。如今披着羊皮的狼终于出现——露出所有的獠牙。

于是,洛克主义者对"第一批判"的第二个反应是震惊,实际上是蔑视。"第一批判"几乎攻击了他们所拥护的一切,而"第一批判"所拥护的一切又是他们所攻击的。康德的观念论是对他们常识的冒犯,对形而上学的批判对他们的自然宗教构成威胁,康德的先天思想使人想起前洛克的认识论,他的专业术语和独断论方法给新经院主义一记耳光。几乎在一夜之间,康德成了洛克主义者最可怕的敌人,而且还

---

[1] 关于洛克主义者对康德的早期态度,参考 Feder, *Leben*, p. 117; Selle to Kant, December 1787, in Kant, *Werke*, X, 516-517;以及 Garve to Kant, August 7, 1783, in Kant, *Briefwechsel*, p. 225。

是他们几乎无法理解的敌人。他们得到了一个模糊不清的、矛盾的康德形象。在他们看来，康德既是个危险的怀疑论者，也是位独断论形而上学家——前者在于他谴责了宗教和常识，后者在于他恢复了先天观念和独断论方法。

虽然洛克主义者对"第一批判"持尖锐的批评态度，但他们是首批认识到其地位和意义的人，而且他们确实也是首批对该书提出的挑战作出反应的人。他们反对康德的运动肇始于 1782 年 1 月伽尔韦对"第一批判"著名的评论。该评论激起了康德在《未来形而上学导论》（*Prolegomena*）中敌意的答复——该答复效果如此显著，以至于它在未来几年里吓跑了所有可能的评论者。经过近两年的平静，从 1782 年初到 1784 年初，迪特里希·贝德曼（Dietrich Bedemann）在对第一批判谨慎而清醒的评论中重启了洛克主义运动。随后的同一年，塞勒发表了随笔，皮斯托留斯则发表了关于《导论》的评论。到 1786 年，洛克主义者的攻势已在前线广泛地展开。康德在好几篇评论、论文和书籍中都受到攻击。1787—1788 年标志这场运动发展到顶点，单就在这段时间，洛克主义者就出版了十多本专门用于批评康德的书。洛克主义者的进攻以蒂德曼的《泰阿泰德》（*Theät*）为标志继续进入 1790 年代，甚至持续到以尼古莱拙劣的仿作和长篇大论的连续批评为代表的 19 世纪。

虽然很难总结这场如此规模、持续时间和多样性的争论运动，但在洛克主义者反康德的运动中识别出一般和重复出现的主题是可能的。这些主题要么说在洛克主义者比沃尔夫主义者那里更频繁地出现，要么说他们的运动呈现出沃尔夫主义者在原则上不曾坚持的特征。让我们简要地逐一考察这些主题吧。

（1）康德和他的经验论反对者之间的核心问题之一是先天知识的可能。每位洛克主义者都认为，所有的综合知识都是一种后天（*a posteriori*）知识，来源于经验并通过经验而证成。然而，他们中的一些人大胆地认为即使是分析知识也是后天的。[1]

（2）另一个基本冲突集中在适当的认识论方法上。洛克主义者主张一种纯粹的自然主义认识论，即一种根据自然法则解释知识的起源和条件的认识论。这种认识论显然是以自然科学为模型的，其原型是洛克《人类理解论》上的"简单的历史的方法"或休谟《人性论》"观察和实验原则"。因此，洛克主义者拒斥了康德的先天方法。他们认为它是形而上学的，并谴责它放弃了科学认识论的典范。[2]

（3）另一场争论围绕着康德在理性和感官之间的尖锐二元论之合法性展开，康德在本体界和现象界之间给出了激进二分。洛克主义者认为这种做法是任意的和人为的，是纯粹理智区分的具体化。在他们看来，理性和感性是不可分割的统一体，区别不是在种类上而是在程度上。当然，沃尔夫主义者也攻击了康德的二元论，但洛克主义者和沃尔夫主义者在这一点上仍有重要的区别。虽然沃尔夫主义者认为感性是一种混乱的知性形式，但洛克主义者认为知性是一种衍生的感性形式。[3]

洛克主义者常常在康德反自然主义的基础上来反对他的二元论。康德二元论悬设一个神秘的柏拉图王国，即本体界，而根据自然法则这是无法解释的。康德的本体界使我们的观念和意图的起源变得模

---

[1] 比如可见 Feder, *Raum und Causalität*, p. 8ff.; Tittel, *Kantische Denkformen*, pp. 51–52, 36–37, 27–28; Weishaupt, *Zweifel*, pp. 6–7; 以及 Tiedemann, *Theäet*, pp. xii, 120–121。

[2] 比如可见 Feder, *Raum und Causalität*, pp. viii–ix; Tittel, *Kantische Denkformen*, pp. 94f£., 以及 *Kants Moralreform*, pp. 4–6, 20–21; Weishaupt, *Zweifel*, pp. 6–7; 和 Nicolai, *Beschreibung*, XI, 186,206, 182。

[3] 比如可见 Tittel, Kants *Moralreform*, pp. 20–21; Selle, *Grundsätze*, pp. 26–28; 以及 Pistorius, "Ueber den Kantischen Purismus und Sellischen Empirismus," in Hausius, *Materialien*, I, 210–211。

糊，让理性和感性的交流变得难以理解。因此，洛克主义者经常指责康德是"神秘主义""蒙昧主义"（obscurantism）或"迷信"。[1]

（4）康德和洛克主义者之间最声名狼藉、最有争议的问题是康德和贝克莱的观念论之间是否存在任何本质区别。费德尔是第一个否认该区别的人，所有的洛克主义者以及大多数沃尔夫主义者也都附议。[2]对贝克莱观念论的指控是其等同于唯我论，这点被普遍认为是批判哲学的归谬。[3]

（5）洛克主义者是"先验感性论"（Aesthetik）的尖锐批评者，特别是针对康德的时空是先天的理论。他们认为时空不是先天的直观，而是从特定的距离和间隔抽象出来的后验概念。[4]他们对"第一批判"的早期考察几乎都集中在"先验感性论"上，因为它被看作康德观念论和先天综合理论的测试性案例。总之，洛克主义者就像沃尔夫主义者一样，忽略了"先验分析论"（Analytik），对此漠然置之。[5]

（6）洛克主义者批评康德将知性的概念分类为完全任意和人为的

---

[1]比如可见 Tittel, *Kants Moralreform*, pp. 4-6；以及 Nicolai, *Abhandlungen*, III, 12ff。

[2]虽然沃尔夫主义者也提出了这一论题，但他们还是追随了洛克主义者的步伐。当指责康德的唯我论时，正是洛克主义者才经常提到贝克莱。

[3]比如，见 Feder, *Raum und Causalität*, pp. 48-51, 56-57, 107-108；Pistorius, "Kritik der reinen Vernunft," AdB 81/2（1788），343f£，以及 Weishaupt, *Gründe und Gewissheit*, pp. 65-66。

[4]洛克主义者攻击康德的时空理论的经典出处是 Feder, *Raum und Causalität*, pp. 17-42; Weishaupt, *Zweifel*, 各处；Tiedemann, *Theäet*, pp. 59-81；以及 Pistorius, "Schultz's Erläuterung," in Hausius, *Materialien*, I, 165-166。

[5]"先验分析论"一直没有受到康德批评者的注意，直到迈蒙的《先验哲学的初探》（Maimon, *Versuch einer Transcendentalphilosophie*, 1790）。只有在 1796 年贝克的《评断批评哲学的唯一可能观点》（Beck, *Einzig mogliche Standpunkt*），"［纯粹知性概念的］演绎"（Deduktion）才成为关注的中心。

方式。沃尔夫主义者也对康德提出了这样的反对。但洛克主义者与沃尔夫主义者不同，他们认为任何这样的分类都犯了原则上的错误。由于认为所有的概念都是对经验的抽象，他们否认可能存在任何所有可能的知性概念的范畴表。[1]

（7）洛克主义者是首批认为绝对命令是空洞的人，认为出于义务而义务与人性相冲突。为了反对康德，他们捍卫幸福论（eudaemonism）作为唯一的道德哲学，认为幸福论可以提供一个足够的道德标准，并与人类的需求相和谐一致。[2]

## 第三节　伽尔韦事件

"第一批判"在一个漠然的世界问世。出版后的头七个月，它似乎遭受了与休谟的《人性论》"从印刷厂一出来就是个死胎"的相同命运。虽然"第一批判"出版于 1781 年 5 月，但在该年的其余时间没有相关评论。更糟糕的是，康德知道他不能指望从任何有资格评价它的人那里得到讯息。康德说关于他的作品最好的评论家兰贝特（Lambert）已去世。[3] 门德尔松的判断是康德一直欣赏的，然而他太衰老了。[4] 由于

---

［1］关于这种批评的文献出处是 Tittel, *Kantische Denkformen*, pp. 10–17; Garve, "Kritik der reinen Vernunft," *AdB*, 附录 37–52（1783），842ff.; 以及 Weishaupt, *Gründe und Gewissheit*, pp. 48–49。

［2］比如，见 Tittel, *Kants Moralreform*, pp. 14–15, 33–36; Pistorius, "Grundlegung zur Metaphysik der Sitten," in Hausius, *Materialien*, III, 221–223; Nicolai, *Abhandlungen*, III, 6ff.; 以及 Garve, *Versuch*, pp. 373–374。

［3］康德致贝尔诺利（Bernouilli）的书信，1781 年 10 月 16 日，见 Kant, *Briefwechsel*, p. 203。

［4］见门德尔松致康德的书信，1783 年 4 月 10 日，见 Kant, *Briefwechsel*, p. 212–213。

特滕斯（Tetens）在 1777 年从哲学界完全退休，在出版了他的《哲学探究》（*Versuch*）之后就三缄其口了。[1]雪上加霜的是，康德最忠诚的学生马库斯·赫兹也反应迟缓，无论如何，他仍然致力于前批判时期的"就职论文"。康德所听到的只是关于令人费解和晦涩难懂的抱怨。因此，"第一批判"的首位评注者约翰·舒尔兹（Johann Schultz）写道，当时的公众认为"第一批判"是本"封印之书"，除了"象形文字"之外一无所有。[2]正是在这些令人沮丧的情况下，康德抱怨说，"第一批判"获得了"沉默之荣耀"[3]。

然而，这种令人失望的沉默在 1782 年初终于被打破了。是年的 1 月 19 日，一份关于"第一批判"的匿名评论出现在《哥廷根学术报》（*Zugaben zu den Göttinger gelehrte Anzeigen*）增刊上。[4]这样一本默默无闻的期刊结果成了一篇极其重要文章的背景。这是对"第一批判"的首次评论，最为臭名昭著。没有任何评论能如此成功地激起康德的愤慨，也没有任何人对他产生更大的影响，使他重新立论并重新确定他的立场。这在很大程度上归功于这份"哥廷根评论"（"Göttingen review"），康德在《导论》和 B 版批判中重新定义了他的先验观念论。除了对康德的影响外，这一评论还成为康德经验论反对者中一桩轰动事件，他们以康德对之谴责的那种热情为它辩护。总之，如果只是就回顾而言，这并不是一个糟糕的开始。该评论引起了一场争议，把注意力引向了"第一批判"。康德得到了他正在寻

---

[1] 在其自传中，费德尔声称收到了特滕斯的来信，其中透露了他对"第一批判"的看法；费德尔暗示特滕斯的反应主要是消极的。见 Feder, *Leben*, p. 108.

[2] Schultz, "Vorrede," in *Erläuterung*.

[3] Kant, *Prolegomena, Werke*, IV, 380.

[4] 见 *GgA* 3 (January 19, 1782), 40–48. 见 "Beilage II", Vorlander 版 *Prolegomena*, p. 167. 这是 Feder 版评论的重印本。所有的参考资料在该版本中都将更容易查阅。

求的一些宣传机会——当然不是以他希望的方式。

评论引起的争议是什么？它说了什么竟引发了这一非议？评论所提出的主要问题涉及康德观念论的本质。在这里，经典问题是第一次提出了区分康德和贝克莱的观念论。这篇评论断然否认有任何这样的区别——该论文很快就成为经验论者反康德运动的一个战斗口号。

这篇论文背后的策略确实对康德构成很大威胁。如果经验论者能将康德的观念论不多不少地粉饰为贝克莱的一种伪装形式，这在18世纪的德国是无人认真对待的，然后在"喏，你此前全都见过"（you-have-seen-it-all-before）的俗套下，他们就可以安全地解除"第一批判"的全部威胁了。因此，康德别无选择地澄清他的观念论，并将其与贝克莱的观念论区分开来。简单地说，该问题事关生存。

"哥廷根评论"把"第一批判"总结为"一种更高级的或先验观念论的体系"[1]。这被定义为一种观念论，它不仅把物质而且还把精神都还原为纯粹的表象。康德观念论的主要原则被认为是与贝克莱和休谟的相同：感知只包括诸表象，它们只是我们自己的"变式"。在把这一原则归诸康德时，评论者通过托马斯·里德（Thomas Reid）的眼睛来看康德的观念论，而里德的常识哲学在哥廷根通俗哲学家中则大受欢迎。[2]正如里德指责贝克莱将感知对象与感知行为相混淆一样，因此评论者影射康德也犯了同样的错误。

根据这篇评论，康德和贝克莱的观念论有着同样的困难：都把经验还原为梦或幻觉。[3]根据评论，康德之所以陷入了这个困境，因

---

[1] 见 "Beilage II", Vorländer, *Prolegomena*, p. 167。这是 Feder 版评论的重印。所有引用都依照这一更容易查阅的版本。

[2] 比如，见 Feder 对里德（Reid, *Essays on the Intellectual Powers of Man*）过分恭维的评论，*PBI*, 43ff。

[3] Vorländer, p. 169.

为他没有足够的标准来区分实在和幻觉。康德认为，实在的标准无非是符合知性的规则；但这不足以区分实在和幻觉，因为梦也可以具有规则支配的经验秩序和规则性。因此，实在的标准必然不能在知性规则中找寻，而是在感觉本身的某些特征中寻找。[1]然后，评论者总结了对康德的指控，说"第一批判"未能在怀疑论和独断论之间找到一条中间道路。这条中间道路是用"人类共同知性"（*der gemeine Menschenverstand*）、"最自然的思维方式"（*das naturlichste Denkart*）来确定的，即通俗哲学家所青睐的常识。"第一批判"被指责毁坏了这条道路，并倾向于怀疑论，因为它破坏了我们对外部世界实在性的信念。

不出所料并且也正当合理的是，康德对"哥廷根评论"的反应是恼火的，近乎可以说是直接怀有敌意。康德认为该评论完全是偏见，受到了别有用心的歪曲。因此，在《导论》中，康德专门安排一个完整的附录和几个说明性的部分来反驳这一评论。[2]在 B 版"第一批判"的"驳观念论"就可看作是对此的答复。

《导论》的附录部分是对评论之标准和过程的尖锐指责。康德指责评论者根据他本人的形而上学标准来判断"第一批判"——这是一种犯了乞题谬误的方式，因为"第一批判"的主要任务就是考察形而上学的可能性。[3]与其说公正地检查"第一批判"的原则，倒不如说评论者只是对其后果作出反应，不告诉原因地斥之为荒谬。最糟糕的

---

[1] Vorländer, p. 173.

[2] 答复"哥廷根评论"的《导论》之划分是，附录之外还有：附加在"第一个问题"的第二、三"附释"，*Werke*, IV, 288–294；段 39, *Werke*, IV, 332；以及段 46, 48 和 49 的"附释"，*Werke*, IV, 333–334。评论对《导论》总体计划的影响尚有争议。1878—1879年，阿德曼与阿诺尔特（Arnoldt）为评论最终在多大程度上影响了内容而发生争执。对本次争论的有用总结，见 Vorländer, *Prolegomena*, pp. xiv-xix.

[3] Kant, *Werke*, IV, 372.

是，评论者还没有理解，甚至没有说明"第一批判"中处理的主要问题：先天综合判断何以可能？[1]评论者丝毫没有试图证明"第一批判"没有解决问题，或者它不是个真问题。然而，如果评论者根据这个问题理解"第一批判"，那么他就会意识到先验观念论并非第一原则，而是"第一批判"处理先天综合知识问题的结果。[2]

康德对评论回答的主旨是他对先验的与贝克莱的观念论之间的区分。在《导论》的附录部分和两个说明性小节中，康德表明他的观念论和贝克莱的观念论存在两个根本的不同。[3]

（1）被贝克莱观念论否认而先验观念论肯定的，是物自体的实存。或者说，贝克莱的观念论认为，经验只包括感觉或观念，但先验观念论则声称经验包含在物自体的表象中。在作出这种区分时，康德驳斥了他的观念论的原则，即感知对象是思想；它们不仅是思想，而且是关于物自体的表象。

（2）虽然先验观念论坚持经验为真实之立场，但贝克莱的观念论必须坚持它为虚幻。尽管康德提出这种区别，好像它是基本的，但重要的是要看到它是一个更为根本的区别之结果，而这尚未被充分探究。更根本的区别是：康德所肯定而贝克莱所否认的是存在先天综合原理[4]。现在请思考一下康德的论点，即先天综合原理是经验客观性的必要条件，由此贝克莱的失足之处在于将经验转化为幻觉。这样，贝克莱的经验主义致使他否认经验客观性的必要条件之一：先天综合。因此，尽管康德说经验是虚幻的，这是贝克莱观念论的一个原则，但他实

---

[1] Kant, *Werke*, IV, 377.

[2] Ibid., IV, 377.

[3] Ibid., IV, 288–290, 374–375.

[4] 如康德本人所说，贝克莱是一个他把所有先天原理都还原为感觉印象的经验论者，见 *Werke*, IV, 375。

际上应该认为，这是贝克莱观念论的一个结果。先验观念论与贝克莱观念论之区别结果就是理性主义和经验主义观念论的区别。

先验观念论与贝克莱式观念论之间的这些区别，在 A 版批判中根本不明显，因此它是"哥廷根评论"的直接结果。尽管存在着这些区别，在《导论》中洞察出一种新的一般性的先验观念论构造是可能的，这在 A 版中尚不明显，而这也是对"哥廷根评论"的一种回应。[1] 也就是说，A 版批判定义了先验观念论，认为感觉对象只是表象，而非物自体[2]，《导论》认为这与感觉对象是物自体表象的说法是一回事。这种对表象领域的重新定义，甚至也没有包含在 A 版批判一版中，而在《导论》中则得到了明确的肯定。[3]

谁是"哥廷根评论"的作者呢？谁能给愤怒的康德惹出这么大的麻烦呢？康德自己也不知道他何时写就他的《导论》。但是，在他对评论答复的收束之际，他要求评论者自报家门，认为他的匿名只不过是逃避责任和公开辩论。数月后，康德的要求得到了充分的满足。1783 年 7 月，就在《导论》发表几个月后，康德收到了一封自称对评论负责的信函[4]。这封信正是来自克里斯蒂安·伽尔韦（1742—1798），最受欢迎的通俗哲学家之一，也是他那个时代最有名的思想家之一。与门德尔松一道，伽尔韦被普遍认为是启蒙运动的领军人物。他比任何人都更有责任地将英国思想，特别是英国政治经济学引入启蒙运动的主流。伽尔韦是几部英国经典著作的翻译者，其中包括斯密的《国富论》、伯克的《论崇高与优美》（*Observations on the Sublime and Beautiful*）以及弗格森《道德哲学原理》（*Principles of Moral*

---

[ 1 ] 这是阿德曼在其 *Kants Kriticismus* 中首次观察到的，见 pp. 91–95。

[ 2 ] *KrV*, A, 491.

[ 3 ] Kant, *Werke*, IV, 289.

[ 4 ] Garve to Kant, July 13, 1783, in Kant, *Briefwechsel*, pp. 219f.

*Philosophy*）。就连康德也对伽尔韦抱有最高敬意，把他和鲍姆加登、门德尔松归为"他这个时代的伟大分析家之一"。[1]因此，这对康德来说一定是个惊讶，伽尔韦竟是"哥廷根评论"幕后的作者。如此知名的思想家怎么会是这样一篇拙劣评论的作者呢？

在给康德的信中，伽尔韦承认对"第一批判"的评论负责。他写了原稿，他允许哥廷根学术报编辑按他认为合适的方式加以编辑。但伽尔韦此举从未停止困扰康德门徒，他仍然对已发的评论加以否定。"如果完全出自本人之手，我会深感不安的，"他告诉康德。在不提姓名的情况下，伽尔韦抗议编辑"肢解"了他评论的原稿。这份手稿太长了，以至于无法按常规评论处理，所以编辑省略了许多段落，又压缩了其他诸段，甚至添加了一些编辑本人的文字。根据伽尔韦的估计，评论扭曲程度的确很大。他写给康德的信中称，原稿"只有一些短语"尚且保留在出版的评论中，只占原稿的十分之一，仅占已出版的三分之一篇幅。

伽尔韦的免责声明自然会引起非常严肃的作者身份问题。谁该对在"哥廷根评论"中对康德臭名昭著的批评负责，伽尔韦抑或是编辑费德尔？费德尔是在编辑手稿时严重扭曲了伽尔韦的观点，还是仅仅做了压缩？[2]鉴于评论的历史和哲学的重要性，这些问题具有一定的意义。

---

[1] Kant to Herz, November 24, 1776, in Kant, *Briefwechsel*, p. 148.

[2] 这一直是个有争议的问题。在斯特恩的《伽尔韦与康德的关系》（Stern, *Beziehung Garves zu Kant*）一书中，他认为伽尔韦撇清自己与评论的关系确实是合理的，并且正是费德尔对该臭名昭著的言论负责（见 pp. 17–26）。斯特恩的论点受到了阿诺尔特在其 *Kritische Exkurse, Schriften*（IV, 12–25）中的批评。阿诺尔特认为费德尔至少在哲学上只是复制了伽尔韦的原稿，如果不是风格上的话。关于存在贝克莱观念论倾向的指控，在阿诺尔特看来，这只是从伽尔韦那里接手过来的。因此，斯特恩和阿诺尔特分别代表了对"哥廷根评论"作者身份截然相反的观点。斯特恩证明了根本上扭曲原稿的情况，阿诺尔特则提出了基本忠实于原稿的理由。接下来，我将尝试在他们的立场之间引导出一条中间路线。

首先，有必要指出，伽尔韦所谓的编辑过的评论只有三分之一出自他本人是一种严重的夸张。将编辑后的版本与伽尔韦的原稿进行比较，原稿后来发表在尼古莱的《普通德意志丛书》上[1]，显示了相反的结论。即使包括压缩过的句子和轻微的文体变化，也只有三分之一的内容源于费德尔。[2]当然，除了给我们提供编辑的程度一些观念外，这样的数字不包含什么意思或所含不多。关键的问题仍然是编辑的质量：即使费德尔只写了三分之一的评论，他是否基本上忠实于伽尔韦的观点呢？

虽然这个问题的答案很复杂，不好直接回答，但在一定程度上它必须是"不"。有件事是肯定的，编辑所评论的语气与原稿是完全不同的。在费德尔版谴责康德的地方，伽尔韦的原稿则称赞了他。费德尔的评论充满激烈的争论，伽尔韦的评论则是冷静的总结，谨慎地提出批评，而非直截了当地断言。但更重要的是，费德尔删除了伽尔韦一些更有趣的批评话语。[3]伽尔韦拒斥了康德的建筑术的人为性，他质疑康德的第三对二律背反的解决方案，也反对时空作为先天直观形式的概念。然而，费德尔版中不见这种意思的踪迹。因此，仅凭这些理由，伽尔韦对评论就有一定的免责理由。

然而，如果我们抽掉评论的语气和伽尔韦被省略的评论，那么有必要承认这两种评论的批评立场大致相同。虽然在伽尔韦的原稿中

---

[1] 见 *AdB*, 增补 37–52（1783），838–862。在准备出版时，伽尔韦可能会修改稿件；这样的修改将具有安抚康德与让自己免责的好处。但伽尔韦声称原封未动。见 1783 年 7 月 13 致康德的信函 , in Kant, *Briefwechsel*, 219ff。

[2] 这是阿诺尔特对文本进行辛苦的分析和比较的结果。见阿诺尔特的 *Exkurse*, *Schriften*, IV, 9–11。

[3] 阿德曼认为，只有这些被删除的言论本可以引起康德的某种兴趣。见 *Kants Kriticismus*, p. 99。

许多批评未出现在费德尔版中，但相反的情况则没有。整体上看，费德尔在哲学上重制了伽尔韦评判的底线，如果不是在风格上的话。先验观念论和经验观念论之间存疑的区别，康德关于真理标准的不足，以及康德将感觉对象等同于"一种自我的变式"（a modification of ourselves）的主张——所有这些批评在伽尔韦原稿中都是明确的。[1]费德尔所做的就是让它们披上更有争议的外衣。因此，康德对原版的满意度比对费德尔的修改版高不了多少，就无甚惊怪了。[2]

尽管存在这些相似之处，但这两个版本仍然有一个重要的区别。虽然二人都发现康德在先验观念论和经验观念论的区别上是可疑的，但正是费德尔将经验观念论与贝克莱的观念论看成是一回事。因此，"哥廷根评论"中最具挑衅和臭名昭著的论点——康德和贝克莱观念论的统一性——是出自费德尔而非伽尔韦之手。在伽尔韦的原稿中，没有对贝克莱作任何提及；费德尔承认他自己增补了关于贝克莱的段落[3]。

费德尔的增补严重扭曲了伽尔韦的原稿之处在于，无论是伽尔韦的"经验观念论"还是他的"先验观念论"都不是贝克莱的观念论。他

---

[1] 见 Garve, *AdB* review, pp. 850, 860。

[2] 在康德首次粗略阅读之后，确实有了对原稿更赞同的看法。见 Kant to Schultz, August 22, 1783, in Kant, *Briefwechsel*, p. 238. 然而，根据哈曼后来的传闻，说康德抱怨道自己受到了"像个傻子"的对待。见 Hamann to Herder, December 8, 1783, in Hamann, *Briefwechsel*, V, 107。

[3] 见 Feder, *Leben*, p. 119. 是费德尔将经验观念论与贝克莱的观念论等同起来，这是斯特恩和阿诺尔特错过的关键点。他们都犯了无前提推论之谬误。斯特恩认为伽尔韦是伽尔韦，与康德、贝克莱二人的观念论是两码事，这是对的。但他暗示伽尔韦不承认先验和经验观念论之同一性的一般论点，这是错的。伽尔韦和费德尔都在广义上坚持这一论点，尽管他们对"经验观念论"理解不同。相反，阿诺尔特假设伽尔韦接受费德尔的一般论点，这没错；但他得出结论认为这意味着伽尔韦把康德和贝克莱的观念论等同起来，这就跑偏了。

的"先验观念论"表明，精神和物质一样不可知；他的"经验观念论"表明，引起知觉的对象之实存是不确定的。这两种立场显然都与贝克莱的观念论相去甚远。伽尔韦所谓的"经验观念论"实际上就是康德所谓的"成问题的观念论"，即对外部对象实存的怀疑。但费德尔用"经验观念论"来表示的是康德所谓的"独断的观念论"，即对外部对象存在的否认。因此，伽尔韦和费德尔关于先验和经验观念论同一性的论证存在一个根本区别：即，虽然伽尔韦认为先验观念论造成事物实存的不确定，但费德尔则否认了它们的实存。

## 第四节　两位早期的批评者：塞勒与蒂德曼

伽尔韦事件之后，"第一批判"似乎仍处于"沉默之荣耀"中。除了收到一份简短的短评（notice）外，1782 年没有进一步的评论；1783 年则压根没有。[1]面对这吓人的大部头，似乎无人有时间、精力或兴趣阅读，更不用说写评论了。康德越发变得悲观。在给他的门徒约翰·舒尔兹的一封信中，他抱怨他的"不被人理解"，担心他所有的工作都是徒劳。[2]

直到 1784 年，萦绕在"第一批判"头上的寂静终于被打破。确实出现几个好兆头。《导论》在《全德丛书》最具影响力之际，终于收到一份详尽而称心的评论。[3]约翰·舒尔兹发表了一份对"第一批判"的

---

[1] 见 *GgZ* 68（August 24, 1782）。这篇评论是由埃瓦尔德（Ewald）写的，哥达（Gotha）的一名法庭职员。这反映了康德的悲观情绪，他对这一短评感到满意，尽管只是粗略的总结。关于康德对此的反应，见 Hamann to Hartknoch, September 17, 1782, in Hamann, *Briefwechsel*, IV, 425-426。

[2] 见 Kant to Schultz, August 26, 1783, in Kant, *Briefe*, X, 350-351。

[3] 见 *AdB* 59/2（1784），332ff. 该评论的作者是 H. A. Pistorius。

评论，承诺已经缓解了一些晦涩难懂的责难。[1]虽然这篇评论不算是一个了不起的成功[2]，但至少收到了赞同的短评和评论。[3]

同样在 1784 年，在《黑森博学与艺术期刊》( *Hessische Beyträge zur Gelehrsamkeit und Kunst* )上出现了对"第一批判"首篇实质性评论，《关于形而上学的本性：对康德教授先生的原理的考察》( Ueber die Natur der Metaphysik: Zur Prüfung Herrn Professor Kants Grundsätzen )。[4]这篇评论的作者不是别人，正是迪特里希·蒂德曼（1748—1803），与康德同时代的最著名的哲学史学家，语言起源争论中杰出的参与者。自 1776 年以来，蒂德曼一直是卡塞尔（Kassell）的古典语言教授，1786 年被任命为马堡大学哲学教授。像伽尔韦和费德尔一样，蒂德曼本质上是一个经验论者，即使他比他的同侪更熟稔莱布尼茨和沃尔夫。他确实与哥廷根经验论者有着密切联系——他在哥廷根求学，也是费德尔和马恩勒斯的朋友——所以在反对康德的运动中与他们合作也不无可能。

虽然充满误解，蒂德曼对"第一批判"的评论至少是彻底的、严格的和公平的，因此也的确提出了一些令人感兴趣的反对观点。在评论中，蒂德曼有两个基本目的，两者都是经验论通俗哲学的特点：攻击先天综合的可能性，并捍卫形而上学的可能性。为了反对先天综合，蒂德曼首先怀疑数学判断的综合地位。他说，如果我们对主词全部加

---

[1] 关于康德在舒尔兹出版的 *Erläuterung* 中的角色，见 Erdmann, *Untersuchungen*, pp. 102–111。

[2] 阿德曼和福伦德都坚持 *Erläuterung* 不可能被广泛阅读。虽然它收到了好评，但它的影响并没有超出柏林和哥尼斯堡。见 Erdmann, *Kants Kriticismus*, p. 112, 与 Vorländer, *Kant*, I, 288。

[3] 见 *GgZ* 12 ( February 11, 1784 ), 95, 以及 AdB 59/1 ( 1784 ), 322ff。

[4] 见 *HB* I, 113–130, 233–248, 464–474。虽然整本合卷直到 1785 年才出现，但单篇在 1784 年已分别出版。（这里的 "Beyträge" 疑为 "Beiträge" 之误。——译者注 ）

以细致分析，它们就全都是分析的。[1]对康德的空间先天本性的理论，蒂德曼也提出了疑难：我们如何区分此空间与彼空间呢？[2]由于绝对空间的部分自身完全相同，因此有必要通过援引占据它们的物来区分诸空间，但这已牵涉到后天知识。在对形而上学的辩护中，蒂德曼把焦点放在康德能质疑任何形而上学证明的"二律背反"主张上，无论形而上学的证明多么有说服力，但都有一个同样有说服力的反题。蒂德曼评论指出，康德的证明本身就存在形而上学的争论，所以二律背反不能被解释为形而上学崩溃之无可争辩的证明。[3]

康德对蒂德曼评论的反应如何？他的正式反应是敌对的，确实是彻头彻尾的不屑。[4]康德抱怨蒂德曼面对批判的哲学问题时"毫无观念"。但显然，康德的私人反应则并不那么轻蔑，毋宁说相当重视。他写就了一些粗略的笔记来答复这篇评论[5]，所有这些都攻击了蒂德曼对形而上学的辩护。

在蒂德曼的评论出现后不久，另一位反对康德的经验论评论家塞勒（1748—1800）首次亮相。与费德尔和蒂德曼一起，塞勒与哥廷根也有联系：他曾在那里求学，早年就被灌输了经验论气质。就像他的先师洛克一样，塞勒是名职业医生，凭爱好而当了哲学家。他因他的医学著作而受到高度尊重，也是弗雷德里克二世的私人医生。塞勒也与柏林启蒙者有联系。他是尼古莱和门德尔松的朋友，学会研究员，柏林人辩论俱乐部周三会社（Mittwochgesellschaft）的成员。康德本人似乎对塞勒评价颇高，因为他寄给塞勒一本为数不多的"第一批判"

---

［1］*HB*, I, 115.

［2］Ibid., I, 118–120.

［3］Ibid., I, 473–474.

［4］见 Kant to Bering, April 7, 1786, in Kant, *Briefwechsel*, p. 291。

［5］见 Kant, *Reflexionen*, no. 5649, in *Werke*, XVIII, 296–298。

赠送版。[1]

就像伽尔韦和费德尔一样，塞勒对前批判时期康德的钦佩犹如他对批判时期康德的谴责一样多。"第一批判"让他大失所望。"第一批判"似乎是对康德早期"经验论"的背叛，也是对理性主义和经院主义的皈依。"你信中说存在一种不依赖于经验的哲学，我几乎不能相信自己耳朵，"塞勒在 1787 年 12 月 29 日致康德的信函中如是说[2]。在他看来，康德先天综合学说复兴了固有的（innate）理性主义思想，从而为新的经院主义敞开了大门。塞勒决心与任何重新陷入理性主义或经院主义者作斗争，在 1784 年发动了一场反对康德的激烈的辩论运动。[3]

虽然我们无法深信塞勒能对康德有深刻理解，但他的论战著作确实受到了广泛关注。它们在当时的学界中引起了热议，并引发了围绕康德哲学的首次争论。1787 年，当时的主要问题之一是：接受"塞勒式经验主义"抑或接受"康德式纯粹主义"[4]？虽然也有人贬低塞勒，

［1］见 Kant to Herz, May 1, 1781, in Kant, *Briefwechsel*, pp. 192–193。

［2］见 Kant, *Briefe*, X, 516–517。

［3］塞勒以一篇《尝试一种证明》（"Versuch eines Beweises"）向康德发难，但并未指名道姓。该文章出现在《柏林月刊》1784 年 12 月号，因此较蒂德曼的《黑森期刊》要晚出。在《柏林月刊》1784 年的九、十月号上又有两篇论文问世，形成塞勒后来对康德批判的前奏：《论类比的推理形式》（"Von den analogischen Schlussart"）与《关于类比推理形式的进一步规定》（"Nähere Bestimmung der analogischen Schlussart"）。这两篇文章都为归纳的可能性辩护，塞勒觉得康德对此已有误解。

［4］塞勒分别在施密德的第二版《词典》（Schmid, *Wörterbuch*）的附录中，在伯恩的《尝试》（Born, *Versuch*, pp. 64–65; 98–99）中，在约翰·舒尔兹的《考察》（Schultz, *Prüfung*, I, 86, 129）中受到了批评。塞勒也在门德尔松的《关于塞勒的纯粹理性概念》（"Ueber Selles reine Vernunftbegriffe", *Schriften*, VI/1, 101–102）中遭到批评。

但他也有门徒[1]，皮斯托留斯就是他强有力的拥护者。[2]康德自己考虑给塞勒写一封回信，尽管年龄和学术职务都不允许他这样做。[3]

塞勒反对康德的运动与蒂德曼有着相同的目标：怀疑先天综合的可能性，并维护形而上学的可能性。然而，在塞勒的第一个目标上，他比蒂德曼更为激进。他反对所有先天知识的可能性，而不仅仅是先天综合知识。根据塞勒的说法，所有的知识都源自经验，并通过经验而得到证成；即使是分析命题也要将其真理性归于经验，因为它们基于从经验抽象而来的矛盾律。[4]塞勒在一篇针对康德的早期文章中，试图通过所有知识都源于经验的证明来捍卫他激进的经验论。[5]康德立刻指出了这一努力的自我挫败性：犹如通过理性证明不存在理性一样［荒谬］。

塞勒急于擦除固有的观念的每个痕迹，不仅攻击了一般的先天知识，还特别地攻击了先天综合知识。[6]他基于两个根据来批判先天综合。第一，就像蒂德曼认为的那样，如果我们充分地分析主词，那么先天综合能被看成分析的。第二，先天综合背后的基本前提——存在着具有普遍必然的判断——就是错的。塞勒承认，如果存在普遍必然性，那么康德就有充分的权利推出先天综合的存在。但塞勒仍然否认该前提。他认为，所有的综合知识都是基于经验，因此缺乏普遍必然性。

［1］见 Ouvrier, *Idealismi*, 此乃为塞勒辩护之作。

［2］皮斯托留斯在其《关于康德纯粹主义与塞勒的经验论》（"Ueber den Kantischen Purismus und Selleschen Empirismus", *AdB* 88（1788），104ff 中捍卫塞勒。

［3］见 Kant to Selle, February 24, 1792, in Kant, *Briefwechsel*, pp. 558–559。

［4］见 Selle, *Grundsätze*, pp. 15, 51, 63, 88。

［5］见 Selle, "Versuch eines Beweises", in Hausius, *Materialien*, I, 99。

［6］见 "Versuch eines Beweises", in *Materialien*, 1,105; 以及 *Realite et Idealite*, PA I/1, 83–84。

虽然塞勒是位经验论者，但他仍然渴望捍卫形而上学的可能性，以反对康德的批判哲学。就像大多数通俗哲学家一样，他认为形而上学是自然道德与宗教的基础，因此不愿不经斗争就放弃该立场。塞勒同意康德的要求，即所有关于知识的主张都必须在经验中得到证明；但他仍然认为，这种证明在形而上学中才是可能的。康德过早地排除了形而上学中经验证明的可能性，他抱怨说，只是因为他人为地限制了它的边界，把它限制在简单的感官知觉上，即在无反思的感官所予之物上。[1]但塞勒坚持说，经验不仅仅包含简单的感官知觉，也存在我们的自我意识或反思，这不是与知觉截然分离的，而是知觉的一个构成要素。因此，在塞勒看来，经验和形而上学、先验和超越之间并无明确的界线。为了证成我们的形而上学观念，我们只需揭示出它们是我们经验的构成要素。

## 第五节　洛克学派的首领费德尔

经验论通俗哲学家的领袖是费德尔（1740—1821），臭名昭著的"哥廷根评论"的编辑。虽然现在他几乎被彻底遗忘，但费德尔在当时却是个名人。作为通俗哲学的创始人之一，他在启蒙运动中扮演了先锋的角色。他还在当时德国最进步和最负盛名的哥廷根大学担任哲学教授，享有权力和声誉。相当多的启蒙者深受其影响，如伽尔韦、蒂德、克里斯蒂安·梅利勒斯（Christian Meiners）、蒂德曼以及魏斯豪普特。费德尔与启蒙运动的许多主要人物保持很好的联系：他是尼古莱、门德尔松和特滕斯的朋友；因其诋毁沃尔夫经院主义的表现，又深受莱辛和兰贝特的赞赏。由于他活泼而颇受欢迎的风格，他的教科

---

[1] 这一论证脉络最早见于 *Idealite et Realite*, PA I/1, 123–125, 119, 83f。

书非常成功，一版再版，几乎德国每一所大学的讲坛上都可以见到。[1]
与伽尔韦一样，费德尔也在将英、法国启蒙运动引入德国方面发挥了
重要作用。他写了《新爱弥儿》（*Neuer Emil*），旨在使卢梭的经典著
作对《家庭教育》（*Hofmeister*）变得更为切实可行[2]，他还撰写了斯密
《国富论》的第一篇德语评论，一见到该书他即认其为经典。

　　费德尔将与康德发生争吵在所难免了。在康德对"哥廷根评论"
的尖刻攻击，并在伽尔韦否认其作者身份之后，费德尔迫于压力不
得不在康德面前公开说明情况。康德已经猜到费德尔负责编辑该评
论[3]；当其亲密的支持者舒茨向他透露整个事件时，他的猜测很快就
得到了证实。[4]因此，公开争论的舞台已搭好，当然，双方都坚守各自
的立场。康德计划在《柏林月刊》上写一篇反对费德尔的驳论[5]，不过
朋友的建议和完成"第二批判"的迫切需要阻止了他。从费德尔这头
来说，他决定发起一场反对批判哲学的全面运动。1788 年，他开始写
成了一篇反对"第一批判"的一般性辩论，名为《论因果关系：对康德
哲学的考察》（*Ueber Raum und Causalität: Zur Prufung der kantischen
Philosophie*），然后在朋友梅利勒斯的合作下，他编辑了一本新期刊
《哲学图书》（*Philosophische Bibliothek*），其主要目的就是阻止康德主
义渐长之浪潮。[6]

---

　　[1]关于费德尔有影响力的教科书，见 Wundt, *Schulphilosophie*, pp. 290-292,
306-307。康德本身就倾向用费德尔的《哲学概论》（*Grundriss der philosophischen
Wissenschaften*），因为它的正文前有个哲学史的概述。

　　[2]这是影响年轻黑格尔一篇重要的文本。关于该书对黑格尔的影响，见 Harris,
*Hegel's Development*, pp. 24, 26, 51, 53, 79, 175。

　　[3] Kant to Garve, August 7, 1783, in Kant, *Briefwechsel*, p. 225.

　　[4] Schutz to Kant, July 10, 1784, in Kant, *Briefwechsel*, p. 255.

　　[5] Biester to Kant, June 11, 1786, in Kant, *Briefwechsel*, p. 304.

　　[6] Feder, *Leben*, pp. 123-124.

尽管做出了这样的努力，费德尔反对康德的运动却是个惨败。《论因果关系》对康德没有产生费德尔想象中的任何影响[1]；由于缺乏市场需求，期刊《哲学图书》经少量发行之后，不得不停刊了。由于康德越来越受欢迎，费德尔的声誉骤降。[2]学生们放弃了他的讲座，他在哥廷根大学的岗位甚至被迫放弃。这虽令人遗憾但也是事实：康德的声誉只能以牺牲他的对手为代价了。

费德尔的《论因果关系》是经验论通俗哲学反康德运动中的经典。它的序言很好地总结了经验论者对康德的一般态度。费德尔对康德的主要不满是其"独断论方法"。根据费德尔的说法，康德的哲学与任何成熟的形而上学一样不堪。虽然康德确实尖锐地批评了理性主义形而上学的结论，但他自己从未成功摆脱该方法论。他只是把这些方法转移到他自己的先验哲学中，于是就像任何形而上学一样，它超越了可能经验的限度。在费德尔看来，康德的致命错误是对"经验哲学"的蔑视。经验哲学不是将演证方法应用于知识的能力，而是根据自然规律和观察与实验的原理来解释它。

《论因果关系》确实是经验论者反康德"先验感性论"运动的核心文本。它聚集并清楚地提出了他们反康德时空理论的所有论点，成为围绕康德"先验感性论"早期争议的核心。[3]

费德尔对"先验感性论"的攻击集中在康德关于空间先天地位的论点上。由于这些论证特别清楚，且显然可信，费德尔认为它们是对康德先天思想一般理论的一种测试。正如费德尔所希望的，反驳康德

---

[1] 见 Feder, *Leben*, p. 190。费德尔这里所想到的效果——在 B 版批判中增补"反驳观念论"——更有可能是由"哥廷根评论"单独所致。

[2] 费德尔把自己的黯淡归因于康德日益受欢迎，见他的 *Leben*, p. xiv。

[3] 对《论因果关系》的讨论见 Schaumann, *Aesthetik*, pp.29ff.; 以及 Schultz, *Prufung*, I, 16ff., 87ff., 99ff., 123。

理论将证明他自己的经验论的优越性。

　　针对康德空间先天属性的理论，费德尔基本上有三个反驳[1]：（1）康德认为空间是先天的，因为它是知觉外在之物的必要条件，这一论点混淆了判断和知觉。在我们判断大小、形状和位置之前，确实有必要对空间加以表象；但在我们有任何视觉经验之前，则无必要。想想看一个孩子的知觉吧，他不能判断距离，甚至不能区分自己和外在物。这个例子表明，在我们学会如何判断大小、形状和位置之前，空间的表象来自经验。[2]（2）康德声称空间是先天的，因为无空间的表象是未根据前提的推理（*non sequitur*），而这是不可能的。无法被思维之物，或者对我们的表象构成必然之物，未必都是先天的。语词就是一个完美的例子：它们是所有思维所必需的，但它们是习得的而非固有的。[3]（3）康德的证明是，如果几何命题要具有普遍必然性，那么空间必须是先天的，这受困于一个错误的前提：所有的经验命题都是可能的、偶然的。如果我们接受这个前提，那么我们确实必须接受空间的先天地位，以确保几何的确定性。然而，我们必须拒绝它，因为在某些情况下，有可能从经验中得出一个普遍而必然的命题。这就是我觉得情况不可能不是如此的，其他人在相同情况下也有相同的感觉。[4]

　　我们如何理解费德尔的批评呢？他的第三个反对是软弱的，因为这依赖于他不太可能的尝试，即从经验前提中得出普遍必然的结论。康德会回答费德尔：仅仅因为我和其他人都有某件事是必然的感受，并不会导致该事件本身就是必然的。他的其他反对意见则显得脱靶，因为它们是针对康德并未坚持的一个假设：空间是个先天表象或固有

---

　　[1] 见 *KrV*, B, 38–40。

　　[2] Feder, *Ueber Raum und Causalität*, pp. 17–20.

　　[3] Ibid., p. 24.

　　[4] Ibid., pp. 24, 27.

观念。[1]重要的是要看到，康德不认为空间是一个表象或观念，仿佛它是一种与他人相同的直观。他明确地称空间为直观的形式，以便将它与感觉或直观适当区分；这种"表象形式"不是表象自身，而是"将诸表象彼此连接在一起的能力"。[2]如果费德尔认识到这一点，他自始就不会与康德争吵，因为他承认空间在有接受表象能力的意义上是固有的。[3]

《论因果关系》不仅是对康德的"先验感性论"进行攻击，也是对"哥廷根评论"的辩护。费德尔现在试图证明他对康德和贝克莱画等号的理解。在考虑了康德《导论》中对"哥廷根评论"的答复后，他仍然坚持认为这不会影响问题的要点。[4]虽然康德想通过说它们存在于"外在"或"外在于我们"来承认经验中对象的"经验实在"，但这并不能让他洗脱观念论之追责。他所说的存在于"我们之外"或"外在于我们"的对象的意思就是它们存在于空间中；但是，费德尔坚持说，没有观念论者会对此提出异议。事实上，根据康德自己的估计，"空间中的实存"并不意味着"不依赖意识的实存"，因为康德自己说空间只是一种意识形式。因此，仅仅通过承认对象在空间中的实存，康德就无法区分他和贝克莱的观念论。

费德尔继续坚持他的进攻，认为康德区分他与贝克莱的观念论是没用的，因为他的观念论不会将经验还原为一种幻觉。这被认为是对

---

[1]费德尔说，他与康德的主要争论焦点是空间不是一个先天表象或固有观念。见 *Raum und Causalität*, pp. 4–5, 16。

[2]见 *KrV*, B, 34–35。然而，康德仍然对某些用语不严谨负责，而费德尔的误读就此确实情有可原。虽然康德称空间为"直观形式"，以将其与直观区分，但他也继续称之为"纯直观"，仿佛它只是特殊的直觉。他还不时地将空间称为"表象"（*Vorstellung*）。

[3] Feder, *Ueber Raum und Causalität*, pp. 4–5, 16.

[4] Ibid., pp. 48–51, 56–57, 107–108.

贝克莱的不公平，他也坚持认为经验不是幻觉。所有的观念论者都通过某种符合法则的标准来区分意识中的实在和幻觉。因此，康德和贝克莱的观念论在这一点上并无区别。

虽然这些都是不错的论点，但它们没有完全公正地对待康德在《导论》中的答复。费德尔没有充分注意康德的观点，即他的观念论并不像贝克莱的，康德肯定了物自体的存在。只是在一个脚注中，费德尔才承认康德和贝克莱就这一问题在观念论上存在的明显差别[1]，然后令人尴尬的是，他表示完全认同康德的观点，即我们能知道的不过是物自体的现象。费德尔甚至没有通过认为康德无权肯定物自体存在的方式，来试图重新调和康德和贝克莱的观念论。读者又产生了这样的印象：如果费德尔更仔细地审视康德的立场，他自始就不会和康德争吵。毫不奇怪的是，费德尔说对康德那种不严谨的语言他没有什么可抱怨，"如果康德的意思是现象是物自体的表象的话，那就不应该说现象只是'内在于我们'的表象"。[2]这个论证很好，但它不影响康德立场的实质。

费德尔也忽略了康德关于贝克莱的经验论禁止他区分实在和幻觉的证明。当然，就像费德尔所言，贝克莱想要区分意识之内的实在和幻觉，试图用某种规则性的标准来加以区分。但康德的观点是，贝克莱的经验论挫败了他的美意，因为这迫使他承认，经验的规则性无非是习惯和联想，而这并没有给出客观性所要求的必然性。最后，费德尔对观念论的指责并不能抵消康德在《导论》中的答复。但正如我们很快所见的，这并不是事情的结束。尚有其他经验论者以更有力的论证给费德尔补位。康德不是那么容易就能脱身的。

---

［1］Feder, *Veber Raum und Causalität*, p. 64n.

［2］Ibid., pp. 66–67, 64n.

## 第六节 费德尔的圈子：蒂德与魏斯豪普特

费德尔在他与康德的战斗中最强大的盟友是戈特洛布·奥古斯特·蒂德（Gottlob August Tittel, 1739—1816），卡尔斯鲁厄（Karlsruhe）大学的哲学教授，后来当了耶拿大学的神学教授。[1]虽然蒂德于 1780 年之前在沃尔夫派的堡垒耶纳接受了哲学教育，但他最终被费德尔经验论魅力所感召。[2]但蒂德心目中的大英雄是洛克，他煞费苦心地捍卫洛克来反对康德。早在 1790 年，他就出版了《洛克论人类理智》（*Locke vom menschlichen Verstande*），旨在阐明洛克以打击康德"理性主义"的危险流行。

如果他不是原创性思想家，蒂德也当然算得上一位犀利的批评家。他对康德发起的两次争论——《关于康德先生的道德改革》（*Ueber Herrn Kants Moralreform*, 1786）与《康德关于范畴的思维方式》（*Kantische Denkformen oder Kategorien*, 1787）——是早期反康德文章中的最佳作品。康德对《关于康德先生的道德改革》中的批评感到担忧，因此他甚至打算为《柏林月刊》写一份答复。[3]但由于年龄的增长和完成批判工作的迫切需要——"第二批判"和"第三批判"仍然有待完成——康德最终决定放弃争论。[4]这样一来，蒂德就被放置到"第

---

[1] 关于蒂德生涯的细节，见他的"Etwas von meinem Leben", in Tittel, *Dreizig Aufsätze*, pp. viiff。

[2] 关于费德尔对蒂德的影响，从蒂德《逻辑学》的内容和标题来看一望便知，*Nach Herrn Feders Ordnung*（1783）。

[3] 见 Biester to Kant, June 11, 1786, in Kant, *Briefwechsel*, p. 304。

[4] 见 Kant to Schutz, June 25, 1787, in Kant, *Briefwechsel*, p. 320。

二批判"序言脚注中加以处理了。[1] 然而, 后康德哲学史不能轻易忽视蒂德。他是首批对康德提出一些经典批评者之一: 范畴表的人为性、绝对命令的空疏性以及范畴对经验的不适用性。

蒂德的《关于康德先生的道德改革》是对《道德形而上学的奠基》(*Grundlegung zur Metaphysik der Sitten*) 问世一年后所写的争论作品。蒂德这本辛辣的小册子的目的是捍卫幸福论, 反对康德的神秘主义(*die kantische Mystik*), 后者被指责为用一些纯粹义务的"神秘的"理想牺牲了直接的幸福原则。[2] 蒂德的论点是, 康德出于义务, 而义务的概念不仅是空洞的, 而且还违背了人性, 因为人性要求其行为有合理的动机。[3] 这肯定是个意义重大的主题, 为席勒和黑格尔后来对康德展开的一些批评开辟了道路。

蒂德批评的主要目标是康德将人划分为本体界和现象界。就像哈曼和赫尔德一样, 蒂德拒斥这种二元论, 认为它是纯粹理智区分的具体化。就其他令人感兴趣的理由来看, 他也发现这是站不住脚的。他说这种二元论是康德"神秘主义"的来源, 因为它迫使他把理性置于一个神秘的、无法解释的、超经验的领域。[4] 当康德把所有自然主义解释都驱逐到现象领域时, 他也摧毁了我们对理性发展加以科学解释的可能性——例如, 根据洛克的"简单历史方法"(plain historical method)来解释。

蒂德对幸福论的辩护本质上就是今天关于绝对命令是空洞的经典论证。他声称, 绝对命令只有通过秘密引入效用考量方可决定道德

---

[1] Kant, *Werke*, V, 8.

[2] Tittel, *Kants Moralreform*, p. 6.

[3] Ibid., pp. 9–10, 90–93.

[4] Ibid., pp. 20–21.

准则。[1]准则能够成为一条普遍自然法则的意志原理,预设了对每个按照这一准则行动之后果的评价。换句话说,康德只是一个伪装的准则功利主义。为了证明他的观点,蒂德考察了康德所有著名的例子,并认为准则的道德是由其后果的价值决定的。例如,"我应该用虚假的还款承诺来借钱"就不能成为符合康德标准的道德准则,因为它的普遍化将摧毁借贷制度。[2]蒂德总结说,整个康德的道德改革只是建立在一个公式上,因为康德的绝对命令只能是对现有而完全充分的效用标准之重制。[3]如果他的绝对命令有任何意义,那么也就是归结为一个只根据准则采取行动的公式:作为普遍的自然法则其后果将是有益的。

正是这种"形式主义"的指控激怒了康德,并促使他在"第二批判"的序言中回应了蒂德。但应当说,康德错过了蒂德批评的重点。康德认为,蒂德将其解释成绝对命令不能发现道德原则的主张,因而就贬低了该理论的价值,然后康德很容易地加以解释,他给出的标准之目的不是去发现原则,而只是去证明这些已经众所周知的原则是正确的。然而,蒂德批评的要点恰恰是,绝对命令不能证成道德原则。这肯定是一个让康德容易选择忽略的更严重的反驳。

1787 年,就在《关于康德先生的道德改革》问世一年后,蒂德发表了他的《康德关于范畴的思维方式》。这本简短、清晰和颇有说服力的小册子的主要目标是针对"第一批判"的两个非常困难而富有争议的部分:形而上学和先验演绎。

蒂德突然摒弃从判断形式中推导出范畴的形而上学演绎。就像后来的许多评论家一样,他发现康德对这些范畴的组织,以及他整体建筑

---

[ 1 ] Tittel, *Kants Moralreform*, pp. 14–15, 33, 35–36.

[ 2 ] Ibid., pp. 33–34.

[ 3 ] Ibid., p. 35.

术完全是任意的、人为的。[1]虽然康德声称从判断形式中系统地推出范畴，但他的方法仍然是首"狂想曲"，因为他对判断形式的组织本身是任意的。康德假称他在范畴划分中找到了理性的客观秩序，但实际上他只是重新发现他强加给范畴的秩序而已。蒂德特别反对康德的说法，即他的范畴表包括所有可能的思想形式。他认为，我们不能穷尽所有可能的思想形式，因为概念只是经验的抽象，我们无法预判会产生什么。[2]

蒂德虽然只提出了两个批评意见来反对先验演绎，但两者都值得认真关注。第一，他观察到，这些范畴是如此笼统以至于不能有一个标准来判断它们如何运用于经验。[3]在范畴本身中没有任何东西决定它如何适用于特定的情形；在经验中没有任何东西显示这一范畴是否适用于它，因为知觉只显示事件的恒常联合，别无其他。那么，我们如何才能知道范畴是我们经验的必要条件呢？它们如何能构成了经验呢？第二，蒂德发现了一个他不知道如何克服的矛盾。也就是说，康德认为先天概念只有在可能的经验领域内才有意义；但他也认为，在我们的知觉中，没有任何东西能揭示先天概念的普遍必然性。这就导致了一个问题：如果这些概念和知觉之间存在这样不符，那么它们如何从经验中获得意义呢？怀疑论者必然得出结论：它们根本没有意义。

费德尔圈子里另一个值得注意的人物是亚当·魏斯豪普特（1748—1830）。魏氏最著名的是作为光明会的创始人和领袖——一个致力于政治改革和启蒙事业的秘密会社——但他也是更有影响力的经验论通俗哲学家之一。[4]虽然以耶稣会士的身份接受教育，主要出于费德尔的实践哲学之影响，魏氏迅速皈依了启蒙事业。他慷慨坦诚，

---

[1] Tittel, *Kantische Denkformen*, pp. 44, 94.

[2] Ibid., pp. 10–11.

[3] Ibid., pp. 34–35.

[4] 关于魏氏在光明会创建中的地位，见 Epstein, *Genesis*, pp. 87–100。

费德尔把他从"僧侣主义的黑暗"中拯救出来，他的整个思维方式都归功于他。

正当伽尔韦的丑闻爆发，费德尔对康德宣战之际，魏氏举起了围绕着他恩主的大旗。1788 年，也就是费德尔的《论因果关系》问世的同一年，魏氏发动了对康德的猛攻，发表了不少于三篇的论战作品，包括《对康德时空概念的质疑》（*Zweifel über die kantische Begriffe von Zeit und Raum*）、《人类认识的根据与确定性》（*Gründe und Gewissheit des mensch lichen Erkennen*）以及《康德的直观与现象》（*Kantische Anschauungen und Erscheinungen*）。魏氏的论战立马就引起了轰动，惊扰了康德的朋友，康德的论敌则感到大快人心。[1]康德从各个方面收到了魏氏所施加的威胁警告，尽管他的免战未让他发起反击。

魏氏攻击康德的目的是捍卫在"哥廷根评论"中对观念论的指责。魏氏的中心论点是，康德的哲学归结为一种完整的"主观主义"，即否认所有不依赖于我们正在发生的意识状态之实在。在魏氏的估计中，这种主观主义或曰根本错误（*Grundfehler*）是对康德哲学的归谬。[2]

为什么魏氏认为康德的体系犯了主观主义之误？魏氏不遗余力地确立他的证明，但最后他的整个争论归结为以下几点：（1）康德说，我们只知道现象，但他也说这些现象只是"内在于我们的"表象。[3]（2）康德对物自体存在的信念与他的批判原理不兼容，因此，为了忠于这些原理，他必须采取一种完全的观念论。[4]（3）康德认为客观性无非是表示对规则表象的一致性；但即使满足这一条件，表象也可能与实在本

---

[1]康德的弟子们在许多文章和书籍中匆忙为他辩护。例如可见 Born, *Versuch*, pp. 21–55; Schultz, *Prüfung*, I, 85–86, 95–96, 144–145; 以及匿名文章 *ALZ* 3（1788），10ff。

[2] Weishaupt, *Gründe und Gewissheit*, p. 34.

[3] Ibid., pp. 119–120.

[4] Ibid., pp. 62–63, 125–126.

身不符。[1]（4）康德认为，因果关系原理只是一个知性的主观规则，不适用于物自体；但这意味着我们永远不能超越我们的表象来探知其原因或起源。[2]

假设所有这些观点都对，康德犯下所指控之过，这仍然留下了问题，主观主义何错之有呢？魏氏往往会指出接受主观主义之后的道德和宗教后果。但他也有一个更具哲学性的反对：完全的主观主义构成自我否决。[3]一个认为所有知识只是对现象才为真的激进主观主义者，他必须对自己的理论说同样的话。

总之，魏氏反对康德观念论的运动较伽尔韦和费德尔的反对更进了一步。虽然伽尔韦采取了非正式的言论，费德尔则又诉诸粗心的争论，但魏氏则进行了系统而严格的探究。从整体上考虑后康德哲学的历史，魏氏的著作占据了一个非常明确甚至是显眼的位置：为证实康德犯了观念论之过，它们代表了那最坚决和最艰苦的努力。

然而，魏氏对康德的争论中存在一些严重的缺点。他一再坚持认为，知识只需要与物自体相符合；但后来他忽略了康德关于这种要求不可能得到满足的论证。[4]他发誓效忠经验论，但后来他严厉批评康德的不许有超经验的推论。最糟糕的是，魏氏从未仔细审查过康德在《导论》和 B 版批判中对观念论指控的答复。

## 第七节　好牧师皮斯托留斯

也许康德的经验主义批评家中最尖锐的，当然也是康德自己最尊

---

[ 1 ] Weishaupt, *Gründe und Gewissheit*, pp. 20–21, 107, 157, 164.

[ 2 ] Ibid., pp. 171–172.

[ 3 ] Ibid., pp. 73–74, 158–159, 201–202.

[ 4 ] KrV, A, 105.

敬的，是赫尔曼·安德里亚斯·皮斯托留斯（1730—1795），德国北部吕根（Rügen）岛上佩瑟维茨（Pöserwitz）的牧师。虽然康德除了鄙视蒂德和蒂德曼之外别无其他，但他对皮氏最为尊敬。[1]在"第二批判"的序言中，他向聪明的牧师庄重致敬。康德说，与他的其他批评者不同，皮氏是"热爱真理的、敏锐的，因此是值得尊重的"[2]。在康德看来，正是皮氏对批判提出了一些"最有分量的反对"[3]。康德非常认真地对待这些批评，以至于他相信"对实践理性全部的详细批评，就可以解释它们背后的误解"。事实上，"第二批判"的许多部分都是与皮氏展开的变相争论。正如与费德尔和伽尔韦的争论体现在 B 版"第一批判"一样，而与皮氏的争论则体现在"第二批判"。

然而，即使对他的同时代而言，皮氏也是个模糊的人物，但作为尼古莱的《普通德意志丛书》的评论员，他的影响力举足轻重。从1784—1794 年，皮氏为这本杂志审查了康德的几乎所有作品，更不用说康德的朋友和敌人的许多作品了。由于这些评论是匿名的——它们只是皮氏签署的首字母"Rg""Sg""Zk"或"Wo"[4]——所以皮氏的地位没有得到应有的承认。[5]因此，我们很少发现在康德同时代的作品或通信中提到皮氏。

皮斯托留斯对"第一批判"的反应在大多方面都是经验论通俗哲学家的典型反应。显得突出的是，他对康德立场有更高明的理解，以及在攻击它时更加微妙。像伽尔韦、费德尔和瓦氏一样，皮氏指责康德的观

---

[1] 关于康德对皮斯托留斯的称赞，见 *Opus Posthumum, Werke*, XXI, 416。

[2] Kant, *Werke*, V, 8.

[3] Ibid., V, 6.

[4] 见 Parthey, *Mitarbeiter*, pp. 20–21。

[5] 然而，皮氏确实得到了一些认可：Jenisch 告诉康德他有"许多追随者"。见 Jenisch to Kant, May 14, 1787, in Kant, *Briefwechsel*, p.316。

念论，称其把所有的实在都融入梦中，仅仅是场表象的游戏。[1]他避免了费德尔空疏地将康德和贝克莱的观念论等同起来的错误；但他仍然认为，如果两者保持一致，康德的确实不会比贝克莱的观念论更好。据皮氏的说法，康德体系中除了现象之外别无其他——尽管它们不是任何实在的现象，或因任何实在而产生的现象。它们不是任何实际之物，因为假设它们表象了物自体，就违反了康德关于知识限度的学说。它们对任何真实来说都不是现象，因为康德先验自我（Ich）不意味着一种持存实体，而只是一种表象的纯粹形式统一。康德留给我们的只有表象——没有表象主体的表象，或者被表象的客体[对象]的表象。

皮斯托留斯发现特别矛盾的是，在批判中就给我们提供只是现象的知识而言，内感与外感是不分轩轾的。[2]他认为，如果我们自己不知道自己是物自体，那么我们只知道我们作为现象的表象；但是由于这些表象反过来只是物自体的现象，所以我们所知道的一切都是现象的现象。皮氏坦诚，他在这里不理解康德，他恳求他解释：如果所有关于现象的知识也只是一种现象，那么现象是如何可能的？[3]

重要的是，不像费德尔和瓦氏，皮氏捍卫他对观念论的指控，反对在 B 版批判中"对观念论的反驳"。这是第一次经验论面对康德为避免观念论的指控而做的最重要的尝试。在他对 B 版批判的评论中，

---

[1] Pistorius, "Schultz's Erläuterung", in Hausius, *Materialien*, I, 158–159.

[2] Ibid., I, 148.

[3] 尚不清楚康德是否同意这一要求。但有一些迹象表明他同意了。在 B 版批判的序言中，康德在讨论对"第一批判"的反对时，他提到需要捍卫他的"奇怪的断言"，即我们自身只知道现象（见 *Werke*, V, 6）。在 B 版序言中，康德于"先验感性论"部分提到了关于对他的时间理论（即内感）的反驳，在 B 版（B, 67-8）增加的关于"内在感受性"段落确有可能是对皮氏的答复。De Vleeschauwer 猜想康德想在《形而上学导初始根据》（*Metaphysische Anfangsgründe*）的附录中回复了皮氏。他在这里诉诸康德 1785 年 9 月 13 日致舒茨的通信，见他的 *La Deduction transcendentale*, II, 581。

皮氏攻击了"反驳"，这与"第一批判"的核心学说不一致。[1]他当即以一个两难来挑战康德。他问，康德所说的"空间中对象的实在"是什么意思？如果他的意思只是它们在空间中的实存，简单的事实是它们是"外在的"，而非"内在"于我们，那么他没有反驳观念论者，因为观念论者不否认空间中对象的实存，犹如约翰逊博士的石头之实存一样。然而，如果康德的意思是不依赖于意识的对象实存，那么他就断然地与"第一批判"相矛盾。这不仅与他批判的严格性相冲突，即严禁物自体的知识，而且也与"先验感性论"相冲突，后者认为空间只不过是一种现象，一种先天的直观形式。根据皮氏，"反驳"和"先验感性论"之间存在着明显的矛盾。虽然"反驳"声称我们在时间上对自己的意识在我们之外的对象中有客观基础，但"先验感性论"认为时间的所有表象都是主观的，在实在自身中并无基础。

虽然皮斯托留斯是"第一批判"的尖锐批评者，但他主要是因为他对康德伦理学的批评而被记住。特别是他对《道德形而上学的奠基》（发表于1786年）的评论，对康德产生了显著影响，遂迫使他在"第二批判"的许多地方为自己辩护。皮氏概述了对《奠基》的许多反对意见，其中四个反对分量之重足以收到康德的答复。让我们逐一考察这些反对及康德对其的答复吧。

（1）皮氏首先质疑纯粹形式的道德标准（即可普遍性）的充分性。[2]皮氏说，我们必须首先明确何谓善，即意志的客体，然后我们才能知道意志是否为善。纯粹的意志形式——出于法则而行动，出于义务而义务——不足以建立意志的道德，因为有人可能出于法则之故而行动，同时也是按照道德上邪恶的法则行事。因此，在判断意志的道

————————————

[1] 见 *AdB* 81/2（1781），349-352。

[2] Pistorius, Kants Grundlegung", in Hausius, *Materialien*, III, 114-115. 与"第二批判"评论的比较, in Bittner, *Materialien*, pp. 162-163。

德之前，也有必要了解法则的质料是否有利于幸福。

在"第二批判"的序言中，康德明确提到了这一反驳，并希望自己对此给予了充分的答复。[1]他对这一反驳作出了广泛回应，将"分析论"的第二节专门用于讨论由此引发的问题。[2]在他的答复中，康德承认，他确实在决定何谓善恶之前确定了道德的标准，他承认根据传统的道德理论，这必定显得与理有悖。他甚至称他的步骤为"批判考察实践理性中的方法悖论"。然而，康德能基于以下理由为自己辩护。如果他以分析善的概念并从中得出道德标准来开始他的探究，那么他就已放弃研究，并把一切拱手交给幸福论者了。因为在道德法则之前先行确定何为善恶，只不过是查明什么是愉快的或痛苦的，这完全是功利主义的考量。但康德告诉我们，他探究的目的就是发现纯粹形式的道德标准之可能性；而取消其有待确定的可能性一切哲学方法都是违反规则的。

然而有必要承认，康德对皮氏的答复没有抓住重点。皮氏并不怀疑，从善的概念开始会带入功利主义的计算；他的观点是，鉴于形式标准的不充分性，故有必要引入这种计算。康德没有对这一点给出任何说明，而只是重申了他的信念，即道德法则的确立可以排除一切功利主义的考量。然而，这正是皮氏质疑的信念。

（2）皮氏的第二个反对提出了一个老生常谈而又棘手的问题，即单凭理性是否能提供行动的激发或动机。[3]他坚持认为我们必须有行动的激发和动机，但他否认理性能为我们提供任何此类激发与动机。根据皮氏的说法，一个完全理性的存在者，如果没有合理的欲求或兴趣就不会采取行动。正如他所说，意志和法则之间必须有某种"第三种表象"，促使意志依法则行事，而这样的第三种表象必定是欲求的客体。

---

［1］Kant, *Werke*, V, 9.

［2］Ibid., V, 59–65, 尤其是 63–65。

［3］Pistorius, "Kants Grundlegung", in Hausius, *Materialien*, III, 230–231.

康德对这一反对的回答还是他的道德激发理论，即"分析论"的第三节。[1]康德承认行动必须有某种动机或激发，但他否认承认行动动机本身是为了给出合理动机。康德认为，道德法则自身为行动提供激发，因为它产生了一种独特的道德情感。这种对法则的敬重不是来自理智，而是来自道德法则本身。

（3）皮氏的第三个反对声称，康德的绝对命令不像幸福原则，既不能为每个人所理解也不适用于每个人。它只能由少数精英，即专业哲学家加以理解和运用。然而，幸福原则避免了这些问题。人人都理解它，并知道如何在特定情况下如何运用它。[2]

这种反对令康德担心，他和通俗哲学家一样渴望克服理论和实践之间的差距。如果皮氏的反对有效，那么康德的道德原则作为启蒙运动的一种手段，即作为大众理性行动的指南则将完全无效。康德对皮氏的回答出现在"分析论"第三个命题的"注释"中，认为准则是否可普遍化是个简单的问题，可以通过无需指导的最普通知性加以区分。[3]然后，康德把这种批评抛到皮氏脸上。他认为，幸福原则是不可理解的、不适用的，因为人们的欲求的所有差异，以及在不同情况下行动的不同后果，导致不可能发展出一种普遍的命令。

（4）无疑，皮氏的第四个反驳最令康德不安。皮氏认为，康德的道德理论要求对物自体有一种知识，而根据"第一批判"这应该是不可能的。[4]康德对这种知识的预设有两个方面。第一，他假设人是本体界

---

[1] Kant, *Werke*, V, 72-106, 尤其是 75-76。虽然康德没说这节是对皮式的答复，但它清楚地回答了他在《奠基》评论中的反驳。激发理论确实未再在《奠基》中出现过，它是"第二批判"的特征。

[2] Pistorius, "Kants Grundlegung", in Hausius, *Materialien*, III, 237.

[3] Kant, *Werke*, V, 27-28.

[4] Pistorius, "Schultz' s Erläuterung", in Hausius, *Materialien*, I, 173ff.

行动者，一个本体因（*causa noumenon*），其行动力不是由现象界秩序的自然因果关系决定的。但皮氏问，如果我们所知道的都是现象，那么我们怎么知道人类甚至能作为本体而存在呢？我们所有的自我知识都被认为只是我们自身的现象。第二，康德将自由的概念定义为，在没有先天原因规定的情况下开启因果序列的能力。但皮氏坚持认为，这样的定义已经超过了康德对知识的限定。因为能力的概念是一个因果概念，开启的概念是一个时间概念。因此，该定义要求将因果范畴和内感形式即时间应用于本体，但根据"第一批判"这是明确禁止的。

康德用"第二批判"的一个整节来回答该反驳。[1]实践理性将范畴延伸到经验之外的权利被称为"批判之谜"（the enigma of the critique）。但康德仍然坚持认为，这里的不一致只是表面的。虽然"第一批判"排除了根据范畴了解本体的可能性，但它并不禁止根据范畴思维或构想本体的可能性。现在，当实践理性将范畴扩展到经验之外时，它并不会自诩给我们提供本体的知识，它只会引导我们思维或构想它们。

假设我们确实有权思考自由的可能性，我们如何确定其实在？皮氏可能会给予我们这样的权利，尽管他会坚持任何建立自由之实在的方法都是理论性的，从而违反了批判对知识的严格要求。但康德准备对这一反驳作出答复，这确实是"第二批判"的核心学说之一。[2]根据康德，我们知道自由不是通过将范畴应用于直观才现实化的，而是通过我们对道德法则的认识，因为这给予一种我们自己属于不同于现象界之自然秩序的存在者的意识。尽管范畴只告诉我们关于事实是什么的知识，道德法则告诉我们事实应该是什么；起码我们应该去做什么的事实，表明我们有种不受自然秩序限制的行动能力。

---

［1］Kant, *Werke*, V, 50–57.

［2］Ibid., V, 31–34.

# 第七章　沃尔夫主义者的复仇

## 第一节　沃尔夫主义运动的主旨

虽然自《纯粹理性批判》出版已经过去了漫长的七个年头，但沃尔夫主义者还没有从他们独断论的鼾睡中醒来，并对康德发起反击。到 1787 年，康德已是知识界一位举足轻重的人物了。他在各所大学都有了颇具影响力的弟子，莱因霍尔德的《论康德哲学》已经问世，亲康德的杂志《文学总汇报》（ *Allgemeine Literatur Zeitung* ）已发行多年。几乎批评了沃尔夫主义者一切主张的康德正变得日益受欢迎，可能招致危险地受到欢迎。但直到 1787 年，沃尔夫主义者仍然很少采取行动来应对这一迫在眉睫的威胁。一些批判性的评论散见于这本或那本教科书上，但鲜有深入。[1]

沃尔夫主义者的警钟在 1788 年的某个时候敲响了。是年，沃尔夫主义者开始发表他们对康德的论战作品。1788 年出现了马斯的《论理性的二律背反》（ *Briefe über die Antinomie der Vernunft* ）、弗拉特的《评论片论》（ *Fragmentarische Beyträge* ）、乌尔利希的《自由学》

---

[1] 有两本特别的著作：Ulrich 的《总论》（ *Institutiones*, 1785 ）与普拉特纳的《格言》（ *Aphorismen*, 1784 ）。

（*Eleutheriologie*），都是沃尔夫主义者反击的强大武器。[1]但另一件发生在 1788 年的事在整体上对沃尔夫主义者的战斗更意义攸关。这就是埃伯哈特的《哲学杂志》（*Philosophisches Magazin*）的问世，一本完全致力于捍卫沃尔夫主义者堡垒的期刊。[2]该杂志宣称的目的是对抗《文学总汇报》的亲康德情绪。[3]在它存在的四年里，《哲学杂志》不知疲倦地与《文学总汇报》展开针锋相对的论战，评论与反评论，反驳与答辩。

如果《文学总汇报》背后也有相当多有才干者——如莱因霍尔德、施密德（C. Schmid）、约翰·舒尔兹和舒茨——《哲学杂志》也可夸耀自己的资源相当。支持埃伯哈特的无疑都是群智慧不凡的人：马斯、施瓦布、福莱特以及布拉斯特伯格（G. U. Brastberger）。《哲学杂志》不时地招募一些杰出的数学家，如本·大卫（L. Ben David）与凯斯特纳（K. G. Kästner）等，为对康德数学理论的批判增加权威性。因此，两个同样匹配的阵容对垒就位，准备开战了。

沃尔夫主义者反康德的运动，不亚于类似的洛克主义者，它有着总主题、经常性动机以及共同的批评。这些主题和批评要么是在沃尔夫主义者中就能发现的，其频次和清晰性比洛克主义者要高得多，或者说它们就是沃尔夫主义运动的特点，因为没有经验论者将其表达出

---

[1]"Eleutheriologie"这个词由两部分组成：Eleutherio+logie，前半部分根据柯林斯字典表示"关于和提供自由"，后半部分表示"学"，拉丁文字典、德语相关词典均未收入该词，本书暂定为"自由学"，以下同。——译者注

[2]该杂志又促成了另一本支持康德的《新哲学杂志》（*Neues Philosophisches Magazin*, Leipzig, 1789）的发行，专门用来抵消攻击，J. G. Born 和阿比施特是主编。在1792年对折销售后，它被《哲学档案》（*Philosophisches Archiv*, 1792—1795）所取代，也是由埃伯哈特主编，其目标与前身相同。

[3]见 Eberhard, "Vorbericht", PM I/l, iii-x, 以及他的"Ausführlichere Erklärung", PM III/3, 333ff。

来。尽管这些概括存在例外，但与洛克主义者相比，对沃尔夫主义者的概括就不那么困难了——原因很简单，因为沃尔夫主义者通过《哲学杂志》采取了更多的一致行动。

接下来，让我为了概述之故简要地总结这些共同的主题。我们应该记住，这些主题特别地出现在《哲学杂志》里，尽管它们也存在于沃尔夫主义者的其他著作中。

（1）沃尔夫主义者反康德运动总主题是，如果批判可能是彻底与一致的话，就必然导致独断论。怀疑论和独断论之间没有中间道路；如果我们要逃避怀疑，那么我们就必须捍卫独断论。[1]

虽然沃尔夫主义者认为真正的批判会导致独断论，但他们也认为，在康德的笔下，批判不可避免地以怀疑论收场。康德对理性条件和限度的错误分析意味着，如果不矛盾地发展下去，我们就什么也不能知道。沃尔夫主义者就康德评判哲学之怀疑论后果组织了一整套论证。但其中最常见的是康德的批判导致唯我论，因为它把所有的知识都限制在现象上，而现象又只是我们的表象。康德的批判因此把我们困在自我意识的圈子里，这样我们就只知道我们自己的刹那生灭的表象。[2]

因此，就像洛克主义者一样，沃尔夫主义者也想摆脱康德观念论所谓的唯我论后果。但重要的是看到沃尔夫主义者选择了一条不同的摆脱路线。不像洛克主义者那样地在可感世界里主张某种实在论形

---

[1] 比如可见，Eberhard, PM I/l, 28, IV/1, 84ff., 以及 PA 1/2, 37–38。埃伯哈特是这一观点最有力的代言人，正是以这样的措辞，他在《论独断论》（*Dogmatische Briefe*）里中总结了他对康德的争论，见 PA 1/2, 37ff。但同样的观点也体现于施瓦布的 *Preisschrift*, pp.78ff。

[2] 比如可见，Eberhard, *PM* I/l, 28–29, I/3, 264–265; Schwab, *Preisschrift*, pp. 121–122, 以及 Flatt, *Beyträge*, pp. 78–79。

式，沃尔夫主义者力倡超感世界的理性知识。他们坚持认为，只有这样的知识才能避免唯我论，因为经验论如果是连贯的，就等于否认了关于外部世界和其他心灵的所有知识。因此，沃尔夫以至于赞同休谟演证了经验论的怀疑论后果。[1]总的来说有趣的是，他们比洛克主义者更欣赏休谟怀疑主义带来的挑战。

（2）康德区分分析和综合的标准是老式的、心理学的，也是无用的。说它是老式的，而非康德自诩的新发现，是因为莱布尼茨早已很清楚了。之所以是心理学的，因为它是基于谓词是否"扩展"或"解释"了"已包含在主词里的思想"。之所以是无用的，因为它太过模糊，无法确定在特定情况下哪些判断是分析的或综合的。根据康德的标准，判断是分析的还是综合的也是一个相对的问题，因为一切都取决于某人碰巧对该主词的想法。[2]

区分先天分析与先天综合严格的逻辑标准，而非心理学标准才是必要的。这些判断之间的区别应该是支配其真理的逻辑原则之间的区别。先天分析判断受矛盾律支配；先天综合判断受充足理由律决定。因此，先天分析判断和先天综合判断之别，不应被视为逻辑真理和非逻辑真理之间的区别，因为两者都是逻辑真理的形式。

沃尔夫主义者对康德的分析－综合标准的攻击，是他们对后康德哲学更较有价值的贡献之一。这些应该得到称赞，因为他们首次把这个问题公开了。他们和康德主义者之间就康德标准的目的、原创性和充分性爆发了激烈的论战。[3]

---

[1] 见 Eberhard, *PA* I/2, 80; *PM* I/l, 26; Flatt, *Beyträge*, pp. 4–7, 64；以及 Platner, *Aphorismen*, 段 699。

[2] Eberhard, *PM* I/3, 307ff.; II/2, 129ff.；以及 Maass, *PM* II/2, 186ff。这里的一个例外是 Ulrich，他在他的 *Institutiones* 中接受了康德的区分。

[3] 关于论战的细节，见 Eberstein, *Geschichte*, II, 171ff。

（3）数学命题不是综合的，而是先天分析的。它们无需先天直观来判断其真理，但原则上可以归结为同一性的陈述，基于矛盾律的真。虽然数学，尤其是几何学，有时确实求助于直观，但这些从来都不是它命题为真所必需的。相反，它们只是对我们有限知性构成帮助，这不能直接把握为演绎链条的真理。然而，如果我们对上帝有无限的领会，那么我们就不需要任何先天直观。[1]

（4）虽然数学命题是先天分析的，但形而上学的命题是先天综合的。但是，形而上学命题之先天综合地位，并不意味着它们的真理性是理性所不能决定的。正如康德所假设的那样，先天综合判断诸项之间的联系未必是先天直观，它可以是更高的知性法则，即充足理由律[2]。

（5）形而上学能获得与数学相同程度的确定性。数学并不因为它获得先天直观的机会，就处于证明其真理性的优越地位。形而上学和数学的真理都只是建立在纯粹理性之上。[3]

（6）康德关于意义的经验标准不适用于形而上学。任何抽象概念的意义在经验话语上都是无法解释的，尽管通过其他抽象概念它又完全可定义。从抽象概念之经验上不可定义性出发得出的结论，只是说它们不具有经验意义，但这并不是说它们根本就没有意义。[4]

---

[1]见 Eberhard, *PM* II/2,169–170 与 II/3, 322ff.; Eberhard, *PA* I/1, 126ff.; Maass, *PA* I/3, 100ff.; Schwab, *PM* III/4, 397ff.; L. David, *PM* IV/3, 271ff 与 IV/4, 406ff.; 以及 Kästner, *PM* II/4, 391ff., 403ff., 420ff。

[2] Eberhard, *PM* II/2, 129ff. 以及 I/3, 370ff.; Maass, *PM* II/2, 222ff.; 以及 Schwab, *PA* II/1, 117ff。

[3] Eberhard, *PM* II/3, 316. 以及 Schwab, *Preisschrift*, pp. 133, 139–140。

[4] Eberhard, *PM* I/3, 269–272, 280–281; Flatt, *Beyträge*, pp. 80–81, 以及 Ulrich, *Institutiones*, 段 177, 309。Platner 承认康德的标准，尽管他怀疑自己是否有能力为此辩护，见 *Aphorismen*, p. ii。

（7）赋予范畴先验有效性不仅是允许的，而且还是必然的。为了解释经验的条件，有必要将范畴扩展到它之外，因此，康德必须将因果范畴运用于物自体以解释经验的起源。这意味着先验和超验之间不能有严格的分界线。[1]

（8）理性原则不仅是思想的法则，而且正如康德所暗示的那样，它们也不仅是普遍和必然的意识形式。毋宁说，它们意味更多。它们是存在的法则：不仅对所有可能的意识都为真，而且对所有可能的事物也都为真的法则，无论它是对在意识中的表象，抑或是对外在于它的物自体。[2]

因此，假设我们必须在观念论（对象符合概念）和实在论（概念符合对象）之间加以选择是错误的。[3]这些是康德在批判中认真考虑的最适当的选择。但存在第三种，也是中间的选择，而且碰巧还是真正的选择：概念和对象虽然互相独立，但出于一些共同的结构或一般法则，两者又彼此一致。这些一般法则是逻辑的法则，既不是纯粹主观的，也不是纯粹客观的，而是所有存在的一般法则。因为我们的思维与事物相符，反之亦然，因为思维和事物都符合相同的共通结构和相同的一般法则，即逻辑法则。[4]

沃尔夫主义者认为，他们坚持逻辑法则的本体论地位是他们与康德的根本区别。例如，埃伯哈特认为，批判主义和独断论在否定经验

---

[1] Eberhard, *PA* I/2, 39ff.; Flatt, *Beyträge*, pp. 15ff., 80–81; Platner, *Aphorismen*, 段701; Ulrich, *Institutiones*, 段 177, 309; 以及 Schwab, *Preisschrift*, p.124。

[2] Eberhard, *PM* II/4, 468–473; Schwab, *Preisschrift*, pp. 118ff. *PM* IV/2, 195ff.; 以及 Maass, *PM* II/2, 218ff。

[3] 原文中 "object" 一词兼有对象和客体的含义，我们将根据关于康德作品已有的翻译习惯，选择性地使用对象或客体。——译者注

[4] Eberhard, *PM* II/3, 244-245 与 *PA* I/2, 85-86; Schwab, *PM* IV/2, 200-201; Maass, *PM* II/2, 218; 以及 Flatt, *Beyträge*, pp. 94ff。

主义，肯定理性原则的先天起源上是一致的；它们之间唯一的区别是，根据批判主义这些原则只对意识有效，而根据独断论它们对一般事物（things-in-general）有效。[1]

（9）不存在"理性的自然幻觉"这样的东西。如果理性欺骗自身，那么我们甚至无法发现它自己的谬见。二律背反不是理性与其自身的冲突，而是理性与想象的冲突。[2]

（10）没有必要假设先验自由以逃避宿命论。自由和决定论是完全相容的。此外，康德的先验自由理论与他对范畴的限制是不相容的，因为它要求将因果范畴运用到物自体。[3]

（11）实践理性并不优越于理论理性。我们没有权利仅仅因为我们应该相信它的实存，就相信某物之实存。康德的实践信仰是主观主义的，因为它允许信仰上帝，这对我们有效，对物自体无效。[4]

## 第二节　革命与反动

虽然沃尔夫主义者带着诸多狡猾、激情和精力来对抗康德，但他们从一开始就很明显地在进行着一场失败的战斗。他们发动对康德的进攻，首先是防御性的。更糟糕的是，他们徒劳地与时代精神作斗争。可悲的事实是，沃尔夫主义者是过去时代的遗老——他们内心

---

[ 1 ] Eberhard, *PA* I/4, 85ff。

[ 2 ] 见 Maass, *Briefe*, pp. 12ff, 以及各处；Schwab, *Preisschrift*, p. 123; Flatt, *Beyträge*, pp. 162ff.; 以及 Platner, *Aphorismen*, 段 703。

[ 3 ] Flatt, *Beyträge*, pp. 150–151, 165ff.; Schwab, *PA* II/2, 1ff.; 以及 Ulrich, *Eleutheriologie*, 各处。

[ 4 ] Eberhard, *PA* I/3, 94 与 I/4, 76ff.; Platner, *Aphorismen*, 段 704; Schwab, *Preisschrift*, pp. 126ff.; 以及 Flatt, *Briefe*, pp. 13ff. 各处。

对此很清楚。[1]他们是旧制度（ancien régime）下欧洲旧秩序的衰老哨兵，在那时君主制、教士和贵族仍然占支配地位。[2]当然，沃尔夫主义者是改革者和启蒙者，但他们也是不体面的精英。他们坚信需要从上层加以统治，他们非常害怕底层群众的意志。民主对他们来说是一种可憎之物，革命乃是犯罪。他们的政府模式就是旧状况：弗雷德里克二世仁慈的专制。[3]

现在，形而上学在沃尔夫主义者对现状的捍卫中起着关键作用。他们认为形而上学是政治秩序和稳定的理论前提，因为它为信仰上帝、天命和不朽提供了必要的证明。这些信念被视为对所有道德和政治行为提供了必要激励和保证。[4]当然，虽然精英们懂得更多，而且会出于义务而尽责，但群众需要对超自然惩罚的恐惧，以及对超自然回报的希望，才能安于政治现状。没有这样的希望和恐惧，他们就会失去所有守法的内在动机，最终的结果将是无政府主义。因此，形而上学的可能性不仅是个哲学问题，它也是个政治问题。因此，攻击形而上学可能会危及公共秩序的根本基础，它本身确实意味着赞同无政府主义。

对已奄奄一息的莱布尼茨—沃尔夫学派给予致命打击的不是康德的"第一批判"，而是法国大革命（French Revolution）。年轻一代人对

---

[1] 比如可见埃伯哈特的 *Dogmatische Briefe* in PA I/2, 72–74, 在此处, 埃伯哈特承认他的哲学与其年龄已不同步。相似的表白可见 Schwab, *Preisschrift*, p. 3。

[2] 关于沃尔夫以至于对这些陈旧价值的捍卫，见埃伯哈特的 *Ueber Staatsverfassungen und ihre erbesserungen*, 这是对法国大革命的温和反应的经典叙述。见 Epstein, *Genesis*, pp. 492–493。

[3] 见 Eberhard, *encomium to Prussia* in PM I/2, 235。

[4] 见 Mendelssohn, *Jerusalem, Schriften zur Aesthetik und Politik*, II, 395-396, 以及 Eberhard, *Staatsverfassungen*, I, 130–131, 141。

大革命充满了激情，把旧的形而上学贬低为旧制度的支柱。[1]这并不是说旧的形而上学——无论是康德还是任何其他哲学家的——被证明是错误的。毋宁说，政治事件表明不再需要这样一种形而上学。对上帝、天命和不朽的信仰开始丧失作为政治约束力的支配性地位。如果所有的人都能自律，那么何需上帝来统治呢？如果人类能让世界符合他们的道德目的，那么又何需天命呢？如果他们能让自己在今生幸福，那么又何需不朽？因为不朽只会许诺在某个来世中获得幸福。如果他们能让自己在今生快乐，那么不朽的需要是什么，它只会在某个来世中许诺幸福吗？一旦这些信仰的政治必要性遭到质疑，从事形而上学的动机就消失了。任何在 1789 年之后坚持需要沃尔夫式证明的人，都立即暴露了他的政治色彩：他是保守派的一名仆役，旧制度的捍卫者。

确实意味深长，当然也不奇怪的是，沃尔夫主义者把康德与法国大革命联系在一起，而"老雅各宾派"是大革命众所周知的支持者。[2]因此，他们批评康德成为他们对发生在法国的事件反应的重要部分。沃尔夫主义者相信康德对形而上学的批判会导致怀疑论和无神论，这最终会导致社会秩序的彻底崩溃。在恐怖的倾轧和流血之后，沃尔夫主义者感到自己完全被证实。[3]活生生的证明是，民主意味着暴民统治，形而上学对防止人类陷入野蛮而言是必要的。1790 年代早期，对于沃尔夫主义者而言最烧脑的问题是：德国是否会重蹈法国流血革命之覆辙？[4]沃尔夫主义者坚定地认为这不应该发生。因此，他们反对

---

[1] 这种"反动"是特别清晰的，在 *Tübinger Stift* 中记载也尤为翔实。关于学生对大革命的热烈欢迎，以及随之而来的对旧形而上学的排斥，见 Fuhrmanns, *Schelling, Briefe und Dokumente*, I, 16ff。

[2] 见 Eberhard, *PA* I/4, 74–76 与 I/2, 72–74。

[3] Eberhard, *PA* I/4, 40ff., 与 *Staatsverfassungen*, I, 85–86 与 II, 51ff。

[4] 见 the "Vorbericht" to Eberhard, *Staatsverfassungen*, I, 3–6。

康德的运动在 1790 年代获得了新的动能和热忱。[1]毕竟，这［康德哲学］不仅是个哲学学派，而且也是社会基本结构，这才是真正的意义攸关。

如果有任何单一的因素解释了康德对沃尔夫主义者的决定性胜利的话，那就是无可争议的法国大革命本身。[2]康德的笔力未尽之处，断头台为他补上。康德哲学与大革命之间的联系被证明是对年轻一代非常强大的卖点[3]。法国的政治革命似乎发现了它与德国哲学革命抽象构想的一致性。自律原则在康德的伦理学中起着如此显著的作用，它不仅表达了革命背后的平等主义要求，而且也证明了其正当性。然而，相比之下，沃尔夫主义者的行为就像一群沉闷的反动派。他们似乎有意阻碍自由，而非推动自由的前进。他们试图复兴形而上学似乎只是一个图谋：复辟旧制度。因此，通过这一对比，1790 年代任何有自由主义倾向的年轻人都已经做出了决定。康德主义和沃尔夫主义之间的选择是革命与反动之间的抉择。

## 第三节　沃尔夫学派对形而上学的捍卫

1790 年代，形而上学风光不再，沃尔夫主义者痛苦地意识到自己已日薄西山，而康德"第一批判"投向他们许多难以对付的反对，都把

---

[1] 因此，在 1792 年《档案》紧接着《哲学杂志》创办发行，马斯和施瓦布也倍加努力地出版补充的争论。

[2] 康德同时代的人已经清楚地知道，他的哲学在 1790 年代流行的主要原因是大革命。比如可见 Feder, Leben, p. 127 与 Nicolai, Abhandlungen, 1, 260–261。

[3] 当然，年轻的谢林和黑格尔也是这种情况。比如可见，谢林 1795 年 2 月 4 日致黑格尔的书信，以及黑格尔 1795 年 4 月 16 日致谢林的回信，载于 *Fuhrmanns, Briefe und Dokumente*, II, 63–64, 66–67。另外，在黑格尔 1795 年 8 月 30 日给谢林的信件中，黑格尔对埃伯哈特的《哲学杂志》《档案》的寿终正寝感到大快人心（同上，II, 74）。

我们引入一个有趣而重要的问题。也就是说，沃尔夫主义者如何面对如此压倒性的优势而试图证明自己正当呢？他们能如何试图捍卫形而上学的可能性？他们是如何回应康德的许多批评的？

这个问题的答案自然是复杂的，颇不易概括。每位沃尔夫主义者对形而上学的可能性自然有自己的论证，对康德的反驳自然有自己的答复。然而，在试图复兴形而上学的努力中发挥根本作用的几位杰出的沃尔夫主义者共享两种一般理论：他们的先天综合理论和逻辑的客观性理论，这些学说由埃伯哈特、马斯和施瓦布通过《哲学杂志》《档案》来呈现的。[1] 由于这些理论对他们来说是如此重要，而且由于它们也在沃尔夫学派的反动核心刊物《哲学杂志》《档案》上傲然占有一席之地，因此在这里值得分别加以考察。

康德认为，形而上学的命运取决于先天综合的可能性问题：如果没有经验证据，如何才能对世界作出普遍必然的判断？如何才能在先天综合判断的不同词项之间建立必然的联系？这些问题是康德着手研究形而上学之可能性的出发点。但颇令人惊讶的是，它们也是沃尔夫主义者的出发点，因为他们从不质疑康德对该问题的构想。[2] 沃尔夫主义者在这一点上同意康德的观点，即如果要具有本体论意义，形而上学的判断必须是综合的。[3]（否则，如果是分析的话，这些判断将是空洞而形式的真理。）他们也同意康德，即形而上学的判断是先天的，

---

[1] 前一个理论可参考 Eberhard, *PM* I/3, 307ff. 以及 II/2, 129ff.; Maass, *PM* II/2, 186ff.; 以及 Schwab, *PA* II/1, 117ff. 后一个理论可参考 Eberhard, *PM* II/3, 244–245 与 *PA* I/2, 85–86; Schwab, *PM* IV/2, 200–201; 以及 Maass, *PM* II/2, 218。

[2] 令人惊讶的是，沃尔夫主义者忠诚于莱布尼茨把所有先天真理还原为先天分析的做法。比如可见 Leibniz, "Primae Veritates", in Couturat, *Opuscles*, pp. 518–523. 沃尔夫主义者愿意考虑仅把数学而非形而上学的情况还原为先天分析。

[3] 比如可见 Eberhard, *PM* I/3, 326–327 与 II/3, 318。

它们是普遍必然的，因此不需要通过经验来证成。沃尔夫主义者不像费德尔那样，试图把形而上学建立在自然科学的基础上；更不像洛克主义者那样，试图从经验中获得普遍必然性。因此，对于沃尔夫主义者来说，就像康德一样地认为，形而上学的问题是先天综合的问题。

尽管存在一致之处，沃尔夫主义者在一个根本点上与康德主义者发生分歧：先天综合真理条件。在他们看来，这些条件不是像康德主义者所假设的那样在先天直观中发现的，而是只在纯粹理性中发现的。换句话说，数学和形而上学，只要它们运用纯粹理性，就提供了有效的先天综合判断。

沃尔夫主义者通过他们自己的先天综合理论，基于他们对先天分析和先天综合判断的区分，得出了这个大胆而令人欣慰的结论。根据埃伯哈特、马斯和施瓦布的说法，这些判断之间的区别基本上是支配其真理性的不同原则之间的区别。[1]先天分析判断的真理受矛盾律的支配，而先天综合判断的真理则由充足理由律支配。这也是作为一种先天判断的谓词种类之间的区分而得到阐明的。[2]分析的先天判断的谓词"表达"或被"包含"在主词的本质中，但先天综合判断的谓词是"根据于"或"决定于"某物。

现在，埃伯哈特、马斯和施瓦布认为，所有先天判断的一般特征是，它们的真理性仅凭理性单独决定。这从分析的先天判断的情况来看是显而易见的。但埃伯哈特、马斯和施瓦布坚持认为，对于先天综合判断来说，这一样不少地也是正确的。为了看清主谓词之间的联系是否成立，我们必须看到主词是否构成谓词的"一个充足理由"。我们通过对主词的进一步分析来做到这一点，这应该足以告诉我们它是否

---

[1] Eberhard, *PM* I/3,326 与 *PA* I/2, 55–56; 以及 Maass, *PM* II/2,196–197。

[2] 比如可见 Eberhard, *PM* II/2, 137–138。

包含它的谓词。[1]因此，将先天综合判断的不同词项联合起来的不是先天直观，而是更高的理性原则，即充足理由律。[2]这一原则表明，如果主词是谓词的充足理由，即如果主词的概念包含谓词而不是相反，那么，谓词对主词而言就是必然为真。

这种先天综合理论的策略性价值相当可观。它确保形而上学的判断既具有本体论意义，又具有先天可判定性。由于它并没有把它们的真理还原为矛盾律，所以该理论就赋予了形而上学判断以综合地位。因此，其本体论意义得到了保证。但同时，由于它根据充足理由律，即更高的理性原则将不同词项连接起来，因此它也提供了形而上学判断的先天可判定性。根据这一理论，要确定先天综合判断的真实性，只需要看主词是否为谓词的充足理由；要做到这一点，只需要分析主词即可——总之，这是个极为方便的学说。这意味着沃尔夫主义者可以通过纯粹的先天设计（excogitation）来了解事物的真理。

这一先天综合理论对沃尔夫主义者捍卫形而上学是必要的，但尚不充分。它本身并不能证成形而上学判断的先验维度，尽管他们声称其对意识而言是真实的，而且对物自体而言也是真实的。事实是这样的，充足理由律即先天综合判断的主要原则，只对我们与现象但不是对物自体而言是真实的，这一点依然是可能的。因此，即使承认沃尔夫先天综合理论，康德关于对知识的限定也仍然适用。

正是在这一点上，沃尔夫的逻辑理论才帮忙救场。沃尔夫主义者是逻辑客观性的热忱捍卫者，也是关于康德思想中表面的心理主义和主观主义热忱的批评者。他们坚持，逻辑原则只对现象而言为真属于自我否决；他们认为，因为这样的证明不仅作为现象对我们来说为

---

[1] Eberhard, *PM* II/2, 137–138.

[2] Maass, *PM* II/2, 222–224 与 Eberhard, *PM* I/2, 328–329.

真,而且作为物自体也为真。[1]正如已经讨论过的,沃尔夫主义者认为逻辑原则不是"思维法则",而是一切存在的法则;这些法则对于"一般事物"都为真,无论现象还是物自体,本体界还是现象界。先验判断为真不是因为我们如何思考,而是因为事物的本质或可能性。如果主词的本质包含谓词为真,而这种包含之真伪无关乎我们碰巧如何思考。以这一理论为前提,沃尔夫主义者认为,我们的思维与实在相符就没有问题。由于思维和实在都必须符合逻辑法则,我们可以确信,思维与实在符合(以及相反),因为概念和对象有着共同的逻辑结构。

将这一逻辑理论添加到先天综合理论似乎保证了形而上学判断的超验意义。不妨思考如下几点。因为根据先天综合理论,形而上学判断的真理是基于逻辑法则的,而且又因为根据逻辑理论,逻辑原则对一般事物为真,那么,形而上学判断则对一般事物也为真。无论如何,这是沃尔夫主义者抨击康德的一般推理脉络。

无论多么富有策略性,无论何等重要,最后,这种结合的理论是否给沃尔夫主义者提供了他们想要的一切仍然存疑。即使我们承认他们的先天综合理论,即使我们承认逻辑理论可以提供支持,我们也远远没有为形而上学找到充分的基础。归根结底,这一理论与经典理性主义判断理论面临同样的困难:它不能在可能性与现实、概念与实存之间,跨越莱辛的广阔而凶险的鸿沟。[2]假设我们可以通过对其主词项的纯粹分析来知道先天综合判断的真理性,并假设主谓词之间的联系是永恒真理,即它不仅适用于现象,而且适用于物自体,我们仍然面临着先天综合判断是否适用于现实的问题。这里的问题是简单的,也是无法逾越的。为了知道一个先天综合判断是否为真,(根据理论)

---

[1] Maass, *PM* II/2, 220; Schwab, *PM* IV/2, 195ff.; 以及 Eberhard, *PM* II/4, 468–473.
[2] 见第三章第二节。

只需要分析主词项，看看它是否包含谓词，无论主词是否指涉任何存在，推断都是真或假。但如果我们想知道这种推论是否存在于现实事物，而不仅存在于抽象本质或可能性，那么就有必要首先知道主词是否存在。换言之，有必要知道主词项是否有所指涉（reference）。但我们如何确定情况是否这样的呢？这显然是一个重要的问题，不过埃伯哈特、马斯和施瓦布都没有直接给出回答。[1]我们越是试图回应这个问题，我们就越开始看到康德原创观点的力量，即我们必须参照经验。

先天综合的沃尔夫理论带来的另一个基本的困难在于其主要前提，即在先天分析和先天综合之间加以区分。这一区别受到康德本人的猛烈攻击，他认为，单纯的充足理由律不能区分这两类判断。[2]在康德看来，仅仅规定谓词是主词的"后果"，或者主词是谓词的"根据"都是不充分的。有必要问谓词在何种意义上是主词的后果，或者问主词在何种意义上是谓词的根据。如果谓词是主词的后果，因为设想主词和否定谓词会导致矛盾，那么我们又回到了矛盾律，我们面临另一个分析判断。然而，如果谓词没有按照矛盾律从主语中导出，那么判断就是综合的，就像埃伯哈特所说的那样。但在这种情况下，我们仍然面临着令人尴尬的问题，在什么意义上谓语是主词的一个后果，以及如果不是根据矛盾律的话，在什么意义上判断有效呢？当然，这又是先天综合的问题——埃伯哈特的理论旨趣正致力于解决该问题。

---

[1] 老实说，埃伯哈特确实承认他的永恒真理只是假设。比如可见 *PM* II/2, 138-139 与 I/3, 330-331。这一点是如此基本，连他也不会不知道。但也值得注意的是，埃伯哈特说，逻辑真理是事实上的超验真理。比如可见 *PM* I/2, 156-157。问题的核心是埃伯哈特自认的"柏拉图主义"，他倾向于以上帝的心灵将所有逻辑真理显现为永恒真理。比如可见 *PA* I/4, 50-51。

[2] 见 Kant, Ueber eine Entdeckung, *Werke*, VIII, 241-242。康德在这里的论证没有得到 Lovejoy 在他为莱布尼茨和沃尔夫辩护的经典文章中的充分赏识或理解。见 Lovejoy, "Kant's Antithesis of Dogmatism and Criticism", *Mind*（1906），191-214。

一旦我们意识到埃伯哈特和他的阵营只是在名义上忠于先天综合的沃尔夫理论，其困难就开始倍增了。在好几种情况下，埃伯哈特、马斯和施瓦布模糊了先天分析和先天综合的区别。他们不知不觉地破坏了先天综合的综合地位，因此它最终恰恰将其归结为一种隐性的先天分析形式。因此，埃伯哈特曾在一个地方努力从矛盾律中演绎出充足理由律[1]。然而，如果这种演绎成功，那么它意味着先天综合也可还原为矛盾律了。在其他一些地方，埃伯哈特明确地说，形而上学命题在原理上可以从更高的公理中推导出来，而这些公理只不过是同一性法则的例子而已。[2]在另一个地方，他明确指出，数学和哲学都能够达到同样程度的确定性，因为它们都受矛盾律的支配。[3]

然而，一旦我们考虑到沃尔夫主义者面临的困境，他们对自己理论的不忠就不难解释了。一方面，他们想从矛盾定律中演绎充足理由律，从而使该原则成为一个无可争辩的基础，免于康德和休谟的反对。这样的演绎也将证实一个最受理性主义者欢迎的主题，但沃尔夫主义者又永远不能让自己放弃该主题：哲学和数学真理的同一性。另一方面，他们不想演绎充足理由律，因为他们认识到如果只是模糊的，这样的演绎会将综合命题还原成先天分析命题。所有的形而上学判断都会成为分析性的，从而丧失了它们的本体论意义。因此，沃尔夫主义者面临着一个艰难而痛苦的选择：要么是确定性和空洞性，要么是不确定性和非空洞性。当他们倾向于第一种选择时，他们背叛了他们的先天综合理论；当他们倾向于第二种选择时，他们还是忠于它［先天综合理论］。但沃尔夫主义者从来不敢面对这样或那样抉择的后果。

---

[ 1 ] Eberhard, *PM* I/2, 165–166.

[ 2 ] Ibid., II/2, 157.

[ 3 ] Ibid., II/3, 338.

# 第四节　康德身边的荆棘——乌尔利希

最有影响力的，当然也是沃尔夫学派批判康德最有争议的人物之一是乌尔利希（1746—1813）。在18世纪最后的全部三十年里，乌尔利希在德国文化生活中心耶拿大学担任哲学教授的要职。就像同时代的许多哲学家一样，乌尔利希是在莱布尼茨－沃尔夫学派中长大的，他早期的著作流露出对莱布尼茨的明确同情。[1]虽然他不是一个正统的沃尔夫主义者，但乌尔利希从未摆脱其教诲的影响。在1790年代那些令人兴奋的日子里，耶拿洋溢着对康德热情的浪潮，乌尔利希成了一个反对者和反动人物，是保守派最后一位孤独的代表人物。

因此，令人惊讶的是，乌尔利希却又是康德的第一个代言人。当"第一批判"问世时，他转变了思想。据说他宣称[2]，"批判包含真实的，而且是唯一的纯正哲学的密码"。乌尔利希确实是德国最早讲授康德的哲学家之一，当然也是耶拿大学第一个这样做的哲学家。[3]早在1785年秋天，早在莱因霍尔德出场之前，乌尔利希就把"第一批判"纳入了他关于形而上学的讲座。康德充分认可乌尔利希为他所做的努力。他很高兴有这样一位资深而可敬的教授讲授他的哲学，以至于康德特地鼓励了乌尔利希，送他一份稀有的《奠基》馈赠版本。[4]乌尔利希早期对康德的偏好是如此显著，以至于许多人把他的一本教科书误认为是期待已久的康德作品。

然而，非常值得怀疑的是，乌尔利希是否完全皈依了康德哲学。他

---

[1]　见 Ulrich, *Erster Umriss einer Anleitung in den philosophischen Wissenschaften*。

[2]　见 Reinhold to Kant, March 1, 1788, in Kant, *Briefwechsel*, p. 343。

[3]　见 Schutz to Kant, September 20, 1785, in Kant, *Briefwechsel*, pp. 266-267。

[4]　见 Ulrich to Kant, April 21, 1785, in Kant, *Briefwechsel*, p. 263。

关于康德的主要著作《逻辑学与形而上学的建构》(*Institutiones logicae et metaphysicae*, 1785, 以下简称《建构》), 对康德及其诸多观点如此地充满批判, 以至于已无法被认为是康德弟子的作品了。如果我们细究这部作品就很难抗拒这样的结论, 即乌尔利希皈依康德在一定程度上是出于利己和策略考虑。在《建构》中, 他利用康德来达到自己的形而上学的目的。乌尔利希认为"第一批判"是任何未来形而上学的导论——特别是他新近发展起来的新莱布尼茨形而上学。乌尔利希对康德的认可确实昙花一现。莱因霍尔德大受欢迎的《康德哲学简介》( *Briefe über die kantische Philosophie* ), 以及他关于"第一批评"非常成功的介绍性演讲, 从乌尔利希那里悄然夺回了公共关注焦点。现在看来, 关于康德日渐重要的解释权威已不再属于乌尔利希, 而是属于莱氏。乌尔利希对莱氏的迅速走红深感羡慕, 对自己失去听众深感痛苦, 对致力于康德哲学者之不加批判的忠诚深感怀疑, 以至于他很快就变成了康德公开的敌人。[1]然后, 他尽己所能地打击康德在耶拿日益增长的影响力。他每天必须做六次讲座——每一次讲座都致力于反驳康德。从其同时代人的报道来看, 这些讲座的基调是尖刻而中伤的。[2]在其中一次讲座的一个结论中, 乌尔利希挑衅地宣称:"康德, 我将是你身边的荆棘( thorn ), 我将是你的学说的永远反对者( pestilence )。大力神赫拉克勒斯( Hercules )说到做到。"[3]

---

[1] 见 Reinhold to Kant, October 12, 1787, 以及 January 19 and March 1, 1788, in Kant, *Briefwechsel*, pp. 328, 339, 343。也可见 Bering to Kant, December 5, 1787, in Kant, *Briefe*, X, 507。

[2] 见 Reinhold to Kant, October 12, 1787, in Kant, *Briefwechsel*, p. 328。

[3] 见 Reinhold to Kant, January 19, 1788, in Kant, *Briefwechsel*, p. 339。

赫拉克勒斯是古希腊神话中最伟大的英雄, 是主神宙斯与阿尔克墨涅之子, 因其出身而受到宙斯的妻子赫拉的憎恶。他神勇无比、力大无穷, 后来他完成了 12 项被誉为"不可能完成"的任务。乌尔利希用大力神自比自己之不达目的誓不罢休的态度。——译者注这些可不是空洞的威胁。不管大力士的劳作有什么好处，他们至少成功促使康德采取报复措施。

乌尔利希的《建构》试图调和与综合康德的批判与莱布尼茨的形而上学。在乌尔利希看来，康德的批判并没有摧毁形而上学，相反，它为形而上学承诺了一个新的、更安全的基础。然而，乌尔利希所想到的当然不是康德会认可的那种形而上学。康德在"方法论"中所推荐的不是调节性的建筑术，而是他在"辩证论"中所谴责的独断论的思辨。

乌尔利希批评康德的主旨是，批判哲学只有在它本身包含了一个彻底的独断论形而上学的情况下才是一致和完整的。乌尔利希采纳了"第一批判"里的大部分概念规定；他同意它的许多核心学说，如康德的时空理论，以及本体和现象、数学和哲学知识之别。但他在一个重要的方面与康德分道扬镳，这揭示了他潜在的形而上学的意图。他坚持认为，知性范畴和理性观念不仅限于经验，而且可以扩展到物自体，并提供给我们物自体的知识。这是乌尔利希与康德的主要争论点，他在《建构》中从众多不同的角度进行辩护。

乌尔利希反对限定范畴于经验的主要论证，不是像我们所期望的那样集中在先验演绎，而是集中在经验类比上。就第二类比而言，乌尔利希认为，因果范畴比单凭经验有更广泛的适用性。[1] 它不仅适用于时间上的事件，而且也适用于任何存在，无论本体还是现象。范畴必须具有更广泛的意义，因为我们不仅要问为什么某事会在时间中发生，而且还要问为什么它会像那样地存在，无论在或不在时间中。事实上，如果我们也不能要求一切存在的原因，我们就不能要求时间中事件的原因。因为因果范畴具有更广泛的意义，所以允许假设物自体是经验的原因。

---

[1] 见 Ulrich, *Institutiones*, 段 177, 309。

关于第一类比，乌尔利希还捍卫了实体范畴的超验使用。[1]他认为，要想解释经验的起源我们就别无选择，只能允许这样的使用。由于现象领域在于改变表象，所以它们的变化必定存在某种原因；而这种原因必定是一种这些变化永恒主题之实体。乌尔利希似乎赞同这样的观点，即这种实体只不过是知觉统一性的"我"。[2]但他坚持认为，我们知道作为物自体的"我"。他说，"我思"给了我们自己不作为现象的意识，而是作为物自体；因为"我"是为了所有现象都是表象的存在，它也不能仅仅是不引起无穷回溯的现象。[3]

如果不是因为刊登在《文学总汇报》上的一份赞同性评论，乌尔利希的《建构》恐怕已被康德忽略。[4]虽然评论是匿名的，但康德知道作者是约翰·舒尔兹，他的密友和弟子，以及"第一批判"的评论者。[5]由于意识到舒尔兹是评论的作者，康德不得不注意评论与《建构》的内容。

在他的评论中，舒尔兹赞扬了乌尔利希对康德的耐心而公正的批评，并表示他同意乌尔利希的许多质疑。然而，他观察到，乌尔利希在一个非常重要之处失足了：他没有考虑先验演绎。这是"第一批判"的核心，舒尔兹正确地强调，乌尔利希本来会详加考察，以证明他反对限定范畴于经验的立场。正是该演绎奠定了康德限定范畴于经验

---

[1] Ulrich, *Institutiones*, 段 317。

[2] Ibid., 段 236, 239。

[3] Ibid., 段 238–239。

[4] 见 *ALZ* 295（1785），297–299。

[5] 见 Schutz to Kant, November 13, 1785, in Kant, *Briefwechsel*, p. 274。表面上看这颇令人惊讶，舒尔兹既然是康德如此亲密的弟子，应该写一个批判性的评论才对。显然，该评论令康德不安，几乎导致了与舒尔兹关系的中止。哈曼在 1786 年 4 月 9 日致雅可比的信中写道，该评论导致了康德和舒尔兹的紧急会谈，会谈的结果是康德可以接受的。见 Hamann, *Briefwechsel*, VI, 349。

的背后原则，乌尔利希有必要考察这些原则。尽管存在这一严重的缺点，舒尔兹还是宽宥了乌尔利希。鉴于"第一批判"这部分的困难，他没有考虑到演绎之失误被认为太可理解了。虽然演绎是"第一批判"最重要的部分，但它也是最模糊的。因此，舒尔兹暗示这一演绎亟待重写——康德不可忽视的一条暗示。

虽然舒尔兹承认，对演绎的适当处理远远超出了一份评论的范围，但他还是忍不住顺便给出了一个批评。他写道，演绎的目的是表明先天综合概念是经验的必要条件。他着急地问："但经验在这里意味着什么？"舒尔兹指责康德模棱两可。有时经验包括康德所谓的"知觉判断"，有时它包括他所说的"经验判断"。然而，在这两种情况下，演绎并不能证明这一点。一方面，如果康德认为先天综合概念是知觉判断的必要条件，那么他说的是谎言。因为不运用先天综合概念而作出经验判断是可能的：如果我们简单地说"太阳出来了而石头变热"，我们并不承诺在太阳的热量和石头的温暖之间存在着一种普遍必然的联系。另一方面，如果康德认为先天综合概念是经验判断的必要条件，那么这不过是重言式命题。很难否认，说明事件之间普遍必然联系的判断（例如，"太阳晒是石头热的原因"）需要先天综合概念。但重要的是要注意到，这一更温和的观点无助于康德反对怀疑论者，因为怀疑论者否认知觉给了我们任何将普遍必然的联系归结于经验的证据。因此，演绎似乎是错误的，要么就是微不足道的。在舒尔兹看来，这就是演绎面临的困境。然而，舒尔兹仍然谨慎地说，这种困境并非致命。不过他恳求康德加以澄清。

康德最终在一个相当不抱希望也不瞩目的地方注意到《文学总汇报》的评论：他的《自然科学的形而上学初始根据》（*Metaphysische*

*Anfangsgründe der Naturwissenschaften*, 1786）序言的一个脚注。[1]康德作品中如此模糊的一个角落［加注］实际上是有其意义的，因为在这里，康德反思了先验演绎的目的和主张。康德首先关注舒尔兹的主张，即没有一个明确和令人信服的演绎，批判哲学的基础将非常薄弱。不过该主张却得到了意想不到的答复。为了避免反对，康德似乎贬低了演绎的重要性。他明确指出，这种演绎对于建立"'第一批判'的基本命题"是不必要的，"我们理性的思辨使用不能拓展出可能的经验"。根据康德的说法，演绎不是告诉我们先天综合概念是经验的必要条件，而是先天综合概念如何是经验的必要条件。演绎的问题——先天综合概念如何应用于经验——因此，对于"第一批判"的一般结果来说是不必要的，即先天综合概念只适用于可能的经验。虽然演绎在解释这一结果方面是有用的，但仍然没有必要去建立它。

康德不是把整个"第一批判"的重任放在先验演绎上，而是声称它的基本原则可以独立地加以建立。他认为这可以从三个命题中得到证明：（1）范畴表穷尽了所有的知性概念；（2）知性概念只有通过先天直观形式（即空间和时间）为中介，才能适用于经验；并且（3）这些先天直观无非是现象的形式，也即可能的经验形式。康德声称，单从这三点来看，所有的知性概念只适用于可能的经验。[2]

在构造了这个新论证，并认为演绎对于建立这样的结论是不必要的之后，康德仍然决心重写演绎。这就好像他已经看到舒尔兹的观点，但不愿意承认一样。他说他头脑中现在有了一个更简单、更有力的演绎阐述，一个只需要判断的定义。[3]康德发誓要采取"最新近的机会"来纠正 A 版演绎的不足。那么在这里，我们知道了康德重写第 B

［1］Kant, *Werke*, IV, 474n.

［2］Ibid., IV, 475.

［3］Ibid., IV, 476. 比较 *KrV*, B, 140–141, 段 19。

版演绎的重大决心——一种对《文学总汇报》评论的直接反应。

康德明显淡化了《初始根据》的演绎，但这确实给他带来了问题。现在看来，他似乎对演绎没有一致的立场。如果他在《初始根据》中明确指出，演绎对批判哲学的基础是不必要的话，他在"第一批判"中则明确声明，演绎是"绝对必要的"。[1]这种明显的矛盾是由莱因霍尔德提请康德注意的，他恳求康德把这件事予以澄清。[2]

康德在他的论文《论目的论原理在哲学中的运用》（"Ueber den Gebrauch teleologischen Prinzipien in der Philosophie"）结尾处自己说明了这一矛盾。[3]在这里，康德关于演绎是"必要的"的两种意义之间做了干净利落的区分。对于证明在经验中先天综合知识的可能性之积极目的而言，这是必要的。然而，对于证明范畴不给我们提供超出可能经验的知识之消极目的而言，这又是不必要的。为了后一个目的之故，我们被告知，只需解释一种范畴概念所涉及的内容就足够了。可以想见，根据这一概念，一种范畴如果在经验意义上不存在给定的对象，那么它就不能给我们知识。

这种区别是否避免了莱因霍尔德所谓的矛盾，以及这种演绎对一个消极的目的是否有必要，我们姑且对此置之不论。即使康德在这些问题上是正确的，他仍然在淡化演绎的重要性。为什么消极目的对批判哲学的基础比积极目的更重要？令人惊讶的是，康德在《初始根据》中的回避之举是，他将批判哲学的"基础"与其关于形而上学的消极学说联系起来。不过在这样做时，他低估了他哲学的另一核心任务之重要性，即自然科学反对休谟怀疑论的正当性。这项任务对康德来说具有不可否认的意义，而演绎对它来说也具有不可否认的必要性。出

---

[1] *KrV*, B, 121.

[2] Reinhold to Kant, October 12, 1787, in Kant, *Briefwechsel*, p. 329.

[3] Kant, *Werke*, VIII, 183-184.

于批评者的压力之故，康德认为批判哲学是限制形而上学的消极事业，它不是捍卫自然科学的可能性以反对怀疑论的积极事业。

《建构》不是乌尔利希引起康德回应的唯一作品。同样挑衅性的一场争论，是乌尔利希在大约两年后的 1788 年发动的，达到反康德主义怒涛之顶点。这就是他的《自由学或论自由与必然》( *Eleutherologie oder über Freiheit und Nothwendigkeit*，以下简称《自由学》)，这是一篇由康德的朋友兼盟友克劳斯 ( C. J. Kraus ) 在《文学总汇报》上加以评论的小册子。[1] 事实上，克劳斯是在康德的指导下，在康德手稿的基础上写成该评论的。[2]

《自由学》的评论是份有趣的文献，因为它捍卫和澄清了康德先验自由学说及其疑难。它包含了康德对相容论的反驳，这通常被认为是对其本人更坚定立场的正确选择。

乌尔利希的《自由学》基本上是对经典沃尔夫立场的辩护，即自由和决定论是相容的。为了反对康德的先验自由概念，乌尔利希提出自己的"必然的体系"来应战。在他看来，自由不是超越自然界，而是与自然界相连续的；自由其实是有机的、机械的和化学的力量的直接产物。[3] 乌尔利希说，这种自然的必然性并不会破坏自由。我们可以被我们的行动决定，并仍旧想做这些行动；我们是自由的，因为我们有能力根据我们的意愿采取行动。[4]

在提出了一个共同的观点，即一个坚定的行动是与一个愿望的行

---

[1] 该评论见 Kant, *Werke*, VIII, 453–460。

[2] 康德的原稿转载于 *Werke*, XXIII, 79–81. 在克劳斯的评论中，瓦欣格对康德的角色首次给出了说明，见 Vaihinger, "Ein bisher unbekannter Aufsatz von Kant uber die Freiheit", *Philosophischen Monatshefte* 16 ( 1880 ), 193–208。

[3] Ulrich, *Eleutheriologie*, 62.

[4] Ibid., pp. 8–11.

动兼容的，乌尔利希避免了将自由与根据我们的意愿行动的能力相等同的一个常见错误。他坚持认为，自由还包括根据我们的道德意识来提高和完善自己的能力，以便我们能够控制我们眼前的需求，并为更高的道德目的而采取行动。自由包括"我们实践知识的完善性"，这样，虽然我们今天可能会采取错误的行动，但如果我们决心行善和自我提升，我们明天仍然可以正确地行动。[1]

与他的一般立场相一致，乌尔利希认为决定论与道德和宗教也是相容的。决定论者只是重新解释了我们的道德义务，而不是废除我们的道德义务。乌尔利希认为，我们的义务仍然有效，即使在采取某个行动时，我们本不会采取其他行动。"应该"意味着确有可能以其他方式行动，但它并不意味着在目前或行动时有可能采取其他行动；它只意味着在我们决心做得更好并改善我们的品格时，将来有可能采取其他行动。因此，对"你本可以那么做"这种短语的正确解释是"你将来必定会做得更好"。[2]

康德答复乌尔利希的主旨是，他的决定论就像所有决定论一样地还原至宿命论，也就是说，它必须否认所有的道德义务，因为它不允许"他本可以不这么做"这个短语给出任何其他可理解的解读。[3]康德认为乌尔利希没有看到的是，一个严格的决定论不仅破坏了当下义务召唤而时刻准备采取其他行动的能力，而且还破坏了将来采取其他行动的能力。换句话说，目前和未来行动的必然性之间并无区别。康德问乌尔利希一个尖锐的问题：如果过去的一切都决定了未来，那么在未来如何才能变得不同，并做出别的行动呢？品格的完善性对于乌尔利希关于道德义务的解释是如此重要，它同样沦为决定论的牺牲者，

---

[ 1 ] Ulrich, *Eleutheriologie*, pp. 10–11, 31, 37.

[ 2 ] Ibid., pp. 10–11, 37.

[ 3 ] Kant, *Werke*, VIII, 457–458.

正如以目前不完美的品格在此时此地行动的能力。我们是否完善我们的品格取决于对我们采取行动的原因。所有的自我提升都必须从某种品格的决心开始；但这种决心将由进一步的无限原因来决定。因此，我们有什么权利来赞扬或指责[一种品格]？

在强调对先验自由概念的需要时，康德急于指出，他没有忽视本能冲动和长期自我利益之间的区别。[1]他并不仅仅因为他没有考虑到这种常见区别，而悬设一种先验自由。毋宁说，他坚持认为批判哲学可以适应乌尔利希在谈到自我约束能力以及根据我们更高利益行动能力时所指的现象。这就是康德所谓的"相对自由"，即不是第一因的"绝对自由"，而是根据开明的自我利益而非本能而为的能力。然而，康德承认了这种自由之后，坚持认为这不足以履行我们的道德义务。根据我们开明的自我利益行动力并不意味着采取其他行动的能力，无论在未来还是在现在。

还有一个乌尔利希的反对让康德感到尤为麻烦。乌尔利希的论点是，有必要区分开启事件序列的能力与在特定时间上对这种能力的运用。[2]乌尔利希说，虽然我们有可能无法追向事件序列为何开始，我们必定能问我们的能力为何在这个而非另一个时间点运用。但他认为，给决定论者提供一个立足点已经足够。如果我们否认运用能力存在任何理由，那么意志的行为是任意偶然之事；但如果我们确认它的运用有理由，那么我们就又回到了决定论。

康德承认乌尔利希在事件序列开启的能力和它的运用之间的区别，但他仍然认为，要求解释能力为何在某些情况下而非其他情况下才运用，而这是非法的。这种要求将混淆现象界和本体世之间的边

---

[ 1 ] Ibid., VIII, 456.

[ 2 ] Ulrich, *Eleutheriologie*, pp. 33–35.

界，并在了无所得之处寻求解释。康德承认，他自己的理论把很大的神秘因素引进了自由概念。但他认为，如果我们要拯救道德，这就是我们必须付出的代价。事实上，在康德看来，相容论比他自己的理论引入了更多的神秘。自由和必然的兼容性之不可思议远比自由之简单不可思议更糟。

## 第五节　图宾根的棘手人物福莱特

福莱特（1759—1827），图宾根大学的形而上学教授（自1785年），然后是神学教授（自1792年），在哲学史上并未占据令人羡慕的地位。他的编年记录被写得很保守或反动。在启蒙运动的自然宗教早已成为现状之时，人们最怀念福莱特的是其一度不妥协地代表实证宗教的立场。作为斯托尔（C. G. Storr）的门徒，图宾根神学资深教授、所谓的老图宾根圣经批评学派的创始人[1]，福莱特对《圣经》的字面真理和启示权威进行了精微而不妥协的辩护。他颠覆了历史研究和语文学批评的新工具，运用它们不是为了摧毁而是为了支持《圣经》的超自然内容。康德的实践信念学说也以类似的方式被利用。[2]所有实证宗教的基本教条——三位一体、复活和转世——都被宣布为实践理性的必要悬设。这种对实证宗教的辩护在1790年代被认为是无可救药地不合时宜；许多评论家认为这种使用语文学与历史的方法歪曲了他们的初衷。

---

[1] 关于斯托尔的神学及其历史背景，见 Henrich, "Historische Voraussetzungen von Hegels System"，载于 *Hegel im Kontxt*, pp. 1-61, 以及 Pfleiderer, *The Development of Theology in Germany since Kant*, pp. 85-87。

[2] 关于斯托尔有偏见地使用康德的道德神学，见 Storr, *Bemerkungen uber Kants philosophische Religionslehre*，各处。

如果不是因为他是三位非常不满的学生在图宾根修道院（Tübinger Stift）的倒霉老师，福莱特就永远不会获得令人反感的名声。他们对他的必修课讲座反应尤为强烈[1]，他们在后来的评判中毫不留情[2]，给他们老师的名声蒙上了一层阴影。这些学生究竟是谁，能有这样的能力来缔造或摧毁一个人的名声呢？唯有谢林、黑格尔和荷尔德林。确实是一个非常令人生畏的法庭！从1788—1793年，谢林、黑格尔和荷尔德林忠实但并非乐意地参加了福莱特关于形而上学、神学和心理学的讲座，这些讲座经常包含对康德的批评和对实证神学的捍卫。因此，难怪这三个学生开始把他们的老师看作一个反动派，实际上看成是康德、莱因霍尔德和费希特新哲学思想的绊脚石。他们特别不喜欢莱福特有偏见地使用康德的道德神学，在他们看来，这似乎是对康德批判目标的歪曲，也是一种懦弱地从后门放进来独断论的企图。[3]谢林的《关于独断论与批判主义的通信》（*Briefe über Dogmatismus und Kriticismus, 1795*）是对斯托尔和福莱特的伪康德道德神学的伏击。

但是，如果年长的福莱特堪配骂名，那么青年福莱特就不当此语。在他为斯托尔那时代错误的道德神学服务之前，福莱特曾是一位敏

---

[1] 76. 关于黑格尔和荷尔德林参加莱福特的讲座，见 Harris, *Hegel's Development*, pp. 72–74, 83–84, 88, 94–95, 74n, 关于谢林的参加，见 Fuhrmanns, *Briefe und Dokumente*, I, 19–26。

[2] 比如可见，Hegel to Schelling, December 24, 1794, Schelling to Hegel, January 6, 1795, 以及 Hegel to Schelling, end of January, 1795, in Fuhrmanns, *Briefe und Dokumente*, II, 54–55, 56–57, 61。

[3] 关于青年黑格尔和谢林对斯托尔和福莱特道德神学的批评，见 Düsing, "Die Rezeption der kantischen Postulatenlehre", *Hegel-Studien Beiheft* 9 (1973), 53–90。

锐而受人尊敬的康德评论家，但这项工作败坏了他的名声。[1]他写了许多关于康德的评论，发表在《图宾根学术通讯》（*Tübingen gelehrte Anzeige*），以及两篇备受尊重与热议的论战著作：《对因果关系概念和原则的定义和演绎的片论论稿》（*Fragmentarische Beyträge zur Bestimmung und Deduktion des Begriffs und Grundsätze der Causalität*，1788，以下简称《片论》）和《关于宗教知识的道德基础的通信》（*Briefe über den moralischen Erkenntnisgrund der Religion*，1789，以下简称《通信》）。这些早期作品不是利用康德的实践理性来捍卫宗教，而是攻击了基于实践理性证明信仰的尝试。[2]青年莱福特的目的是复兴沃尔夫的自然神学，特别是捍卫宇宙论的论证以反对康德的批判。[3]这一早期反康德阶段的福莱特的生涯在后康德哲学史上留下了一笔，如果仅仅因为它受到如此地忽视，那么它反倒值得我们在这里加以关注了。

福莱特在《图宾根学术通讯》上评论康德，对康德而言构成一种持续的烦恼，康德当然对他讨厌的评论家也无太大的尊重。[4]福莱特的习惯是指责康德的前后不一，于是，这似乎是在提醒他的批评家，他不可能犯如此简单而可怕的失误，康德在"第二批判"写道："一致

---

[1] 关于福莱特的当代评论见 Eberstein, *Geschichte*, 11, 233 与 Maass *PM* I/2, 186–187。

[2] 他在 1793 年 10 月 27 日致康德的书信中，当他说他已学会评估康德关于上帝存在的道德证明时，他是在暗示他从其早期立场发生了转变。见 Kant, *Briefe*, XI, 461。

[3] 见莱福特的论文 "Etwas über die kantische Kritik des kosmologischen Beweises des Daseyns Gottes", *PM* II/1, 93–106。

[4] 康德对福莱特给予了轻蔑的答复，见《道德形而上学》的"前言", *Werke*, VI, 207。也可见 Hamann to Jacobi, May 13,1786, in Hamann, *Briefwechsel*, VI, 309, 这里哈曼记述了康德对 "the Tübingen review of his Moral" 一文的不快。

性是哲学家的最高义务。"[1] 在他的评论中，福莱特对康德提出了两个臭名昭著的批评。[2] 第一，他认为康德陷入了一个恶性循环，康德从自由中演绎出道德法则，然后又从道德法则中演绎出自由。第二，他认为康德与他对范畴的限定相冲突，康德必须将因果范畴应用于本体自我，才能对本体行动者有一个清晰的说明。

这两种批评都让康德担心，他在"第二批判"中给予了回答。[3] 康德对第一个批评的回答是，自由确实是道德法则的存在理由（*ratio essendi*），但道德法则是自由的认识理由（*ratio cognoscendi*）。他对第二个批评的答复是他根据范畴区分思维和认识对象。

福莱特的《片论》对自然神学中因果律的超越使用加以辩护。这种运用的目的是从康德的批评中拯救宇宙论的论证。就像乌尔利希一样，福莱特认为因果律具有逻辑意义，这证明了它超验的拓展是正当的。[4] 康德认为它的意义是经验的，因为如果所有的先行和继起概念在时间上被抽走，就不会存在因果之区分。[5] 但福莱特回答说，即使我们把时间抽走，我们仍然可以区分因果关系：原因是结果所跟随的根据，而不是相反。[6] 我们可以用充足理由律来区分因果关系，这一原则不仅适用于时间上的事件，而且适用于一般事物。

《通信》是对康德道德神学的尖锐攻击。在这里，福莱特批评了康德道德理论背后的根本前提：有可能根据道德兴趣或"理性的需要"

---

[1] *KpV, Werke*, V, 24.

[2] 见 *TgA*, May 13, 1786 与 February 16, 1786。

[3] 见 *KpV, Werke* 的前言，V, 4n, 5–6。康德对第二个反对的答复也是对皮氏的答复。

[4] 福莱特在《片论》中经常引用乌尔利希。根据 Harris，福莱特把 *Institutiones* 作为他讲课的基础。见 *Hegel's Development*, p. 78。

[5] *KrV*, B, 301.

[6] Flatt, *Beyträge*, p. 12.

来证成信仰的合法性。福莱特认为，没有任何兴趣或需要，无论多么具有道德或理性，足以证成一种信仰，因为它总是与信仰的虚假性相兼容。[1]我们可能有兴趣或需要相信某种不真实之物。为了证成我们的宗教信仰，我们必须恢复康德拿走的所有理论理性之古老的权利。正如福莱特总结了其著作的主要教诲那样："如果理论理性被剪断了翅膀，实践理性就不能伸展翅膀飞到超感觉的高度。"[2]

根据福莱特的说法，康德的道德神学依赖于两个命题，可康德连这两个命题都没有确立。[3]（1）道德要求我们不仅相信至善的可能性，而且相信至善的实在性，即德福一致。（2）只有当我们相信上帝之创造和维持至善，至善才是可能的。福莱特认为，这些命题要么与康德的整个体系不相容，要么前后不一。

福莱特对第一个命题提出了两个反对意见。第一，这与康德关于道德法则只对具有独特的感性的人类有约束力之主张不相容。[4]如果该主张为真，那么道德法则只对我们有效，我们无权从它推断出任何事物的客观存在。我们所能说的就是，我们是如此有限的存在者，以至于道德法则和由之而来的所有信念对我们来说都是必要的；但我们不能从这一点推断出这些信念本身的实在性。第二，康德对这一命题的论证属于乞题谬误。他认为，由于我们有义务实现至善，我们也有义务相信其实存，这种信念是履行我们义务的必要条件。但论证预设了其结论的真实性。我们不能假设我们有义务实现至善，除非我们已经知道至善的实现条件已普遍存在。[5]

---

［1］Flatt, *Briefe*, pp. 18–19.

［2］Ibid., p. 13. 比较福莱特的论文 in *PM* II/1, 106。

［3］Flatt, *Briefe*, pp. 14–15.

［4］Ibid., pp. 15–16.

［5］Ibid., pp. 30–36.

福莱特认为，康德道德神学的第二个命题也与他的整个体系不一致。康德的原则不允许把上帝看作至善背后的支配者，因为这将要求将因果范畴应用于本体界，而这又是康德明确禁止的。[1]对康德的原则而言，没有必要把上帝看作德福一致的原因，因为至善可能是有限理性行动者本身活动的结果。[2]因此，康德自己在"第一批判"中说，如果每个人都做道德要求他做的事情，他将是他和其他人幸福的创造者。[3]即使假设上帝是至善的原因，康德仍然不可能推断上帝是一个无条件的独立存在。[4]因为这将是从一系列条件中推出无条件者，根据康德的体系，这也是不允许的。康德反对物理神学证明的所有论证，都类比地（ *mutatis mutandi* ）适用于他自己的实践证明[5]。

粗略地说来，这些就是福莱特对康德早期争论的要点。毫无疑问，他的争论还有诸多尚待完善之处。《片论》意在对康德关于因果关系给出批判性考察，但它甚至没有分析第二个类比的论证，从而忽略了康德根据范畴区分思维和认识对象的所有重要区别。《通信》因对康德立场的粗略理解而饱受诟病，并设置了一个不堪一击的纸老虎（ paper dragon ）。当一切都已尘埃落定，福莱特还是应该得到赞扬，因为他对当时康德哲学中两个被忽视的领域进行了深入而谨慎的考察。在他之前，无人仔细又精确地研究过康德的道德神学或因果关系理论。福莱特的论战绝不等同于舒尔茨和迈蒙后来的作品，但它们至少是朝着正确的方向迈出了一步。因此，就福莱特早期对康德的争论而

---

[ 1 ] Flatt, *Briefe*, pp. 52–54.

[ 2 ] Ibid., pp. 58–59.

[ 3 ] *KrV*, B, 837–838.

[ 4 ] Flatt, *Briefe*, pp. 64–65.

[ 5 ] Ibid., pp. 72–79. 康德反对物理神学论的论证是它不能推断无限，而只能推断上帝相对的善性。

言，他并不是那么反动的。[1]

## 第六节　普拉特纳的元批判怀疑论

康德最著名的理性主义批评者之一是恩斯特·普拉特纳（1744—1818），莱比锡大学医学和生理学教授。在康德成名之前，普拉特纳被认为是德国最重要的哲学家之一。[2]人们常常把他与兰伯特、康德和特滕斯相提并论。[3]普拉特纳是通俗哲学运动的先驱，他的《人类学》和《格言》构成运动的经典。他以其精湛、机智和文雅的讲座而闻名，讲座十分叫座，颇具影响力。在他早期的学生中就有莱因霍尔德，人们正是首次通过莱氏了解到康德。[4]然而，当康德的哲学在1790年代初变得如此流行之际，普拉特纳的声誉却变得暗淡了。普拉特纳发展出一种新的元批判怀疑论来奋力反抗康德的影响力，但这并未给他带来他以前的荣耀。

早期的普拉特纳绝对属于理性论者，而非通俗哲学运动的经验论派系。他早期的著作表明他极大地沾惠于莱布尼茨，他甚至被认为是"莱布尼茨体系中最重要的改进者之一"[5]。例如，在《格言》（1782—1784）的早期版本中，普拉特纳阐述了莱布尼茨的认识论和心理学，

---

［1］犹如 Düsing 在 "Rezeption"（p. 58n）一文指出的，谢林对"悬设理论"（Postulatenlehre）的早期批评与福莱特相似。

［2］见 Eberstein, *Geschichte*, I, 434。

［3］比如可见 the introduction to Mendelssohn's Morgenstunden in Mendelssohn, *Schriften*, III/2, 3。

［4］见 Heydenreich to Reinhold, July 20, 1789, in *Reinholds Leben*, p. 344。

［5］Eberstein, *Geschichte*, I, 434.

并反对康德的诸反驳。[1]他还坚持形而上学成为一门科学的可能性[2]，甚至试图反驳怀疑论。[3]但部分的，如果不是完全的话，在康德的刺激下，普拉特纳开始走向一种更具怀疑论的立场。[4]康德已经说服他不可能获得物自体的知识，使他改变和重新思考他早期的立场。在后来出版的《格言》(1793)中，普拉特纳放弃了形而上学的可能性，并坚持怀疑论的必要性，他宣布这是"哲学中唯一自洽的观点"。尽管这一运动倾向怀疑论，普拉特纳从来没有完全放弃他早期对莱布尼茨主义的许多忠诚。他的后期哲学依然保留这些莱布尼茨哲学的特征，而这与他的新怀疑论若合符节，例如，一种理性主义心理学几乎与莱布尼茨的心理学相同。

普拉特纳的哲学声誉在很大程度上是基于一本书，即他的成名作《格言》。它实际上不是一本书，而是多篇文章共用了单一标题，在《格言》各个版本中历经如此多的重大的修订。[5]虽然早期版本阐述了莱布尼茨主义的认识论和心理学，但后来的版本推进了新康德主义的怀疑论。普拉特纳在1793年推出了第三个完全修订版，把批判哲学纳入考量。该第三版引起了康德的朋友与论敌的广泛讨论。[6]普拉特纳对康德的批评为他赢得极大的尊重，他被普遍认为是一个值得重视

---

[1] Platner, *Aphorismen* (1784), 段855, 866, 873。

[2] Ibid., 段719。

[3] Ibid., 段792–810。

[4] 康德对普拉特纳的影响已经由 Seligowitz 在文章中记载，见 "Platners Stellung zu Kant", *Vierteljahrschrift fur wissenschaftliche Philosophie* 16 (1892), I, 85–86。

[5] 第一部分的第一版出现在1776年，第二部分的第一版在1782年，第一部分的第二修订版在1784年。1784年的版本对康德提出了一些有趣的批评，但总的来说，它仍然代表了普拉特纳的旧莱布尼茨立场。第一部分的第三个完全修订版是1793年，这是后康德哲学最重要的版本。第二部分的第二个完全修订版于1800年。

[6] 关于这种讨论的细节，见 Eberstein, *Geschichte*, II, 386–394。

的人物。[1]莱因霍尔对普拉特纳的新怀疑论写了一篇反驳[2]，另一位杰出的康德主义者伯恩（F. G. Born）对普拉特纳的反对作出了回应。[3]然而，最重要的是，《格言》在18世纪的最后十年里成为耶拿的一本实质上的教科书。在介绍性讲座中，批评和评论《格言》已成为一种既定传统。费希特、施密特和莱因霍尔德都用过《格言》。当然，正如我们从这些热心的康德主义者身上所期望的那样，《格言》更多地被用作批判的靶子，而不是用于阐明。如果仅仅就它构成了费希特和莱氏的研读背景而言，它仍然是后康德哲学中的一个重要文本。[4]

普拉特纳对后康德哲学的主要贡献是他的新怀疑论，或者他所说的"怀疑的批评"。与他的两个持怀疑态度的同代人，即迈蒙和舒尔茨一起，普拉特纳因为恢复了康德之后的怀疑论而值得高度的赞扬。人们常说，康德之后怀疑论的复兴是由迈蒙、舒尔茨和普拉特纳之三人组（triumvirate）担当的。[5]

普拉特纳的新怀疑论包括两个基本论题，两者都指向康德：（1）康德没有反驳休谟，只是以回避问题来反对休谟；[6]（2）康德对形而上学的所有批评都同样适用于［批判］他自己的认识论。然而，在试图恢复怀疑论时，普拉特纳并不是简单地回到休谟。毋宁说，他把他

---

［1］比如可见，Schad, *Geist der Philosophie*, pp. 241ff., 其中详细地引证了普拉特纳。即使是对康德的批评者决不吝惜的 Adickes，也承认普拉特纳的批评是"自始至终的尖锐"。见他的 *Bibliography*, pp.41ff。

［2］见 Reinhold, "Ausführlichen Darstellung des negativen Dogmatismus", in *Beyträge*, II, 159ff。

［3］见 Born, *Versuch*, pp. xi-xiv. 参考 Born to Kant, October 6,1788, in Kant, *Briefe*, X, 547。

［4］了解费希特关于普拉特纳的演讲细节，见 Lauth and Gliwitsky, 关于费希特的"序言", in *Gesamtausgabe*, II/4, v-vi, 23-25。

［5］比如可见，Eberstein, *Geschichte*, II, 66ff。

［6］Platner, *Aphorismen*（1793），段699。

的怀疑论建立在一个新的基础上，即康德的批判。普拉特纳的怀疑，如迈蒙和舒尔茨的一样，属于元批评（meta-critical）。它的出发点是康德的批判，但它在将批判转向自身方面又深入了一步。因此，普拉特纳区分了"独断的"和"怀疑的"知识批判。[1]不像康德关于独断论的批判，怀疑的批判考察和批判本身的局限性和权力。根据普拉特纳，康德完全误解了怀疑论的本质。康德把它定义为不信任理性，而不事先批评理性自身的权力。[2]但普拉特纳反驳说，真正的怀疑论是建立在批判之基础上的，这是批判之前后一致的必然结论：在批判的力量之前，批判自己无法逃避。

虽然他的怀疑态度在语气和精神上坚决反对康德，但普拉特纳仍然渴望恳求他不要将自己视为敌人。[3]他实际上尽力强调，他同意康德哲学的基本原理。普拉特纳写道，康德哲学的两个主要原则也是他自己的两个主要原则。[4]这些原则首先是，不可能存在物自体的知识；其次，所有的哲学都必须返回它在常识、道德和经验中的基础。与康德一样，普拉特纳肯定我们必须否认知识，以便为信仰腾出空间。[5]

然而，如果普拉特纳热衷于赞同他所说的康德的"哲学"，他也毫不犹豫地不同意他所说的康德的"体系"或"学说"。[6]他把康德的"系统"或"学说"定义为他试图证明自己主要原则的方法与证明。根据普拉特纳，这些方法和证明与形而上学家的方法和证明一样独断。普

---

[ 1 ] Platner, *Aphorismen*（1793），段 694，696，705。

[ 2 ] *KrV*, B, 791, 795–796.

[ 3 ] Platner, *Aphorismen*（1793），p. vi 注释 . 参考 Reinhold to Kant, June 14, 1789, in Kant, *Briefwechsel*, p. 405。

[ 4 ] Ibid., p. vi.

[ 5 ] 尽管如此，普拉特纳是康德道德神学的尖锐批评者。比如可见，*Aphorismen*（1793），段 704。

[ 6 ] Platner, *Aphorismen*（1793），pp. viiiff.

拉特纳坚持说，当康德假设知道全部知识的能力，并以完全的把握来确定它的能力和限度时，他的独断论就尤为明显了。但普拉特纳认为，真正的知识批判是怀疑的，因为它认识到，我们无法以比了解物自体更有把握的方式了解我们的知识能力。正如普拉特纳在1792年5月19日给奥古森伯格王子（Prince Christian Frederick Augustenberg）的信中总结了他对康德的批判："让我们小结一下吧，承认人类思想和它应该解释的世界一样是个谜，岂不是更明智和更温和的吗？……康德自命不凡地知道人类思维的内在本质——因此他可以证明它一无所知。想测知人类的思想或世界，哪一种设想更离谱呢？"[1]

当普拉特纳试图揭露康德的"独断论"时，他对康德的争论确实是最好的。我们可以总结他最有趣的反对意见：（1）康德关于物自体的消极陈述就像形而上学家的积极陈述一样独断。消极论述例如，物自体不存于时空中，如同积极论述，即它们确实存于时空中，都违反了康德对知识的限制。因为正如康德所说，如果我们对物自体一无所知，那么它们确实有可能存在于时空中；仅仅从时空是感性的先验形式这一事实来看，它并不必然地推出它们也不是物自体的属性。[2]（2）康德试图证明我们所有的知识都局限于经验，这太过草率和独断。这样的证明，如果没有被严格地限制乃是自我否决的，因为它不能通过经验来证明。[3]（3）我们不能有把握地说，我们的先天概念是知性的产物，以及我们的道德行为是本体自由的产物。因为我们所知的一切，它们可能是物自体作用于我们的效果。现象界中严格的因果关系可能确实与本

---

[1] 见 "Platner's Briefwechsel", in Bergmann, *Platner*, p. 324. 参考 Platner to Luise Augusta, May 19, 1792, ibid., pp. 325-327.

[2] Platner, *Aphorismen*（1793）, pp. xi-xii.

[3] Ibid., p. xiii.

体界相符。[1]（4）康德如果认为他已反驳了休谟，那就错了。他的先验演绎所证明的一切是，如果我们有合乎规则与秩序的经验，那么它们必然是符合范畴的；但这仍然让休谟有可能否认我们拥有这样的经验。[2]

在听到对康德的"独断论"批判的连篇累牍的论述之后，我们很可能会问普拉特纳，他如何证明他自己的"怀疑论"批判是合理的？是什么使他的怀疑在自我否决的斯库拉（Scylla）和独断论的卡律布迪斯（Charybdis）之间掌稳船舵？[3]普拉特纳对这个问题有着惊人而激进的答案。[4]他认为，怀疑论是完全无可辩驳的，因为怀疑论者不肯定或否认任何东西。由于他没有信念，他不会反驳自己或成为教条。普拉特纳说，假设它包含在一组信念中，或者假设它是一个特定的理论立场，这将对怀疑论构成巨大误解。怀疑论不是一种学说或理论，而只是一种态度或性情。正是这种思维结构，我们以完全的漠然和超然的态度看待所有的信念。怀疑论者知道，除了以严格的个人和主观的方式外，他不能证明他的态度辩护之正当性。怀疑论给了他独立性和头脑的沉着冷静，这对他来说是足够的正当。

普拉特纳的个人怀疑论代表了 18 世纪哲学中理性权威对问题最激进的回答之一。对普拉特纳来说，如果所有的批评都以怀疑论终结，那么所有的怀疑都以完全主观主义终结。他声称，他的怀疑只不过是个人的态度（*die Denkart des einzelnen Mannes*）。康德赋予哲学的

---

［1］Platner, *Aphorismen*（1793），段 700。

［2］Ibid., 段 699。

［3］斯库拉（Scylla，或者称为 Skylla），来自希腊语动词"撕碎、扯破"，是希腊神话中吞吃水手的女海妖。卡律布狄斯（Charybdis），有"吞咽"之意，海王波塞冬（Poseidon）与大地女神该亚（Gaea）之女，为希腊神话中坐落在女海妖斯库拉隔壁的大漩涡怪，会吞噬所有经过的人、兽或船只。——译者注

［4］Ibid., 段 705-706，710。

批判方向以激进的主观主义为结论。最后,人们只能钦佩普拉特纳在提倡这种极端怀疑论方面的勇气和一致性——然后又不知道这是否确实就是批评的前进方向。

## 第七节　埃伯哈特的公开辩论

1788 年标志着康德哲学史上的一个新阶段。既然康德在很大程度上得益于莱因霍尔德的《通信》和舒茨的《总汇报》,因而已获得了公众的认可,那么在更广泛的范围内捍卫批判哲学的问题就出现了。没有什么比成功更招敌了。就此而言,1788 年乃是关键的一个年头。这也是反动的一年,是年开启了反康德的激烈争论。奇怪的是,似乎是设计好了似的,所有反对康德的力量都在同一年开始结集。1788 年费德尔和马恩勒斯出版了他们的《哲学图书》,成为洛克主义者的喉舌。也就在同一年,埃伯哈特成为《哲学杂志》编辑,成为沃尔夫主义者的代言人。这两种期刊的公开目的都是为了对抗批判哲学日益增长的影响。它们出现在同一年,对康德来说是一个严峻的挑战,他现在面临着双线作战。

在这两种期刊中,康德感受到来自《哲学杂志》的威胁比来自《哲学图书》的更大。虽然他懒得回复《哲学图书》,但他却想方设法回击《哲学杂志》。不顾朋友的劝告[1],也不顾他自己不从事论战的决心[2],康德陷入了写一篇关于埃伯哈特的重大争论的麻烦。这是他在 1790

---

[1] 见 Reinhold to Kant, April 9, 1789, in Kant, *Briefwechsel*, p. 375。

[2] 见 Kant to Reinhold, May 19, 1789, in Kant, *Briefwechsel*, p. 393。在这里,出于通常的时间和年龄原因之故,康德放弃了与埃伯哈特的斗争。然而,当"第三批判"完成时,康德决定中止他的决心和战斗。见 Kant to Reinhold, September 21, 1789, in Kant, *Briefwechsel*, p.417。

年 4 月发表的《论所谓一切新的纯粹理性批判因旧理论而为多余的发现》( *Ueber eine Entdeckung, nach der aile neue Kritik der Vernunft durch eine aeltere entbehrlich gemacht werden soll*，以下简称《发现》)，与"第三批判"同时出版。《发现》确实是康德晚年最大的论战作品。但康德的愤怒并没有随之停止。除了写他的论战之外，康德还鼓励他的盟友莱因霍尔德和舒尔兹( Schulz )[1]，向他们发出详细的指示以攻击埃伯哈特。[2]康德热情高涨地反对《哲学杂志》，甚至令朋友们都大为惊讶，他们没有想到这样一位年迈而忙碌之人会如此激情迸发。

　　为什么康德要花这么大的力气去攻击《哲学杂志》？虽然这本期刊对他构成了明显的威胁，对他提出了非常严重的指控，指责他缺乏独创性，但这些因素仍然不足以使康德投入战斗。因此，当《哲学杂志》甫一问世时，康德拒绝与之纠缠，并把这个任务分配给他的门徒。那么，康德缘何又改变主意了呢？答案可能在于康德的弟子们对沃尔夫主义者开战的失败。[3]康德的盟友，雷伯格( A. W. Rehberg )和莱因霍尔德都没有对沃尔夫主义者给出毁灭性打击的答复。[4]相反，埃伯哈特和他聪明的伙伴马斯和施瓦布成功地发起了令人信服的反击，把康德主义者逼回到了防守状态。[5]事实上，雷伯格在绝望中发出了

---

　　[1]原文为 "Schulz"，疑为笔误，应该是 "Schultz"( 舒尔兹 )。——译者注

　　[2]见 Kant to Reinhold, May 12 and 19, 1789, in Kant, *Briefwechsel*, pp. 377–393; 以及 Kant to Schultz, June 29 和 August 2, 1789, ibid., 465–466。

　　[3]根据埃博斯坦( Eberstein )的说法，康德的朋友和论敌之间的所有冲突只产生了一个明确的结果：沃尔夫主义者没有被打败。见他在 *Geschichte*( II, 165–180 )中关于这些论战回合的详细记述。

　　[4]见 Rehberg, *ALZ* 90( 1789 ), 713–716; 与 Reinhold, *ALZ* 174–175( 1790 ), 577–597。

　　[5]见 Eberhard's reply to Rehberg, *PM* II/1, 29ff.; 以及他对莱因霍尔德的答复, *PM* II/2, 244ff。

一个求救信号，恳求康德助战。[1]沃尔夫主义者似乎开始占据了优势。因此，考虑到来自前线的令人沮丧的战报，康德有充分的理由打破他先前不卷入论战的决心。既然"第三批判"实际上已完成了，他也有时间和精力参战。[2]

康德对《哲学杂志》的回应是批判哲学史上的一个里程碑。这是康德最后一次攻击莱布尼茨－沃尔夫学派，与他宿敌做最后的清算。[3]硝烟从战场上散去后，康德在他的同代人眼中明显地以胜利者的姿态出现。如果只以公众头脑来看，沃尔夫主义者被彻底击溃。[4]

因此，让我们简单地讲述康德的胜利和沃尔夫主义者的失败。这就要求我们首先看看他最强大的对手埃伯哈特的策略和论证。

埃伯哈特，作为《杂志》的编辑，是沃尔夫主义者反康德活动的魁首。理性主义通俗哲学家结集在埃伯哈特周围，就像经验主义者站在费德尔身后一样。让埃伯哈特在沃尔夫主义者中扮演如此重要角色的不是他的哲学敏锐——他充其量是个二流的沃尔夫主义者——而是他的社会地位。埃伯哈特是哈勒大学的形而上学教授，哈勒大学是德国沃尔夫主义的发源地和堡垒。他也是柏林启蒙运动的一位杰出人物，有着一切合适的朋友圈，联络不辍。埃伯哈特的两部作品引起了人们的注意，并给了他一些声望：《苏格拉底的新申辩》(*Neue Apologie des Sokrates*, 1772）和《思维和情感的一般理论》(*Allgemeine Theorie des*

---

[1] Rehberg, *ALZ* 90（1789），715.

[2] 虽然"第三评判"和《发现》同时问世，但在康德开始从事《发现》写作时，"第三批判"已基本完成了。见 Kant to la Garde, October 2, 1789, in Kant, *Briefwechsel*, p.417。

[3] 后来的 Fortschritte 也讨论了莱布尼茨－沃尔夫学派，但在这里康德放弃了争论，他的视角更具历史意义。

[4] 关于《发现》的影响，见 Jachmann to Kant, October 14, 1790, in Kant, *Briefwechsel*, p. 484. 也可见 Vorlander, *Kant*, I, 342 与 Eberstein, *Geschichte*, II, 231–232。

*Denkens und Empfindens*, 1776），荣获柏林科学院比赛奖项。那时埃伯哈特是位名流，当他攻击康德时，人们必定会倾听。[1]

虽然埃伯哈特没有任何伟大的哲学天赋，但他确实有一项无可争辩的技能：他知道如何给学术争论增添八卦的氛围。埃伯哈特的目的不仅是反驳康德，而且是诋毁他。他想贬低康德的独创性主张，从而使围绕批判哲学的新奇光芒变暗，这招被证明是其最强的卖点之一。为了以这种方式削弱康德，埃伯哈特提出了一个吸睛而挑衅的主张：纯粹理性批判工作已经在莱布尼茨中发现了。[2]埃伯哈特叫嚷："莱布尼茨的批判包含了康德的批判中的一切，它为我们提供的东西更多。"[3]埃伯哈特在最广泛的意义上，把理性批判解释为对理性能力与限度的分析，坚持认为莱布尼茨早就开始了这项事业。他特别想到了莱布尼茨的《人类理智新论》（*Nouveaux Essais*），书中莱布尼茨确实进行了广泛的认识论上的工作，即便不是严格的批判。埃伯哈特认为，我们不能质疑莱布尼茨获得批判哲学家头衔的权利，除非我们首先把某些具体的结果和关于理性限度的结论，与确定批判的事业联系起来，但这样的联系只不过是个粗糙的乞题谬误。[4]在埃伯哈特看来，康德和莱布尼茨的批判之别不在于他们的目的或方法上，而是仅在于结果上。两者结果之重要区别仅仅是康德的批判否认了物自体知识

---

[1] 根据埃博斯坦的说法，康德不能忽视埃伯哈特，因为他当时有"深思的世间智慧"（the reputation of a deep-thinking Weltweisen）之美名。见他的 *Geschichte*, II, 166。

[2] 这一主张往往受到误读。因此，托内利（Tonelli）说，埃伯哈特"声称康德的观点完全来源于莱布尼茨，它们都是一种特殊的独断论形式"。见他的论文 "Eberhard"，收于 *Encyclopedia of Philosophy*, II,449。但埃伯哈特从未提出过如此强烈的主张，并且总是坚持康德和莱布尼茨的观点存在差异。更不用说埃伯哈特指控康德剽窃了，一如 Adickes 在其 *Bibliography*（p. 87）中所暗示的那样。

[3] Eberhard, *PM* I/l, 26.

[4] Ibid., I/l, 23.

的可能性，而莱布尼茨则肯定了。物自体的知识是那份诱人的额外之物，莱布尼茨的批判为我们提供了康德批判所无法提供的额外之物。

表面上看，埃伯哈特在质疑康德的独创性时，似乎只提出了一个基于个人偏好（ad hominem）的观点。但在更深层次上，他的论点包含了整个沃尔夫主义反康德运动的核心信息：如果批判是一致而彻底的，它就不会破坏而是支持形而上学。埃伯哈特说，换言之，康德并不比莱布尼茨更进步。沃尔夫主义者显然担心康德关于"独断论"的指控，因为这意味着他们过于自满而无法审视自己的前提。康德暗示，批判哲学站在一个更高和更复杂的反思水平上，有种对理性的限度和能力的自我意识，而莱布尼茨则在他独断的鼾睡中永远不会梦到这些。埃伯哈特通过声称莱布尼茨也对理性进行了批判，从而巧妙地消解了这一差别。他暗示，莱布尼茨像康德一样地反思。事实上，在埃伯哈特看来，莱布尼茨比康德更有反思力，因为他通过对理性更艰苦而准确的考察，得出了物自体知识之可能性的结论。因此，巧妙地把康德声称比莱布尼茨进步的主张加以倒转，埃伯哈特反驳说莱布尼茨比康德进步。

在为莱布尼茨的理性批判之实存辩护之后，埃伯哈特提出了我们应更倾向哪种批判之问：莱布尼茨的还是康德的？当然，如我们所期望的，埃伯哈特一头栽倒在莱布尼茨的怀抱里。但他为这个选择给出的理据是如此的有趣。他说，在这些批评之间选择之关键是，哪一种避免了休谟的观念论。[1]埃伯哈特认为休谟的观念论对一切哲学都构成了核心挑战。他认为，一种哲学只有当它避免了休谟经验论的危险后果即唯我论时，它才是成功的。然而，一旦我们接受洛克关于知觉的直接对象是观念的原则，那么这一后果就很难避免了。根据

---

[ 1 ] Eberhard, *PM*, I/l, 26.

埃伯哈特，只有休谟才有勇气将这一原则导出最终结论：否认所有独立于我们观念的实在，无论是外部世界、上帝、其他思想，甚至是自我。确实有趣的是，就像雅可比一样，埃伯哈特用虚无主义的话语描绘了休谟的观念论。他写道：休谟把［理性］致命一跃带入了"绝对虚无的王国"[1]。因此，对于一个像埃伯哈特这样的沃尔夫主义者，而不仅仅是一个像雅可比这样的虔敬派来说，哲学的归谬法（reductio ad absurdum）是虚无主义。

鉴于这一标准，埃伯哈特认为我们的选择已经做出了。我们不能选择康德，因为他不是避免而是拥抱了休谟的观念论。因为康德把知识限定于现象，因为他将诸现象不多不少地理解为"我们自身的主观变式"（subjective modifications of ourselves），所以他已经明确地同意了休谟的唯我论。[2]现在埃伯哈特向我们保证，莱布尼茨的批判之巨大优势是避免了这种极端性的结论。莱布尼茨突破了休谟式的意识畛域，因为他揭示了纯粹先天概念的范围，这给了我们超越感官领域的本体实在的知识。[3]因此，即使我们从感官中获得的所有知识都只不过是现象，正如康德和休谟所坚持的那样，我们仍然留下了先天概念，它让我们超越了这层幻境的面纱（veil of maya），并深入到纯粹可知的物自体的领域。

埃伯哈特的《哲学杂志》主要目的是捍卫莱布尼茨和沃尔夫的遗产，以抵御康德批判的攻击。这意味着埃伯哈特必须捍卫形而上学的可能性，或者正如他所规定的，捍卫本体或物自体的理性知识之可能性。但埃伯哈特匆忙而草率地执行这一精致而困难的任务，其结果只是破坏了他试图维护的传统。

---

［1］Eberhard, *PM*, I/l, 17.

［2］Ibid., I/l, 28 与 I/3, 264–265。

［3］Ibid., I/l, 19–20.

除了他的先天综合理论（在第七章第三节中已考察）外，埃伯哈特对形而上学的辩护只是包括来自莱布尼茨－沃尔夫传统的两个陈旧论证。第一个论证沉溺于一种流行的沃尔夫主义者的自娱：从矛盾律中证明充足理由律。就像莱布尼茨一样，埃伯哈特把充足理由律视为形而上学基础之一部分。他说，如果没有充足理由律，除了我们感官的直接对象之外，我们就什么都不可能知道；对上帝、灵魂和整个宇宙之实存作出推论是不合法的。[1]但由于充足理由律不是一个显然的分析真理，而且由于它受到了休谟等怀疑论者的攻击，埃伯哈特不得不承认，在证成其正当性方面尚存在问题。然而，他认为通过构造一个适当的证明，该问题是可以克服的。如果我们能证明否认它就意味着矛盾，那么对其争论的人也必然承认这一矛盾了。因此，就像沃尔夫一样，埃伯哈特使用教科书般的沃尔夫式论证，继续构造这样的证明。[2]如果我们否认某件事有原因，则论证如下：我们必须假设它可以同时拥有属性 p 以及属性非 p；但是承认它可以同时是 p 与非 p 属于自相矛盾。[3]

　　埃伯哈特的第二个论证本质上是对莱布尼茨单子论的一次改头换面。埃伯哈特试图争辩说，单子论是先验哲学本身的内在必然。他认为，如果我们要成为优秀的先验哲学家，并确定经验的必要条件，那么我们就必须分析我们的感觉，将其分解成最终的成分，即不可分割的诸点。由于这些点是任何显示给感官的必要条件，它们不是现象，而是本体上的实体。因此，当理性分析其经验的基础时，它实际上已经从现象域过渡到了本体域。因此，对埃伯哈特而言，先验和超验之间没有严格的分界线。对感觉条件的任何分析立即会成为形而上学。

---

[1] Eberhard, *PM* I/2, 161ff.

[2] Wolff, *Werke*, II/1, 17–18, 段 31。

[3] Eberhard, *PM* I/2, 163–164.

理性将感觉分析成其最终的本体成分的能力，证明了它可以认识物自体，从而也证明了形而上学的可能性。

作为康德对埃伯哈特的答复，1790 年出版的《发现》是哲学论战的杰作。在修辞上，康德的作品无法与莱辛具有相似体裁的热情迸发的辉煌之作《反对葛茨》（*Anti-Goeze*）相比。那部晦涩难懂的、冗长的、浓稠而单调的"第一批判"仍然在盛行。尽管如此，作为对草率和有偏见的推理之辩论性揭露，康德的作品是一流的，以无与伦比的技巧揭示了埃伯哈特论证的羸弱。

康德的大部分论战都牵涉到答复埃伯哈特关于形而上学可能性的证明。康德轻松驳倒了埃伯哈特关于充足理由律的论证。[1]他指责埃伯哈特故意混淆了这一原则的两种意义。一种是逻辑意义，意为"每个命题都有理由（reason）"；一种是先验意义，即"一切事物都有原因（cause）"。虽然可以从矛盾律中证明第一种含义，但不可能证明第二种。埃伯哈特试图通过一种有意模糊的原则阐明来克服这一差异，在"一切"或可以指有理由的命题或者有原因的事物之处，都训释为"一切都有理由"。在评论埃伯哈特论证的细节时，康德指出这是一个明显的不连贯（*non sequitur*）。否定充足理由律并不意味着某物可以同时是 A 与非 A，而只是说它可以是 A 而不是非 A，或相反。不过，只是第一种选择，而不是第二种，是自相矛盾。

康德认为，埃伯哈特返回到单子论论证也存在类似的模棱两可。[2]在试图通过分析感觉来证明本体性实体的实存时，埃伯哈特混淆了"不可感知的"（nonsensible, *nichtsinnlich*）一词的两种不同含义。不可感知的可以是一种现象的，考虑到我们感觉能力的现状，我们无

---

[1] Kant, *Werke*, VIII, 193-198.

[2] Ibid., VIII, 207-225, 尤其在 207ff。

**理性的命运** | **332**

法辨别或意识它；也可以是本体的，它不能在任何可能的经验中被给予，即使我们的意识和理智的能力被无限放大。现在，埃伯哈特正确地声称我们可以将感觉分析成第一种不可感知的实体；但他推断这是第二种不可感知的实体的证明则是错误的。康德坚持认为，通过分析现象，我们发现了更多的现象。我们从来未到达现象背后的本体，即使我们当前的感觉能力被无限放大。这里，重要的是要注意到，康德并不否认将现象分析成更简单单位的可能性，而且他也绝非在限制科学的界限；因此，他赞同地提到牛顿把光分析为粒子。[1]康德质疑的是，任何这样的科学分析[是否]都为我们提供了本体意义的实体。

康德争论的其余部分包括对埃伯哈特的各种反对的迅速答复。康德立即驳斥了埃伯哈特关于他经验的意义标准失之武断的观点。[2]康德认为这根本不是武断，因为这是一个结论，而不是先验演绎的前提。[3]因此，如果埃伯哈特想对这一标准提出异议，那么他必须从演绎的推理中找出毛病。但在这里，康德忽略了他自己在《形而上学的初始根据》中削减演绎的工作，他在那里说就这样的结果而言，[演绎]是没有必要的。[4]康德在这一点上对埃伯哈特的答复，再次让我们怀疑他对演绎是否持有一致的态度。

针对埃伯哈特对其先天综合标准的批评[5]，康德直接认为，他的标准避免了埃伯哈特的问题。埃伯哈特的分析性标准——谓词述说出必然地属于主词本质之物——被拒绝，理由是它尚不充分。[6]康德说，

---

[1] Kant, *Werke*, VIII, 205.

[2] 见 Eberhard, *PM* I/3, 269–272, 280–281。

[3] Kant, *Werke*, VIII, 188–189.

[4] Ibid., IV, 474n.

[5] 见 Eberhard, *PM* I/3, 307–309, 326。

[6] Kant, *Werke*, VIII, 229, 232.

分析的与综合的先天判断都有谓词，这些谓词断言了属于主词本质之物。因此，有必要增加另一因素来区分分析和综合，这是"第一批判"中已经制定的标准：谓词是否已包含了超过主词概念中所思及之物。

康德对埃伯哈特挑衅的说法，即莱布尼茨已对理性进行过批判，作何答复呢？康德对这一指控的答复可谓给予了天才战术的一击。他并未大费周折翻阅莱布尼茨的文本，意在表明《著名的人类智慧》( *der berühmte Weltweisen* )没有这样的目标。这只会暴露他的惊愕——甚或更糟的焦虑。毋宁说，康德的做法恰恰相反：他表明莱布尼茨在许多方面的想法确实预见到了"第一批判"。[1]因此，莱布尼茨的充足理由律被解释为一种调节性观念，他的预定和谐被看作一种解释知性和感性之间相互作用的启发原则。这样的一种大逆转一下子把埃伯哈特推到了防守境地。现在莱布尼茨站在康德而非埃伯哈特的一边了。同时，康德不必担心埃伯哈特关于非原创性的指控。虽然康德乐于承认莱布尼茨预见到了他的想法，但他暗示莱布尼茨所做的只是粗略的预测。

最终，康德对埃伯哈特的胜利属于严格意义上争论性的。如果《发现》作为论战是一种成功的话，那么作为哲学它仍然是一种失败。无论不辞劳苦地翻阅它的人是谁，都不会发现众多关于"第一批判"那令人费解的修补之阐明。当然，有一些有趣和富有启发性的段落[2]。但总的来说，这项工作是令人失望的，因为它没有顺着埃伯哈特的反对

---

[ 1 ] Kant, *Werke*, VIII, 246–251.

[ 2 ] 有两个著名的段落，其中的一段里康德说现象是属于物自体的，物自体构成现象的根据( *Werke*, VIII, 215 )。在另外一个段落里，康德断然拒绝固有观念，坚持认为只有获得的先天活动( *Werke*, VIII, 221–222 )。虽然这些段落经常被引用，但这里几乎没有什么是细心的读者不可能从"第一批判"发现的。关于第一点，见 *KrV*, B, xxvi, 55, 60；第二点，见 *KrV*, B, 1, 117–119。

思路来澄清"第一批判"。因此，康德没有解释他的先天综合的标准；他也没有捍卫他的意义标准。每次当我们希望澄清它之时，我们只是简单地回到"第一批判"。鉴于康德论战书写的目的，这也是完全可以理解的。他的首要任务不是澄清"第一批判"，而是让他的对手蒙羞。康德实现了他的目的，但却牺牲了他的哲学。

# 第八节　沃尔夫主义运动的后果

虽然沃尔夫主义者输掉了与康德的战斗，虽然他们在败北后从哲学场景中消失了，但他们的斗争并没有付之东流。在 1790 年代早期，他们把康德主义者逼退到防守状态，当时康德的哲学似乎准备好粉碎一切的反对。康德主义者再也无法把所有的批评都看作误解，这是沃尔夫主义运动之前的一种惯常策略；当时他们被迫澄清和界定他们的观点，以回应沃尔夫主义的反对。[1]这特别适用于先天综合的准则，以及时空理论。[2]

除了这种一般性影响，我们还可以探知到沃尔夫主义运动给特定的思想家们带来的冲击。这些思想家中最重要的是康德本人。与埃伯哈特的争论对他的影响，远远超过了反对埃伯哈特争论所显示的意义。例如，如果我们看回顾性的《进展》(*Fortschritte*)，我们会发现康德对形而上学概念的批评，精神上决定性地属于埃伯哈特主义。[3]在全部的工作中，康德努力克服埃伯哈特巧妙的影射：所谓他的认识论

---

[1]　因此，尼古莱指出，埃伯哈特反康德的运动的一个影响是，它驱散了围绕着批判哲学的权威氛围。见他的《纪念文章》(*Gedächtnisschrift*)，p. 41。

[2]　比如可见，舒尔兹《考察》(*Prüfung*)的第二部分几乎完全致力于捍卫该学说，反对埃伯哈特。

[3]　Kant, *Werke*, XX, 260.

和莱布尼茨的并无二致。

受沃尔夫主义运动影响的另一位思想家是莱因霍尔德。虽然他在与沃尔夫主义者的争论中一直站在康德身边，但莱氏也对康德的辩护力量存有持续不安之虑。因此，在1790年，他在其《哲学发展史论稿》（*Beyträge zur Geschichte der Philosophie*）中认为，按照目前的情况，批判哲学很容易受到一些批评——他心目中的批评意指直接来自《杂志》的文字。[1]虽然莱氏不认为这些批评是致命的，但他认为，对它们的充分答复需要重思批判哲学的整个基础。但也许最受沃尔夫主义运动打击的思想家是巴迪利（C. G. Bardili），他的"逻辑实在论"在1800年前后成了许多争议的主题。巴迪利学说的灵感来自沃尔夫学派对康德心理主义的批判。[2]埃伯哈特关于逻辑本身为我们提供了走出康德意识圈的道路的论证，确实构成巴迪利后来攻击康德的核心动力。莱氏被这一论点所说服，他最终完全放弃了批判哲学，并与巴迪利结盟。[3]

沃尔夫主义者对后康德哲学的最重要贡献最终在于，他们对古典形而上学传统的战斗性重申。当康德主义传播后，形而上学的精神几近灭绝，这种重申使形而上学的精神富有生气。沃尔夫主义者确实为康德之后形而上学的复兴奠定了基础。他们最重要的一些学说重现于谢林、黑格尔和叔本华的形而上学体系中。他们对康德的实践信念的不满，以及他们对信念的理论正当性的坚持；他们关于批判哲学只有

---

[1] 见 Reinhold, *Beyträge*, I, 288–294, 323–326, 29。

[2] 因此，巴迪利在他最重要的著作《第一逻辑概要》（*Grundriss der ersten Logik*）题词为"德国学术理解的救星"，这包括赫尔德、施洛塞尔（Schlosser）、尼古莱，以及最引人瞩目的埃伯哈特。

[3] 关于莱因霍尔德远离批判哲学之路，见 Lauth, "Reinhold's Vorwurf", in Lauth, *Philosophie aus einem Prinzip*, pp. 225–276。

在超越其批判限度并成为形而上学的情况下才是一致和完整的论证；他们关于只有对物自体的理性知识才能避免康德观念论的唯我论后果的论证——所有这些主题都在黑格尔和谢林的早期著作以及莱氏的后期著作中反复出现。然而，沃尔夫主义者向后康德继承者传下来的最重要的学说是他们的逻辑理论。他们关于逻辑原则既不是主观的也非客观的，而是对一般事物都有效的主张，预示着黑格尔的逻辑学以及谢林的同一哲学（*Identitätssystem*）。

# 第八章　莱因霍尔德的基础哲学

## 第一节　莱因霍尔德的历史地位

后康德哲学史上最重要的，当然也是最有影响力的人物之一是卡尔·莱昂哈德·莱因霍尔德（Karl Leonhard Reinhold, 1758—1823）。虽然他的影响在很大程度上是在后康德时期，甚至只是在1790年代早期，但重要的是要看到他的历史地位超越了这些狭窄的边界。如果稍微得到认可的话，莱氏在现代哲学史上占有中心地位：他是第一位在元认识论的（meta-epistemological）基础上重思和重建认识论的哲学家，第一位真正发展出一般的与体系的元认识论的思想家。

在现代哲学史上，我们首次发现莱因霍尔德身上的敏锐自觉，即认识论传统是有问题的。莱氏提出了一个非常重要的问题：为什么康德的认识论，就像笛卡尔、洛克和休谟一样，在其成为第一哲学（*philosophia prima*）的理想中如此明显地失败了呢？为什么整个认识论传统没有成功地实现它的宏伟抱负，让哲学成为一门科学呢？根据莱氏的说法，笛卡尔、洛克、休谟和康德这些人本身也难咎其责。他们只是认为认识论的可能性是理所当然的；他们对它的问题、方法和预设却没有足够的反思。因此，认识论已经与心理学和形而上学混淆，从而致力于其目的乃是探究的假设。

莱因霍尔德对认识论危机的回应是他著名的基础哲学（*Elementarphilosophie*）[1]，他所谓的无名的哲学（*Philosophie ohne Beynamen*）。在基础哲学中，莱氏开始在一个牢靠的元认识论基础上重建认识论，这样它才能最终实现其第一哲学的理想。

然而，为什么一门基础哲学对莱因霍尔德如此重要？为什么认识论建立在牢靠的基础上意义攸关？莱因霍尔德将他的基础哲学视为拯救濒临瓦解的启蒙运动的唯一途径。他认为，单凭这一点就可以恢复启蒙对理性权威日渐减退的信心。虽然莱氏以通俗哲学家的身份开始他的哲学生涯，但他很快意识到，启蒙运动面临的核心问题不是实施理性的原则，而在于发现理性的原则。唯当这些原则是明确而无疑地建立起来时，理性才能为道德、宗教和国家提供坚实的基础。当然，发现这些原则的唯一手段是通过认识论，通过对理性能力的严格而彻底的审查。但莱氏相信，旧认识论的陈腐做法只会阻碍而非促进这一目标。旧认识论非但没有找到理性的第一原理，而且已经陷入形而上学的争论和心理学的思辨。因此，认识论的改革似乎是迫在眉睫。唯此才能确保发现理性的第一原理，唯此才能为道德、宗教和国家提供坚实的基础。

莱因霍尔德超越康德的主要步骤是他坚持认为，批判性哲学必须重建于一个元批判的基础上。莱氏对康德不满的根源，以及对他的主要批评，是康德没有充分地自我反思和批判。在莱氏看来，康德没有审查他获得先验知识的原则和程序。但莱氏警告我们，这种失败对整个批判计划都有非常严重的后果：这意味着批判哲学的基础还悬而未决。没有先验反思的原则和程序的意识，我们就无法保证基于它们的理论之真理

---

[1] 原文中"Elementarphilosophie"一词用的是德语斜体，有人翻译成"基础哲学"。不过邓晓芒先生中译的《纯粹理性批评》中，"Elementarlehre"被翻译成"要素论"，本书采用"基础哲学"的译法。——译者注

性。我们不比旧形而上学家那样更少地以盲目和独断的方式进行哲学活动。因此，莱氏总结说，康德的哲学需要建立在一个新的基础上，它只能通过先验知识的条件和限度的一般性元批判理论来获得该基础。

莱因霍尔德呼吁建立一个新的元批判基础，对后康德哲学的进程产生了决定性的影响。它产生了新的关注中心与新的问题。如果一个人在 1790 年代早期是康德主义者，那么主要的问题就不再是如何捍卫康德并反对他的论敌，而是如何在一个新的基础上从内部重建批判哲学。因此，核心兴趣从外部捍卫转向了内部改革。莱氏对新基础的需求确实是费希特、谢林和黑格尔的起点。虽然他们在关于该基础的本质上与莱氏存在分歧，但他们接受了他的论点，即这是一个必然。

莱因霍尔德的元批判方法论——他关于先验哲学正确方法的思想——产生了广泛的影响，并成为后康德时代的实际权威。他的三个思想特别地被费希特、谢林和黑格尔吸收：（1）要求哲学必须系统化；（2）坚持哲学以单一的、自明的第一原理开始；以及（3）主张只有现象学才能实现第一哲学的理想。虽然第一个主题已经隐含在康德那里，但莱氏使之明晰了，并作了强调。第二个主题出现在费希特和谢林早期的方法论著作中；[1]但黑格尔在他的《费谢体系差异》（*Differenzschrift*）中打破了这一传统。[2]第三个主题在谢林的《先验唯心论体系》（*System des transcedentalen Idealismus*）和黑格尔的《精神现象学》（*Phänomenologie des Geistes*）中结出了果实。继莱氏的先例之后，这两部作品都实践着一种现象学方法，即他们试图抛开所有的预

---

[1] 见 Fichte, "Ueber den Begriff der Wissenschaftslehre", in *Werke*, I, 38ff., 以及 Schelling, *Ueber die Moglichkeit einer Form der Philosophie ueberhaupt*, *Werke*, I/1, 45-73。

[2] 见 Hegel, *Werke*, II, 35ff。

设去描述意识。事实上，有时有人说莱氏是现代现象学之父。[1]

要想了解 1790 年代早期批判哲学的历史，我们必须首先考虑莱因霍尔德。在 1789—1793 年期间，莱氏几乎取代康德成为批判哲学决定性代言人。真正让批评哲学如此大受欢迎的人是莱氏而非康德。他的《论康德哲学》几乎是在一夜之间完成了康德的《导论》（*Prolegomena*）多年来未完成的工作。在康德对《论康德哲学》出版许可之后，莱氏开始获得康德的权威解释者之誉。但更重要的是，莱氏也声称他成功地为批判哲学奠定了坚实的基础。在 1790 年代早期，人们普遍认为基础哲学实际上是批判哲学的最终、严谨而系统的形式。似乎莱氏确实掌握了哥白尼革命背后的原则，康德只是隐约感觉到了革命原则而已。

莱因霍尔德的成功事迹正如其丰富性一样，也是光彩夺目的。他在耶拿的演讲总是座无虚席，其弟子们也写出了大量作品，捍卫和发展了他的基础哲学。[2]《文学总汇报》逐渐从亲康德演变成亲莱氏的一个期刊。所有莱氏的作品皆获好评，对他的哲学辩护和讨论均优先于康德的。大约与此同时，莱氏的一个弟子菲力伯恩（G. G. Fuelleborn）创办了另一个亲莱氏的《哲学发展史论稿》杂志，把基础哲学描绘成哲学史的巅峰、第一和永恒哲学（*philosophia prima et perennis*）的最终实现。即使是莱氏的敌人也给了他应有的尊重，当然他们是以自己消极的方式来给予的。在 1790 年代早期开始，他们对莱氏的攻击超

---

[1] 该主张是卡西尔（Cassirer）提出的，见 *Erkenntnisproblem*, III, 33ff., 以及 Klemmt, *Elementarphilosophie*, pp. 58-68。

[2] 见 Kossmann, Pirner, Goes, Werdermann, Visbeck, 以及 Abicht 在文献中提及的著作。

过了对康德的攻击。[1]批判莱氏受到优先考虑，因为它被认为是对批判哲学之最强有力论点的攻击。

莱因霍尔德的崛起直到 1790 年代中期才开始减弱，这颗明星的升起与其没落一样地迅速。转折点发生在 1794 年。是年，对基础哲学许多批评的力量蓄积并开始展开深入打击，在莱氏最忠实的学生心中播下了怀疑的种子。也正是在同一年，费希特登上了耶拿大学的前台，把人们的注意力悄然吸引过来。莱氏仿佛已知道自己的全盛期已告结束，他从耶拿大学退休到基尔，在那里他不再处于哲学舞台的中心了。

## 第二节　莱因霍尔德与康德的早期争论

虽然莱因霍尔德以康德的弟子而闻名，但有趣的是，他与后来的老师的首次冲突几乎完全是敌对的。1785 年 2 月在《德意志水星报》发表了一篇《一封 *** 牧师致 TM 编辑的信函》的匿名文章（"Schreiben des Pfarrers zu *** an den Herausgeber des T. M."，以下简称《牧师的信函》），莱氏对康德关于赫尔德的《观念》（Herder, *Ideen*）第一部分的负面评论写了一篇驳论。[2]作为随后歌德、维兰德和赫尔德组成魏玛圈（Weimar circle）的新成员[3]，莱氏将其一些兴趣点和想法引为同调。他发现赫尔德的《观念》"在文学的视域上呈现出一种

---

[1] 因此，埃伯哈特的《档案》保存了更多的莱氏而不是康德的作品；舒尔茨在其著名的《埃奈西德穆》（*Aenesidemus*）中，故意把他的大部分时间和精力都花在攻击莱氏的基础哲学上，他认为这是批判哲学的最终和系统的形式。

[2] 见 *TM* 2（February 1785），148-173。

[3] 通常与魏玛圈联系在一起的席勒只是在 1787 年夏天才成为其中的一员。到那时莱氏已经皈依了康德。确实是莱氏把席勒介绍给康德的。关于莱氏和席勒的关系，见 Abusch, *Schiller*, pp. 128, 141。

非凡的外观"，认为赫尔德甚至用他"独特的历史哲学"发现了"一门新科学"。然而，就像魏玛的许多人一样，莱氏认为康德的评论给赫尔德带来了严重的不公。所以，莱氏发誓要纠正错误，亲自采取行动，以捍卫赫尔德而反对康德。他的驳论是康德和赫尔德争议史上的有趣章节，代表了魏玛圈对康德批评的反应。

莱因霍尔德对康德的评论的主要不满是，康德不当且不公地根据传统形而上学的证明与严格标准来评价赫尔德的著作。[1]根据莱氏，他在八个月后开始了对"第一批判"的研究，认为康德是形而上学传统的典型代表，一名枯燥乏味的沃尔夫主义者。他期望历史哲学运用形而上学中使用先天定义和证明的方法。因此，他在《观念》中对"缺乏精确性和严格性"表示不满。然而，在莱氏看来，这种标准完全不适用于历史研究。历史包括大量的偶然事实，它们不能通过先天的证明和规定，而只能通过后天的观察和研究来获知。莱氏说，正是因为赫尔德意识到这一点，他才回避了传统形而上学的方法和概念。不是演绎地将概念应用于事实，强迫它们符合普罗克拉斯提斯式的床（Procrustean bed）[2]，赫尔德自己去研究事实，并从事实中归纳出他的概念。当然，正如康德所抱怨的，赫尔德经常求助于类比和推测。但莱氏反驳说，这是任何经验学科都可以设想的。

莱氏指出，康德无法欣赏赫尔德的经验方法，在他反对"活力"的概念中是特别明显的。[3]康德声称这个概念假定了一种超自然的能力，从而忽略了它的假设和启发的功能。就像赫尔德的另一位拥护者福斯特尔一样，莱氏认为这个概念的目的是指出某些现象之独特的（*sui*

---

［1］Reinhold, *TM*, pp. 162ff.

［2］普罗克拉斯提斯是古希腊神话中的一个强盗，"Procrustean bed"按其形象意义，与汉语成语"削足适履""截趾穿鞋"颇接近，也类似俗语"强求一律"。——译者注

［3］Reinhold, *TM*, pp. 161-165.

*generis*）重要原因，否则就会用纯粹的机械术语来解释。[1]因此，赫尔德的概念在指导经验研究方面具有真正的价值，因为它告诉我们，我们的机械解释已终止。然后，他精明地暗示，康德对赫尔德概念的攻击，自始至终都只是因为他坚持正统的身心关系二元论模式。

莱因霍尔德对赫尔德在《观念》上的方法论的辩护，都是他对形而上学方法论广泛关注的一部分。他拒绝传统形而上学的先天（*a priori*）方法，据称该方法迫使经验形成先入为主的模式。相反，他提倡一种后天的（*a posteriori*）方法，它应该为经验本身来考察经验，然后从经验中得出它的概念。莱氏坚持认为，只有这样一种后天方法才能克服思想和经验、思辨和生活之间的差距。

在莱因霍尔德的哲学发展中，《牧师的信函》是份有趣的文献，主要是因为它揭示了魏玛圈子对他的影响。在维也纳的早年，莱氏是位通俗哲学家，启蒙运动的倡导者，为启蒙运动的事业写了几十篇文章。[2]然而，在他到达魏玛之后，莱氏开始为魏玛圈的魅力所俘获，该圈子不少成员的想法为浪漫派运动奠定了基础。莱氏从这个群体中学到的一些浪漫主题，在他后来向批判哲学的转变中起着重要的作用。

莱因霍尔德早期的文章揭示了魏玛圈的影响有两个方面。首先，莱氏分享它争取统一的努力，将人的各个方面看成一个整体的关切，以及对人性的所有二元概念的蔑视。从莱氏对赫尔德的能力概念的辩护中显而易见他对这一主题的同情，该概念的目的是找到一个统一的精神和身体的概念。虽然莱氏注意到了康德关于对这一概念的形而

---

[1] 见第五章第七节。

[2] 这些早期的文章中，有一些再版于莱氏著作集（*Schriften*）。

上学蕴含的警告，[1]但他从未放弃他的整体理想。[2]其次，莱氏对传统形而上学的批判，以及他对超越思想和经验之鸿沟的新形而上学的要求皆非原创，只是重复了歌德、赫尔德和谢林的一个广受欢迎的主题而已。

沾惠于魏玛圈的这两点在基础哲学的发展中是显然的。莱因霍尔德的整体理想使他寻找单一来源，这是康德关于被划分了的官能的共同根源。他对传统形而上学的评判为基础哲学的现象学方法提供了基础，它要求按照有利于当下直接经验的事实描述，把所有形而上学的概念放进括号里。因此，莱氏得益于魏玛圈的两点，都说明了浪漫主义是如何成为批判哲学转变的一种潜在力量。

康德很快就回应了莱因霍尔德的反驳。在《牧师的信函》出现仅一个月后，《文学总汇报》发表了他简短而有力的反击。在撰写他的回应时，康德很清楚他的对手是莱氏，遂将莱氏与赫尔德的魏玛圈联系在一起。[3]然而，他几乎不知道，这位"牧师"行将成为他最重要的弟子。

康德对莱因霍尔德的答复是对他在评论中所运用的标准和程序的辩护。康德否认了莱氏关于他是个正统的沃尔夫主义者的影射，他向莱氏保证，他们同意一种放弃经验领域的形而上学之无用性。他坚持说，他在历史上并没有要求证明和界定的学术标准。诚然，他确实要求严格、谨慎和精确，但这些也是经验探究的优长。康德说，如果人类历史的材料不能由形而上学来提供，它们也不能由赫尔德关于人类解剖学（human anatomy）的疯狂思辨来提供。[4]相反，只有通过对人类

---

[1] 见 Reinhold, *Versuch*, pp. 203ff。

[2] 见 Reinhold, *Briefe*, I, 147ff。

[3] 见 *Schütz to Kant*, February 18, 1785, in Kant, *Briefwechsel*, p. 261。

[4] 见 Kant, *Werke*, VIII, 56。

行为仔细和严格的研究才能发现它们，唯此才能揭示人类的特征。康德还抗议说，他无意贬低在经验探究中使用推测和类比。然而，他所反对的是从这些推测和类比中得出形而上学的结论。

康德对莱因霍尔德的快速答复表明，他非常认真地对待他的指控。对于康德反对赫尔德的整个运动来说，他驱散关于形而上学正统的一切指控确实很重要。因为他们歪曲了关于赫尔德的立场：每一种形而上学，不仅赫尔德主义者的，而且沃尔夫主义者的变体都是不可能的。康德正着手面对一个非常实际的危险。事实上，在魏玛圈中有一种普遍的印象，即康德是一位惯常的沃尔夫主义者、旧学派的理性主义者，一心想把一切都弄成三段论形式的人。[1]因此，康德对莱氏的快速反应是个及时而富有战略性的举动，阻止了他的对手粉饰他对赫尔德的批评。

## 第三节　莱因霍尔德的《论康德哲学》与批判哲学转向

1785 年秋，在康德答复莱因霍尔德仅仅六个月之后，同时在泛神论争论最激烈的时期，莱氏开始了他对"第一批判"的决定性研究。他对康德大作的兴趣是由一部发表在《文学总汇报》上的"第一批判"摘录激发的。[2]莱氏对"第一批判"的研究之戏剧性效果无以复加：彻底皈依了批判哲学。从尖锐地批评康德变成他的热心弟子。莱氏的皈依热情如此真切，他觉得自己"在一片荒野中"被召唤而发声，"为成为伊曼纽尔第二而准备"。莱氏决心写一篇批判哲学的辩护，这是一篇为即将到来的哲学革命做准备的申辩书。这一决心很快就结出果

---

[1] 关于康德和他的朋友对康德评论的反应，见 Gulyga, *Kant*, p. 170. 也见 *Herder to Wieland*, January 1785, in Herder, *Briefe*, V, 102–103。

[2] *ALZ* 179（July 30, 1785），125–128.

实:《论康德哲学》于 1786 年 8 月开始在《德意志水星报》连载。

是什么导致了莱因霍尔德突然皈依批判哲学？为何发生了这个突然的翻转，让作为对手的康德几乎在一夜之间又成为主角呢？在一篇短文中[1]，以及一份致康德的书信中[2]，莱氏自己解释了他皈依的原因。在 1785 年一个阴郁的秋日，他正遭受着一场严重的智识危机，他不顾一切、不惜任何代价来解决它。他的身心发生了冲突。他内心相信上帝存在、不朽和天意，但他的理智迫使他怀疑这些珍贵的信仰。莱氏正在寻找的是理性怀疑和非理性信仰之间的中间道路。因此，他陷入了雅可比在他的《论斯宾诺莎哲学通信集》中所描绘的困境。

如今，莱因霍尔德在康德哲学中看到这一困境两极之间的中间道路。康德实践信念的教义为上帝、不朽和天意的信仰提供了理性上的正当性，这个正当性不是基于形而上学上的不牢靠的思辨理性，而是基于道德律上的牢靠的实践理性。康德的实践信念满足了他内心的要求，因为这证明他的宗教信仰作为道德律的必要性是正当的；同时，它也满足了他的智识要求，因为它确立了道德律本身乃纯粹理性的要求。

莱因霍尔德《论康德哲学》的主要目的似乎足够谦虚："邀请、鼓励和准备读者自己研究批判性哲学。"[3] 莱氏警告我们，该书只由文字而非一个哲学体系组成，这样我们就一定不能期望"演证"，而只能期望"建议"。此外，《论康德哲学》不是对康德"第一批判"主要原则的阐述或评论。莱氏打算做的就是解释"第一批判"的一些结果，并展示出它们与最近的哲学、神学和伦理学的关联。莱氏认为，这一步骤将为更好地公开接受"第一批判"奠定基础，因为它将显示批判性哲

---

[1] 见 Reinhold, "Schicksale", in *Versuch*, pp. 53ff。

[2] 见 Reinhold to Kant, October 12, 1787, in Kant, *Briefwechsel*, pp. 326–327。

[3] Reinhold, *Briefe*, I, 11–13.

学与当代文化问题的相关性。然而，重要的是要注意到，这样一个明显温和的目标实际上是莱氏作为通俗哲学家宏伟战略的一部分：缩小理论与实践、哲学与公共生活之间的差距。[1]

虽然该书不是明确的自传体，但它说到底是一份深刻的个人记录，说明了莱因霍尔德皈依批判哲学的原因。它主要关注的是这个问题，它促使莱氏把研究康德作为头等大事：理性是否可以证明上帝、天意和不朽实存之信仰。莱氏的目的是解释和捍卫康德的实践信念理论，将其作为回答该问题的唯一满意答案。无论以哪种形式，几乎所有八篇连载论文都集中在这个主题上。[2]

在把理性限度内的宗教问题纳入《论康德哲学》的主要关切时，莱因霍尔德无疑触及了一个热点问题。自 1750 年代以来，这个问题一直主导着德国的哲学讨论。[3]在这个问题上，哲学舞台被分成两个对立的阵营。一个阵营包括"理性主义者"或"新教义信奉者"

---

[1] 见莱氏早期论文《关于启蒙运动的思考》（Gedanken uber Aufklärung），*TM* 3（July 1784），4ff。

[2]《论康德哲学》有两个版本。第一版是从 1786 年开始的，连载刊登在《德意志水星报》；第二版是作为单行本，但分两卷出版：卷一是 1790 年 4 月，卷二是 1790 年 10 月。第一版和第二版有显著差异。第二版不仅增加了新的文字，而且还改变了第一版的段落，介绍基础哲学作为参考。令人遗憾的是，《论康德哲学》没有出批判性的版本，以便可以注意到这些重要的变化。施密特于 1923 年重新发行的《论康德哲学》只是复制了第二版，而未加注意其与第一版的区别。由于这个版本仍然是唯一容易获取的版本，这里也加以引用。然而，与最初的 1786 版相比，所有的重大变化都会提请注意。另，"all eight of the original letters" 这个表达殊难处理。毕竟从书名（*Briefe über die kantische Philosophie*）很难看出"八个源始字母"所指何事，所以我处理为连载的八篇论文。但总体上看意思也是可以理解的，即莱氏出过连载和单行本两个版本（第二版分为两卷），无论哪一个都致力于理解康德这一主题。——译者注

[3] 争端的细节及其当事各方，见 *Hettner*, Geschichte, I, 349–374, 以及 Beck, *Early German Philosophy*, 第十二章。

（neologists），他们认为理性可以证明上帝、天意和不朽的实存，而启示和经文只是寓言或神话。另一个阵营是"虔敬派"或"信仰主义者"，他们认为上帝、天意和不朽的实存只是信仰的问题，信仰只能建立在启示和经文的基础上，这些启示和经文要么与理性相反，要么独立于理性。这场争论终于在 1785 年夏以泛神论的争论达到顶峰。理性论者和虔敬派之间的所有问题都围绕着门德尔松的死亡与雅可比所揭露的流言蜚语戏剧化地表现出来。莱氏无疑使出了天才战术的一击，他选择了正确的时机和正确的问题，以展示批判性哲学的力量。18 世纪后半叶，尤其是在 1785 年暴风雨的夏天，没有人能忽视解决理性主义和虔敬派之间激烈争论的新方案——即使该方案是由一位几遭遗忘的哥尼斯堡教授提出的。

莱因霍尔德对康德的申辩起步于批判纯粹理性，以便为他的计划辩护。莱氏主张，只有对纯粹理性加以批判才能解决理性论者和虔敬派之间的争端。为了证明他的观点，他表明争端已经陷入僵局。[1]理性论者不能说服虔敬派，因为虔敬派总是能在其最精细和微妙的演证中挑刺儿。相反，虔敬派不能说服理性论者，因为理性论者总是能通过最新文献学和历史的研究来质疑启示和经文的权威。莱氏认为，这种僵局现在使根本问题变得昭然若揭。虔敬派指责理性论者对理性的期望太多，而理性论者指责虔敬派期望的太少。因为双方都认为对方无法理解理性的真实本质，所以整个争端变成了这样一个问题：理性的限度是什么？那么，解决争端的唯一方法是对理性本身的能力进行探究。[2]这样的探究是解决争端的唯一方法。试图通过争论和反对上帝存在的特定演证来解决只是倒退，因为这种争论只是预设了更重要

---

[1] Reinhold, *Briefe*, I, 83-84, 99-100.

[2] 在 1790 年的版本中，莱氏插入了"通过一种新表象理论"这个短语，从而鼓吹他的基础哲学，而不是康德的"第一批判"。

的二阶问题：这样的演证是否可能？

莱因霍尔德告诉他的读者[1]，如今这个纯粹理性批判的筹划不仅是一个理想，一个虔诚的希望。事实上，这是通过五年前出版的一部著作来实现的，尽管这部著作仍未得到太多的认可。莱氏称这本书为"哲学精神的最伟大杰作"，并宣布它以一种身心同时满足的方式解决了他的疑虑。这本杰出的著作——纯粹理性的福音（*das Evangelium der reinen Vernunf*）——冠之以"纯粹理性批判"。

在为康德的纯粹理性批判辩护后，莱因霍尔德把对康德的正式辩护又大胆地推进了一步。出于他对理性能力的探究之故，他认为康德已经发现了解决理性主义和虔敬派冲突的唯一可能的办法。他在这些极端之间找到了一条中间道路，这是一种既满足了双方合法要求又摧毁双方自负的折中。莱氏说，当我们分析这个问题时，即理性在上帝存在的信仰中起了什么作用，康德解决方案的新颖就变得昭然了。[2]这个问题又分为两个更进一步的问题。第一，上帝存在是否可以通过理性，以及通过使信仰成为多余的演证来了解？第二，如果上帝存在不可知，那么是否存在信仰无法被理性证成的上帝？理性主义者以肯定的方式回答了第一个问题，犹如虔敬派以肯定的方式回答了第二个问题一样。但批判哲学的新中间道路都以否定的方式回答了这两个问题。批判哲学反对理性主义者，表明理论理性不能证明上帝的存在；批判哲学也反对虔敬派，表明只有实践理性而非信念或感觉，才允许相信上帝的存在。这一解决方案摧毁了双方毫无根据的自负：理性主义者必须放弃他对上帝存在的演证，接受信仰的必要性；虔敬派必须放弃他那致命一跃的要求，服从理性的规训。但同时，它

---

[1] Reinhold, *Briefe*, I, 92–93.27.
[2] Ibid., I, 100–101.

对他们的合法主张也是公正的：理性主义者认为信仰上帝是理性的，这是正确的；而虔敬派认为这种信仰不能通过形而上学来演证，这也是正确的。然而，理性主义者和虔敬派都误入歧途的地方在于，他们的共同前提是理性只是一种理论力量，理性在宗教中的作用仅限于演证上帝的存在。他们都没有看到，相信上帝存在的真正基础在于实践理性。[1]

在阐述了康德对理性主义和虔敬派争论的贡献之后，莱因霍尔德有足够的信心宣布康德在四年前解决了雅可比和门德尔松之间的争端。[2]莱氏写道，雅可比和门德尔松的立场现在都已经过时，因为他们预设了形而上学的独断论的可能性。门德尔松认为理性演证了上帝的存在，而雅可比认为理性证明了上帝的不存在；但在每一种情况下，无论他们接受或拒绝这些结论，理性都等同于莱布尼茨或斯宾诺莎式形而上学的演证。莱氏声称，根据批判哲学，雅可比和门德尔松之冲突确实正如我们所料，因为批判表明，理论理性一旦超越理性的限度就会陷入二律背反，这样它就可以同等地证明（在门德尔松那里）或反驳（在雅可比那里）上帝的存在。[3]然而，雅可比和门德尔松都没有看到的是，存在一种理性的信仰，它不是基于理论理性，而是基于道德律的实践理性。他们错误地认为理性被理论理性所穷尽，因此他们错误地得出结论说，对上帝的信仰必定发展为盲目信念或独断论。

出于他优雅而活泼的风格，以及出于他在解释批判哲学与当时激烈的泛神论之争相关性的策略，莱因霍尔德的《论康德哲学》获得了成功。莱氏几乎当即实现了他的目的：批判哲学的公众认可。从康德一个朋友的证词来看，《论康德哲学》对公众的影响确实很大："在《德

---

[1] Reinhold, *Briefe*, I, 100–101, 118–119, 132.

[2] Ibid., I, 120–121.

[3] Ibid., I, 123.

意志水星报》上关于你的哲学文章制造了最令人震惊的轰动。因为自从雅可比的举动，《结果》(*Resultate*)[1]以及这些文章以来，德国所有的哲学头脑似乎都被唤醒，对你致以最热烈的同情之谊，我的教授先生。"[2]

凭借《论康德哲学》的实力，莱因霍尔德为自己赢得了耶拿大学的教席。然后，他开始举办关于批判哲学的介绍性讲座，这吸引了大批听众。很大程度上是由于莱氏之故，耶拿大学开始获得作为德国康德主义中心之美誉。

考虑到他为批判哲学所做的努力，莱因霍尔德自然希望与康德友好相处。但莱氏在《牧师的信函》中对康德进行尖锐批评之后，要与老对手打破坚冰并不容易。尽管如此，莱氏克服了他的难为情，忍吞下他的骄傲，并于 1787 年 10 月 12 日正式写信给康德。[3]在信中，莱氏承认了他是那篇驳论的作者，为"热心的牧师"的"非哲学式的哲学活动"致歉。但与此同时，莱氏也自豪地透露了他是《论康德哲学》的作者。推测康德对这本小册子会感到满意，莱氏提出一个微妙的申请：康德会公开声明莱氏理解他。这样的声明对莱氏作为康德的合法继承人和发言人之主张，将给予真正的认可。

当然，康德对《论康德哲学》感到十分满意，他非常乐意原谅那个犯错的牧师。1787 年 12 月 28 日和 31 日，康德答复了莱因霍尔

---

[1]《结果》是指魏岑曼的一篇论文名称（T. Wizenmann, Die Resultate der Jacobischer und Mendelssohnischer Philosophie von einem Freywilligen. Leipzig, *Göschen*, 1786），见第四章。——译者注

[2] 见 Jenisch to Kant, May 14, 1787, in Kant, *Briefwechsel*, p. 315。关于《论康德哲学》的影响，也见 Reinhold to Kant, October 12, 1787, in Kant, *Briefwechsel*, p. 327; 以及 Baggesen to Reinhold, December 10, 1790, in Baggesen, *Briefwechsel*, I, 5–6。

[3] Kant, *Briefwechsel*, pp. 325–329.

德，对他表示鼓励、赞扬和感谢。[1]康德发现《论康德哲学》"在彻底性与优雅相结合上"是"优美的""壮观的""无法超越的"。康德满意地告诉莱氏说，《论康德哲学》"在我们的学界取得了预期效果"。他确实非常愿意满足莱氏的要求。在 1788 年 1 月《德意志水星报》发表的《论目的论原理的哲学意义》（"Ueber den Gebrauch Telologischer Prinzipien in Philosophie"）一文中，康德给了《论康德哲学》正式赞扬。[2]他承认莱氏"对思辨和实践理性共同事业的贡献"，并欢迎他到耶拿大学就职，"这对该所著名的大学只会是将遇良才"。

当莱因霍尔德满足于成为康德的雄辩而通俗的阐述者时，他们的关系风平浪静，但也好景不长。

## 第四节　通往基础哲学之路

只要仅仅还是康德哲学的发言人，莱因霍尔德就不能继续感到满足。在他皈依两年后，他与康德的关系经历了戏剧性的变化。在写就《论康德哲学》这段时期，莱氏乐于只是充当康德哲学忠实的解释者。然而，到了 1787 年秋，他觉得有必要成为康德哲学创造性的解释者。他现在宣布，他比康德本人更了解批判哲学的"精神"。事实上，莱氏甚至超越了批判哲学的畛域。他构思了一个自己的哲学计划，其中对纯粹理性的批判只是一个结果而已。莱氏深信，批判哲学必须在新基础上重建，而且还是一个就连康德也从未曾想象过的基础。

为什么莱因霍尔德和康德的关系会发生这种变化呢？为何莱氏认为批判哲学需要大刀阔斧的改革？批判哲学出了什么问题，竟需要一

---

[ 1 ] Kant, *Briefwechsel*, pp. 333–336.

[ 2 ] Kant, *Werke*, VIII, 183–184.

个全新的基础？在 1789 年写就的一篇回顾性文章中，莱氏给出了推理的过程，这使他得出了其致命的结论。[1]

在 1787 年秋天担任耶拿大学的教职后，他决定做一些关于"第一批判"的介绍性讲座。在反思解释康德哲学基础的最佳方法中，莱因霍尔德参考了康德的捍卫者与批评者的所有著作。但对这些作品的广泛阅读证明是令人失望的。莱氏无法就康德一些最重要思想的解释或真理性达成共识。一方面，康德的反对者完全误解了他，他们所有的反对都是针对他们自己制造的困难。另一方面，康德的拥护者承诺了一项他们的对手永远不会允许的假定；他们用只有少数专家才能理解的技术术语来描述他们的所有解释。他越是研究康德的盟友和论敌的著作，就越相信他们之间的冲突不会比独断论者之间的旧争端更能得到解决。

莱因霍尔德对批判哲学"命运"的关注是完全合理的。康德的朋友和论敌之间的激烈争论，以及他们对他最基本的概念完全缺乏一致，给批判哲学提出了一些非常严重的问题。正如康德所声称的，如果批判拥有了普遍的理性原则，那么为何不能达成共识或一致呢？正如康德也声称的，如果批判可以解决哲学家之间的争端，那么为何它除了争端什么也没有创造出来呢？到了 1780 年代末，康德为他的哲学所提出的宏大主张，似乎与它的公众接受相矛盾。康德所预言的哲学千禧年（millennium）并未出现。

现在，莱因霍尔德在 1787 年秋季再次面临的正是这场危机，这使得他相信批判哲学迫切需要改革。他认为这场危机的最终根源在于批判哲学本身，而不能归咎于公众的冷漠。[2]当然，不光是"第一批判"

---

[ 1 ] 见 Reinhold, "Schicksale", in *Versuch*, pp. 51ff。

[ 2 ] Ibid., pp. 49–50, 62–65.

的枯燥阐述和折磨人的风格构成罪魁祸首，尽管这显然也起了破坏性作用。莱氏认为更多的错误是康德原则的模糊性。康德预设了一些他尚未定义的基本概念。关于"第一批判"真理性和意义的争论之所以产生，只是因为这些尚未定义的基本概念已被解读成了相反的含义。因此，若要终止这些争端，那么就有必要回到"第一批判"的基本概念，并给出它们的明确定义。因此，莱氏的任务不再仅仅是阐述批判哲学，而是重思它的基础。

莱因霍尔德认为，特别是围绕批判哲学所有争端的一个概念：表象概念（representation, *Vorstellung*）。[1]康德没有定义这个概念，读者只能从其被使用的几个分散的场合来猜测它的意义。莱氏坚持这一点具有最根本的重要性，因为"第一批判"以基本的方式预设了它。首先，它是诸表象的属（genus），即知性的概念、理性的观念、感性的直观。其次，批判的目的是分析知识的条件和限度，但知识的概念取决于对知识的表象。因此，关于知识的条件和限度的许多争议只有通过对表象概念的先天分析才能解决。

正是由于这个原因，在 1787 年秋的某个时候，莱因霍尔德决定发展出"一种新的表象能力理论"。他的主要关注是分析在"第一批判"中假设但从未被定义的表象概念。由于表象的概念比知识的概念更普遍，而且是以知识的概念为前提的，因此，莱氏认为他的表象理论先行于任何知识理论，特别是康德"第一批判"中规定的先天综合知识理论。因此，莱氏认为，他的新理论将为批判哲学提供基础，证成其预设，提供其前提，并定义其术语。康德最雄辩的发言人之一因此就这样成了康德最大胆的阐释者之一。

莱因霍尔德发展出一种新表象理论的决心很快就产生了结

---

[1] Reinhold, "Schicksale", in *Versuch*, pp. 63–67.

果：他的《人类想象力新论初探》(*Versuch einer neuen Theorie des menschlichen Vorstellungsvermögens*，以下简称《新论》)问世了。在莱氏的所有作品中，《新论》可能是最重要的。正是在这本书里，莱氏解释了他哲学背后的理想，也正是在这本书里，他如此煞费苦心地演绎了"第一批判"的所有结果。虽然它的许多学说历经修正或扩展，但《新论》详尽地解释了莱氏理论的主体思想。

尽管它有其重要性，但《新论》并不是莱因霍尔德早期哲学的明确或正式声明。它不包含莱氏的第一个原则，即著名的"意识的命题"(proposition of consciousness, *Satz des Bewusstseins*)。它也没有提出一个富有莱氏思想之康德阶段特征的基础哲学概念。莱氏只是在他的《对纠正先前哲学家误解的论稿》(*Beyträge Zur Berichtigung der Bisherigen Missverständnisse der Philosophen*，1790，以下简称《论稿》)中构想出了这一观念，并详尽展示他的第一原理，其中他修订了《新论》中的大多数学说。《论稿》包含了莱氏对表象理论的正式和最终的陈述，即"关于基础哲学新表象的重要思想"(*Neue Darstellung der Hauptmomenteder Elementarphilosophie*)。

莱因霍尔德关于基础哲学的主要著作前后持续了五年，即从 1789 年至 1794 年。[1] 他关于基础哲学的其他主要著作是 1791 年的《关于哲学知识的基础》(*Ueber das Fundament des philosophischen Wissens*)，1792 年的《论康德哲学》第二卷，以及 1794 年的《论稿》第二卷。《关于哲学知识的基础》是莱氏基础哲学的宣言，也是对他作品的最好介绍；《论康德哲学》第二卷是对道德和政治哲学领域的一次远足涉猎，按照其基础哲学对康德的道德理论进行了修正和解释。

---

[1] 尽管莱氏直到 1796 年一直从事基础哲学的写作，但所有的主要著作都在他 1794 年离开耶拿大学后即告停止。1797 年，莱氏正式宣布自己是费希特的弟子。

康德对莱因霍尔德的基础哲学是什么反应呢？他是如何看待莱氏试图为他的哲学提供新基础的呢？这些问题不仅对理解康德与莱氏的关系很重要，而且关乎康德后来对"第一批判"本身的态度。如果我们能回答这些问题的话，那么这些问题应该对年长的康德是否对"第一批判"的基础感到满意提供一些启示。

不幸的是，这些问题并无直接的答案。出于深思熟虑之故，康德从来未明确或正式地道出他对莱因霍尔德计划的看法。莱氏再次希望获得康德的认可，多次要求得到康德的意见。[1]但康德对这些要求置若罔闻。康德总是回避，永远在推迟判断。康德恳求说，他没有精力或时间来研究莱氏的作品，因而这使他无法形成可靠的判断。[2]

康德回避的原因不难理解。认可《论康德哲学》是一回事，这只是"第一批判"的一种通俗说明；但认可基础哲学则是另外一回事，因为莱因霍尔德声称它是康德哲学的新基础。如果康德正式认可莱氏的计划，那么他的哲学将因莱氏的计划而黯然失色。然后，莱氏将获得为康德代言的权力，即使他说了康德不能完全理解或赞同的话。不过，康德不能简单地反对莱氏的计划。如果他掉头不顾莱氏，拒不给他一切支持，这将意味着与一位最忠诚、最有才华的盟友关系的破裂。[3]所以，康德在这样的困境中做了人人都会做的事：拖延，对莱氏

---

[1] 见莱氏致康德 1789 年 6 月 14 日和 1793 年 1 月 21 日的信函，in Kant, *Briefwechsel*, pp. 403, 622. 另一封信可能是 1790 年 5 月写的，今已不存，见 Kant, *Briefe*, XI, 181. 但从康德答复莱氏的内容看，1791 年 9 月 21 日的这封信一定收到了类似的要求，in Kant, *Briefwechsel*, p. 525。

[2] 见康德 1789 年 9 月 21 日、1791 年和 1792 年 12 月 21 日致莱氏的信函，in Kant, *Briefwechsel*, pp. 425, 525, 615. 关于这些通信的细节，见 Klemmt, *Reinholds Elementarphilosophie*, pp. 149–167。

[3] 康德想要莱氏的支持，并渴望避免关系破裂，这从他 1788 年 3 月 7 日和 1791 年 9 月 21 日的信函中可以明显看出。见 *Briefwechsel*, pp. 349–350, 525–526。

作品一再推迟判断。

　　尽管康德在回避，但有强烈的迹象表明他不欢迎莱因霍尔德的计划。在他1791年9月21日写给莱因霍尔德的信函中，康德对这位过于渴求的朋友泼了冷水。[1]虽然他没有立即拒绝分析最近的"第一批判"基础之企图，但他认为没有必要，更不用说他认为"第一批判"需要新基础了。他承认，他希望看到他的原则的结果有个更清晰的发展，但他不希望他的追随者对这些原则本身"进行抽象地修正"。康德似乎满足于批判的［已有］基础。

## 第五节　莱因霍尔德对康德的批判与基础哲学的目的

　　虽然莱因霍尔德不断寻求来自康德的赞同，但他也毫不犹豫地批评康德。事实上，莱氏越是发展自己的基础哲学，他与康德的批判距离就变得越远。1789年的《人类想象力新论初探》对康德的批评很少；但1790年的《对纠正先前哲学家误解的论稿》就包括了对康德的全面批判；[2]1791年的《关于哲学知识的基础》通过与基础哲学的对比突出了康德立场的薄弱。因此，如果说他在1786年那时只能写一篇关于康德的流行阐述，那在1790年则写成了反对康德的实质性论战。当然，没有这种批判性的立场，莱氏就不能坚持他的独创性从而独立于康德。

　　莱因霍尔德对康德的所有批评都围绕着两个主要责难：康德没有实现他自己的科学（*Wisenschaft*）理想或他自己的批判（*Kritik*）理想。

---

　　[1] 见 Kant, *Briefwechsel*, pp. 526–527。也可见 Kant to Beck, November 2, 1791, in Kant, *Briefwechsel*, p. 537, 信中康德抱怨莱氏的理论失之于"晦涩的抽象"。

　　[2] 见 "Ueber das Verhältnis der Theorie des Vorstellungsvermögens zur Kritik der reinen Vernunft", in *Beyträge*, I, 263ff。

我们可以把这两个要点浓缩成一句话：康德没有把他的哲学置于坚实的科学和批判的基础上。因此，莱氏对康德的批判是严格地内在的，他根据自己的理想来评估康德。在莱氏看来，批判哲学的基本问题是它的理想与实践、目标与表现之间的差异。

在莱因霍尔德对康德的批判中，他预设的科学理想是由康德自己清楚地加以阐明的。根据"第一批判"，科学包括一个完整的体系，它由单一的观念组织而成，并从该观念导出。[1]这样一个体系将是完全先天的，其中每个命题都从一个原理演绎出来。

《论稿》和《基础》两部著作的一个共同主题是揭示批判哲学无法实现这一理想。莱氏责难道：它压根不是体系性的，因为它的方法不是"综合的"（synthetic），也就是说，它不是从理想整体开始，然后通过严格的先天演绎来确定其部分的必要顺序。[2]相反，它的方法是"分析的"（analytic），它从各个部分开始，然后通过随机归纳得出整体的观念。

就康德任意的方法论，莱因霍尔德引用了康德对诸范畴的形而上学演绎作为一个醒目的例子。他抱怨康德没有从一个单一原理中演绎出这些范畴，只是从各种形式的判断中摘取它们。他声称，演绎中没有告诉我们为什么范畴表是完整的，也未告诉我们为什么必须将其组建成质量、数量和关系的形式。[3]

根据莱因霍尔德，不仅是批判哲学的方法背叛了它的科学理想，而且也是它的狭窄范围或有限的主题。批判哲学不是真正体系性的，这只是因为它不是充分综合的。它甚至没有构想出一个对各种知识能力之探究组织起来的整体观念。它只考察了特定种类的表象——感性直观、知性概念和理性理念——但它没有思考表象自身的概念。由于批判没

---

　[ 1 ] Kant, *KrV*, B, 673, 861–862, ix, xxxv. Cf. *Werke*, IV, 468–469.

　[ 2 ] Reinhold, *Fundament*, pp. 72–75; *Beyträge*, 1,263–264.

　[ 3 ] Reinhold, *Beyträge*, I, 315–316.

有研究表象诸种属，它也没有把握它们的体系结构，或它们在一个整体中是如何相互联系的。[1]更糟糕的是，批判将表象能力灾难性地划分为知识能力和欲求能力，以至于它失去了它们共同的来源或统一性。[2]

在莱因霍尔德看来，康德在满足他的批判理想方面与满足他的科学理想一样地遥不可及。康德的批判理想是第一哲学，一种无预设的认识论，它不承诺在没有先天审查这种主张的情况下拥有知识的主张。[3]但莱氏坚持认为，康德从一开始就背叛了这个理想。他致力于他没有做过考察的预设，随即就用其来确定知识的条件和限度。

莱因霍尔德认为，批判哲学最重要的、未经检验的预设是康德的经验概念。[4]这个概念包括这样的假设，即存在法则控制着事件，或者知觉之间存在着必然联系。根据莱氏的阅读，先验演绎预设了这个概念，但未加证明。它从经验的概念开始，然后表明先天综合概念是它的必要条件，但它没有证明存在这样的经验。莱氏指出，只有当我们首先接受康德的经验概念时，这一证明才是重要的。但怀疑论者否认的正是这个概念。虽然他可能同意先天概念是知觉之间必然联系的条件，但怀疑论者怀疑存在这种联系，并认为知觉只不过是恒常联结，别无其他。莱氏总结说，康德经验概念的证成，需要超越批判哲学的有限边界，并从一个更高的原理中演绎出它的第一原理。

莱因霍尔德认为，批判哲学的另一个基本预设是它在知性和感性之间的二元论。[5]尽管莱氏认为这种二元论碰巧是对的，但他抱怨康

---

[1] Reinhold, *Fundament*, p. 76; *Beyträge*, I, 267.

[2] Reinhold, *Beyträge*, I, 267-268. 莱氏没有提到判断力，因为"第三批判"尚未出现。

[3] Kant, *KrV*, B, 25-26, 788-789; A, xii.

[4] Reinhold, *Beyträge*, I, 281.

[5] Ibid., I, 288-294.

德没有提供令人信服的理由让人来接受它。顽固的沃尔夫主义者认为，知性和感性之间仅有程度之别，他将很容易在康德二元论的主要论证中找到漏洞——数学中出现的先天综合判断。他将否认存在任何先天综合的数学判断，因此他将驳斥存在独特的、无法还原为矛盾定律的直观形式之主张。根据沃尔夫主义者，数学判断明显只是综合的，它们的分析性通过对其术语的更仔细界定而变得明显。

莱因霍尔德认为，批判哲学的另一个未经证成的预设是关于理性不能认识物自体的学说。[1]一位坚称理性可以认识超越表象的物自体的沃尔夫主义者，无法被"第一批判"的任何一般论证所反驳。"先验分析论"和"先验感性论"最多限定了可能经验的知性和感性形式，但它们并不能证明类似的限定对于理性也成立。一名沃尔夫主义者会很容易地承认康德的这一点，即在可能的经验之内，没有理性理念可以呈表象的。[2]但他不会接受康德关于这些理念因此是无内容的结论。毋宁说，他会坚持认为，经验是衡量这种理念之真伪性的不适当标准。"辩证论"仅仅提供了对理性理念的归纳式的探究，以及对一些理性主义论证的任意争论。然而，无论康德在二律背反、两可论证和归谬论证中的争论多么令人信服，但它充其量只显示了个别论证的薄弱，但不是作为一个整体的理性主义的事业之失败。

莱因霍尔德基础哲学的目的是为了克服康德的理想和实践之间的不一致。它试图实现康德科学与批判的理想，使批判哲学具有坚实的科学与批判的基础。基础哲学通过遵循一个简单但大胆的程序来实现这些理想：它悬置了所有的信念和预设，并从基于一个意识事实（datum of consciousness）的单一而自明的第一原理开始。"第一批判"

---

[1] Reinhold, *Beyträge*, I, 323–326, 329.

[2] 在这里，莱氏想到的是埃伯哈特、马斯和施瓦布的论证。见第七章第一节。

所有的预设——先天综合的独特性质，物自体的不可知性，十二范畴的必然性，以及知性形式和感性之间的区别——然后从这一原理中严格演绎出来。因此，基础哲学将从"第一批判"止步的地方开始。在"第一批判"中充当前提的，正是基础哲学中的结论。[1]

莱因霍尔德自信地认为，这种激进的步骤满足了康德的批判与科学的理想。它实现了他的批判理想，因为只有当一个信仰被证明是第一原理的必要条件时，它才会被接纳到其体系里，这一点不言而喻。它也满足了科学的理想，因为这样的原理将批判哲学的所有结果组建为一个统一的体系。

虽然基础哲学的目的是实现康德的理想，但这并不能直接推出说，莱因霍尔德只想执行康德纯粹理性批判的原初计划。基础哲学的计划与批判不一样；莱氏试图以这样一种毫不妥协的方式实现康德理想的简单事实，迫使他扩大其批判纯粹理性的原计划。在整个的《基础》与《论稿》中，莱氏坚持了基础哲学和康德的批判哲学之别。莱氏坚持说，康德甚至还没有设想过基础哲学的事业，而更不用说康德会想到为它提供基础了。[2]

那么，基础哲学和康德的批判哲学之间的基本区别何在呢？如果我们将莱因霍尔德晦涩而冗长的讨论还原到最基本点，就会发现两个重要的差别。[3]首先，基础哲学比批判哲学更为一般。它的目标更宽，主题更广。而批判的主要目的只是为哲学的一个部分奠基——即形而上学——基础哲学的核心关切是为哲学的所有部分奠基。此外，如果批判的目的是研究先天综合知识的可能性，那么基础哲学的目标不仅是研究一般知识的可能性，而且还包括表象或意识本身的可能

---

[1] Reinhold, *Fundament*, pp. 72–75; *Beyträge*, I, 295.

[2] Reinhold, *Fundament*, p. 72.

[3] Reinhold, *Fundament*, 62–63, 71; *Beyträge*, I, 268–276.

性。其次，批判采用了一种分析－归纳法，而基础哲学则运用了一种综合－演绎法。康德提供了对所有先天形式的感性、知性和理性的归纳探究，但他从未从单一的第一原理或一般意识的可能性中得出它们。因此，批判哲学为基础哲学提供了所有的材料或事实，但它没有为其提供方法或形式。

一般而言，莱氏把批判哲学看作哲学在其分析道路上的最后一步，在那里它一直缓慢地在为一个单一而普遍的哲学体系收集所有的材料。然而，伴随着基础哲学的问世，一种哲学史的新纪元开启了。哲学最终能为这样一个体系发现整体的观念，并演绎出所有历经岁月而逐渐汇集起来的各部分。莱氏宣称，这个新综合的起点正是哥白尼革命的真正开始。当然，康德承诺过这场革命，但因为他任意的分析方法，他从未真正做到这一点。唯有基础哲学及其综合方法才能声称开创了这场期待已久的革命。[1]

## 第六节　莱因霍尔德的方法论

莱因霍尔德意在让基础哲学首先成为第一原理的哲学，不仅是哲学的而且也是人类全部知识的哲学。莱氏自己认为这是基础哲学的决定性特征。例如，他的《论稿》中明确地指出，基础哲学不是本体论、逻辑学或心理学，而是构成所有哲学和人类知识基础的原理体系。[2]事实上，基础（*Elementar*）一词本身就意味着第一原理的哲学。根据康德的用法，一个原理或概念如果它不是从任何其他原理或概念导出的，那它就是基础的。[3]"第一批判"被划分为"要素论"和"方

---

[1] Reinhold, *Fundament*, xiv, 72.

[2] Reinhold, *Beyträge*, I, 344.

[3] Kant, *KrV*, B, 89.

法论"，其中"要素论"处理知识、理性、感性和知性等诸能力的第一原理。

如果第一原理能成为所有知识的第一原理，那么它必须满足什么条件？这个问题引起了莱因霍尔德的极大关注，他的大多数方法论著作都集中在这一主题上。[1]莱氏认为，寻找哲学第一原理最重要的一步是准确地规定其必要条件。

如果我们将莱氏分散和复杂的讨论还原到基本点，那么第一原理（*Grundsatz*）则有四个主要条件：（1）它必须是所有其他真命题的基础、充要理由。所有真命题都将从它或它的后果中导出。（2）它的用语必须是精确和自我解释的（self-explanatory）。否则，如果它们必须通过其他命题来定义，则会发生其中定义中的术语也必须被定义的无穷回溯，以至无限。（3）第一原理必须具有最高的一般性，因此它的术语是最普遍的概念，所有其他概念都只是其种属。如果它的术语不是最普遍的，那么就会存在这些术语所从属的某种更高概念，该概念同时也决定那些术语的共同或同属的意义。因此，该原理将不复为第一原理了（因为它的术语将被一些高阶原理的术语解释）。（4）第一原理也必须是自明的（self-evident）或直接的真理。更准确地说，它不要求任何推理就为真；因为作为所有演证的第一原理，它本身无法被演证。因此，第一原理的证明必须超出它要演证的科学之外。

在这最后一种属性的基础上，莱因霍尔德对第一原理的性质得出

---

[1] 关于这个主题最重要的文章是《评论》卷一的第二篇论文 "Ueber das Bedurfnis, die Eigenschaften eines allgemeinsten ersten Grundsatzes der Philosophie zu bestimmen"，以及同卷第五篇论文 "Ueber die Möglichkeit der Philosophie als strenge Wissenschaft"。同样重要的[文献]是《初探》卷一第一节。

了一个重要的结论。[1]也就是说，它不能是逻辑公式、概念或定义。所有的概念化或定义都会破坏直接的真理，因为它引入了错误的可能性，以及对需要加以解释或定义的现象的冲突性解释。既然它不是一个概念、定义或公式，那么，哲学的第一原理必须是对自我揭示的（self-revealing）事实的描述，一个不需要任何进一步解释或定义的直接事实。

假设我们已经找到满足所有这些条件的第一原理，我们仍面临着一个非常严重的问题。第一原理是如何"导出"或"演绎"哲学的所有其他命题的呢？何谓演绎方法？真正说来，它是如何可能的？

不幸的是，莱因霍尔德没有对他的演绎方法给予足够的关注，在他的《论稿》中只提供了几个简短的解释。[2]在这里，他漫不经心地假设，于第一原理演绎出命题之处有可能建立一个演绎链，如此下去。然后，所有命题都直接或间接从第一原理导出。莱氏认为这一演绎链是一个属种逐渐向下的层级过程，其中第一层级的命题是最高属种，第二层级是其种差，以此类推。他强调连续地沿着这个层级进行的重要性，这样历经所有前面的层级，最后就达到了尽头。不遵守这一规则意味着允许不必要的含混进入体系。

但这种简单而明显的永无差错方法实际上提出了一个非常困难的问题。包含了最普遍概念的第一原理，似乎不能演绎出任何包含更具体概念的低阶命题。这是一个简单的、合乎逻辑的观点——但这是康德反对理性主义斗争的关键点——一个普遍而不确定的前提不能形成具体而确定的结论。[3]换句话说，一个属的种（species of a genus）不能

---

[ 1 ] Reinhold, *Beyträge*, I, 357–358.

[ 2 ] Ibid., I, 115–117, 358–362.

[ 3 ] 见 *KrV*, B, 337–338。

从属本身推导出来。[1]莱氏不能忽视这一点，因为他同意康德关于从普遍导出特定或者说从抽象中导出具体乃是一种谬误的观点。[2]尽管如此，莱氏坚持认为，第一原理必须具有最高的普遍性，同时又是演绎出所有其他命题的基础。因此，莱氏面临着一个两难：要么他放弃构建一个严格体系的尝试，在那里每个术语都是从更高的术语演绎出来的，要么他就犯了一个从普遍推导出特定的简单谬误。

那么，莱因霍尔德如何试图摆脱这一两难呢？值得称道的是，他认识到这个问题，并试图找到解决办法。[3]莱氏承认不可能从该属本身中推导出属的种，他坚持认为，如果推定他的第一原理包含犹如"橡子包含橡树"一样的命题，那么这就大错特错了。他说，这些命题被归入第一原理之下，但它们不在其之内。在提出这一点之后，莱氏试图通过区分命题的"质料"和"形式"来解决这一困难。命题的质料被定义为其术语的意义，而形式则被理解为它们在一个判断中的联系。现在，虽然第一原理不能演绎出命题的质料，但它可以演绎出命题的形式。莱氏相信，这种区别解决了他的两难。由于第一原理没有导出命题的质料，所以就不存在从普遍演绎出具体之谬误；而且由于第一原理确实导出了形式，所以体系的统一性和严格性就得到了保证。

虽然这具有了初始合理性，但莱因霍尔德的解决方案并没有真正摆脱手头的问题。从属种演绎出具体的旧谬误——就像康德所说的那样，从萝卜榨出血——也会重新出现，即便只从第一原理演绎出命题

---

[1] 种属还是属种，这在汉语界似乎有不同指称。众所周知的生物学分类叫"门纲目科属种"，属比种更普遍、宽泛；在哲学上我们把柏拉图的定义法简称为"属加种差"，这里同样表示属是大类，而种属于门类。但就单个字的字面意思而言，"种"似乎更普遍而宽泛，而"属"则表示属于、从属，似乎是种的下一级。——译者注

[2] Reinhold, *Fundament*, p. 96.

[3] Reinhold, *Beyträge*, I, 115–117.

的形式。假设第一原理的概念具有最高的普遍性，它仍然不能确定那些低阶命题的形式（即主谓词之间的适当联系），其中一些更具体的属性被归因于一个事物，例如，从高阶命题的形式"红色是一种颜色"，就不可能演绎出低阶命题的形式"红色是光谱中最小折射率的颜色"。在这里，旧的属－种（genus-species）规则开始再次发挥作用：虽然属的一切真实对于种也为真，但并不是说种的一切真实对属也为真，因为一个种与属的区别正是因为存在诸多对于种而非属的事实。因此，存在着大量的命题，其形式不能从第一原理中推导出来，即存在某些更具体的属性归于一事物的命题。

让事情复杂化的是，莱因霍尔德对哲学体系提出了另一个要求，这与他第一原理不能演绎出任何关于命题内容的规则相违背。[1]他的要求是，哲学体系不能承认那些意义没有完全确定以及依赖于第一原则的概念。他之所以提出这一要求，乃是因为这才是体系的概念有一个完全精确的含义唯一的保证。如果它们不能通过第一原理或由此导出的命题来定义，那么它们的含义就会是模糊的，并可能失之于相互冲突的解释；因此，所有的严格性和获得哲学体系普遍同意的可能性都会被牺牲。因此，旧的两难将以一种新伪装而重现。如果第一原理不确定命题的内容，那么哲学体系就会是模糊的、不严格的；但是如果第一原理确实决定了内容，那么它就犯了从一般前提中导出具体结论的逻辑谬误。

## 第七节　莱因霍尔德的现象学计划

基础哲学不仅是第一原理的哲学。这只是对其必要但不充分的

---

[1] Reinhold, *Beyträge*, I, 358–360.

描述。要完整地描述基础哲学的特征，我们必须不仅要考虑其形式，即第一原理的方法论，还要考虑其内容，即第一原理的具体性质。毕竟，沃尔夫的本体论也应该是一种第一原理的哲学，但莱因霍尔德坚持认为，这与他自己的基础哲学观点相去甚远。[1]

用现代术语来说，基础哲学也是"意识的现象学"。它作为一种"新表象理论"，其主要任务是描述和分析"一般意识"或"表象本身"而崭露头角。这一新表象理论是一种严格意义上的"现象学"：它放弃了对意识起源的所有心理学和形而上学的思辨，只限于描述意识本身的现象。在1790年的《论稿》中，莱因霍尔德将这种现象学纳入了基础哲学。根据《论稿》，哲学的第一原理不在于定义或概念，而是意识的事实。[2]基础哲学必须从意识中出现的中立且无预设的描述起步。

然而，为什么是意识的现象学呢？为什么莱因霍尔德认为哲学只有作为现象学才能有一个无预设且自明的起点呢？莱氏关于现象学的论点始于对现代笛卡尔传统的辩护。就像笛卡尔、洛克、贝克莱和休谟一样，莱氏在意识中看到了哲学的起点。[3]他对这一立场的论点多少还是经典的。他坚持认为，唯一不受怀疑论者所怀疑的事实是我有表象。虽然怀疑论者可以怀疑他的表象属于单一的自我认同之主体，虽然他也可以怀疑它们与外部对象是否相符，但仍然存在一个他无法怀疑的事实：他有诸表象。对表象存在的否认是自我否决的——因为这样的否认相当于一个表象本身。因此，哲学的起点不能在主客体本身中找到，因为它们在意识之外并先于意识而存在；因为我们所有的直接知识都是我们自己关于它们的意识。我们对主客体本身的所有知识都只是中介，一种来自我们意识状态或表

---

[1] Reinhold, *Beyträge*, I, 134–136.

[2] Ibid., I, 143.

[3] Ibid., I, 144, 162. Cf. *Versuch*, p. 66.

象的推断。

虽然莱因霍尔德接受笛卡尔传统关于哲学起点在意识之内的论点，但他在很大程度上偏离了这一传统。事实上，莱氏得出了他的结论：在长期反思传统认识论的失败之后，第一哲学只能是现象学。在他看来，现象学似乎是解决传统认识论一切缺点的唯一方法。[1]在《初探》的前面诸多章节中，莱氏对古典认识论进行了深入的批判。[2]这一批判确实是整本书中最富有成果和最有趣的方面之一。莱氏那巨大影响力和优点——尽管他的表象理论存在不足——在于其元认识论或元批判意识呈现出的先进性。在后康德哲学的真精神中，莱氏坚持认识论必须考察自己的方法和预设。笛卡尔、洛克和康德在对知识条件的探究中所预设的东西构成莱氏新的高阶探究的问题和主题。

莱因霍尔德批评传统认识论，首先是对其确切起点展开攻击。[3]如果莱氏同意传统的起点在意识之内，他仍然不同意它应该始于意识内的何处。莱氏认为，哲学不应自限于对知识（knowledge）的条件和限度的考察，而应从对一般意识（consciousness in general）的条件和限度的研究开始。如果哲学是从意识之内的某个地方开始的，那么它必须从一切意识状态背后的一般和共同原理开始，这就是表象的概念。莱氏断言，当传统认识论在考察表象之前探究知识的概念时，传统认识论就犯下了一个严重的错误。这使得它的知识概念模糊、无根基，因为这个概念预设了更一般的表象概念。表象的概念应该在知识的概念之

---

[1]黑格尔在《精神现象学》（Phänomenologie des Geistes）的"导论"（Einleitung）中也持有此论。他关于现象学的论点与莱氏存在诸多相似之处。另，这个导论的重要性自不待言，海德格尔在 20 世纪 40 年代专门对这 16 节内容的导论展开分析，名为《黑格尔的经验概念》，收录在 6 篇论文结集而成的《林中路》之第三篇。——译者注

[2] 见 Reinhold, Versuch, bks. I; IV, 1,2; 以及 II, 6–15。

[3] Reinhold, Beyträge, I, 357–358; Versuch, 189–190.

前加以研究，因为所有的知识都是表象，但不是相反。因此，基础哲学主要是一种表象理论，是知识的次级理论。事实上，正是这种对意识本质的关注使基础哲学成为一种现象学，而不是另一种认识论。

在莱因霍尔德看来，传统认识论对意识考察在总体上的失败只是其缺陷之一。传统认识论另一个严重的缺点是，它贸然地致力于形而上学——尽管它声称要避免所有的形而上学，并探究其可能性。[1]不是从对表象能力的探究开始，然后确定主体和对象的形而上学知识的可能性，而是从关于主体和对象的形而上学理论开始——例如，它们是精神的还是身体的——然后使用这些理论来确定知识能力的性质。因此，传统认识论陷入了一个恶性循环，在那里它不多不少地预设了它应该探究的内容。

在一篇预测了"语义学升格"（semantic ascent）之现代概念因而非常具有先见之明的文章中，莱因霍尔德指出，传统认识论对形而上学的贸然承诺是由于它没有区分两个完全不同的问题。[2]第一个问题"知识的条件是什么"，莱氏说，这是一个关于我们判断的真理条件的严格逻辑问题。它不是关于事物存在的法则，而是关于支配何物存在的知识的法则。谈论这种意义上的知识能力只是支配特定知识的法则的隐喻（metaphor）。第二个问题"知识的主体是什么"是一个形而上学问题，关乎拥有知识的主体的性质，莱氏解释说，它并不是关于支配实在知识的法则，而是关乎那些支配实际上事物本身的法则。谈论这一意义上的知识能力，是指主体的某个性质或倾向。莱氏认为，这些问题的混乱导致了一个严重的谬误：知识法则的实体化（hypostatization），判断的真理条件的具体化（reification）。[3]

---

［1］Reinhold, *Versuch*, pp. 177–181, 202–209.

［2］Ibid., pp. 179–180.

［3］Ibid., pp. 180, 206.

根据莱因霍尔德，传统认识论的另一个基本错误是，它没有仔细定义它的术语，诸如"理性""知性""知识"以及"表象"[1]。不是确定其术语的精确意义，它只是依赖于它们在普通语言中显示的松散意义。于是乎，就理性、知性或表象的条件和限度产生争议，这只是因为对立的双方对这些概念赋予了不同的意义。一般来说，遵循洛克的先例，莱氏在普通语言的模糊性和两可性中发现了哲学争论的根源[2]。

为了使他的现象学有个坚实的基础，莱因霍尔德开始了他的《初探》第二卷，仔细规定了他的探究主题。他想要精确地把纯粹意识现象具体化，以便将它与所有形而上学和心理学的思辨区分开来。莱氏认为，只有对其主题加以确切规定，才能确保现象学一劳永逸地摆脱所有毫无根据的形而上学预设。

莱氏首先将他的主题规定为"表象能力"（*Vorstellungsvermögen*）。[3]一门意识的现象学是对表象能力的研究，它一般地被理解为意识能力。但是，确切地说，何谓"表象能力"，或者说何谓"一般意识"？在回答这个非常重要的问题之前，莱氏认为有必要对表象概念本身作出两个基本的区分。[4]第一个区分是表象的内外部条件。内部条件出现在表象（representation）之内，与它的现象（appearance）密不可分；外部条件不出现在表象之内，并且与它的现象相分离。莱氏把主客体算在外部条件中，因为它们不出现在表象内，并且与表象不可分割。第二个区分是更狭义与更广义上的表象。狭义上的表象只是表象的一般概念，即所有表象都有的共同之处，它排除了具体表象层级之间的所有差异；广义

---

[1] Reinhold, *Versuch*, pp. 157–158.

[2] Reinhold, *Fundament*, pp. 90–93.

[3] Reinhold, *Versuch*, pp. 195–227. 在这些段落中莱氏区分了短语"表象能力"的各种含义。

[4] Ibid., pp. 199–202, 212, 218–219.

上的表象是表象的一般概念，它包括了具体表象级别之间的所有差异。

然后，莱因霍尔德区分了三种意义上的"表象能力"这一术语，所有这些都利用了这些区分。[1]第一，存在较广泛意义上的"表象能力"：这包含了较广泛意义上表象的内外部条件，即所有种类的表象的两个条件。这是传统上使用这个术语的意义，在那里对表象能力的探究意味着研究某些特定类型表象的主客体。第二，存在较狭义上的"表象能力"：这只包含较广义上表象的内部条件，即在特定类型的表象中出现的必要性。第三，存在最狭义上的"表象能力"：这只涵盖较狭义表象的内部条件，它指的是在一般或自身的表象中出现的必然性，从所有具体类型的表象中抽象出来。

莱因霍尔德指出，他的现象学的主题是最狭义的表象能力。[2]换句话说，它的主题是表象本身的内在条件。他的研究不涉及表象的外部条件或表象的任何具体形式。毋宁说，它的主题只是意识中在场之物的必要条件——不仅是这种或那种意识形式，而且是意识本身。正如莱氏有时所说：他想研究"纯表象"（*Blosse Vorstellung*）的性质，即除了其外部条件之外的表象自身，以及除了特定表象具体性质以外的一般表象。

因此，通过将他的理论限制在表象的内部条件上，莱因霍尔德旨在将关于主客体（subject and object）本质的形而上学问题排除在他的探究之外。[3]他说，主客体只是表象的外部条件，因为即使客体不存

---

[1] Reinhold, *Versuch*, pp. 195–200，尤其是217–220。

[2] Ibid., p. 207.

[3] Ibid., pp. 200–206, 222.

另，这里的subject and object翻译成主体和对象也行，出于行文的连贯性考虑，凡是这样的情况，我们都处理成主客体，其他情况下则根据语境加以选择。——译者注

在，即使它属于另一个主体，也可能发生表象。莱氏坚持认为，如果一种表象理论试图从主客体中确定表象的本质，那么它就严重地误入歧途了。我们只从我们对它们的表象中知道主客体，因此从主客体的本质中推断出表象的本质是将较少确定与间接的所知，前置于更加确定与直接的所知。此外，主客体的知识包含在一个不同的表象类别（class）中，这些知识不足以解释一般表象的概念，而一般表象的概念也无法还原为这种或那种表象。

莱因霍尔德还认为，通过将他的理论限制在表象的内部条件上，他不必费心于表象的起源或发生学问题。表象的原因也属于它的外部条件，因为意识中出现的东西可能是相同的，即使原因不同。因此，新表象理论的主题不是表象的原因，而是其内容。

莱因霍尔德经常坚持他的现象学探究的纯粹逻辑性质。他强调，他正在探究的是表象的概念，这与形而上学或心理学对表象的主体或原因的探究毫不相干。[1] "表象的本质是什么"的问题对他来说，关于表象的概念在最狭义的意义上什么必须被考虑到，也就是说，他想知道在意识中出现之物逻辑上的必要条件。莱氏认为，传统认识论的一个主要错误是它未能将逻辑问题与起源问题分开。它将表象概念的逻辑属性实体化为灵魂的形而上学属性。新表象理论是一种概念的研究，处理表象的逻辑而因果条件。因此，莱氏写道，"我们在这里关心的根本不是表象之所是，而是在我们可能和必然的表象概念中必须被思考的东西"。[2]

莱因霍尔德对他的主题的细致定义，虽然看起来艰苦而潦草，但在一般先验哲学中有着极其重要的作用。因为莱氏的现象学计划如此

---

[1] Reinhold, *Versuch*, pp. 213–214, 221.

[2] Ibid., p. 227.

精确地在《初探》中解释，所以它应该被看作对康德先验哲学中一个严肃方法论问题的解决方案。这是一个先验哲学如何研究可能经验的条件和限度且不超越它们的问题。先验哲学总有重新陷入形而上学的风险，因为先验（transcendental, 对可能经验的必要条件的研究）和超验（transcendent, 在任何可能的经验中都无法证实的形而上学思辨）之间的边界非常细微。康德本人强调，他的先验哲学必须保持在可能经验的批判限度之内，必须严格限制自身去分析其必要条件；然而，他从来没有具体说明如何做到这一点，以及如何避免重陷形而上学。

这正是莱因霍尔德想要以他的现象学填补的方法论空白。他认为，先验哲学只有当它将自身限定于解释意识中出现之物的必要条件时，才能保持其适当的限度。这确实是《初探》卷二中莱氏着力区分的所有要点。这些区分应该被看作康德区分先验和超验的仔细说明。莱氏说，先验哲学只有当它成为一个研究表象本身内在条件的现象学时，才能保持非超验性。

在这一点上，莱因霍尔德基础哲学背后的总体策略清晰地映入眼帘。他的目的恰恰是为批判哲学建立一个现象学基础。莱氏希望从对意识中出现之物的逻辑分析开始，演绎并系统化批判哲学的全部结果和预设。他断言，只有在其结果被证明是一般意识或表象自身的必要条件时，批判哲学才会找到一个牢靠的基础。

如今摆在我们面前的唯一问题是莱因霍尔德是否成功地实现了这一伟大抱负。那么，让我们来考察一下基础哲学吧。我们很快就会看到莱氏是否实现了他为自己设定的崇高理想。


## 第八节　莱因霍尔德的意识命题与新表象理论

莱因霍尔德在《论稿》的"新阐明"（*Neue Darstellung*）中头一句

就陈述了他的第一原理："在意识中，表象与主客体相区别；同时通过主体，表象又与主客体相关联。"[1]莱氏向我们保证道，这种平常而令人费解的陈述，受到"意识命题"（*der Satz des Bewusstseins*）庄严地洗礼，不亚于哲学的第一原理。

然而，这一原理一经阐明，就会对其含义产生严重的疑难。说主体将表象与主客体相"联系"，又"区别"于主客体，这是什么意思呢？特别是，主体如何将表象联系于自身和客体，以及又如何让表象区别于自身和客体？"联系"和"区别"这两个词绝非自明的，当然不是像莱因霍尔德所说的那样，即第一原理的术语应该是自明的。更糟糕的是，莱氏几乎没有或根本没有解释它们的含义，径直认为他的观点是自明的，无需进一步解释。

虽然莱因霍尔德的原理在初读时具有无法容忍的模糊性，但通过考察他以前的一些文本，弄明白它的大致精确的含义也是有可能的。在《论稿》中关于表象理论的粗略构想预设了《初探》中的早期构想，这个早期构想也显得更为清晰、详细。[2]例如，莱氏的"联系"（relate，*Beziehen*）一词的所指，根据他先前的分析，也变得更容易理解。主体将表象与自身联系在一起，这句话的条件是，只有存在着拥有表象的人，表象才可能。无主体的表象是不可能的，因为表象的概念意味着某物为某人所表象，或者存在表象着某物的某人；换句话说，不可能有无主的表象。相反，主体将表象与它的客体相"联系"，因为只有存在着它表象的某物，表象才是可能的。若无客体，一个表象就什么也不能表象，因此它根本不是一个表象。事实上，表象只是通过它们的不同客体才能加以认识和区别。

---

[1] Reinhold, *Beyträge*, I, 168ff.

[2] Reinhold, *Versuch*, pp. 232–234, 236–237, 256.

莱因霍尔德的"区别"（distinguish, *Unterscheiden*）一词的含义，在浏览了早期对表象的分析后，也变得更加清楚了。[1]主体将表象与其客体相"区别"，这句话的条件是，表象自身不可能只是所表象之物。必定存在让对客体的表象成为一个表象的某物。与对象无法区分的一种表象就无法表象出对象了。相反，主体从自身"区别"于表象，因为它的表象者不可能同时又是表象自身。即使该主体是哲学自我论者（egoist），相信他所表象的一切都只是他自己，他仍必须把关于自己的表象和自己区别开来。因此，通过"联系"和"区别"概念，莱氏意味着主体发现在逻辑上与表象以及客体相连接，或者相分离。因此，意识的命题表明，任何意识行为都有三个术语——表象、表象者和被表象之物——它们在逻辑上相区别，但又彼此不可分割。

但这些可怕的模糊术语"主体""客体"和"表象"究竟何意呢？如果第一原理完全自明，这些术语也必须被精确地规定。莱因霍尔德在《论稿》中对这些术语确实提出了明确的定义。[2]严格遵循他的现象学指导原则，他坚持认为，他不预设主体、客体或表象的具体概念，只是通过它们之间如意识命题中所表达的关系来定义这些术语。因此，表象只不过是通过主体与主客体区别和联系之物。主体只不过是表象者，或者跟表象与客体既相区别又相联系者。而客体只不过是被表象者，或者是通过主体跟表象及其客体既相联系又相区别者。

重要的是要认识到，莱因霍尔德一再忠于他的现象学原理，认为他的第一原理不是表象的定义，而只是对意识事实的一种描述。[3]这一事实包括执行两项活动的主体：将表象与其本身和客体相互联系又相互区别。然而，将这些活动称为"事实"（fact, *Tatsache*）意味着

---

[ 1 ] Reinhold, *Versuch*, pp. 200–201, 235–238.

[ 2 ] Reinhold, *Beyträge*, I, 146–147, 168.

[ 3 ] Reinhold, *Beyträge*, I, 143–144, 168. Cf. *Fundament*, pp. 78–81.

什么呢？莱氏不可能是在说它们是实际的事件（event），就好像它们确实发生了似的，无论是有意识的还是潜意识的，对于每一表象概莫能外。这种主张非假即妄。如果声称这些行为有意识地发生，那是假的；如果声称它们是下意识地发生的，那是无法核实的妄言。那么，莱氏必定意味着，它们是可能的事件，因此它们就意识的可能性而言必定能发生，像康德的"我认为"必定能伴随任何表象一样。当然，主体必定能采取这些活动，这不是一种经验性的，而是一种逻辑上的必然性。总之，意识事实不是一个实际的事件，而是一个可能的事件，其可能性不是经验，而是逻辑的必然性。因此，意识命题表明，只有当主体（逻辑上）能将表象跟自身与客体既相区别又相联系时，一个表象才是（逻辑上）可能的。

从更大的历史语境看，莱因霍尔德的意识命题是试图发展或解释康德的统觉的统一性原理。像康德一样，莱氏认为表象需要自我意识的可能性。在《评论》中，他甚至承认康德的统觉的统一性，简言之（in nuce）就是哲学的第一原理（尽管他认为康德将其限制在感觉直觉上，而他应该将其扩展到一般表象）。[1]但莱氏试图比康德更进一步，因为他想在方式上具体说明主体必定能成为他表象的自我意识。换句话说，他想知道"我认为"可以伴随任何可能表象的条件。因此，莱氏的论文是这样的：如果主体不能意识到他的表象跟他自身及其客体既相联系又相区别，那么他的表象对他来说"什么都不是，或者充其量只是一个梦"（用康德的话说）。[2]

在陈述了他的第一原理并根据它定义了主体、客体和表象之后，莱因霍尔德然后开始着手剖析表象的性质。他的第一个基本命题是，

[1] *Beyträge*, I, 305–308. 感谢莱氏的洞见，康德确实制定了他的原理，使之适用于任何可能的表象，见 *KrV*, B, 132。

[2] *KrV*, B, 132.

表象由两个成分组成，其统一和分离构成了它的本质。[1]这些组成成分是表象的形式（*Form*）和内容（*Stoff*）。形式是使表象与它的主体"相关"（无法分离），内容是令其与它的客体"相关"。

总之，莱因霍尔德关于由两个不同组成成分的表象论点有以下形式：由于表象与主客体既相互联系又相互区别，而且由于主客体彼此不同，表象必然包括两个要素，一个是与主体之联系与区别，另一个是与客体之联系与区别。[2]

然而，这一论点丝毫没有说服力，并将莱因霍尔德关于表象的整体分析置于一个薄弱的基础上。虽然表象与不同的事物有着不同的关系，但它并不意味着它必须由不同的成分组成；因为一个不可分割之物可以与不同的事物形成不同的关系，例如，一个位于一个点以东同时又位于另一个点以西的数学点。它甚至得不出莱氏的论点，即表象与主客体处于不同的关系中，因为完全相同的关系可能在不同的事物之间。不管是好是坏，正是从这个极其薄弱的论点出发，莱氏声称已经演绎出了批判哲学的一个重要预设：先天综合知识的形式和内容之区分。但是，当康德将这种区分限制在先天综合知识时，莱氏认为这是表象本身的必要条件。

更准确地说，莱因霍尔德的表象的形式和内容是什么呢？他解释说，表象的内容就是它所表象出的内容。这也是区分一种与另一种表象之所在，因为表象出不同事物的表象永远不相同。[3]相反，表象的形式是使所有不同的表象及其它们不同的内容成为表象。[4]这是使它们的内容成为一个表象之物，于是它表象出某物，并且它不光是客体本

---

[1] Reinhold, *Beyträge*, I, 80.

[2] Ibid., I, 181–183.

[3] *Beyträge*, I, 184–185. Cf. *Versuch*, p. 230.

[4] *Beyträge*, I, 183. Cf. *Versuch*, p. 235.

身。莱氏还对比了形式和内容，指出形式是将表象与主体相"联系"之物，而内容是"联系"表象自身与客体之物。直到现在，他才开始超越这个词仅仅指逻辑上的"依赖"或"需要"的原始意义。如今，内容在"表象"出或"相符"于客体的意义上"联系"着客体；形式在由主体"产生"或"制造"的意义上与主体有相关。

莱因霍尔德强调区分表象的内容和客体的重要性。[1]没有表象，内容就不能存在，而没有表象，客体依然能存在。因为内容是"相符"于或"表象"出对象的，所以它不能与客体本身相同。莱氏认为，通过思考来自普通知觉的一些例子可知，内容和客体之别就变得很明显。如果我知觉远处的一棵树，我表象出的内容是模糊的，因为我不知道它的树种或枝条的数量；但当我接近时，内容变得更精确，这样我就知道它所属树种和枝条的数量。因此，即使客体保持不变，表象出的内容也在变化。莱氏坚持认为，表象出的内容和客体之间的这种区别具有第一意义，因为将表象出的内容与其客体混淆，是忽视事物本身和事物的表象之别的首要方面。

然而，莱因霍尔德关于内容和客体的区分产生的困难比它所能解决的更多。它通过形成两个层次的表象致使表象的性质变得模棱两可。由于表象的内容已经被描述为"它所表象出的"东西，所以表象必须表象出它的内容。但是莱氏也主张表象的内容表象着它的客体。然后，存在两个层级的表象：一级是表象表象着其内容，另一级是内容相应地表象出其客体。

更为糟糕的是，莱因霍尔德陷入了严重的不一致，他认为表象的内容"表象"出或"相符"于其客体。[2]因为他沿着康德的先验演绎的

---

[ 1 ] Reinhold, *Versuch*, pp. 230–232. Cf. *Beyträge*, I, 183.

[ 2 ] Reinhold, *Versuch*, pp. 231–232. Cf. *Beyträge*, I, 182.

思路论证，认为表象"镜像"（mirroring）"类似"或"描画"它们的客体，这乃是大谬。[1]他写道，这种语言错误地暗示，有可能在我们的表象之外，查看它们是否符合外在于它们而存在的客体。然而，莱氏本人就是这个谬误的牺牲品，因为他说一个表象的内容"相符"于或"表象"出它的客体。这意味着，表象在某种意义上类似于它的客体；但我们能知道这点的唯一方法是，通过每一个不可能外在于我们的表象，并将它们与客体本身加以比较。因此，基础哲学不是从某种更高的原理中演绎出先验演绎的认识论，而是通过假设表象以某种表象或镜像物自体的方式违反它的精神。

在这一点上，通过对表象形式和内容的简单分析，莱因霍尔德自豪地演绎出康德在"第一批判"中的另一结论：不存在关于物自体的知识。[2]但莱氏认为康德的说法在于，不存在物自体的知识，只是不存在物自体表象之更普遍说法的一个特例而已。根据莱氏，表象的本质排除了甚至表象物自体的可能性，遑论知道物自体为何物了。

莱因霍尔德很快就驳回了这样的反对意见，即必定存在一个在物自体的表象，因为单单物自体的概念也是一个表象。[3]他认为，这种反对不过是利用"表象"这一术语的模糊性。仅仅物自体的概念，在它表象着一个确定的个别的持存物意义上并不构成表象。它确实是一种表象，但只是知性的一般概念，它不表象着任何确定之物，而只表象着一般事物。因此，这一反对将这种一般知性概念与对确定的持存物的表象混为一谈，因此，谈论物自体的不可表象性（unrepresentability）显得自我否决。但是，在否认物自体的可表象性时，莱氏坚持认为，他只排除了对确定的持存物的表象。只有这种意义的表象才是问题所

---

[1] Reinhold, *Versuch*, pp. 240–241.

[2] *Versuch*, pp. 244–255. Cf. *Beyträge*, I, 185–187.

[3] *Versuch*, pp. 247–248.

在，因为只有这些表象才可能提供给我们存在之物的知识。

在将这一反对从他的道路上排除后，莱因霍尔德提出了他关于物自体的不可表象性的论证。我们可以将他的论证解释如下。如果内容要进入意识，则表象的内容必须符合其形式。然而，通过符合表象的形式，内容获得了它自身没有的同一性，从而变得与形式不可分割。因此，内容不再表象着客体本身，[1]就是说，客体先于在意识里显现而存在，也先于运用形式而存在。换句话说，物自体乃是一种无形式之物；但所有的表象都要求一种形式；因此，它不能表象无形式之物，即物自体。

然而，如果一个人严格遵循莱因霍尔德对"表象形式"的定义，这个论点也不是那么强有力的。根据他先前的定义，如果形式只是区分意识和非意识的形式，区分某物的表象与事物本身，总之它并不意味着在符合形式的情况下，内容不能再表象客体自身；因为这里的"符合形式"只意味着内容进入意识；而仅仅进入意识并不妨碍内容表象着客体自身。作为一般的纯意识，表象的形式并不必然改变其内容的任何确定特征。那么，必定存在某种特定的形式，这使得它改变或限制表象的内容；但是莱氏的早期定义并未指明那必须为何物。

因此，莱因霍尔德的论证需要一个额外的前提，大意是形式改变了内容的决定性特征。当他暗中假设表象着的主体是主动的，在创造和限制它所表象之物时，这个前提确实是由莱氏提供的。[2]由于主体是主动的，表象的内容与形式相符合中经历了变化。这就是为什么表象的内容不能类似也不表象物自体的基本理由。表象的内容必须符合形式，形式是由主动的主体贡献的，活动的主体改变、决定并限制了内容。

---

[1] Reinhold, *Versuch*, p. 433.

[2] Ibid., pp. 240, 231–232.

然而，如果莱因霍尔德的额外前提是允许的，那么根据他自己的现象学指导原则，这又是成问题的。这些指导原则指出，认识论者（epistemologist）不能对主体作出任何假设，更不用说对表象的起源作出任何假设了。但是，为了证明物自体的不可表象性，莱氏必须假设主体是主动而非被动的，并且那还是表象形式的来源或原因。因此，他已经超越了他理论最初的严格现象学界限，因为这些假设远远超出了对表象内在条件的分析。

在将物自体引入到基础哲学之后，莱因霍尔德为它指派了与它在批判哲学中执行的相同的任务。像康德一样，莱氏悬设物自体来解释表象内容的起源。他认为，由于表象能力不能创造其表象的内容，所以必须存在作用于它并提供它该内容的某种原因，而这一原因就是物自体。[1]但是，在保留物自体的传统地位时，莱氏似乎没有意识到他和康德关于知识和表象限度的批判性学说的严重不一致。如果我们不能像康德所说的那样知道物自体，并且我们确实不能像莱氏所说的那样表象它，那么我们怎么可能知道甚至表象所谓的事实，即物自体是我们表象内容的原因呢？因此，莱氏没有回答雅可比对物自体的批评，而只是重复了康德的错误。这将很快被证明是对基础哲学不满的最深刻来源之一。

在为物自体之不可表象性争论之后，莱因霍尔德继续对表象本质展开分析。他现在问：鉴于表象包含在形式和内容中，其具有形式和内容的必要条件是什么？

莱因霍尔德认为，对具有不同形式和内容的表象，它们必须有不同的来源。[2]如果形式和内容都来自一个共同的来源，则不可能区分

---

[ 1 ] Reinhold, *Versuch*, pp. 248–249.

[ 2 ] Ibid., p. 256. Cf. *Beyträge*, I, 189.

两者。表象的形式必须由主体产生，内容必须由客体产生。内容必须被给予，因为表象着的主体不能凭空创造其表象；就像康德一样，莱氏认为主体具有有限的创造力，这意味着其表象的来源必定在自己之外。[1]莱氏还认为，如果主体创造了它所表象的一切，那么它将只是它自身的一个投射（projection），这样主客体区分则不复存在；[2]一如我们早已所见，这种区分是表象本身的必要条件。相反，表象的形式必须由主体产生；因为，如果形式伴随着内容一起被给予，那么表象就根本不可能（per impossible）存在于意识之外，于是就会出现无主的表象。[3]

在这里，莱因霍尔德似乎再一次违反了他的现象学原理。当他说表象的形式是被产生的，内容是被给予时，他似乎通过猜测意识的起源或原因来超越意识本身的限度。但莱氏已经准备好对这一反驳的答复。[4]他坚持认为，内容的给予性和形式的产生性（production）是表象的内在条件，也就是说，它们是表象在意识中出现的逻辑上的必要条件。谈论"产生性"和"给予性"无疑是为了引入因果概念，但用这些概念来设想表象的可能性则又是必要的。

但如果这些是概念上的联系，问题仍然是它们是否有效的联系。我们很可能会在这里问，为什么表象必须由主体产生？如果客体创建了表象的形式，这并不意味着表象必须存在于意识之外，这根本不可能；形式的全部属性都可能由客体产生，尽管它只出现在意识中。为什么内容必须由客体产生呢？到了这一阶段，莱因霍尔德没有发展出任何反对理想主义的击倒性论证。而且，观念论与他迄今建立的主客

---

[ 1 ] Reinhold, *Versuch*, pp. 258-261. Cf. *Beyträge*, I, 190.

[ 2 ] Reinhold, *Versuch*, p. 257.

[ 3 ] Ibid., pp. 258-259.

[ 4 ] Ibid., pp. 262-263.

二元论是完全相容的。二元论只是说，每一表象都包含在一个表象者和一个被表象之物中；但观念论者会承认这一区别，只是否认被表象之物与某些外部实在相对应。

在至少令自己满意的情况下，莱因霍尔德确定表象的形式是产生的，内容是被给予的，他对作为整体的表象能力作了某种更为一般的演绎。[1]这些演绎对他来说非常重要，因为它们应该产生一些关于批判哲学的进一步结论。

莱因霍尔德首先演绎，表象能力必须包括一个主动和一个被动的能力。由于表象的内容是被给予的，表象能力必须包含一种接受性（receptivity）能力，即接收表象内容的能力。这种接受能力必须以被动的方式行事，因为它只接受所予之物。相反，由于表象的形式是被产生的，表象能力必须包含自发性（spontaneity）能力，这是一种产生这种形式而无先前原因作用于它的主动能力。

然后，莱因霍尔德继续演绎出这些被动和主动能力必须具备的某些进一步的特征。他试图描述他所说的这些能力的"形式"，即它们主动性的特征。[2]接受性的形式包括接受杂多（manifold）的能力，因为表象的内容包含诸多不同的客体。该内容必定是一种杂多，因为表象只是通过它们的内容而彼此不同；但只有当它相符于一些具有区分它们特征的不同客体时，它们的内容才是可区分的。[3]同时，主动的形式必然是产生统一性的能力，因为表象形式对于所有意识来说都是相同的，不管它的内容是什么。换句话说，自发性的形式包含在一种综合中，因为表象的形式是其统一性，这种统一只能通过综合才能在杂多

---

[1] Reinhold, *Versuch*, pp. 264–265, 267–270, 279–282.

[2] Ibid., pp. 277–278.

[3] Ibid., pp. 284–285.

中被创建，综合是统一其多样性的主动性。[1]

在认为表象的能力必然被划分为一种接受杂多的被动能力，以及一种产生综合统一的主动能力时，莱氏当然是试图证明康德在"第一批判"中他自己的某种二元论前提，特别是在感性和知性之间的二元论。然而，重要的是要注意到，莱氏的接受能力和自发能力对一般表象是有效的，而不仅对具体类型的表象有效，就是说，在对知性情况下的概念和感性情况下的直觉同样有效。

在阐明自发性和接受性的一些必然特征的同时，莱因霍尔德转向了对他整个表象理论的另一个重要反驳。该反驳指出，表象理论禁止并又要求对物自体加以表象。[2]表象理论的一个所谓卖点是，通过仔细定义表象的性质，以防止事物的表象与事物本身之间相混淆。事实上，在《初探》的序言中，莱氏就解释说，他意欲揭露这种混乱的根源，这构成他整个理论背后的根本动机。[3]但问题还是不可避免地来了，如何才能区分何者属于表象以及何者属于客体本身，同时又根本不会超出我们的表象，并对客体本身形成一个纯粹的观点呢？通过批判实体（hypostasis），表象理论仍然符合康德批判的精神；但通过要求对物自体进行表象以防止这种谬误，它就会重新陷入最粗俗的独断论。

针对这一反驳，莱因霍尔德回答说，为了区分何者属于表象以及何者属于对象本身，确有必要形成适合于客体的表象以区别于表象自身；但他立即补充说，这种表象不必是物自体的。[4]相反，除了任何给定的客体之外，只需要对感受性和自发性的形式有一个纯表象，

--------

[1] Reinhold, *Versuch*, pp. 267-270.

[2] Ibid., pp. 293-295.

[3] Ibid., pp. 62-63.

[4] Ibid., pp. 293-295.

即对这些形式本身的表象。通过扣除对感受性和自发性形式的纯表象不必要的一切，就可以区分何者属于表象能力，何者属于客体本身。对于自发性和接受性的纯表象来说，所有不必要之物都属于客体本身。因此，表象的"主观"与"客观"内容之间存在着区别：主观内容是属于知性与感性形式的内容；客观内容则属于给定对象的内容。

在试图捍卫他的客观内容概念时，莱因霍尔德认为，表象的客观内容对于整个表象能力是不可或缺的。[1]它起着几个重要的作用。第一，刺激起表象能力的主动性是必要的。仅仅是空洞的形式本身，只有当他们有所予之物可以有所作为时，自发性和接受性能力才能表象某物，这就是表象的客观内容。第二，客观内容对主体成为具有自我意识表象能力而言也是必要的。主体只有通过其结果（products）才能意识到其自发性和接受性；但要产生结果，它必须有给定的质料才能有所作为，这还是客观的内容。第三，表象的客观内容使我们相信除了我们的表象能力之外的外部世界之实在。在所有这些方面，莱氏的客观内容概念是费希特的"阻碍"（obstacle, *Anstoss*）概念的鼻祖，它在 1794 年的《知识学》（*Wissenschaftslehre*）中起着非常重要的作用。

通过诉诸客观内容的概念，莱因霍尔德试图支持康德对观念论的反驳。[2]他认为，我们可以像我们确信自己的表象一样，确定外在于我们的客体之实存。这是因为我们的表象有客观内容，它是自我意识的必要条件。

尽管存在所有这些所谓的优点，但莱因霍尔德的客观问题概念是

---

［1］Reinhold, *Versuch*, pp. 295-300.

［2］Ibid., pp. 299-302.

否使他摆脱了原初的困难是值得怀疑的。不难看出,这样的概念是独断论的,超越了莱氏对表象的所有限定。因为如果表象的形式对于任何可能的表象都是必要的,就像莱氏声称的一样,那么即使是客观内容的表象也必须符合形式,因此根本不存在客体单独致力于去表象的一种表象。从表象的形式中抽象出来设想客观内容本身是不可能的;因为这样的抽象无法符合表象的形式,而莱氏则认为这种表象形式对所有可能的意识都普遍有效。事实上,仅仅基于这些理由,莱氏自己已经论证了不存在对表象的纯内容加以表象。[1]这种客观内容的纯表象——假设它真是无形式的,就像它必须的那样——那么就等于不可能:对不可表象的物自体加以表象。因此,莱氏现在陷入了一个严重的两难。要么他承认存在无形式的表象,要么他放弃表象的客观和主观问题区分的尝试。第一个选项允许对物自体的表象,第二个选项则放弃寻找表象实体来源的尝试。然而,在这两种情况下,基础哲学在其反对形而上学独断论的运动中都是失败的。

现在,我们已经接近了莱因霍尔德《初探》卷二的结尾,真正的"表象理论"。通过从表象的概念开始,并演绎出它的必要条件,莱氏认为,他演绎出了批判哲学的一些最重要的结论:物自体的不可知性,形式和内容的区分,自发和接受能力之间的二元论,以及对观念论的反驳。尽管如此,我们已经看到,莱氏只有超越他的现象学起点,超越意识的限度,才能赢获这些结果。在假设一个表象的客观内容符合它的客体时,在悬设一个构成表象原因的主动的主体与客体时,以及在将原因范畴应用于物自体时,莱氏自己又承诺了在意识本身中无法验证的假设。因此,在基础哲学的理想和实践之间出现了一个严重的鸿沟:其具体演绎一次次地背叛了它的现象学指导原则。在

---

[1] Reinhold, *Versuch*, p. 276.

基础哲学中，莱氏意在克服康德工作中理想和实践之间的不符；但颇具讽刺的是，他这样做的唯一方法竟是提出了另一个同样令人不安的差异。

## 第九节　基础哲学的危机

在《初探》卷三的结尾处，莱因霍尔德将他的表象理论推进到了一个新的危险的领域。他现在开始考虑一种似乎超出了他的表象理论界限的心灵能力：欲求能力（*Begehrungsvermögen*）。[1]欲求能力的出现给莱氏的表象理论带来了一个严重的问题——该问题如此严重，以至于它实际上迫使莱氏放弃他的理论。表象理论本质上是一种单一能力（single-faculty）理论，认为表象能力是心灵的单一能力，而心灵所有其他能力都只是其表现形式（manifestations）。但这种单一能力理论在适应欲求能力方面存在困难，这似乎不同于表象能力。在莱氏理论的前提下解释欲求存在两个明显的困难。第一，表象能力不意味着根据表象行事的能力。但欲求就是这样一种能力，因此欲求不能被还原为某种表象的属种。第二，欲求不是继表象之后的一种能力，因为存在着意志软弱的可能性，在那里我们意识到善，但不选择据善而行。[2]

除了这些困难外，解释欲求能力的问题对莱因霍尔德来说尤显尴尬。事情的真相是，作为一个好的康德主义者，他甚至不想把欲求能力还原到表象能力。如果他要忠于康德哲学的"精神"——实践理性优先性的学说——那么他就必须肯定实践理性的自主性，它的能力而

---

[1] 见 "Grundlinien der Theorie des Begehrungsvermögens", in *Versuch*, 560ff.

[2] 这一困难已被 Rudiger 和 Crusius 在与沃尔夫的单一能力理论发生争论时指出过。见 See Beck, Early German Philosophy, pp. 300, 401.

非理论理性是意志的决定基础。事实上，在《论康德哲学》卷二中，莱氏强烈地认为意志是自由的，因为它可以根据道德律选择行动或不行动，而不依赖于它关于善的知识。[1]

因此，莱因霍尔德再次陷入严重的两难。如果他把欲求还原到表象能力上，那么他就否认了实践理性的自主性，背叛了批判哲学的"精神"；但如果他不把欲求还原到表象能力上，那么他就必须放弃他的单一能力理论，承认康德在实践理性和理论理性、意志和知性之间的二元论。然而，表象理论的要点恰恰是在单一的大全理论中克服这种二元论。因此，莱氏面临的一般问题是：如何保持单一能力理论的同时，又能保持实践理性的自主性？

这是他在《初探》收尾处面对的问题，也是他在《欲求的基本原则》(Grundlinien des Begehrungsvermögens.)一文结论处试图解决的问题。在这里，莱因霍尔德努力保持他的单一能力理论，而不把意志还原到一种表象能力。他的解决方案标志着一个惊人的翻转(volte-face)，其结果不仅对基础哲学，而且对费希特的知识学，都是极为重要的。不是像沃尔夫那样的"理智化欲望"(intellectualizing desire)，使欲望产生于表象能力，莱氏采取了非常相反的路线：他"激活了表象"(vitalizes representation)，使表象源于欲求能力。因此，他指出欲求能力是创造一切表象的能力。表象能力本身只为表象的可能性提供了条件，但欲求能力为表象的实存提供了条件。欲求能力包含两种相应于表象之两种组成的驱动力(Triebe)：欲求质料或内容(Trieb nach Stoff)，以及欲求形式(Trieb nach Form)。[2]因此，对莱氏而言，欲求能

---

[1] Reinhold, *Briefe*, II, 499–500, 502.

[2] 莱氏这里的区分早先提出，并可能影响到了席勒后来在其《美育书简》(Schiller, *Aesthetische Briefe*)中关于形式欲求(Formtrieb)与质料欲求(Stofftrieb)的区分。见 Schiller, *Werke*, XX, 344–347。

力是表象能力的基础，创造了所有表象的基本组分。这篇大胆的论文允许他保留他的单一能力理论，并通过将欲求转化为心灵中基本的单一能力，来维持欲求的自主性。

虽然莱因霍尔德的新欲求理论确实使他摆脱了两难，但它也迫使他放弃了他最初的表象理论。如果莱氏设法保持他的单一能力理论和欲求的独立性，他的单一能力将不再是以前认为的表象，而是欲求。然后出现的问题是：为什么不研究欲求能力，而是研究表象能力来作为基础哲学的基础呢？为什么基础哲学不从实践理性而是从理论理性研究开始，不从意志而从表象研究开始呢？这正是费希特推动基础哲学的方向，他的知识学是一种起步于欲求能力的基础哲学。

莱因霍尔德在他《初探》结尾发现的是，他的表象理论与批判哲学的"精神"的根本不相容。莱氏的单一能力理论与康德的实践理性学说相矛盾，而实践理性学说是康德哲学的核心。但这并不是莱氏背叛康德哲学的唯一方面。确有好的理由认为，莱氏的理论灵感来自理性主义传统——康德拼命与之斗争的传统。在将表象能力定位为心灵的单一基本能力时，莱氏会跟随——可能是下意识地——他的理性主义前辈沃尔夫的步伐。根据沃尔夫的说法，心灵有一种单一的主动能力，即表象能力（*vis representativa*）。[1]沃尔夫把心灵的每一种活动都指为它的表象能力，表现在每一种心理功能（mental function）上，无论是知觉、想象、记忆、知性还是意志。沃尔夫的单一能力理论当然都是他的理性主义认识论的组成部分。如果心灵的所有能力都具有如此多的表象形式，那么它们都有一个智识内容，至少在原则上可被理性加以分析。

莱因霍尔德暗中沾惠于沃尔夫，引起了一个严重的问题，即他是否重新陷入沃尔夫的理性主义——从而导致康德谴责的那种独断论。这

---

[1] 见 Wolff, *Vernunftige Gedanke*, *Werke* II/1, 469, 555, 段 755-756, 894。

种怀疑确实很难避免。重要的是要记住，康德是沃尔夫单一能力理论的劲敌。[1]康德在与沃尔夫的心理学进行了长期艰苦卓绝的斗争之后，他才抵达他本人关于心灵的三分法——知性、意志和判断力。

像沃尔夫这样的还原论心理学显然确实破坏了心理功能的独立性，而康德又非常渴望保持这种独立性。如果意志和审美愉悦只是表象能力的形式而非其他，那么实践理性和判断力就不能是自主的，而只能还原到智识或知性的几种形式。因此，似乎不可能在单一能力理论（如莱氏的）基础上统一并系统化所有批判哲学的结果。这样的系统化只有通过消除所有康德认为对批判哲学而言至关重要的诸能力之间的区分才能获得成功。

---

[1]关于沃尔夫理论的影响，以及康德反对该理论的历史意义，见 Beck, *Early German Philosophy*, pp. 268–269。

# 第九章 舒尔茨的怀疑论

## 第一节 舒尔茨的历史意义与影响

基础哲学即便是辉煌的事业，也注定是一项短暂的事业。虽然在1789—1794年，即莱因霍尔德离开耶拿而费希特到达耶拿的那一年，基础哲学主宰了耶拿的哲学舞台，但它的命运甚至在它达到其名声的顶峰之前就被封印了。当莱氏正忙着对《论康德哲学》卷二的基础哲学进行最后的润色时，它的整个基础由于一篇奇怪的辩论作品的发表而受到质疑。这篇作品在1792年春天以匿名出现，标题颇为奇怪："埃奈西德穆，或关于莱因霍尔德教授在耶拿提供的基础哲学的基础"（*Aenesidemus, oder Uber die Foundamente der von dem Herrn Professor Reinholdin Jena gelieferten Elementarphilosophie*，以下简称《埃奈西德穆》）。正如冗长的标题所表明的那样，《埃奈西德穆》主要是对莱氏的基础哲学的考察，特别是它在《论康德哲学》卷一第三篇文章中的新论述。但这也是对康德本人的持续而猛烈的攻击。《埃奈西德穆》实际上是对批判哲学总体的战争宣言，无论是康德的还是莱氏的。它宣扬了一种新的激进的怀疑论福音，它声称摧毁了批判哲学的所有"独断论的伪装"。

《埃奈西德穆》的作者一度是一个谜团，事实上，至少一年后这本书才获得好评。一些读者沉迷于对作者身份的疯狂猜测。因此，后康德哲学的第一个书目学家豪西乌斯（K. G. Hausius）推测作者

是 "著名而犀利的雷马罗斯 ( Reimarus )"[1]。其他读者则安于自己的无知。例如,在对《埃奈西德穆》的著名评论中,费希特不得不用这本书的标题来指代作者。有一段时间,作者只被公众称为 "埃奈西德穆"。

最终发现,《埃奈西德穆》的作者是当时鲜为人知的赫尔姆斯塔特 ( Helmstadt ) 大学的哲学教授格特洛布·恩斯特·舒尔茨 ( 1761—1833 )。虽然舒尔茨默默无闻,但他的事业在其身后是颇令人尊敬的。作为威腾堡 ( Wittemberg ) 大学的一名学生,他在克鲁修斯的亲密弟子莱因哈特 ( F. V. Reinhard ) 门下学习。[2] 舒尔茨沾惠于莱因哈特,最终也承恩于克鲁修斯,这一点很重要,因为它把舒尔茨牢牢地置于德国唯意志论的传统中,而该传统就源于克鲁修斯。舒尔茨也与费德尔的哥廷根圈子有关,而且确实达到非常亲密的程度:他娶了费德尔的女儿为妻。[3] 1810 年,当赫尔姆斯塔特大学被解散时,舒尔茨成为哥廷根大学的教授,自此他一直在那里从教,终其一生。

舒尔茨与众不同之处是,而且仍然是他的《埃奈西德穆》。这本书在 1790 年代早期的哲学舞台上产生了显著的影响。它成为一个 "丑闻的成功" ( succès de scandale ),第一个被普遍公认的对显然坚不可摧的批判堡垒构成了威胁。除了躲藏最深的康德主义者之外,所有的人都受到了它的挑战,他们首次被迫尊重他们的一位批评者。[4]

---

[1] 见 Hausius, *Materialien*, p. xxxix, Hausius 是指 Johann Reimarus 的儿子,即著名的 *Wolffenbüttel Fragmente* 一书的作者。

[2] 关于莱因哈特对舒尔茨的影响,见 Wundt, *Schulphilosophie*, pp. 296, 337–338。根据 Wundt 的说法,莱因哈特是德国唯意志论传统直接从克鲁修斯到叔本华中缺失的一环。

[3] 见 Feder to Reinhold, July 23, 1794, in Reinhold, *Leben*, p. 380。

[4] Eberstein, *Geschichte*, II, 385.

1790 年代，几乎每个人——无论是康德的朋友还是敌人——都向《埃奈西德穆》致敬。豪西乌斯写道，在所有的反康德著作中，《埃奈西德穆》"毋庸置疑是最好的"[1]。莱因霍尔德的一位杰出弟子，菲力伯恩说，这本书是"德国哲学的荣耀"，他甚至怀疑他的老师是否会对此作出令人信服的答复。[2] 1793 年秋，费希特写信致福莱特，称《埃奈西德穆》为"本世纪最杰出的作品之一"[3]。这本书完全挫败了他[的既有认知]，并确实使他相信，康德和莱因霍尔德都没有在坚实的基础上建立哲学。莱氏最有能力的捍卫者阿比施特（J. H. Abicht）也大赞《埃奈西德穆》，并承认有必要修正其尊师的理论。[4] 所罗门·迈蒙（Salomon Maimon）如此郑重其事地看待舒尔茨的书，他甚至为此写了一份详细的答复文章《菲勒里息斯致埃奈西德穆的书信》（*Philalethes an Aenesidemus*）。[5] 只有莱氏不为所动。他抗议舒尔茨故意误解了他。[6] 虽然周遭呼声震天，但莱氏岿然不动。基础哲学退出德国的哲学舞台，在很大程度上要归功于《埃奈西德穆》。

然而，舒尔茨的历史影响远远超出了莱因霍尔德的同时代人。1803 年，黑格尔对舒尔茨的《理论哲学的批判》（*Kritik der theoretischen Philosophie*）写了一份广博的再评论，这是舒尔茨就《埃

---

[1] Hausius, *Materialien*, p. xxxix.

[2] Fuelleborn, *Beyträge*, III（1793），157–158.

[3] Fichte, "Briefentwurf an Flatt", dated November/December 1783, in *Gesammtausgabe*, III/2, 19.

[4] Abicht, "Vorrede", in *Hermias*.

[5] "Philalethes" 字面意思为"爱真理"，而埃奈西德穆是伟大怀疑论者，具体内容可见本章注释 16 所指的原文。西方哲学有托用两个人名写哲学对话的传统。这可以追溯到柏拉图对话集，随后的莎夫茨伯里、休谟、谢林、叔本华都采用过这种托名的方式表达哲学思想。——译者注

[6] 见 Reinhold, *Beyträge*, II, 159ff。

奈西德穆》中关于康德批判的完善与系统化的一部著作。当然，众所周知，黑格尔的再评论是一种指斥性的评论。黑格尔洞察了舒尔茨对康德粗暴解释中的许多弱点，并毫不留情地批评。在几个著名的句子中，他说舒尔茨竟只能把物自体理解为"雪下的岩石"。他还带着他特有的讽刺意味补充说："如果基督把石头变成面包，那么舒尔茨就把理性鲜活的面包变成石头。"[1]然而，这种尖锐的批评不应该使我们无视舒尔茨为黑格尔发挥的有价值的辩证作用。就像对康德多有沾惠的许多哲学家一样，黑格尔感受到舒尔茨怀疑论的挑战；在面临这一难题时，他被迫界定哲学与一般怀疑论之间的适当关系。这些反思性的结论——真正的怀疑论在每一哲学体系中都起着积极的作用——是黑格尔精神现象学发展的重要一步。[2]

舒尔茨对另一位著名哲学家阿瑟·叔本华（Arthur Schopenhauer）有更积极的影响。1810 年，叔本华还是哥廷根大学舒尔茨的一名学生，受到舒尔茨讲座的启发，遂放弃了对自然科学的研究而献身于哲学。诚然，年轻的叔本华很快就对他的老师展开了批判。听讲座的笔记旁注充斥着这样的语词，诸如"废话"（Gewasch）、"胡说"（Unsinn）、"诡辩家"（Sophist），甚至是"笨牛—舒尔茨"（Rindvieh-Schulze）。但这种爆发是叔本华年轻时的产物，因为他需要从一个更确定与更强大的人物中独立走出。当叔本华在晚年获得自信时，他感激地承认舒尔茨对自己的影响。他特别感谢舒尔茨的建议：在阅读亚里士多德和斯宾诺莎之前要阅读柏拉图和康德。这份感激充分告诉我们叔本华对自己哲学精神上的忠诚。在《作为意志和表象的世界》（*Die Welt als Wille und Vorstellung*）中，叔本华一直在思考舒尔茨对康德的批评，他一度

---

[1] Hegel, *Werke*, II, 220.

[2] 关于黑格尔早期遭遇怀疑论的重要意义，见 Buchner, "Zur Bedeutung", *Hegel-Studien, Beiheft* 4（1969）49–56。

称赞他的先师是康德"对手中最犀利的"[1]。在整个叔本华的哲学中，舒尔茨的影响确实有明显的痕迹。舒尔茨坚持清晰和严格，他强调意志对智识的优先性，同时他认为哲学体系是世界观（*Weltanschauungen*）的形式，一切都有其效果。

## 第二节　舒尔茨的元批判怀疑论

舒尔茨的《埃奈西德穆》在现代哲学中引入了一种新的、激进的怀疑主义形式[2]，他在书的开头简洁地阐述了怀疑论本质。[3]舒尔茨总结了他对两个命题中的立场：第一，对物自体的实存或属性不存在确切的认识或演证；第二，对知识的起源和条件不存在确切的认识或证明。

正是第二个命题构成了舒尔茨怀疑论的新命题和特征。现在受到怀疑论怀疑的不仅是形而上学对物自体的主张，而且也有认识论对知识起源和条件的主张。舒尔茨激进地加以怀疑，使之成为元批判，不仅适用于我们的一阶（first-order）信念，也适用于我们的二阶信念。

舒尔茨的元批判怀疑论给现代怀疑论带来了新的转折，因为其开端始于笛卡尔和休谟的著述。虽然笛卡尔和休谟使用认识论作为他们怀疑论的工具，考察知识的条件，以揭露对其毫无根据的主张，舒尔茨正是使这一工具本身受到了质疑。怀疑论者现在被迫对其从事研究的工具进行自我反思和自我批判。

虽然《埃奈西德穆》通过攻击认识论将现代怀疑论推向一个新的

---

[1] Schopenhauer, *Werke*, II, 519.

[2] 普拉特纳和迈蒙也发展出这种怀疑论，但舒尔茨是这么做的第一人。他的《埃奈西德穆》比普拉特纳 1793 年版的《格言》以及迈蒙 1794 年的《菲勒里息斯致埃奈西德穆》（*Briefe Philalethes an Aenesidemus*）要早。

[3] Schulze, *Aenesidemus*, p. 18.

激进的方向，但舒尔茨认为他只是将一种古老的怀疑论形式重新引入现代哲学世界而已。[1]他选择"埃奈西德穆"这一书名确实是格外合适的。埃奈西德穆是1世纪前后皮浪主义（Pyrrhonism）最重要的重建者。根据塞克斯都·恩披里科（Sextus Empiricus），古代怀疑论历史学家埃奈西德穆批评学术怀疑论者是变相的独断论者，因为他们独断地教导知识是不可能的。[2]他用十组逐条论证（tropes）来证明[3]，感觉不能提供客观的事物本身的知识；他用八种比喻论证来反对原因的概念，声称它不能给我们客观的事物知识。所有这些都预示着舒尔茨自己的立场。否认知识的可能性的独断论、认识物自体的困难以及原因概念的不可靠性，这些都是舒尔茨自己所怀疑的基本信条。一如埃奈西德穆一度重申皮浪主义以对抗学术怀疑论者一样，于是舒尔茨试图复活埃奈西德穆以攻击批判哲学。

虽然舒尔茨很大程度上忠于埃奈西德穆，但另有一位激发了舒尔茨的怀疑论哲学家：大卫·休谟。就像哈曼和雅可比一样，舒尔茨认为休谟是理性自负的伟大破坏者，也是理性批判（Vernunftkritik）崇高主张的伟大破坏者。例如，在对埃伯哈特的《杂志》的评论中，舒尔茨为休谟辩护，反对他最近的对手，声称他们中没有一个——特滕斯、费德尔、埃伯哈特以及康德本人——能够迎接休谟怀疑论的挑战。[4]在《埃奈西德穆》中，舒尔茨详细论证了康德并未反驳休谟，而只是通过

---

[1] 舒尔茨发挥古代怀疑论的真正精神的主张受到黑格尔的强烈质疑。见 Hegel's early review of Schulze in *Werke*, II, 222-223。

[2] Sextus Empiricus, *Outlines*, 卷 I, 180–185, 卷 III, 138。

[3] "trope"字典释义为：转义、比喻；转义语词、比喻用语词、辞藻；附加句。根据本书第九章第四节的解释，其含义为"包含单一论证的简短辩论段落"，所以，综合起来看处理成"逐条论证"较为稳妥。——译者注

[4] 见 Schulze, *AdB* 100/2（1792），419–452. 此文也再版于 Hausius, *Materialien*, I, 233–234。

乞题谬误来反对他。[1]于是，因为舒尔茨之故，休谟在后康德哲学中的复兴获得了动力。如今，不仅是哈曼和雅可比，而且还有舒尔茨，也增加了运动的分量。当迈蒙赶上潮流时，休谟完全恢复了活力，在康德之后就像在以前一样构成了巨大的威胁。

虽然舒尔茨的怀疑论是针对康德的，但将其描述为"反批判的"将是误导性的。[2]重要的是要认识到，舒尔茨的怀疑论和康德的批判是从同一点开始的，舒尔茨的指导原则是直接从"第一批判"开始："我们所有的信念都必须提交给理性的自由而开放的审查。"[3]舒尔茨认为这一原则是他自己怀疑论的核心，使它成为对莱因霍尔德基础哲学研究的座右铭。就像康德一样，而不像哈曼和雅可比，舒尔茨相信理性的权威，它有权成为任何知识主张的最终裁决者。因此，舒尔茨在《埃奈西德穆》的序言中宣布，怀疑论者的唯一权威是理性，人的最高卓越在于这种能力的完善。[4]舒尔茨确实煞费苦心地强调，怀疑论非但不与理性相悖，而是唯一与理性相一致的立场。

舒尔茨没有像康德的许多批评家那样对批判哲学表示敌意，而是赞扬和捍卫它。他钦佩批判哲学，认为理性在通往自我意识的道路上更进一步，他意识到，多亏了康德，自己才不复陷入莱布尼茨和沃尔夫的独断式形而上学的理性主义之窠臼。[5]对康德的这种赞扬不仅是有时被认为的客套话（*Höflichkeitsforme*）[6]，因为它源于舒尔茨对批判主要原则的深度忠诚，但舒尔茨对康德的同情最明显之处，莫过

---

[1] Schulze, *Aenesidemus*, pp. 72ff.

[2] 例如 Erdmann, *Versuch*, V, 506, 以及 Kroner, *Von Kant bis Hegel*, I, 325。

[3] 比较 Schulze, *Aenesidemus*, p. 36 与 Kant, *KrV*, A, xii 以及 B, 766。

[4] Schulze, *Aenesidemus*, p. ix.

[5] Ibid., pp. 23–24.

[6] 例如 Erdmann, *Versuch*, V, 506。

于他对埃伯哈特的《杂志》的严厉评论，这一评论刊发在《全德总书》中。[1]对《杂志》第一期几乎所有的文章加以评论之后，舒尔茨发现了几乎每一篇反康德论证的漏洞。他捍卫康德的先天综合理论，他的时空概念，以及他关于物自体不可知性的论点。像真正的康德主义者一样，舒尔茨强调康德批判的原创性，并坚持认为这是对莱布尼茨和沃尔夫理性主义的一种进步。

正是因为舒尔茨是康德批判的追随者，他才在《埃奈西德穆》中担负起了对康德的元批判。舒尔茨认为他的元批判是康德批判的必然结果。由于批判要求所有的信念都提交给理性审查，它也必须使其目标、方法和论点经受彻底的元批判。如果批判拒绝考察自己的能力，那么它就会像理性主义形而上学家一样，糟糕地陷入独断论。[2]

舒尔茨认为，康德批判的必然与最终结果是他自己的怀疑论。如果《埃奈西德穆》确有个单一的核心论点，那么它就是批判必须成为怀疑论。本质上，舒尔茨的证明是，如果所有的批判都必须成为元批判，那么所有的元批判都必须成为怀疑论。

舒尔茨的怀疑论在很大程度上让人想起那条吞噬掉自己尾巴的蛇：它正处于自我毁灭的严重危险之中。舒尔茨对康德的批评提出的所有元批判问题，表面上看（prima facie）都适用于他自己的怀疑论。事实上，舒尔茨是如何知道没有任何关于知识的起源和限度的确切所知或演证呢？如果对它们一无所知，那么因此（ipso facto）舒尔茨关于它们缺乏知识也应该一无所知才对。正如批判哲学家必须找到独断论和怀疑主义之间的中间道路一样，怀疑论者必须在自我否决和独断论之间走出一

---

[1] 见 Hausius, *Materialien*, I, 233-258。这篇文章悲哀地被学者们忽视了，甚至没有出现在李伯特（Liebert）的书目中。虽然是匿名，但无疑舒尔茨是作者。它是在签名"Ru"下写成的，这正是舒尔茨的签名。见 Parthey, *Mitarbeiter*, pp. 20-21。

[2] Schulze, *Aenesidemus*, p. 34.

条精微的路线。

舒尔茨对他的激进怀疑论的正当性问题深感忧虑，这无疑是对的。正是为了避免这种危险，他在《埃奈西德穆》开头就说，怀疑论者不否认知识的可能性，无论是物自体的知识还是知识的能力。[1]舒尔茨解释说，真正的怀疑论者并没有做出这种否认，因为他承认这本身也是一种独断论的断言。他认为，如果不否决自己，他就无法主张知识之不可能性。因此，怀疑论者非但没有肯定知识的不可能性，反而对其可能性保持开放的态度。他完全愿意承认，随着探究的进步，有朝一日可能会有关于物自体以及知识的能力的知识。

那么，舒尔茨的下一个问题是，为什么他竟是一个怀疑论者？如果怀疑论者承认知识的可能性，那么他的立场与非怀疑论者（nonskeptic）的立场有何不同？在回答这个问题时，舒尔茨首先寻求历史的庇护。他回答说，他的怀疑论建立在一个简单的历史事实上：现在没有，迄今为止也从来没有对物自体或知识的能力的任何知识或成功证明[2]。因此，舒尔茨提出了他怀疑论的主要论点，使它们成为历史的命题：它们陈述了"向来不存在知识"，而不是"不可能存在知识……"。因此，怀疑论者与独断论者在一个重要方面显示出不同：独断论者肯定而怀疑论者否认的是，我们现在（而且不仅将在未来的某个时候）拥有绝对无误的知识。根据舒尔茨，哲学史的主要教训是，没有任何一种体系或学派能够成功地获得无可争辩的知识。无论哲学家多么严格和认真，在他们的演证中总是发现出漏洞。虽然经验教会我们要谨慎，但舒尔茨坚持认为，没有先天的理由来驳斥所有对知识的哲学主张。我们怀疑论的唯一基础是哲学史中的不良记录。

---

[1] Schulze, *Aenesidemus*, p. 15ff.
[2] Ibid., p. 19.

然而，舒尔茨最初避免自我反驳的努力成功与否还是值得怀疑的。诉诸历史是一个绝望的举动，它引发的问题比它所回答的要多。一个基本的问题是，舒尔茨如何知道没有一个哲学体系是成功的。这不是一个像舒尔茨自称的那样的简单"事实"。一个体系之成败不是一个人们是否事实上接受或拒绝该体系的直接的历史问题，因为没有任何关于该体系的接受还是拒绝的事实的数量能决定它的真妄性。所以，这个问题归根结底是一个哲学问题。但问题是不可避免的：何种标准如此无可争议地决定了过去哲学体系之缺乏成功呢？在这里，舒尔茨也非常短于解答。而且，在任何情况下声称没有一个哲学体系成功过，这乃是极其独断的。相比康德与莱因霍尔德，我们现在知道柏拉图和亚里士多德更错在何处了吗？如果哲学史教会了我们任何东西的话，那么其中肯定没有一个体系被成功地判断为成功或失败吧。

然而，在更深层次上，舒尔茨并不认为他对怀疑论的历史辩护有那么大的重要性。他的怀疑论的最终证成是道德上的证明。为他证成怀疑论之怀疑既不是历史，也非纯粹的理性，而是一种道德上的命令式：完善我们的认知能力的要求。[1]他在《埃奈西德穆》的序言中写道，怀疑论者信仰的基本信条是人类理性之完善性。[2]然而，这种完善性是无限的，需要完全的无限努力与不断探索。现在，对舒尔茨来说，怀疑论的主要目的正是为了促进这种努力。通过他的问题和怀疑，怀疑论者保持并激发了探究精神。他无情地攻击独断论，因为它用假定自己已经完全掌握了真理来威胁压制探究。正是这一完善我们的理性之道德义务，迫使怀疑论者去怀疑不可能有知识的说法，就像怀疑已经必定存在知识的说法一样。他必须否认这两种说法——"独断的怀疑论者"和

---

[1] 这就是舒尔茨的底线，从早期被忽视的作品中可以明显看出，见 *Ueber den hochsten Zweck des Studiums der Philosophie*, pp. 99–100, 115–116。

[2] Schulze, *Aenesidemus*, p. ix.

"独断的形而上学"——仅仅是因为它们对探究的进步构成了严重的威胁。他们要么认为知识已经获得，要么认为知识永远无法获得。在这两种情况下都没有必要进一步探究，理性失去了完善自己的所有动机。舒尔茨警告我们，最重要的是我们必须避免的是一种对理性的懒惰（*die Faulheit der Vernunft*）加以认可的学说——而这种学说同样是被独断的怀疑论者所拥护的，而犹如被独断的形而上学家所拥护一样。

## 第三节　批判莱因霍尔德

副标题实在冗长——关于莱因霍尔德教授在耶拿提交的基础哲学的基础——舒尔茨的《埃奈西德穆》主要是对莱因霍尔德基础哲学的批判。这本书用了近三分之二的篇幅专门研究了莱氏的《论康德哲学》，特别是卷一的第三篇文章，在那里莱氏重制了基础哲学的第一原理。舒尔茨对莱氏的关注多于对康德的关注，因为他接受了莱氏关于"基础哲学"为批判哲学提供基础的断言。他完全同意莱氏的观点，即康德没有考察他的一些基本前提，也没有明确说明他的第一原理。因此，舒尔茨把对基础哲学的攻击看成是对批判哲学最强的攻击：如果基础哲学崩溃，那么批判哲学更难幸免了。

舒尔茨对莱因霍尔德的批评一直都引起了争议，它引起了舒尔茨同代人与现代历史学家之间对立的反应。有些人声称舒尔茨完全摧毁了莱氏[1]，还有一些人认为他完全误会了要点。[2]但唯一准确、公平和

---

[1] 比如，见 Windelband, *Geschichte*, II, 193; Hartmann, *Idealismus*, p. 18; 以及 Kroner, *Von Kant bis Hegel*, I, 325。

[2] 对莱氏最新进也是最有才干的捍卫者是 Klemmt, *Reinholds Elementarphilosophie*, pp. 347ff。

平衡的观点在于这些极端之间。[1]虽然舒尔茨的反对往往是由于对莱氏的一般计划的误解，但他们通常明显地反对莱氏关于表象的分析，事实上，反对是如此地明显，以至于他们要求对基础哲学进行彻底修正。这种对舒尔茨成就的更温和的观点，应该从以下对他的一些最重要论证的评论中浮现出来。

虽然舒尔茨远不是基础哲学目标的敏锐解释者，但他做了一个严肃的尝试去内在地批评莱因霍尔德，根据自己的理想来评估他的实践。舒尔茨一上来就声明，他同意莱氏的几个基本观点：（1）哲学如果要实现其科学理想，就必须以单一的第一原理为基础；（2）该第一原理必须表达表象的概念，这是所有哲学中最普遍的概念；并且（3）存在直接的与无可争辩的意识事实。[2]舒尔茨然后提出了对应于这三个观点的三个问题：意识命题真的是哲学的第一原理吗？莱氏是否准确、彻底而不含糊地分析了表象的概念？莱氏是否严格描述了意识事实，并真正保持在他自己理论的现象学限度之内？

为了确保对基础哲学的公开且公正的审查，舒尔茨明确规定了他的批判标准。[3]他认为保证一个强大而非乞题谬误的批判，只有两个标准是必要的：意识事实和一般逻辑法则。应用这些标准让舒尔茨承诺了两个命题，他明确地指出了这一点。第一个命题：我们内部存在着诸表象，它们具有相互关联和彼此区分的特征。第二个命题：真理的一个必要标准是逻辑，即对事实问题的所有推理只有在符合这些规则时才成立正确性的主张。根据舒尔茨的说法，这些命题是无可争辩的，如果他自己的怀疑论不想自我挫败，那么每个怀疑论者都必

---

[1]对舒尔茨之优长更具平衡的评价可以参考如下两位：Cassirer, *Erkenntnisproblem*, III, 168, 以及 Erdmann, *Versuch*, V, 501, 506。

[2] Schulze, *Aenesidemus*, pp. 41–42.

[3] Ibid., p. 34.

须肯定它们。因此，它们可以安全地作为评价基础哲学确定而公正的基础。

在阐述了这些初步观点之后，舒尔茨立即着手对基础哲学的详细审查。[1]他首先仔细考查了莱因霍尔德的第一原理，即意识命题。舒尔茨提出了他的第一个主要反对意见，一个大胆但简单的主张：即使这是真的，意识命题也不能成为哲学的第一原理。舒尔茨认为，它不能获得这种地位，因为它必然服从一个更高的原理，即矛盾律。它服从于矛盾律，因为与任何命题一样，它不能同时既被肯定又被否定。仅在此基础上，舒尔茨就得出结论，意识命题不能成为哲学的第一原理。因为，根据莱氏自己的观点，哲学的第一原理必须是完全"自我决定"的，也即它的真理性不能依赖于任何其他原理。然而，我们刚刚看到，意识命题取决于矛盾律的真理。

甚至在1792年《埃奈西德穆》出版之前，莱因霍尔德早就意识到了这一反对。事实上，他已在1791年的《关于哲学知识的基础》中对其给出了基本的答复[2]，费希特认为这种答复是如此令人信服，以至于他在对《埃奈西德穆》的评论中重复了这一点。[3]在他的回答中，莱氏在消极意义上承认意识命题服从矛盾律，即必须遵守它而不能与之抵触；但从积极意义上说，他否认意识命题服从矛盾律，即意识命题的真理性是从矛盾律而来的。换言之，只有命题的可能性而非现实性才取决于矛盾律。为了确定它的真理性或现实性，我们必须参考我们的直接经验。如今在莱氏看来，这种先决条件（qualification）根本不会损害命题之成为哲学第一原理的主张。第一原理只需要在其真理性或现实性中自我决定或独立，而无需在其可能性中独立。这乃是出于

---

[ 1 ] Schulze, *Aenesidemus*, pp. 45–47.

[ 2 ] Reinhold, *Fundament*, pp. 84–86.

[ 3 ] Fichte, *Werke*, I, 5.

一个简单的理由，即它必须只是作为知识的现实性基础，而不是同时作为知识的可能性基础。因此，舒尔茨没有抓住第一原理的要点：它是所有知识或真正信念的基础，而不是任何其他什么信念的基础，无论真假。

承认莱因霍尔德在意识命题的可能性和现实性之区分，舒尔茨对莱氏仍然有个不太受人注意的有趣回答。[1]他认为，即使考虑到知识的现实性，这个命题也不能作为第一原理，因为它只包含属的表象概念，但它不能确定或演绎出在其项下的任何具体种的表象。在这里，舒尔茨依赖于无可争议的逻辑点，即我们无法从属的真理（这有一种颜色）中推断出种的真理（如，这是红的）。这确实不仅对意识命题，而且对莱氏的整个演绎方法都是个重大反驳。后来，康德自己在批判费希特的知识学时就提出了这点。

舒尔茨对意识命题的第二个主要反对就更难否认了：他声称它陷入彻底的模棱两可。[2]不像莱因霍尔德所说的那样，一种第一原理应该是自我解释的与精确的，但它允许了一些不同的甚至是相互冲突的解释。舒尔茨认为，"联系"和"区别"等术语的情况尤其如此。主体可以通过各种方式将表象与自身和客体相"联系"：一如整体与其部分、结果与其原因、质料与其形式、能指与其所指一样。在所有这些方面，它也可以将表象与自身和客体相"区别"。然而，莱氏的用法并无法说明将以何种特定含义解读这些术语。

舒尔茨对意识命题的第三个反对是，它对每一可能的意识状态并不都是普遍有效的。[3]他声称，存在一些与它不符的意识状态，他还引用直观（intuition, *Anschauung*）作为反例。直观是一种表象，在那里

［1］Schulze, *Aenesidemus*, p. 47n.

［2］Ibid., pp. 48–52.

［3］Ibid., pp. 53–55, 65.

主体没有自我意识，而且他把所有的注意力集中在他的客体上，可以说"迷失于其中"。然而，根据意识命题，主体必须区别于他的表象和客体。但在直观的情况下，这一点显然不成立，舒尔茨坚持认为，因为主体不能从客体自身中区分出对客体的表象；一旦他反思自己的直观，他就会破坏了它，因为他不再与客体直接相关了。因此舒尔茨得出结论，意识命题充其量是对诸多而不是对所有的意识状态有效。

在提出这三个反对之后，舒尔茨对意识命题的一般逻辑地位作了两个结束性评语。[1]他首先指出命题是综合的，其真理性建立在一个"意识事实"上，犹如莱因霍尔德所言。由于它的真理性基于经验，这就意味着它既不必然也不确定。与所有的经验总结一样，它必定容易导致可能的篡改（falsification）。在他的第二个评论中，舒尔茨说命题是一种抽象，是来自相似但不可还原的特定经验情况的总结。因此，我们总发现主体、客体和表象在某种确定的关系中，而这种关系被命题忽略，或没有被命题准确地表达。此外，由于抽象总是一个任意的活动，对一个事物从这个或那个而非另一个方面加以选择，因此有必要承认意识命题也是任意的。这两个评论令舒尔茨随后得出了一个彻底而确凿的结论，即基础哲学的基础不是确定与必然的，而只是可能的、任意的。

但舒尔茨的结束语只暴露了他对意识命题的肤浅和不合情理的解释。他把它看作纯粹的经验总结。然而，[对莱氏意识命题采取]一个更深刻和合理的，实际也是避免舒尔茨所有破坏性结论的解释是可能的。要认识到莱因霍尔德命题的哲学观点，我们必须将其理解为不是对经验事实的描述，而是对意识条件的逻辑分析。根据这种更合乎逻辑的解读，命题不描述意识中发生之事；相反，它分析了如果一个表象（在逻辑上）可能的，那么必定能发生什么。正如莱氏在《人类

---

[1] Schulze, *Aenesidemus*, pp. 56–58, 63–64.

想象力新论初探》中所坚持的那样，他的表象理论的任务不是发现关于表象的事实，而是分析表象的概念。[1]当然，正如舒尔茨所观察到的那样，莱氏确实说他的第一原理是关于"一个意识事实"（a fact of consciousness），但没有必要将"一个事实"解释为一个实际发生的事件（an actual event）；它也可能是一个可能的事实，也就是说，如果一个表象是可能的，就必然会发生什么。这种对意识命题的更合乎逻辑的解读完全避免了舒尔茨关于其仅是可能的与武断的批评。事实上，它并不比任何逻辑分析更有可能性和任意性。

在意识命题之后，舒尔茨评论的下一个目标是莱因霍尔德关于表象能力实存的论证（faculty of representation, *Vorstellungsvermögen*）。根据舒尔茨对莱氏理论的解释，该解释在很大程度上是基于对《对纠正先前哲学家误解的论稿》的简短阐释，并忽略了《论稿》中更仔细和冗长的说明，因为莱氏认为有必要假设存在一种表象能力，以便解释表象本身的实存。它们的实存必须有一定的原因，这是由"表象能力"的概念所制定的。

带着这种粗略的解释，舒尔茨不难发现，莱因霍尔德对表象能力之假设存在着缺陷。他提出以下反对：（1）当莱氏假设一种作为表象本身原因的表象能力之实存时，他违反了批判哲学的一项基本原理：即这些范畴仅在可能的经验范围内适用。他将"因果关系"和"实在性"的范畴运用到表象能力上，他承认这些范畴无法在经验本身中被给予；但与此同时，他试图推演康德关于知性概念只有在可能的经验领域内才有效的主张。因此，仅仅通过假设一种表象能力的实存，基础哲学就有违背超越自身现象学限度之过。[2]（2）莱氏从表象本身的

---

［1］Reinhold, *Versuch*, pp. 213–214, 221.

［2］Schulze, *Aenesidemus*, pp. 79–80.

性质推断表象能力性质的过程是非法的。由于能力是原因，且表象是其效果，这一程序取决于从其效果本质推断出原因的本质。但所有这些推断都是不确定的，因为效果的本质在逻辑上从来没有包含任何关于原因本质的任何东西。此外，在这种情况下甚至没有任何归纳推理的基础，因为不可能有任何能力本身的经验来查看它是否确实与表象相联系。[1]（3）莱氏对表象能力的假设没有解释价值，因为它只是重新命名了它要解释的内容。它只是表象条件的一个集合术语，而没有说明这些条件本身是什么。引入这个概念来解释表象，就好比说让水附着在海绵上的是海绵的吸附能力。[2]（4）即使认可了莱氏的论证，即如果没有创建表象的能力就无法思考表象，但这并不意味着这种能力之存在。我们必须思考的不是必须存在某物的证据，因为有必要区分理性的必然之物与实存的必然之物。[3]这确实是康德在"辩证论"中的教诲，不过莱氏在谈到他的表象理论时恰恰忽略了它。就像独断的形而上学家一样，他实体化了思想的条件。正如形而上学家推断无条件者之实存一样，因为没有它，一系列的条件就无法被设想，所以莱氏演绎出表象能力之实存，因为没有它，表象就无法被设想。根据舒尔茨的说法，怀疑论者为了使表象的实存变得可理解，并不否认设想表象能力之必要；但他确实拒绝得出这样的结论，即这种能力的存在仅仅是因为出于设想它的必要。一般来说，怀疑论者在我们必须思考之物和存在之物间划出了一条严格界限；他的任务是防止哲学家——特别是虚伪的批判哲学家——一不小心地非法入侵。

但莱因霍尔德仍然有一条合理的防线来抵御这一系列的反对。他可以回答说，它们依赖于对表象理论的另一种粗略的经验主义解释。

---

[1] Schulze, *Aenesidemus*, pp. 80–81.

[2] Ibid., pp. 81–82.

[3] Ibid., pp. 76–78.

他们错误地假定这一理论是对表象实存之原因的一阶探究。然而，这再次违背了在《初探》中的明确警告，即它是对表象概念之逻辑条件的严格的二阶检查。表象能力不是表象之实存的原因，而是表达其可能性条件的一种构造。因此，舒尔茨犹如以字面真理来理解隐喻一样［理解莱氏的表象能力概念］，这是不对的。他对一阶理论提出的所有反对都可能是完全正确的，但正是因为莱氏意识到这些困难，他才首先排除了该一阶理论。

　　舒尔茨对莱因霍尔德加以考察之彻底性的标记乃是，他期待着这个答复，并准备对它进行反击。[1]他写道，如果基础哲学的任务只是分析表象的概念，那么它就丧失了对真理的所有兴趣，变成了一种概念游戏（*Begriffsspiel*）。情况很可能是，表象的概念具有莱氏提出的含义；他对这一概念的分析很可能是准确和详尽的，但这仍然留下了是否有所指涉（reference）的问题。舒尔茨坚持认为，哲学中对概念的简单分析永不餍足，因为哲学的任务是了解实在，而不仅仅是对实在加以概念化。舒尔茨让莱氏面临一项痛苦的选择。如果他的理论是二阶的，那么它只是一个文字游戏；但是如果它是一阶的，那么他以前所有的反对又都适用于他自己的理论。因此，莱氏要么面临不得要领，要么面临前后不一。

　　舒尔茨接下来开始考虑莱因霍尔德的表象理论的细节，评论莱氏在《论稿》第三篇文章中演绎的每一个命题。正是在这里，舒尔茨的争论无可辩驳地命中标的。按理说舒尔茨对此有所误解，这不再是批评莱氏一般计划的事情了，而是要找出莱氏推理中的弱点。这是舒尔茨以伟大的辩证技巧快刀斩乱麻地完成的一项任务。虽然他对莱氏的第一原理和一般计划的争论只造成了一些皮外伤，但他对莱氏理论

<hr />

［1］Schulze, *Aenesidemus*, pp. 170–174, 146–153.

细节的攻击几乎是完全摧伏的。

舒尔茨首先批判的是，莱氏认为一种表象由两个不同的要素组成，即质料和形式[1]。莱氏认为，与不同事物有关之物必须由不同的部分组成；因此，一种表象由两个部分组成，因为它关系到两个事物：主体和客体。然而，舒尔茨认为，这一论证背后的前提根本上是错误的。与不同事物相联系之物未必包含在不同的组成中，例如，三角形的一条边与它的另外两条边有联系，但它并不因此就包含在另外两个不同边的组成中，因为正是整个一条边联系着另外的两条。

为了充分理解莱因霍尔德，舒尔茨提出了另一个更合理的论证构想。[2]他建议将莱氏"联系"的模糊概念解释为因果联结。这样一来，表象在作为主客体因果活动的结果意义上"联系"着主客体。这种对联系概念的解读为莱氏提供了一个显然更牢靠的前提：不同原因的结果包含不同的方面或组成部分。但毫不奇怪，舒尔茨也拒绝了莱氏这个版本的论证。经过更仔细的检查，新的前提之结果同样是错误的，因为事物的相同成分或方面可能是不同原因的结果。而且，即使假设前提正确，莱氏也无权在其理论的这个阶段引入它，因为他前面的命题中没有一个演证了主客体是表象的原因。

然而，舒尔茨断言说，假设莱氏将表象划分为两个组成部分是对的，但称之为质料和形式也是任意的。[3]莱氏说，使表象与主体相关的是形式，使表象与客体相关的是质料。"但为什么应该是这样呢？"舒尔茨问。引入形式和质料之别来描述这些联系是如此的武断，以至于莱氏也可以把这些术语做相反的运用。如果他把"形式"定义为与客体相联系之物，把"质料"定义为与主体相联系之物，那么仍然不存

---

［1］Schulze, *Aenesidemus*, pp. 142-143.

［2］Ibid., pp. 143-145.

［3］Ibid., pp. 157-158.

在矛盾。诚然，说形式与主体相联系更为合理，因为这是一个常识意义上的事实，即主体不能创造它所经验到的内容。但舒尔茨正确地指出，基础哲学无权将其推理停留在仅为常识意义上的"事实"上。莱氏声称基础哲学只承认它从其第一原理中演绎出来的那些命题。那么，对常识的依赖又算什么呢？

舒尔茨认为，诱惑人们把表象划分为形式和质料的首先是他松散的语言。[1]他认为一个表象必须由两个组成部分，因为它"联系"到两个事物：主体和客体。然而，如果他更仔细地研究一种表象与主客体"联系"的意义，他会发现表象根本不在相同意义上与主客体相联系。表象作为实体的属性联系着主体（因此我们谈论主体"有着"一种表象），而它作为所指之物的一个符号与客体相联系（因此我们谈论表象"表象着"或"象征着"事物本身）。舒尔茨认为，详述这些感官是极其重要的，因为这让与主客体相联系的是整个表象而不仅是其一个部分或方面这一点变得很清楚。正是整个表象（形式和质料）才构成主体的属性，正是整体表象才构成客体的符号。引入形式和质料之别来解释这些不同的关系是完全不必要的，因为形式和质料都是主体的性质和所指事物的符号（signs of the thing signified）。

## 第四节　对康德元批判

虽然《埃奈西德穆》主要是对莱因霍尔德展开的争论，但它仍然包含大量反对康德的内容。这些实际上是舒尔茨"武器库"中最重要的反对意见。虽然反对莱氏的争论只涉及批判哲学的一个单一的构想，而且还相当薄弱，但反对康德的论证则关乎整个批判哲学的事业。

---

[ 1 ] Schulze, *Aenesidemus*, pp. 161–166.

舒尔茨冷静地看到，康德最终还是最重要的人物，无论是在历史上还是哲学上。[1]他非常清楚康德是莱氏背后的指导精神，康德才是真正的批判哲学之父。

舒尔茨的论战几乎不意味着批判哲学的终结。虽然他提出了一些不应罔顾的有趣问题，但他的大多数反对观点都错失重点，是基于对批判哲学粗略的心理学解释。然而，舒尔茨对康德的误读是富有启发性的。如果一位批判哲学家要清楚地了解先验哲学的目的、方法和话语的话，舒尔茨左右开弓的反对无论多么脱靶，也为批判哲学家提供了必要的历练。如果康德的学生不知道如何回答舒尔茨，那么他很可能也不理解先验哲学本身的思想。

我们可以简单地总结舒尔茨反对康德的证明，将其置于"逐条论证"的方式中，即包含单一论证的简短辩论段落。舒尔茨本人热衷于这种受到了古代怀疑论者青睐的解释，尤其是埃奈西德穆本人。

（1）对经验的起源和条件的任何解释都必定违反批判自身的知识标准。因为这些起源和条件不能出现在经验自身之内，它们必须先于经验。然而，根据批判的知识标准，只有在可能的经验之内才存在知识。因此，先验探究的本质——对经验起源和条件的研究——违反了批判的知识标准。因此，康德必须在他的知识标准和他的先验探究之间做出选择。[2]

（2）批判哲学的目的和手段之间存在着严重不符。它的目的是获得关于理性的条件和限度的普遍和必然的知识；但它的手段是基于一个人内在经验的观察和反思。如果它要保持在自己强加的可能经验的限度内，这就必须是其手段。但这种手段完全不足以达到批判哲学的

---

[1] Schulze, *Aenesidemus*, pp. 305, 319.

[2] Ibid., pp. 127–129. Cf. Schulze, *Kritik*, II, 578, 230–233, 563–569, 579–580.

宏伟目标。自从休谟以来，大家都知道从经验中获得普遍必然的知识是不可能的，来自经验的知识总是特殊和偶然的。我在内在经验中观察到的未必是别人的内在经验。[1]

（3）康德把知识限定于现象，也类比地（*mutatis mutandis*）适用于他自己的先验探究。这种限定是自我反思的，因为对知识起源的探究必须采用因果范畴，而因果范畴通过假设（*ex hypothesi*）只适用于现象。因此，康德的先验探究只作为一种现象而非物自体，对知识的能力是有效的。然后，在这里康德的探究和他的知识标准之间就出现了冲突。[2]

（4）康德的先验演绎并没有反驳休谟，而只是预设了他所质疑的：因果性原理。演绎证明了这些范畴只有假设先验主体是自然的立法者才适用于经验。但假设主体是自然的立法者，假设主体创造了自然遵从的法则，就预设了因果性原则的应用，这只是通过乞题谬误来反对休谟的问题。[3]

值得注意的是，舒尔茨认为这是所有认识论的一般问题。在他看来，认识论陷入了一个恶性循环。它假装是无预设的第一哲学，但它不得不预设因果性原则来探究知识的起源。因此，由于休谟对因果关系的怀疑，整个认识论事业都无从开展。[4]

（5）康德对先验主体的概念是模棱两可的，人们无论在任何意义上解释它——无论是作为物自体、本体还是先验理念——把它看作知识的起源或来源都讲不通。如果它是指自体，那么我们不能将因果性范畴应用于它。然而，如果它是一个本体，那么它要么是一个纯粹可理解的实体，要么是经验的形式统一（即统觉的统一）；但

---

［1］Schulze, *Aenesidemus*, pp. 309–312.

［2］Ibid., pp. 133–134.

［3］Ibid., pp. 94–105.

［4］Ibid., pp. 135–136.

在第一种情况下，我们再次应用了超经验的因果性范畴；在第二种情况下，我们就假设了一个简单的概念或抽象的统一创造了经验的次序。最后，如果它只是一个先验理念，那么我们不能为它主张构成性的（constitutive）价值；因为康德自己坚持所有的观念只有调节性的（regulative）有效性。[1]

（6）康德关于经验条件的推理创造了一种其自身的先验幻象。根据康德的说法，当我们思想的一个必要条件被实体化并与物自体的一个必要条件相混淆时，就会产生一种先验幻象。但康德自己的先验演绎正是犯了这个谬误；因为它推理出，思维必定是自然的立法者，因为有必要视其为自然的立法者。这当然是个不合逻辑的推论（ *non sequitur* ），但这也恰恰是康德归咎于理性主义形而上学的谬误。康德认为形而上学的主要错误乃是批判的一个根本性错误（ *Grundfehler* ）。[2]

（7）康德的哲学，至少在一致的情况下意味着"形式主义"；也就是说，它把所有的实在都还原为"思维的形式和结果的聚集体"。当然，在"第一批判"B版中，康德增加了一个"对观念论的驳斥"（ Widerlegung des Idealismus ），在那里他试图区分他的哲学和贝克莱的哲学。但这一尝试失败了，原因有二。首先，它顶多表明空间中存在着恒久之物，但这并不等于证明物质性客体的存在。其次，如果康德从他的哲学中除去物自体——因为他必须前后一致——那么这与贝克莱把一切实在都置于意识领域范围内是一回事了。[3]

（8）康德的道德神学，即对上帝和不朽之实存的实践信念，是建立在极其薄弱基础上的一个乞题谬误。康德认为，如果实现至善是一

---

[1] Schulze, *Aenesidemus*, pp. 116-130.

[2] Ibid., p. 307.

[3] Ibid., pp. 295-296, 202-206.

种道德义务，那么也有必要相信上帝、天意和不朽之实存，因为它们是实现这一理想的必要条件。若把这种情况置于"应当"意味着"能够"这一点上来看，康德从义务本身（根据至善而采取行动的义务）推出履行义务（上帝、天意和不朽的信念）的条件。现在，即使承认至善的理想需要这些条件，康德的论证也失之于乞题谬误。当然，如果实现至善是一项义务，情况果真如此的话，那么根据义务而行动的条件也必须居主导地位。然而，问题在于是否存在首先要实现至善的义务。对此质疑正是因为怀疑这些条件（上帝、天意与不朽）是否居于主导地位。[1]

从该论证的失败中可以吸取一个重要的教训：实践理性无权对理论理性作出裁决。我们不能仅仅因为实践理性的命令而相信上帝、天意与不朽。命令未必等于一项义务，至少在有可能怀疑其实现条件是否存在时情况就是如此。因此，不是说实践理性优先于理论理性，反之则可以。理论理性优先于实践理性，因为它决定了履行命令的条件是否居主导地位，还决定了命令是否确实构成了一项义务。[2]

# 第五节　舒尔茨的怀疑论的力量与弱点

我们该如何看待这个名副其实的争论方阵？经过反思，它们并不像看上去的那样威风凛凛。几乎所有的人都饱受批判哲学的心理学解释之苦。这一解释的主要前提是，康德的先验探究只是对思维的认知能力的一阶心理学研究，其本体论地位与其他普通事物（如船舶、鞋子和封蜡）相差无几。因此，要知道"知识的条件"就是知道各种表象

---

[ 1 ] Schulze, *Aenesidemus*, pp. 326–331.

[ 2 ] Ibid., pp. 334–336. 也见舒尔茨对康德《单纯理性限度内的宗教》（*Religion innerhalb der Grenzen der blossen Vernunft*）的评论，*NAdB* 16/1（1794），127–163。

的原因或起源，就像解释任何自然事件都是知道其原因的问题一样。因此，认识论与形而上学的区别不在于它的论述类型，而只在于它的主题。

然而，这种解释无疑是康德先验事业的简化。无论"主观演绎"可能是多么重要，康德在批判中的主要目的是关于我们对事物先天综合判断进行的二阶研究，而不是对思维能力的一阶研究。[1]他不想知道表象的因果条件，就像不想知道先天综合判断的真理条件一样。这一意图不仅表现在康德对先验演绎和经验演绎的区分上，而且也表现在他对正当问题（*quid juris*）和事实问题（*quid facti*）的区分上。

然而，康德先验事业的二阶地位让舒尔茨的大部分论战变得无效。由于一阶和二阶研究之间存在着根本的逻辑差异，所以适用于康德一阶命题的所有限制未必适用于二阶命题。此外，对先天综合判断的分析不需要因果性原理，因此康德在反对休谟时没有犯下乞题谬误。因此，最终是舒尔茨而不是康德犯了实体化（hypostasis）之过：他认为康德的二阶话语似乎是一阶的，从而把真理条件和因果条件混为一谈。

尽管他对康德存有误解，但舒尔茨的许多论点都可圈可点。如果我们遵循对康德的心理主义解读，那么几乎所有这些论点都是完全有效的。因此，舒尔茨的论战价值恰恰是它指出了对先验事业的如此［心理主义］解读之后果。它们确实是批判哲学自我实体化（self-hypostasis）的强大解毒剂。

但舒尔茨对康德的心理主义解释只是他怀疑论的严重弱点之一。舒尔茨还承诺一些非常教条的预设，一个激进的怀疑论者应该对此提

---

［1］见 *KrV*, A, xvii。在这里康德说，主观演绎虽然非常重要，但对他的主要目的却并不重要。

出质疑。第一个是他的真理的符合性标准，该标准认为，只有当一个表象与一个客体相符时才为真，因为客体存在于意识之外。这一标准是舒尔茨怀疑论的一般前提之一，为他得出我们没有物自体知识的结论提供了基础。因此，舒尔茨认为，由于我们不能超越我们自己的表象，把它们与客体自身加以比较，所以我们无法知道实在。舒尔茨在他对康德和莱因霍尔德的批判中也运用了这一标准，因为他们都无法满足这一标准而指责他们属于"形式主义"和"主观主义"。但康德在先验演绎中质疑的正是这一真理标准。演绎的一个核心证明是，如果符合性标准被综合性标准所取代，就没有怀疑的余地了。舒尔茨的争论和他的怀疑论的一个主要弱点是他没有处理这个证明。

舒尔茨怀疑论的第二个独断式预设是他对物自体之实存的信念。然而，一个激进的怀疑论者或前后一贯的批判哲学家应该质疑这种信念。但这将让舒尔茨怀疑论的主要指控之一——不存在物自体的知识——变得荒谬，因为不存在任何要认识的物自体。

然而，舒尔茨怀疑论的第三个无法保证的前提是，存在着意识的直接事实。一个批判哲学家会基于所有的表象在其进入意识之前都必须被概念化，从而去质疑这个天真的假设。事实上，康德提出的所有反对雅可比直接直观的论证，都类比地（ *mutatis mutandis* ）适用于舒尔茨所谓的事实。

舒尔茨怀疑论的弱点使在他之后的哲学家处在重大而攸关的十字路口。要么他可以发展出一种更严格的批判哲学，定义它的二阶论述，消除超验实体，驱散所有的心理学语言；要么他可以提出一种更激进的怀疑论，这将质疑物自体的实存，否认意识事实的直接性，并将挑战康德概念对经验的适用性。当然，最大胆的前行——同时也是矛盾的——是沿着这两条路走到它们苦涩的尽头。这就是舒尔茨的继任者所罗门·迈蒙的要承担的天命。

# 第十章　迈蒙的批判哲学

## 第一节　迈蒙的历史意义与他思想的统一性问题

1789 年 4 月 7 日，就在莱因霍尔德完成他《人类想象力新论初探》的前一天，也即在康德"第三批判"将出版的一年前，康德多年前的一位学生，也是他的好友马库斯·赫兹给他的前任老师寄来一份沉甸甸的包裹。包裹里有一份由赫兹的朋友写的大量手稿，据传是对"第一批判"的批判性评论。这份手稿无疑令人感到好奇：它是用粗糙的德语写成，没有系统的顺序；它也是自我反思式的，其中包含了对自己的大量评论。尽管如此，赫兹对它的内容抱有最大的信心。在附信中，赫兹要求康德来阅读该份手稿，在向康德推荐的同时，并希望该手稿在出版前能得到康德的嘉许。是年康德 66 岁，健康状况已不佳，正渴望完成"第三批判"，遂打算以他的年龄和健康为托词，几乎要把包裹退还给赫兹。然而，在看了一眼后，他对手稿的质量深信不疑，以至于他不得不通读几个章节，并写出一份长长的答复。在 1789 年 5 月 26 日写给赫兹的回信中，康德对这份手稿给出了这样的裁决："……然而，稍加一瞥我便迅速认识到它的优点，不仅看到我的对手中没有一个像他这般地理解我，而且几乎无人在这种深究中能显出如此深入而微妙的思维。"[1]

---

[1] Kant, *Briefwechsel*, pp. 396ff.

这份奇怪的手稿的作者是一个非常奇怪的人物。一个波兰－俄罗斯混血的犹太人，事实上是位拉比，成长于最卑微的环境，然后在柏林过着不稳定的生活。他从未接受过大学教育，唯一的哲学训练来自犹太法典塔穆德的（Talmudic）传统。他的母语是希伯来语、立陶宛语、意第绪语和波兰语之几乎无法理解的结合，因此在他初抵柏林之际，只有像门德尔松这样技艺高超的语言学家才能理解他。他的一生是一则漫长的悲惨故事：他一直生活在贫穷中，他身后有一段破裂的婚姻，他因为非正统思想而被逐出他的教区，他甚至有几年还是一个流浪的乞丐。可以理解的是，他是一个几乎没有社会风度的人。他粗鲁、天真、简单，在表达自己的激进观点时，经常以令人尴尬的方式直言不讳。由于他经常借酒浇愁，他大部分时间都在酒馆里，在那里他会在晃动的桌子上书写他的哲学，任何人都可以用几杯酒买到他那有趣的谈话。简言之，这个角色是 18 世纪在柏林的拉摩的侄儿[1]（Rameau's nephew）。但我们别忘了，他也是那位康德认为对其哲学最好的批评家。这就是所罗门·本·约书亚（Salomon ben Joshua），或者如他喜欢的那样，自称为摩西·迈蒙尼德（Moses Maimonides），以纪念 12 世纪的西班牙犹太哲学家所罗门·迈蒙（Salomon Maimon）。

迈蒙那不同寻常手稿的书名是《论先验哲学》（*Versuch über die Transcendentalphilosophie*），一部在后康德观念论史中具有第一重要性的作品。研究费希特、谢林或黑格尔而没有读过迈蒙的《论先验哲学》，就像研究康德而没有读过休谟的《人性论》一样。就像康德被休谟的怀疑论惊醒一样，费希特、谢林和黑格尔也受到了迈蒙怀

---

[1]《拉摩的侄儿》是法国百科全书作家狄德罗创作的一部对话体哲理小说。拉摩的侄儿是一个流浪汉，低三下四，仰赖贵族的施舍；同时，他也是一个才华横溢的音乐家，多才多艺。他集高雅与庸俗、才智与愚蠢、洞见和谬误、堕落和坦诚于一身。——译者注

疑论的挑战。把他们从康德的沉睡中惊醒的是迈蒙对先验演绎的攻击。根据迈蒙的说法，演绎背后的核心问题——先天综合概念如何适用于经验——无法在康德的前提下得到解决。康德在知性和感性之间制造了这样一种不可逾越的二元论，以至于先天综合概念不可能与经验相符合。这一论点为费希特、谢林和黑格尔制定了一个新的、令人望而生畏的任务：要找到解决演绎问题更合理的一个方法。就像康德一样，他们渴望捍卫先天综合知识的可能性；但他们不得不承认迈蒙的观点，即鉴于康德的二元论，这种知识是不可能的。[1]

但迈蒙不仅提出了后康德观念论的一个基本问题，他还提出了该问题普遍接受的解决方案。根据他《论先验哲学》的观点，批判哲学只有结合形而上学传统的一些基本主题，才能解决演绎问题。如果要将先天综合概念应用于经验，那么就有必要假设莱布尼茨和门德尔松的无限知性的理念，这种知性存在于我们有限知性中，它不仅创造了经验的形式，而且创造了经验的内容。迈蒙认为，只有这样的理念才能解决演绎问题，因为它本身就超越了康德那成问题的二元论。

迈蒙的这一理论对费希特、谢林和黑格尔产生了显著的影响，他们都接受了该理论背后的主要原则。多亏了迈蒙，康德先验自我获得了一种新的形而上学地位：它成为存在于每个个体意识中单一的普遍主体，统一了有限的主体和客体。因此，迈蒙的无限知性（infinite understanding）是费希特的自我（Ich）和黑格尔的精神（Geist）的先驱。

---

[1] 迈蒙的讨论对费希特和黑格尔的重要性从他们的早期作品中也可以明显看出。见 Fichte, "Vergleichung"（1795）, in *Werke*, II, 440–441 以及 Schelling, *Abhandlung*（1798）, *Werke*, I, 288–289。费希特明确承认沾惠于迈蒙。他在一封致莱因霍尔德的信中写道："我对迈蒙才华的尊重是无限的；我坚信并愿意证明，批判哲学已被他推翻。"见 Fichte, *Briefwechsel*, III/2, 282。

迈蒙在他的《论先验哲学》中对形而上学传统的辩护，开创了后康德哲学史上的新篇章，它标志着观念论从批判的向思辨的决定性过渡。[1]费希特、谢林和黑格尔的思辨观念论与康德的批判观念论形成鲜明对比的是，理性主义传统的形而上学思想之复归。康德禁止的是违反人类知识的极限，费希特、谢林和黑格尔认为这是批判哲学本身的必然性。现在，迈蒙是这一转变背后的关键人物。根据内在于批判哲学的问题来复兴形而上学思想，迈蒙为其提供了一种新的合法性，并为形而上学之批判性复归开辟了可能性。

诚然，迈蒙的历史意义得到了普遍承认，这是一个无可争议的问题，但对他的哲学的正确解释则不能这样说。迈蒙的哲学是出了名的晦涩，尽管经过了几代人的解释，但就连在最基本的问题上也未达成一致意见。解释迈蒙的困难部分来自他的费解难懂，部分来自他的观点的一些重要变化，最重要的是他的哲学结构。在他的《生活自传》（ Lebensgeschichte ）中，迈蒙将自己的《论先验哲学》描述成一种联合体系（ Koalitionsystem ），这确实是对他整个思想的恰当描述[2]。他的哲学明显是一种理性主义、怀疑论和批判之悖论式联合体。这些看似相互冲突的元素是否一致，如果是的话，构成了如何解释迈蒙的核心问题。

迈蒙思想的一致性问题在很大程度上归结为：他是在怀疑论和独断论的两极之间找到了一条关键的中间道路，还是最终陷入了那种老生常谈的两难？这个问题对于理解迈蒙哲学的总体目标显然是至关重要的。如果它以两难而告终，那么它的目的是攻击康德；但是如果它找到了一条中间的道路，那么它的目的则是重建康德哲学。尽管这个

---

[ 1 ] 我这里遵从 Atlas 的观点，见 Atlas, *Maimon*, 1ff.,331ff.

[ 2 ] Maimon, *Werke*, I,557.

问题很重要，但对迈蒙的解释几乎没有达成一致意见。[1]迈蒙是想摧毁康德还是想拯救康德，这仍然是个悬而未决之谜。

在向读者提供对迈蒙的联合体系各个方面的一般性介绍的同时，我还将在本章中尝试勾勒出一种解决迈蒙思想内在统一性问题的办法。我将讨论迈蒙的哲学确实存在一致性，他的确在怀疑论和独断论之间构建了一条批判性的中间道路。诚然，有必要承认，迈蒙从未仔细阐述过赋予他的思想具有一致性和系统结构的关键思想。就像他的哲学一样，这些想法只是暗示而已。这只能由费希特，迈蒙的伟大接替者来发展出它们的全部含义了。

## 第二节　迈蒙的怀疑论

在他的《哲学通信》(*Philosophischer Briefwechsel*)中，迈蒙对哲学的核心关切作了富有启迪的陈述。[2]针对莱因霍尔德对第一原理的要求，迈蒙宣布，他对哲学的主要兴趣不是寻找可以体系化我们所有知识的原理，而是确定这些原理是否正确。对他来说，重要的不是一个原理之"形式上的卓越"，无论它是否明确而独特地系统化了我们知识，而是它的"质料真理"，即它是否适用于事实或与事实相符合。因此，在迈蒙看来，哲学家能提出的最重要的问题是有何事实(*quid facti*)——什么事实使一个原理为真？

迈蒙的怀疑论是这种哲学关切的直接结果。根据迈蒙的说法，

---

[1] 因此，Kuntze 和阿德曼认为怀疑论是迈蒙的最终立场。见 Kuntze, *Die Philosophie Maimons*, p. 41, 以及 Erdmann, *Versuch*, V, 536。然而，Atlas 认为迈蒙的哲学终结了独断论或怀疑论的两难。见 Atlas, *Maimon*, pp. 16–18。唯有卡西尔认为迈蒙，如果简而言之 ( *in nuce* )，存在着一条中间道路。见 Cassirer, *Erkenntnisproblem*, III, 103。

[2] Maimon, *Werke*, IV, 263–264.

怀疑论者是这样的哲学家，他的主要兴趣是真理，而不是原理的形式优点。把怀疑论者与批判哲学家区别开来的是，他在他的《漫游》（*Streifereien*）中写道，怀疑论者总是提出有何事实之问的事实存在吗？[1]批判哲学家的任务是发现先天综合概念运用于经验的必要条件，而怀疑论者的工作是确定这些条件实际上是否可以获得。

迈蒙怀疑论的核心论点是，不可能存在先天综合的经验知识。将他所怀疑的"有何事实"运用于批判哲学，迈蒙提出了一个问题，即是否有任何证据表明康德的先天综合原理适用于感觉直觉。他用明确而果断的"没有"回答了这个问题。他如休谟一样地认为，我们感官的所有证据，只向我们展示了不同事件之间的恒常联结，但从来没有任何普遍必然的联系。就像舒尔茨一样，迈蒙也被休谟的怀疑论撒下的魔咒所困扰，怀疑康德是否从休谟的怀疑中拯救了自然科学的可能性。他的怀疑论不亚于舒尔茨，是针对康德的休谟式反击。

迈蒙怀疑论的主要目标是康德的先验演绎。与舒尔茨一样，迈蒙坚持认为，演绎是一种乞题谬误，恰恰预设了休谟所提出的问题。[2]根据迈蒙的解释，演绎试图演证出先天综合原理是可能经验的必要条件，其中"经验"被理解为不同表象之间的普遍必然的联系，而不仅仅是诸表象之间偶然的恒常联结。虽然迈蒙愿意承认演绎论证，但可能的经验要求运用这些范畴，他仍然质疑它的前提，即存在着可能的经验。他声称，如果我们仔细检查我们的感觉印象，那么我们发现的只是偶然的恒常联结。迈蒙这样看待问题：康德回答了"有何事实"的问题了吗？在什么条件下，先天综合原理适用于自然？但这仍然留下了"有何事实"之问题了吗？这些条件实际上是这样的吗？

---

[1] Maimon, *Werke*, IV, 79–80.

[2] Ibid., IV, 72-73; II, 186–187; V, 477–479; VII, 55–59.

迈蒙关于先验演绎属于乞题谬误的论证，仍然保留了先天综合原理适用于经验的一种可能性。迈蒙只是质疑这一演绎的前提，但他没有反驳演绎本身。然而，他的怀疑论并没有止步于此。他有补充的论证，旨在表明不可能将先天综合原理运用于经验。迈蒙的主要论证是，康德无法给出一个标准来确定他的先天综合概念何时运用于后验直观（a posteriori intuitions）。换句话说，他无法知道这些概念何时运用，因为他无法区分它们何处适用以及它们何处不适用的情况。没有这一标准，就没有理由相信这些概念确实适用。因为如果它们适用于任何特定情况是可疑的，那么它们是否适用于一般情况也是可疑的。

为了证明这一点，迈蒙认为，经验和知性都不能为先天概念运用于后验直观提供标准。[1]一方面，经验本身不存在任何东西能告诉我们一个先天概念何时适用于它。知觉的偶然恒常联结在其经验内容上与它们之间的普遍和必然的联系是相同的；或者，正如休谟所说，我们感官的所有证据只证明了这样一种信念，即事件之间存在偶然的联结。另一方面，在一个先天的概念中，没有任何东西能告诉我们它何时运用于经验。用康德的话来说，一个先天概念运用于"一般客体"，这意味着它就可能运用于任何可能的客体。由于它是如此的一般，这个概念根本没有指明它在我们的真实经验中特别运用于哪种客体。例如，因果范畴只指出，对于任何事件 B，必须根据普遍和必然的规则，就存在某个先行于它的先天事件 A。然而，我们面临的问题是，确定我们真实经验中哪些事件是原因，从而填补空变量 A 的地位。虽然任何事件都会存在某种根据因果范畴的原因，但不能确定那个原因是什么。该范畴为任何事件留下了无限多的原因，例如，烟是火的原因，就像火是烟的原因一样地兼容。

---

[1] Maimon, *Werke*, II, 187–188, 370–373; V, 489–490.

为了巩固他的立场，迈蒙还认为，康德没有解决在"第一批判"的"图型式法"（Schematismus）一章中运用这些范畴的问题。[1]康德认为，允许我们将先天概念运用于后验直观的是内感觉先天形式，即时间。这种能力通过赋予概念一个时间意义来确定概念的运用；例如，原因范畴运用于时间序列，其中原因是先行之物而结果是继起之物。赋予这样的时间意义，因果范畴只与某些序列兼容，例如，火是烟的原因，而不是相反，因为火总是在时间上先于烟。但迈蒙回答说，这仍然不是一个充分的标准。问题是，我的感官的所有证据都不担保运用这一范畴。如果我不断观察烟之前的火，这仍然不能证成应用火和烟之间普遍和必然联系可归属的因果范畴。因此，没有办法把只是偶然的恒常联结的情况，从那些带有普遍必然联结的情况中区分开来。虽然康德认为范畴运用需要知道它的时间图式是正确的，但他错误地得出结论认为，这是它运用的一个充分条件，因为知道时间图式并不能证成该范畴的运用。

切断所有可能的逃生路线，迈蒙声称，康德在"类比"（Analogien）中对个别范畴的演绎也没使他更近便地提供一个运用这些范畴于经验的标准。[2]例如，在第二个类比中，康德试图建立一个区分主客观的知觉序列的标准，其中客观序列符合因果范畴，而主观序列则不符合。这一标准是一系列知觉的不可逆性。如果知觉序列（A，B）是不可逆的，因此知觉 B 必须跟随 A，那么就有可能将客观性归因于该序列，因此（A，B）不仅是我知觉的偶然顺序，而且是事件本身的顺序。康德的论证是不可逆序列（A，B）符合因果范畴。但迈蒙指出，这只会使问题倒退一步而已。虽然康德的论证可能是正确

[1] Maimon, *Werke*, V, 191–192.

[2] Ibid., II, 187–188.

的——客观的知觉序列是不可逆的，因而属于因果范畴——但这并不能解决如何判断知觉序列何时不可逆的问题。在我们的经验本身中，没有任何东西表明在 B 表象必须总是跟随 A 的意义上，知觉序列是不可逆的。同样，我们的经验向我们展示的只是 A 先 B 后的恒常联结，这不足以将该序列归入因果范畴。因此，迈蒙得出结论，"类比"并未让判断力形成确定因果范畴何时运用于知觉序列的规则。

除了他认为康德没有得出先天综合概念运用于经验中特定情形的标准之外，迈蒙还有另一个反对先验演绎可能性之重要且更有影响力的论证。他认为，同时阻碍先天概念运用于经验的是康德在知性和感性之间的激进二元论。[1]我已经指出这一证明的历史意义，但现在让我们转向它逻辑上的细节。

众所周知，康德将知性和感性分为两种完全独立而异质的能力。这些能力是相互独立的，因为知性创造了先天概念，它们不源自感性，而感性则接受了不源自知性的直观。它们也是异质的，因为知性是纯理智的、主动的，超出了空间和时间，而感性则是纯经验的、被动的，内在于空间和时间。根据迈蒙的说法，康德的知性 - 感性二元论类似于笛卡尔的身 - 心二元论，后者的所有问题都类比地适用于前者。虽然在不同种类的存在或实体之间不再存在二元论——能思维的心灵和有广延的身体——但现在意识自身范围内的诸能力之间同样存在尖锐的二元论。就像笛卡尔不能解释身心之独立而异质的实体是如何相互作用的一样，康德也不能解释这些独立而异质的能力是如何相互作用的。

现在迈蒙认为，如果知性和感性不能相互影响，那么知性的先天概念很难运用于感性的后验直观。根据康德本人的观点，只有在知性和感性之间存在密切相互作用时，先天概念才运用于经验。知性必须

---

[ 1 ] Maimon, *Werke*, II, 62–65, 182–183, 362–364.

作用于感性以产生经验的形式（"直观无概念则盲"），而感性必须提供出直观令知性概念具有内容（"概念无直观则空"）。但迈蒙问，如果它们是如此完全独立而异质的能力，那么知性与感性如何以这种方式相互作用？知性如何才能从不可理解和无形的形式中创造出一种可理解的形式？它如何将不受其控制之物（被给予）置于其控制之下？其纯粹的无空间和无时间的活动究竟如何作用于由感性形式创造的时空世界？迈蒙声称，鉴于康德最初的二元论，所有这些问题都是无法回答的。如果知性根据其法则创造了感性直观，或者如果感性根据其法则产生了知性概念，那么将先天概念运用于感性直观是没有问题的。但康德在一开始就排除了这两种选择。他说，莱布尼茨将直观理智化是错误的，就像洛克将概念感性化是错误的一样。如果这些选项中的任何一个是正确的，那么将先天概念运用于后验直观的整个问题将根本不会出现，因为该问题是由知性－感性二元论造成的。因此，迈蒙批评说，造成先验演绎问题的二元论阻止了其解决的可能性。

迈蒙怀疑论的主要结果是，它在批判哲学本身的语境下重启了怀疑论的挑战。根据传统的怀疑论，我们有理由怀疑我们关于外部世界的知识，因为我们不能超越我们自己的表象，去查看它们是否与实在相符合，因为实在存在于诸表象之外和之前。与舒尔茨不同的是，迈蒙正确地看到，这种真理标准——表象与外在客体的相符——不能运用于批判哲学，批判哲学明确地否认了它，并将真理标准置于意识本身之中。[1]尽管如此，迈蒙表明，即使我们坚持批判哲学的精神，消除相符于客体的诸表象的所有讨论，并将真理的标准置于意识本身之内，也会产生怀疑论之怀疑的新基础。假设真理不是表象与外部客体的相符，而是不同表象之间的相符，那么问题仍然是，作为先天知性

---

[1] Maimon, *Werke*, V, 426–427.

概念的和先天感性直观的异质表象如何相符？根据迈蒙的说法，怀疑论的问题之所以再度出现，仅仅是因为在这些表象形式之间存在着这样一种不可逾越的二元论。这种二元论是不可克服的，要么是因为我们没有一个标准来衡量不同的诸表象是如何相符合，要么是因为它们源自这种无法相互作用的异质而独立的能力。迈蒙在《漫游》一个引人注目的段落里对康德的困境加以总结：“哲学无法建立一座桥梁，使从先验过渡到特定成为可能。”[1]重要的是要看到，迈蒙通过对康德的内部批判，通过保持对批判哲学知识标准的求真态度得出了这一悲观结论。因此，迈蒙的怀疑论最终，也非常具有威胁性的信息是，批判哲学即使在以自己的术语表述时也不能解决知识问题。[2]

## 第三节　无限知性的理念

我们已经探究了迈蒙的联合体系的一个面相，即休谟怀疑论的一面，现在是时候转向它的另一个面相，即莱布尼茨理性主义的一面了。犹如其怀疑论的一面对康德提出巨大挑战一样，迈蒙哲学的这一面也对康德提出了巨大的挑战。迈蒙认为，形而上学传统的一些基本主题，康德如此努力地试图加以诋毁，实际上对批判哲学本身而言是必要的。但为什么迈蒙会发出如此大胆的主张？为什么他认为形而上学的主题对批判哲学是必要的？

---

[ 1 ] Maimon, *Werke*, IV, 38.

[ 2 ] 康德自己错过了这一点。在对迈蒙的《论先验哲学》的回答中，康德认为他可以通过保持在意识范围内来克服迈蒙的反对。他说，除非经验被理解为物自体的领域，否则不可能解释先天概念和经验之间的符合关系。然而，如果经验仅被假设为现象，则问题就会消失。见康德 1789 年 5 月 26 日致赫兹的信函，见 Kant, *Briefwechsel*, p. 397. 康德的回答没有解释这种不同类表象如先天概念和后验直观之间的符合关系。

迈蒙对形而上学传统的辩护始于他的怀疑主义止步的地方。根据他的怀疑论，只有当我们承认康德在知性和感性二元论时——先天综合概念如何运用于经验——演绎背后的整个问题才会出现。然而，如果我们否认这种二元论，问题就消失了，于是就不需要假设完全异质的能力之间存在着某种神秘的预定和谐。假设我们否认这种二元论，我们只剩下两种选择：要么用洛克的经验论进行"理智感性化"，要么用莱布尼茨的理性主义进行"感性理智化"。由于第一种选择未能考虑到先天综合原理的存在，而这些原理不能仅仅还原为经验总结，我们别无选择，只能接受第二种原理。[1]因此，有必要用莱布尼茨和沃尔夫的观点假设知性是完全主动的，是经验形式和内容的来源。正如康德所相信的，这意味着感性不是一个独特的知识来源，而是如沃尔夫所断言的那样是一种混乱的知性形式。迈蒙认为，这一假设完全解决了先验演绎的问题，因为纯粹主动的知性对其经验有一个完整的先天知识。[2]他确保了这样的知识，因为（1）他创造了他的经验，并且（2）他自己的理智活动的结果对自己是完全透明的。因此，迈蒙总结说，解决先验演绎问题唯一可能的方法来自莱布尼茨－沃尔夫的形而上学。

在提出这一论证后，迈蒙采取了一个更激进的举动，在批判哲学中引入了一个大胆的思辨理念。这是无限知性的经典理念，即理智原型（ *intellectus archetypus* ），它在认识客体的行为中创造了所有的客体[3]。迈蒙声称，一旦我们对先验演绎问题接受一个理性的解决方案，

---

[1] 迈蒙没有为他拒绝经验论提供什么证成理由，除了他的先天综合不可还原性的正统康德信念，见 *Versuch*, II, 429-430。

[2] Maimon, *Werke*, II, 62-65.

[3] 康德自己在"第三批判"中介绍了这一理念，见 Kant, *Werke*, V, 401-410, §76-77。但迈蒙和康德可能是独立想到这一理念的。直到 1789 年 4 月，《论先验哲学》才到康德手中，就在"第三批判"即将完成之际。见康德 1789 年 5 月 12 日致莱因霍尔德的信函，in Kant, *Briefwechsel*, p. 385。

那么假设这一理念就是必要的。一旦我们假设知性不仅创造了形式，而且创造了经验的内容，那么我们也必须假设于我们有限知性中的无限知性之实存。因为正是一种无限知性，才有能力创造它所知道的一切，而经验显然是被提交给了有限知性。所以，严格地说，不是我们在经验意义上认识事物，而是上帝通过我们认识它们。当然，这只是对我们在上帝中认识一切的经典形而上学理念之再加工。迈蒙将这一理念归因于柏拉图[1]，但它更直接的来源是斯宾诺莎、莱布尼茨和马勒布朗士。

这种无限知性的假设——只要它被理解为一个构成性原理（constitutive principle）——致使迈蒙走向一种彻底的形而上学理性主义。由于这一假设表明，一切实在都是由无限的理智根据理性法则创造的，因此一切都将受到严格的逻辑必然性的支配。每一特定事物的本质，在其所有属性都将服从于其必然性的程度上，都将是完全理性的。虽然这些属性似乎是偶然的，但它们只是从我们自己有限知性的有限立场出发，因而不能完全把握事物的本质上来看[才会如此的]。然而，如果我们对上帝有无限的知识，我们就会洞察所有这些属性都是遵从每一件事物的本质。

这种极端的理性主义使迈蒙重思康德的判断分类。[2]如果事物的本质是完全理性的，那么最终就没有先天综合判断，所有为真的判断都是分析的。虽然一些先天判断似乎是综合的，但这只是因为我们没有充分分析它们的主词罢了。然而，如果我们确实对它们进行了完全的分析，那么它们的谓词将遵循必然性。换言之，对于上帝的无限知性而言，他创造并完美地把握了所有事物的本质，所有的判断都将是

---

[1] Maimon, *Werke*, VII, 131.
[2] Ibid., 11,175-179.

分析的。

根据迈蒙的说法，这种新的判断分类完全解决了康德的先天综合问题——不同语词之间如何必然联系的——假设某些先天判断的综合性最终只不过是它们隐含的和模糊的分析性而已。对神秘的 X 进行先验演绎——将不同的语词结合为必然连接——于是消融成一个简单的分析连接。

关于迈蒙哲学解释的一个更为麻烦的问题是，迈蒙是否赋予无限知性的理念以调节性（regulative）或构成性的地位。迈蒙对这个问题给出了模糊而矛盾的答案，这反映了他自己不愿意做出重大的形而上学承诺。在他早期的《论先验哲学》（Versuch, 1789）中，迈蒙是矛盾的。起初，他说有必要假设一种无限知性"至少作为一个调节性理念"。[1]这句话附在括号内，显示了他承诺无限知性之实存的犹豫态度。然而，在这段的评论中，迈蒙明确表示他把"客观实在"归因于该理念。[2]但他一说完这句话，就再次经受怀疑的困扰。我们必须不把实在归诸"由自身思考的"理念，他写道，但只作为"直观条件"而归诸理念。然后，迈蒙解释说，正如有必要将实在归诸知性概念作为直观的条件一样，有必要对无限知性的概念做同样的归因，因为它是直观的条件。那么，他在这个晦涩的段落中似乎说的是，我们没有权利将实在归诸该理念本身，因为它将是一个超出经验的超验实体（transcendent entity），但我们有权这样做，因为它是经验本身的超越（transcendental）条件。以这种有所保留的方式，《论先验哲学》似乎赋予了无限知性的理念一种构成性地位。

但稍后在他的《哲学词典》（Wörterbuch, 1791）中，迈蒙开始淡化

---

[1] Maimon, *Werke*, II, 64.

[2] Ibid., II, 366.

了该理念的构成性地位。[1]它作为探究的目标发挥着更具调节性的作用。无限知性代表了知识的理想，其中客体不再是被给予的，而是完全被创造的。迈蒙把这样一种理想规定为探究的目标，但他承认，这是我们一直趋近但从未达到的目标。

## 第四节　微分理论

虽然迈蒙对无限知性的假设为先验演绎提供了一个有趣的解决方案，但它也带来了自己的严重问题。假设背后的基本主张——先验的自我不仅创造了经验的形式，而且创造了经验的内容——似乎是明显的错误。我们所有的日常经验似乎都与这一说法不符。当我们行知觉时，我们在经验中所知觉的似乎是独立于我们的意识活动而被给予的。例如，如果我睁开眼睛，那么我对这张桌子、这扇窗户、这些树木和建筑物的知觉就别无选择。我所看到的一切都有这些性质，没有超出我的意志和想象力以外之物。

我的感觉经验的这种被给予性似乎得到了证实，特别是通过感觉现象的独特性质。我经验中的所有感觉性质似乎都是简单而原初的，无法还原到任何理智分析。细微地区分一种与另一种感觉性质——红与蓝，甜与酸，粗糙与柔软——似乎是由感觉单独识别的。这些感觉性质的个性化原理（ *principium individuationis* ）是知性所无法理解的，因此更不用说（ *a fortiori* ）是它的创造。确实，正是这种感觉经验之被给予和不可还原的维度，促使康德自始就远离理性主义。因此，如果

---

[1] Maimon, *Werke*, III, 186–187, 193. 这种向更具调节性的解读的转向，可能是由于康德的"第三批判"的影响，这当然坚持智力原型之严格的调节性地位。1789 年完成《论先验哲学》后，1791 年出版《哲学词典》前，康德寄给迈蒙"第三批判"的副本。见迈蒙 1790 年 5 月 15 日致康德的信函，见 Kant, *Briefwechsel*, p. 462。

迈蒙要发展出一种看似合理的形而上学理性主义形式，那么他就必须找到某种解决这个问题的方法。

值得认可的是，迈蒙意识到这一困难，并对此有了一个解答。这就是他著名的微分理论（theory of differentials），这无疑是迈蒙哲学中最困难和最模糊的方面之一。尽管如此，这一理论值得我们给予最密切的关注。正是在这里，迈蒙面临着感觉经验的明显被给予性和不可还原性之经典问题——所有理性主义和观念论的绊脚石——并试图根据观念论和理性主义原理解决它。很清楚，只有当迈蒙解决了这个问题，他才能声称完全弥合了知性与感性之间的鸿沟，从而圆满地解决了先验演绎的问题。

迈蒙的微分理论的出发点是康德在"第一批判"中对内包的量（intensive magnitude）的讨论。[1]根据康德的观点，与其先天要素相对比，纯粹的感觉质料纯属于后验要素，它由内包的量组成，它被定义为对感官发生影响的某个程度。这个量可以在从零到无穷大的连续区域上加以测量，其中零是纯先天形式，而无穷大则影响到了所有形式之外。康德认为，这种内包的量必须在时空上与所有外延的量（extensive magnitude）分开来设想。外延的量来源于直观的先天形式，即时空，因此不适用于纯粹的后验感觉要素。因此，一种内包的量的单纯情形包含在一个无广延性的点中。感觉的质料可以被解析成这样的点，它可以在连续体上增加或减少，以产生给定的强度。

以康德的讨论为根据，迈蒙认为感官性质不是简单的而是复杂的，也就是说，能够分析到更基本的单位。这些单位包括感觉强度的最低可能程度，这是所有意识的基本要素。随着这些单位的增加，意识的程度也增加了；随着它们的减少，意识的程度也减少了。迈蒙说，

---

[1] Kant, *KrV*, B, 207-211.

我们通过不断降低感觉的意识程度来接近这样的单位。虽然这些单位是无限小的，然而，对感觉的分析只接近但从未到达它们。因此，迈蒙称之为"限定性概念"（limiting concepts, *Gränzbegriffe*）[1]。

迈蒙认为，虽然这些无穷小的（infinitesimal）单位不再由感官本身决定，但它们仍然完全可以由知性精确地确定。[2]它们是如此可确定，因为固定它们之间的关系是可能的。甚至可以建立一个微分方程来表示它们之间的关系，一个形式为 dx : dy = a : b 的方程，它表示无论 x 和 y 的大小如何，x 随 y 的变化而变化，因为 a 随 b 的变化而变化。迈蒙主张，区分一种和另一种感觉性质是其产生或发生的规则，它的基本单位的组合或聚集的规则。然后，各种感觉性质之间的所有差异都可以从它们的生产规则之间的差异中得到确定；此外，感觉性质之间的所有关系都可以从它们的生产规则之间的关系中得到确定。

对感觉性质而言的具体之物，也即其个体化原理，对知性而言则是完全可理知的，只要它可以具体化"其产生的规则"。但迈蒙宣称，这是一切知性的特征。[3]理解一个客体就是知道它是如何从更简单的元素中产生的，或者它是如何通过它的成分而组合的法则从而变成它所是。这种知性的概念直接来自迈蒙想要复兴的理性主义传统。例如，在他的《关于人类知性的力量》（*Von den Kräften des menschlichen Verstandes*）中，沃尔夫本人就用这样的术语定义了知性："除了它是如何发端的，或者它是如何成为它所是之外，再无可思考之物了。鉴于此，当一个人清楚地构想出它如何变成它所是时，他就能理解事物的本质。"[4]在坚持沃尔夫关于知性的这一定义时，迈蒙并没有听任康

---

[1] Maimon, *Werke*, II, 28n; VII, 211–212.

[2] Ibid., II, 32.

[3] Ibid., II, 33.

[4] Wolff, *Werke*, I/l, 148, 节 48。

德的知性概念：他只是用沃尔夫的话重新定义了它。康德的综合规则现在成为直观产生的规则。

迈蒙的术语"微分"有两个用法，这两种意义在一定程度上导致了与他的理论密切相关的一些困难和混乱。在一种意义上，微分只是感觉分析的最小单位。[1]然而，在另一个意义上，微分是这些单位之间的关系、它们的组合规则。[2]这后一种意义显然是建立在数学类比的基础上，迈蒙毫不犹豫地给出了这些相似点。他把微分比作微分方程的一般公式（上文给出）。就像这个方程通过对直线和点的分析来表达特定曲线的精确性质一样，所以感觉的微分通过它，从更简单的单位产生的规则来表达它的区别性特征。

然而，关于经验的理性起源和结构，微分理论必须说些什么呢？它如何解释经验的被给予性？迈蒙说，感觉性质起源的微分或规则不仅仅是知性所能理解的，它们也是被知性所设定的。因此，所有不同的感官性质都是知性法则的诸多产物。因此，迈蒙在一篇重要文章的段落中写道，"知性不仅有能力思考确定的直观对象之间的一般关系，而且也有能力通过关系来确定对象"[3]。在这里，迈蒙迈出了超越康德的决定性一步。知性不仅成为概念的一种能力，也成为直观的一种能力。尽管面临康德的所有约束，迈蒙实际上把理智直观能力归结为康德的先验自我。

在他的《论先验哲学》中，迈蒙明确地使用他的微分概念来解释经验的起源。正如他在另一篇重要文章中所说的，"这种知性是从各种微分之间的关系中提出由它们衍生出的可感对象之间的关系。对象的这些微分是所谓的本体（*noumena*），由它们产生的对象是现象

---

[1] Maimon, *Werke*, II, 352–353; VII, 215–216.

[2] Ibid., II, 28n, 32–33.

[3] Ibid., II, 356. 加点为迈蒙本人的强调。

（*phenomena*）"。[1]在这里，微分的概念承担了康德物自体的作用：它是感性杂多的原因。但同时，迈蒙又重新解释了康德关于本体和现象之间的区别。他具体地指出，这些本体不是实体（entities），而是解释感觉起源的原理："这些本体是理性的理念，作为解释对象发生的原理，按照知性的法则而活动。"[2]因此，根据迈蒙的解读，本体不再是超越现象的不可知实体，而是支配它们的法则。

当然，在坚持认为感觉经验是一种知性的建构时，并不意味着迈蒙否认它仍然显得是（*appears*）被给予的、偶然的。他想解释这个现象，但没有从中得出康德的二元论结论。因此，他提出了这样一种假设，即感觉经验确实是被给予的，对我们意识的感性而言是偶然的，尽管它实际上是由知性的潜意识活动所设定的。那么，我们并不把我们的经验视作由我们的知性产生的，仅仅是因为我们没有意识到它的活动罢了。犹如迈蒙在《论先验哲学》中对这一点说明的那样：直观是合规则的（*regelmässig*），但不是可理解的（*regelverständig*）。[3]换句话说，感性的被给予的与偶然的经验只不过是知性的一种混乱的表象。然而，如果哲学家分析经验，他会发现它显然被给予的感觉性质消失了，只留下了清晰而独特的知性理念。于此处，迈蒙勾画出了普通意识的经验立场和哲学家的先验立场之间的区别，这一区分成为费希特、谢林和黑格尔的拿手好戏（stock-in-trade）。

微分理论将康德知性的作用扩展到另一个方向。现在，知性不仅是一种直观能力，也是一种理念能力。用更具康德式的术语来讲，不仅是理性，而且知性也为一系列的条件寻求无条件者。因此，有意增加康德理念的数量和种类，迈蒙把他的微分称为"知性理念"

---

［1］Maimon, *Werke*, II, 32.

［2］Ibid., II, 32.

［3］Ibid., II, 34–35.

（*Verstandesideen*）[1]。他说，这些不仅是为知性概念寻求无条件者的理性理念（*Vernunftideen*），而且也有为感觉要素寻求无条件者的知性理念。理性理念力求对表象进行最完整地综合，因而是从知性概念开始的；而知性理念则力求对表象进行最完整的分析，因而是从感性直观开始的。[2]迈蒙认为，我们被允许在理念上给出这种区分，因为思想条件的总体性和可归入思想的直观总体性之间存在着显著区别。[3]

迈蒙坚持认为，这种被拓展过的知性作用，无论是作为一种感觉能力，还是作为一种理念能力，都为将先天综合概念运用于后验直观的问题提供了答案。先天概念不可能不再需要直接运用于后验直观；相反，它们适用于它们的微分，它们本身就是知性理念。[4]例如，"红不同于绿"的判断并不直接将差异范畴运用于红与绿的感觉，而是应用到它们的微分，它们居间调节（mediate）了范畴和感觉。那么，就没有必要在完全异质的能力之间发明一种预定和谐，因为知性正将其先天概念专门运用于自己的潜意识产物。因此，迈蒙把他的微分理论看作"第一批判"的图式问题的解决方案。[5]

迈蒙微分理论长期存在的一个问题是，很难确定迈蒙认为微分（被理解为无穷小单位）是真实的实体，抑或仅仅是思想的虚构。同样，他是矛盾的，就像无限知性的情况一样。在对《论先验哲学》的评

---

[1]康德例外地接受迈蒙对理念领域的拓展，见他1789年5月26日致赫兹的信函，in Kant, *Briefwechsel*, pp. 399–400。

[2] Maimon, *Werke*, 349–350, 75–83.

[3] Ibid., II, 76.

[4] Ibid., II, 32, 355–356.

[5] Ibid., II, 64.

论中，他倾向于认为它们是真实的实体。[1]因此，他区分了"象征的"（symbolic）无限和"真实的"（real）无限，指出微分是指后者的情形。象征的无限表示一个对象可以接近但永远无法达到的状态，除非它破坏自己，例如，两条平行线的交点。迈蒙断言，这个概念只是一个数学虚构，所以它没有任何本体论意义。然而，真实的无限意味着一个总是小于或大于任何给定量的"不确定但又可确定的"条件。作为真实无限的一个实例，微分确实具有本体论地位，因为虽然它在直观中是不可表象的，但真实无限可以看作一个持存的对象。在《论先验哲学》的其他地方，迈蒙明确地假设无限小的实存，声称这样的假设对避免数学上的二律背反是必要的。[2]然而，如果说迈蒙在早期的《论先验哲学》中致力于微分之实存，那么他在他后来的著作中则避免了所有这种本体论承诺。例如，根据《逻辑学》（Logik）和《哲学词典》的说法，严格的先验哲学回避了所有超验实体，特别是无穷小诸实体。

## 第五节　新的时间和空间理论

虽然微分理论在感觉性质背后假定了一个可理解的结构，但它并没有完全弥合知性和经验之间的鸿沟。迈蒙还没有考虑到经验的另一个基本方面：它在空间和时间上的显现。然而，如果迈蒙希望经验的所有方面在原则上都是可理解的，想发展出一种完全克服知性和感性二元论的先验观念论，那么他就必须制定像理性主义一样也是观念论的一种时空理论。这一理论必须捍卫以下两个论点：（1）时空是意识的先天形式而非客观事物之观念论论点，并且（2）时空是一种知性的

---

[1] Maimon, *Werke*, II, 349–356.
[2] Ibid., II, 236–237.

而非感性的先天形式之理性主义论点。迈蒙在他的《逻辑学》（1794）和《批判性研究》（*Kritische Untersuchungen*, 1797）中勾画了这样一个理论。

迈蒙的时空理论是康德和莱布尼茨的结合，是康德先验观念论和莱布尼茨理性主义的综合。它接受康德的观念论证明，即时空不是物自体的属性，而是意识的先验形式、经验的先验条件。但它也坚持莱布尼茨的理性主义论点，即时空原则上是可分析的，可还原为关系的聚集，即事物之间的距离或间隔。因此，迈蒙拒绝了康德的证明，康德认为时空是非推论的（nondiscursive），它是感性而非知性的形式。

虽然迈蒙采用了康德的时空是先天意识形式的理论，但他极大地限制了它们可成为先天的程度。他认为，时空不是任何可能经验的必要条件，因为我们有可能存在无空间的感觉。[1] 为了证明他的观点，迈蒙设计了一个有趣的反例来显明这种感觉的可能性。假设我们的视域正好是由完全连续而均质的感觉构成，例如，一个无限的单色调的红。迈蒙声称，这种感觉不会出现在空间中，因为它缺乏将事物彼此分开所需的多样性。它的所有点将绝对地彼此完全相同，因此它的广延的量将缩小到无。如果我们确实设想一个均质而连续的对象持存于空间中，那只是因为我们不自觉地想到它与自身之外的其他对象的关系；例如，我们看到一条河流，它的所有部分就像在空间中一样都是相似的，只是因为我们把它与河岸上不同的对象相联系，使我们能够将它分成不同的部分。假设河岸边别无他物，河流的所有部分都是无法区分的，于是河流不会在空间中显现。然后，迈蒙从这个反例中得出了一个重要的反康德结论：由于可以有无空间的感觉，空间不能是感觉或知觉的先天形式。

---

[1] Maimon, *Werke*, II, 18; IV, 283; V, 194–195.

有了这个反例之后，迈蒙并没有放弃，而只是对康德关于时空先天地位的理论进行了限定。在他看来，时空不是纯感觉（sensation）的必要条件，而是经验客观性的必要条件。[1]时空在我们把感觉的内在和变化的顺序与事件本身的顺序区别开来上是必要的。我们把一个对象表象为外在于我们，独立于我们的感觉而存在，只是因为我们在空间上把它看作我们身体之外的东西。因此，康德在创造客观经验的架构中赋予范畴的作用，迈蒙也同样赋予了时空。不光是范畴，而且时空也是分析和测度经验所必需的。

在阐述他理论的观念论成分时，迈蒙基本上重申了康德关于时空先天性质的证明。虽然他限定了这些论证的结论，但只是罕见地质疑它们而已。然而，在捍卫他理论的理性主义成分时，迈蒙与康德发生了直接的冲突。事实上，他试图复兴一种理性主义时空理论的最大挑战是康德的"先验感性论"。"先验感性论"的主要目的之一是驳斥莱布尼茨关于时空的观念本质的理论——迈蒙正欲恢复的理论。

根据康德的"先验感性论"，时空不是理性知识的形式，而是对理性知识的限制。它们阻止我们获得纯粹理智的知识，不仅是物自体的知识，而且也包括经验本身形式的知识。它们禁止这种知识，因为它们不是对任何理性存在者都有效的知性范畴，而是对拥有被动感性的人类才有效的直观形式。因此，如果所有的感性都被移除，空间和时间也会消失；一个纯粹的理性存在者，比如莱布尼茨的上帝，就不会知道任何空间和时间。

在捍卫其作为直观形式的时空理论时，康德在"第一批判"和《导

---

[1] Maimon, *Werke*, V, 184-186. 在对《论先验哲学》的评论中，迈蒙批评了康德关于时空之先天地位的一个论点，迈蒙似乎把时空看作一种后验，见 *Werke*, II, 342。但这篇文章因为旨在指出康德推理中的一个弱点，在整体上并不具迈蒙立场的特征。

论》中提出了以下两个论证。[1]（1）空间是一个不可还原的简单表象，它无法被分析到它的部分，它的特定位置。整体空间的理念先于其部分，因为每一位置都必须在空间中被识别和确认。因此，该理念必定是一种直观或感性的形式；因为相反的话，如果它是观念性的，那么它就会被切分，可以被分析到它的各个部分，每一个部分在逻辑上都先于空间。（2）空间内存在着区别，区别只对感官而言是明显的，但不能通过知性来表达。这种区别在配对物不一致的情况下尤为明显。[2]这里，两个对象的所有性质都完全相同，但在空间上并不一致，例如，我的右手与其在镜子中的图像。然而，通过知性可以解释的唯一区别是性质上的区别。

在复活莱布尼茨的时空理论时，迈蒙对这两个论证都作了适当的答复。他攻击康德的第一个论证，质疑其时空是绝对的基本前提。根据康德的说法，时空乃是绝对的，因为即使它们之内别无他物，也有可能将它们表象给我们自己；仅仅出于这个原因，它们必定先于所有部分时空，因此也无法还原至部分时空。[3]迈蒙通过援引辨识中的同一性来攻击这一前提，这是莱布尼茨曾经反对牛顿而引证的原则。[4]如果时空是绝对的，那么争论就变成它们是完全连续而均质的，只包含不可区分的部分，如点或瞬间。然而，根据不可分辨物的同一性，如果两件事是不可区分的——如果它们的所有性质都相同——那么它

---

[1] 见 *KrV*, B, 93, 35-39, 43, 以及 Kant, *Werke*, IV, 285-286。同样的论证比照地也适用于时间。

[2] 关于 "incongruous counterparts" 问题出现在《未来形而上学导论》第 13 节。康德列举了一系列的例子（球面三角形，左右手手套，耳朵与手及其镜像）说明，这些配对物在知性上无差别，其差别只能通过直观才能理解，从而证明时空不属于物自体的现实性，而是感性直观的纯形式。——译者注

[3] Kant, *KrV*, B, 35, 39, 43.

[4] 见 Leibniz, *Schriften*, VII, 372。

们实际上就是相同的。因此，所有的空间点和所有的时间瞬间都会坍塌成一点和一个瞬间。[1]

在回答康德关于不一致的配对物的论证时，迈蒙回到了莱布尼茨的另一个辩护：充足理由律。这一原理用莱布尼茨的话简单地来说，就是"若无它应该如此而非其他的理由，世上就什么也不会发生"[2]。就像莱布尼茨曾使用该原理反对过牛顿一样，迈蒙现在也重拾该原理来反对康德。迈蒙回答康德的关键是，如果两个物体仅在时空上彼此不同，这一原理就会被违反。[3]一个对象占有其时空位置，必有其充足的理由，而这个理由要么是某些内在固有属性，要么是它与其他对象的关系。在两个不同的时空点上假定两个相同的对象与其他对象具有相同的关系，这与充足理由律相抵触；因为它们不可能有任何理由处于不同的时空位置。然而，由于必定存在某个属性（内在固有的或相关的）来解释时空位置，并且由于该属性通过知性是普遍可知的，这意味着对于时空位置而言总是存在某个概念上的解释。

根据迈蒙的说法，时空作为符号而起作用，向我们表明，我们的经验知识仍然不完整。[4]如果有两个明显相同的对象似乎只在时空上不同，那就意味着我们对它们的内在本质认识不足，也意味着我们应该扩展我们的探究。以它们的时空位置作为初始状态，就像康德要求我们的那样，是为了终止探究的进展。当我们应该扩展我们的研究时，等于说承认了无知。在这里，迈蒙提供的讯息确实意味着一个深刻的讽刺。在他对"第一批判"的二律背反的解决中，康德认为他对纯粹理性原理的调节性解读具有很大的价值，因为它把知性

---

[ 1 ] Maimon, *Werke*, V, 192-193, 196-197.

[ 2 ] Leibniz, *Schriften*, VII, 356.

[ 3 ] Maimon, *Werke*, V, 192ff.

[ 4 ] Ibid., V, 190-191.

规定为拓展经验探究的局限。但迈蒙问，康德在这里所教诲的精神是否也要求将这种探究扩展到时空，于是它们也成为对象属性的后果呢？

## 第六节　批判的中间道路

现在，我们已经研究了迈蒙联合体系的怀疑论和理性主义方面，似乎他的唯一目标是攻击康德。因为他的体系的这两个方面都使康德面临双重挑战。他的怀疑论声称，康德没有解决如何将先天综合概念运用于经验的问题；他的理性主义认为，这个问题只有通过无限知性的形而上学理念才能解决。因此，康德似乎面临着怀疑主义或独断论的两难，似乎在这些极端之间没有批判的中间道路。

然而，如果将这种印象普遍化到迈蒙的所有哲学发展中，这将造成严重误导。在他后来的作品中，迈蒙的目的不是批评康德的哲学，而是从内部改造它，这样它就因清除所有超验实体（例如，物自体）而得到净化，并保持在其可能经验的自我施加的范围内。虽然迈蒙的哲学在早期阶段并不明显具有评判性，但它很快就朝着一个更加批判的方向发展。这种走向更彻底的批判运动确实是 1789—1797 年迈蒙思想上的最根本变化，这两个年份标志着他关于先验哲学著述的开始和结束。在《论先验哲学》（1789）中，他以直截了当和毫不妥协的形式呈现了他的联合体系。我们被置于怀疑论或独断论的两难中；许多形而上学的思想被给予了构成性的地位。然而，稍后不久，在《哲学词典》（1791）和《漫游》（1793）中，迈蒙表现出更具批判性的精神。他消除了所有超验实体；他赋予他的形而上学思想一种调节性地位；最重要的是，他为怀疑论或独断论的两难制定了一个批判性的解决方案。

正是在他的《哲学词典》中，迈蒙首先草描了自己的批判性的中间道路。在这里，迈蒙看到了探究的无限进步概念——康德在"第一批判"中提出的概念——作为"普遍的思想上的二律背反"的解决方案。[1]根据这种二律背反，所有人类思想都有两个相互矛盾但又必然的要求。一方面，思想必须有被给予之物，与它的形式相对的质料，因为思想本质上包括将一种形式（一种知性规则）应用于质料（被给予的）。另一方面，思想的完美要求没有任何东西是被给予的和质料的，一切都是被创造的和纯粹的形式。换句话说，我们人类必须认识到，我们的知性是有限的，认识到必须给予它某物；但我们也有义务完善我们的知性，使它像无限知性一样地创造它所知道的一切。由于这两种相互冲突的要求都是不可避免的，唯一的解决办法是我们不断地寻求我们思想的完美。迈蒙说，理性要求"向无限进展"，其中随着思想的不断增加，被给予之物不断减少。在这里，无限知性的理念成为一项探究的目标，一个我们可以接近但永远无法实现的理想。这个理念如今获得了一种严格的调节性地位：它没有描述理智原型的实存，但它规定其是我们知性的一项任务。

如果我们从《哲学词典》中更仔细地审视这篇文章，那么我们就会发现，这一矛盾的正题和反题代表了独断论和怀疑论，而解决办法，即探究的无限进展概念，代表了批评立场。假设无限知性的理念解决了有何权利（*quid juris*，先天综合概念在何种条件下运用于经验？），那么对有何事实（*quid facti*，这些条件是否成立？）的回答就取决于无限知性是否存在。这确实是独断论者和怀疑论者之间的主要问题。怀疑论者否认，而独断论者则断言它的存在。然而，这也是迈蒙对这一二律背反的主要争论点。而"独断论"理论则通过要求完全主动的思想来肯定无限知性的实存，而"怀疑论"的反题则通过坚持知性与

---

[1] Maimon, *Werke*, III, 186–187, 193.

感性之间存在着不可逾越的鸿沟来否认其实存。

现在，迈蒙对这一二律背反的解决在经典意义上说是"批判的"：通过将争议中的原理视为调节性而非构成性的，否认了一个正题与反题的共同假定。这确实是康德在"第一批判"中处理"数学的"二律背反的策略。迈蒙只是将康德的策略扩展到有何事实，将其应用于无限知性的理念，在这里起着类似于康德理性原则所起的作用。独断论和怀疑论都认为无限知性的理念具有构成性地位，它们之间的冲突只是该理念之对错。因此，在真正的康德模式中，迈蒙通过将无限知性视为一种调节性原则来解决这一二律背反，即一种不陈述存在什么，是将其规定为一项探究任务的原则。这一任务无非是对经验的完整解释，即所有的偶性和被给予性都消失了——如果我们的知性实际上是无限的，我们就会得到这样的解释。

迈蒙关于探究无限进展的概念确实成功地避免了怀疑论和独断论的极端。它回避了怀疑论，因为它认为即使我们从未完全达到无限知性的目标，我们至少逐渐并不断地接近它。虽然怀疑论者当然有权声称知性和感性之间存在着永恒的二元论，但他没有意识到探究的进展之不断减少，尽管它从未完全弥合两者的鸿沟。怀疑论者误入歧途之处在于得出这样的结论：如果理解经验的条件全然地不存在，它们就无法通过探究的努力部分地被创造出来。相反，这一概念也避免了独断论的陷阱。它不是通过假设无限知性的存在来超越普通的经验；它只是将它转化为一项探究任务。因此，迈蒙完全承认，我们有限的存在者从来没有达到无限知性的地位，无论我们在探究中取得多大的进展。因此，如果怀疑论者的错误在于认为目标是完全无法实现的，那么，独断论者的错误是假设该目标已经实现。但真相在中间的某个地方：我们逐渐接近目标，只要我们不断努力拓展探究的边界。于是，我们是否避免极端的怀疑论和独断论，最终将取决于我们不断努力拓展探究的意愿。

虽然迈蒙关于探究之无限进展的概念确实暗示了独断论和怀疑论之间的中间道路，但重要的是要看到，它也要求对康德体系进行根本性的改变。这一概念意味着，知性和感性之间只有一种量的而非质的二元论，即它们之间的区别不是种类上的而是程度上的。它们之间的边界不再是固定的，而是移动的，此消彼长的。甚至可以建立一个从零到无穷的刻度尺，其中零是感性之混乱与潜意识的意识，无穷是知性之清晰与自觉的意识。这当然是对康德原理的基本偏离，因为在"第一批判"里，康德明确地认为感性是一种独特的知识来源。[1]因此，康德体系最终为解决"有何事实"付出了沉重的代价：放弃了它在知性和感性之间绝对的二元论。具有讽刺意味的是，只有将旧莱布尼茨的量的二元论重新引入批判哲学，迈蒙才能使它摆脱怀疑论和独断论的危险。

无论它的优点是什么，迈蒙的批判道路并没有被忽视。它的确影响了后康德最重要的观念论者之一：费希特，这也不是不可能的。因此，在他的《知识学》（1794）里，费希特构造了一个相似的二律背反，并以类似的方式加以解决。[2]这些思想家之间唯一的区别是，迈蒙把无限知性看作一种探究的目标，一种理论理想，而费希特则把它看作一种行动的目标，一种实践或伦理的理想。这种相似性引发了一个疑问：费希特著名的无限奋斗的概念竟是从迈蒙借来的？

## 第七节　消除物自体

没有什么比迈蒙试图从康德的哲学中消除掉超验实体更能说明他

---

[1] *KrV*, B, 60–61.

[2] Fichte, *Werke*, I, 252f £., 270f £.

的批判精神的了。迈蒙从不厌倦坚持先验哲学的纯内在地位，它必须避免一切形而上学的思辨。他强调，它必须忠于自己的知识标准；简单地说，这意味着它必须保持在可能的经验限度内，避免对超验实体给出任何承诺。

但迈蒙的纯内在先验哲学的理想很快就遭遇到了一个可怕的问题：物自体。虽然经过雅可比著名的批判，但物自体的幽灵继续困扰着批判哲学。肯定和否认它的实存似乎都有必要。有必要肯定它，以便解释经验的起源；有必要否认它，以便保持在可能经验的限度内。无论是莱因霍尔德还是舒尔茨，都没有更为接近地将康德思想从这个可怕的两难中解救出来。莱氏成了它的牺牲品，舒尔茨则利用它作为辩论支撑。消解掉雅可比批判的力量，恢复批判哲学的内在地位，乃是迈蒙的命运。

迈蒙与雅可比高度一致地认为物自体与康德的批评原理不兼容。[1]他甚至比雅可比更进一步：他认为物自体实际上并无解释价值，所以从一开始就假设它是无用的。[2]如果物自体确实解释了经验的起源，那么它应该解释为什么恰好只是这些而非别的表象被给予了感性。因此，如果我们知觉到一幢特定的颜色和大小的房子，那是因为存在物自体，它以该种方式作用于我们，从而产生了这种颜色和大小的表象。但迈蒙声称这样的解释最终是空洞的。它只会使问题倒退一步；因为同样的问题再次出现在物自体上：为什么它只是以这种方式产生这些表象而不是以其他的方式产生呢？

关于经验的起源，如果物自体的假设为空，批判哲学将作何答复呢？迈蒙对这个问题有一个坚定而简单的答案：它应该什么也不说，

---

[ 1 ] Maimon, *Werke*, II, 145,415; V, 429, 177; III, 185.

[ 2 ] Ibid., II, 372.

讳莫如深。[1]如果康德要坚持他的批判原则,那么他可能说的就是经验乃是被给予的,仅此而已。他不能思辨其原因,因为这就相当于把因果范畴作超验运用了。

迈蒙认为,将物自体假定为我们表象的对象也是一个严重的错误,就好像它们只有在它们与物自体相符合时才为真似的。当莱因霍尔德声称物自体是表象内容的"客观关联物"时,他指责莱氏正是犯了这个错误。[2]如此假设被谴责成对康德批判原理的严重背叛。根据迈蒙的说法,先验演绎的精神要求在意识领域内部解释真理。真理不能包含在与物自体相符合的表象中,因为正如康德所教导的,我们不能超出我们的表象看看这样的相符是否成立。从广义上讲,把真理看作"表象与其自身以外之物的相符"无疑是正确的。但迈蒙坚持认为,我们必须根据批判原则来解释这句话。"外在"(outside)于表象之物不是物自体,而是一个根据规则连接的表象之综合。整体是"外在"于特定表象的,因为它是一个整体,特定表象只是其部分。于是,一种表象当它属于根据规则必然被连接的表象之综合时,则"相符"于一个对象。

迈蒙消除了物自体,然后他不得不重新解释经验的主客体二元论。他说,存在这样的二元论只不过是个事实,因为经验中有两种表象形式:普遍的和必然的,除了我们的意志和想象之外,对每个人来说都显得是一样的;以及那些私人的和任性的,根据意志和想象力,因知觉者的不同而不同。问题是根据批判原理解释这种二元论,同时又不把物自体当作普遍而必然的表象的原因或关联。迈蒙声称,如果我们要严格遵守批判原则,那么有必要从意识本身来解释

---

[ 1 ] Maimon, *Werke*, IV, 415; V, 404–406, 412–413.
[ 2 ] Ibid., IV, 226–227; V, 377–379; III, 472–476.

这种二元论。[1]不是将主客体二元论置于不同类型的实体——表象和物自体——而是有必要将其置于意识本身之内，使其处于不同类型的表象之间。正如迈蒙在他的《逻辑学》中总结的那样："根本区分（*Fundamentum divisionis*）不在于源头，而是我们知识的内容上。"[2]遵循这个规则，迈蒙然后重释了客观性和主观性的含义。我们经验中的"客观"不是物自体，而是由范畴强加给它的普遍必然的结构。"主观"之物不是所有表象的精神依靠，而是其中一些表象的变异性和任意性。

虽然迈蒙急切地要消除作为超越实体的物自体，但他确实认识到，这一概念也存在一个合法的批判性使用。他认为，用它来确定我们知性的极限而不承诺某个实体的实存是可能的。[3]在它的批判性使用中，物自体作为一种调节原理，为我们的知性规定了无限的任务。这项任务无非是对经验作出完整的解释，或者，正如康德在"第三批判"中所理解的那样，将所有特定的自然法则组建成一个完整的体系。迈蒙说，我们的知性的目标是使所有的经验都符合它的活动，这样什么都不会是被给予的和偶然的，于是一切都符合它的法则。一旦被解释为这样一个调节性原理，物自体就相当于本体，从而产生一个纯粹可理解的实体，如果实现了这个目标，一切都符合知性的活动。因此，用迈蒙的话来说，认识物自体不是认识现象背后的某种神秘实体，只是获得"现象的全部知识"。

根据迈蒙的说法，当康德谈论物自体的不可知性时，他真正的意思是，我们的知性的理想——现象的全部知识——是无法获取的。[4]

---

［1］Maimon, *Werke*, V, 176-177; II, 340-341.

［2］Ibid., V, 177.

［3］Ibid., III, 200-201.

［4］Ibid., VII, 193.

说我们不能知道物自体本身，只不过是承认我们有限的人类知性不能使所有的经验都符合它的法则。在他经常使用的数学类比中，迈蒙将物自体与代数的虚数（imaginary numbers of algebra）进行了比较，如 $\sqrt{2}$。[1]就像 $\sqrt{2}$ 不表示一个特定的数字一样，所以物自体并不指某具体实体；就像趋近它是可能的，但从来没有达到将其完整分析成具体数字一样，所以趋近物自体是可能的，但从来没有达到完整的现象知识。

在将物自体的概念解释为一种调节性原理时，迈蒙只是保持了批判哲学的精神，如果这不是字面含义的话。根据康德的先验辩证论，辩证幻相包括调节性原理的实体化，即假设知性理想表示一个实体。例如，在数学二律背反的情况下，调节性原理"如果条件给定，则将寻求作为一项任务（as a task）的整个条件序列"理解为"如果条件给定，则整个条件序列也是给定的（given）"。迈蒙只是把这一批判学说对准了康德本人。他认为，假设物自体表示一个实体，这无疑是一种辩证幻相。这也会把一个调节性原理实体化，即知性对经验给出了完整解释的理想。

## 第八节　迈蒙的先验逻辑

迈蒙重建批判哲学的尝试并不以他关于物自体的消除、无限知性的假设或探究的无限进展概念而告终。还存在另一个领域，在那里迈蒙努力在一个新的基础上建立批判哲学。这是逻辑本身的领域。根据迈蒙的说法，批判哲学不能再依赖传统的亚里士多德逻辑，康德错误地认为这是一门完美无缺的科学，错误地把它作为他先验逻辑的典

---

[1] $\sqrt{2}$ 不是虚数，而是实数。——译者注

范。[1]毋宁说，传统逻辑远不具有一门科学的地位，它与形而上学一样必须受到批判的审查。[2]批判哲学同样必须发展一种新的逻辑，一种严格地基于批判原则的"新的思想理论"。因此，迈蒙花费了他的大部分精力致力于发展这种逻辑。他的两部同出版于 1794 年的主要著作，《论亚里士多德的范畴》(*Kategorien des Aristoteles*)和《新逻辑或思想理论初探》(*Versuch einer neuen Logik Oder Theorie des Denkens*)，都阐述了他新的思想理论的指导方针。

为什么要有新的逻辑？传统逻辑有何问题，竟如此迫切地需要改革？翻转作为一门完整和完美科学的康德逻辑图景之际，迈蒙坚持认为，它事实上只是一个混乱。他指出，它距离实现在"第一批判"中康德自己的科学理想还很远：即一种围绕单一的原理而组织和衍生出来的完整体系。迈蒙与康德一样相信理性的体系一性，但与康德不同的是，他认为传统逻辑并不代表这种统一。迈蒙说，传统逻辑的这种失败从其混乱的方法看尤为明显。[3]传统逻辑学家不是从一个单一的原理中推导出所有形式的判断和三段论，而只是从它们在普通语言的使用中抽象出这些形式。因此，他们错失了对归纳调查的系统演绎，并将体系的理想提交给普通语言的所有变幻莫测和偶然性。在从普通语言中抽象出所有这些形式之后，所有传统的逻辑学家要做的是组织它们，将它们归入某些一般名目之下——尽管这并不比将纲要组织成章节与段落更科学。体系之整体的各部分不能仅仅在一般标题下一个挨一个地被安排，它们也必须在其基本意义上相互依赖。

迈蒙认为，从对判断形式的错误分类来看，传统逻辑中缺乏科学

---

[1] Kant, *KrV*, B, viii, 90.

[2] Maimon, *Werke*, VII,S; V, 466, 477.

[3] Ibid., V, 23; VI, 4.

严谨性变得尤为显著。[1]一些推导形式（derivative）被错误地视为基本的形式，而一些基本形式又被错误地视为推导形式。假设形式是一个推导形式的完美例子，它被错误地认为是基本形式。迈蒙认为，假设判断不是一种独特的判断形式，因为它完全可以还原为一套范畴判断，例如："如果 A 是 B，那么 C"只是"是 B 的 A 也是 C"的简化版。另一个相关例子是析取（disjunctive）判断。这依然不过是一个表达许多范畴判断的单一公式；因此，说"A 是 B，C 或 D"等于"A 可以是 B，C 或 D"的简化形式。相反，无限判断是一个基本形式又被错认为推导形式的好例子。[2]无限判断通常被归类为一种否定判断的形式，但实际上它们是自身的一种判断形式。虽然它们有相似的语法形式，但否定和无限的判断有不同的逻辑形式。无限判断是"A 不是 B"的形式，其中 B 与 B 的否定都不能归诸 A；"美德不是正方形"，其中美德不属于正方形或非正方形事物（圆形和矩形）种类的范畴。否定判断是与"A 不是 B"相同的语法形式，但在这里 B 的否定可归诸 A，例如，"三角形不是正方形"。

　　显然，迈蒙对传统逻辑的攻击使他对康德在"第一批判"中的"形而上学演绎"提出了严厉批评。[3]根据迈蒙的说法，从判断形式中推导出范畴是错误的，因为传统逻辑缺乏对判断形式的系统分类。因此，康德对这些范畴的演绎与亚里士多德的工作同样都是一首"狂想曲"；仅仅是基于逻辑的事实并不能使它系统与严谨，因为这一逻辑本身既不系统也不严谨。

　　迈蒙断言，传统逻辑的问题——缺乏体系的统一性，以及它对判断形式的草率分类——源自一个根本错误。人们相信逻辑学是一门完

　　［1］Maimon, *Werke*, VI, 175-178, 163-164; V, 22, 115, 494.

　　［2］在捍卫无限判断的自主性时，迈蒙跟随康德，见 *KrV*, B, 97。

　　［3］Maimon, *Werke*, V, 214-215, 462-470; VI, 3-7.

全自主的科学，该科学的原理和概念具有自足的意义，不需要用其他科学的术语来解释。康德主义者和莱布尼茨－沃尔夫主义者都有这种信仰，这确实是启蒙运动之理性信念的基础。在迈蒙看来，令其如此成问题的事实是，逻辑形式具有潜在或隐藏的形而上学意义，这不能在逻辑本身之内得到解释。这种形而上学的维度在两个方面都很明显。[1]（1）不使用形而上学的术语来解释逻辑形式的意义或功能是不可能的。例如，肯定或否定，就是假定或不假定某种事态的"真理"或"实在"；但"真理"和"实在"显然又是形而上学的概念。（2）判断的形式有时是误导性的，诱使我们作出虚假的本体论承诺，如假设判断的形式，这表明经验中的事件之间存在着某种必然联系。

迈蒙坚持逻辑形式的形而上学维度，迫使他翻转康德关于纯粹逻辑与先验逻辑之间关系的图景。[2]预设形式逻辑就不是先验逻辑，但反过来则属于。先验逻辑应该先行于形式逻辑，因为它解释和批判了逻辑形式的形而上学术语与承诺。迈蒙声称，这种在先的解释和证成是必要的，因为它本身就保证了逻辑不会在本体论上神圣化误导性的形式，也不会包含有问题的形而上学所定义的词项。

迈蒙关于先验逻辑优先于纯粹逻辑的信念对后康德思想的发展产生了一些重要影响。这一信念被证明是费希特和谢林早期方法论著作的基本信条之一，这确实也是黑格尔的《逻辑学》（*Wissenschaft der Logik*）的预设之一。当然，迈蒙并不是在康德之后坚持先验优先于纯粹逻辑的第一人。莱因霍尔德也认为，纯粹逻辑应该源自先验逻辑。[3]尽管如此，对康德的三位观念论继任者（费希特、谢林和黑格尔）影响更大的人更有可能是迈蒙，而非莱因霍尔德。莱氏从未超出

---

[ 1 ] Maimon, *Werke*, V, 468; VI, 159–161, 5–6.

[ 2 ] Ibid., V, 23, 214–216.

[ 3 ] Reinhold, *Fundament*, pp. 117–121.

过一些纲领性的话语，但迈蒙对传统逻辑给予了详细的批判，解释了为什么纯粹逻辑依赖于先验逻辑的原因，他几乎将全部晚年都致力于发展新的逻辑。费希特和谢林对他的逻辑学非常尊敬，这确实不是偶然的。[1]

# 第九节 可确定性原则

迈蒙对逻辑改革的要求，坚持先验逻辑优先于形式逻辑，以及他对康德科学理想（即围绕单一原理而组织起来的体系）的忠诚，都给他带来了一项艰巨的任务。他必须找到先验逻辑的单一而根本的指导原则。只有找到了这样的原则，先验哲学才能将所有形式的判断和三段论组织成一个完整的系统。事实上，只有这样，先验哲学才能建立在坚实的科学基础上。

在迈蒙后来的著述中，他声称自己确实找到了这样的一个原则。这是他所谓的可确定性原则（principle of determinability, *Satz der Bestimmbarkeit*），他认为这具有最重要的意义。比如，在他的《论埃奈西德穆》（*Briefe an Aenesidemus*）中，他宣称，可确定性原则正是哲学的第一原则，因此它是莱因霍尔德关于意识命题的后继理论。[2]这一原则当然在迈蒙的思想中起着几个重要的作用：它是范畴演绎的关键，是评价先天综合知识主张的标准，也是构建理想语言的基础。

作为先验逻辑的第一原则，可确定性原则的主要目的是制定认知意义的标准，以确定哪些判断构成对真实世界而言的真伪。因此，这一标准有双重任务：确定哪些判断是真或伪（例如，"水在零摄氏度结

---

[1] 见 Schelling, *Werke*, I/l, 221。

[2] Maimon, *Werke*, V, 367–370.

冰"），而不是那些无关真伪的判断（"美德是红的"）；确定哪些判断对真实世界可能为真（"单身汉是脑腴的"），而不是那些只对所有可能世界而言的形式正确（"单身汉是未婚男子"）。换句话说，标准必须把质料无意义与质料有意义（命题对真实世界而言之真伪的能力）区别开来，以及把纯形式意义与质料意义相区别开来。

用迈蒙自己的话来说，可确定性原则的目的是制定一个标准，把"形式"和"任性"思维与"真实思维"（real thought）区别开来。[1]"真实思维"包括那些对现实的真伪判断，或者那些能给我们提供现实知识的判断。它不同于"形式思维"（formal thought），因为它是关乎现实世界而非所有可能的世界的。这样，"形式思维"的例子将是逻辑法则，如"A 是 A"，或分析判断，如"三角形是封闭的三边图形"。真实思维和形式思维都在于认知上有意义的或富有意含的判断；但真实思维在于质料有意义的判断，而形式思维则在于纯形式意义的判断。相反，真实思维不同于"任性"思维，因为它的判断要么真要么伪，而那些任性思维则不然。任性思维的例子是"三角形甜"和"我的想法是红的"。真实思维和任性思维都是非形式的，但真实思维在于质料有意义，而形式思维则在于质料无意义判断。

根据迈蒙的说法，制定"真实思维"或具有质料意义的原则的需要来自纯粹逻辑之不充分。[2]纯粹逻辑的基本原则，即矛盾律，只决定判断的形式可能性，也即判断是否自相矛盾。但并不是所有形式上可能的判断在质料上都是可能的。有许多判断不是自相矛盾的，但仍然无法成立现实的真伪，例如，"这个三角形甜""这个概念重一盎司"。因此，必须有一个标准来确定判断的质料可能性，确定其词项在语义

---

［1］Maimon, *Werke*, V, 78–85.

［2］Ibid., V, 476, 212–213.

上是否兼容，以便它们形成真伪之判断。制定这种标准是可确定性原则的任务。因此，对判断形式而言的矛盾律是什么，对判断内容而言的可确定性原则是什么；正如矛盾律是纯粹逻辑的第一原则一样，可确定性原则是先验逻辑的第一原则。

对可确定性原则有两种可能的解读，这取决于可以成立一个标准来衡量真实思维而非任性思维的两种可能的判断力。虽然这两个版本的原则从来没有被迈蒙区分过，但他的文本给了每一种解读以强有力的支持。[1]存在一种弱意义与一种强意义的解读。根据弱意义解读，可确定性原则的目的是提供语义兼容性的标准，以确定哪些谓词可归诸所属的主词；换句话说，该原则必须区分质料意义上的谓词（它们的真伪）与质料上无意义的谓词（它们无关真伪）。例如，它必须确定"三角形甜"的判断为何无意义，"三角形等腰"的判断为何有意义。然而，根据强意义的解读，这一原则的目的是提供客观知识的标准，而不是主观知觉或单纯的观念联想。这一任务与康德在《导论》中的任务相同，当时康德试图找到一个标准来区分"经验判断"（"太阳晒热了沙子"）和"知觉判断"（"我感觉太阳晒热了沙子"）。在这种［强意义］解读中，这一原则不仅决定了词项的语义兼容性，而且决定了一个判断是否在客观或主观上为真。因此，存在两类任性思维，对可确定性原则的理解取决于一个人在心中想到的是哪一类。第一类包括那些无关真伪的判断，因为它们的词项在语义上是不相容的；第二类包括那些真伪判断，它们的词项在语义上是相容的，但它们只是主观的，无法将任何东西归因于现实自身。弱意义上的解读将真实思维与第一类任性思维形成对比，而强意义的解读则与第二类思维形成

---

[1] 关于弱意义的解读，见 *Werke*, V, 494-495, 88-94；关于强意义上解读，见同上，488-489。

对比。

迈蒙可确定性原则的核心论点是，如果一个判断要达到真实思维的地位，那么它的词项必须能够在单方面的或单向的依赖性关系中成立。一个词项必须是独立的，并且可以通过自身来设想；另一个词项必须依赖其他词项，并只能通过其他词项来设想。[1]例如，在陈述形式"A 是 B"中，A 必须独立于 B，因此没有 B 它是可设想的；但是 B 必须依赖于 A，因此没有 A 它是不可设想的。从迈蒙的例子来看，这种判断的范式是指一个词项是属（genus），另一词项是其所属的种（species）："2 是个数字"，"红是种颜色"。虽然没有属，种是不可能的，但没有种，属则是可能的。

迈蒙坚持认为，这种单方面的依赖性是真实思维的独特特征，迥然不同于形式或任性思维。换句话说，只有一个其词项可以在这种关系中成立的判断，才关乎现实的真伪。迈蒙让我们设想一下相反的情形。考虑两种情况，其中没有这种单方面的依赖性。（1）假设这两个词项是相互独立的，所以没有 B，A 是可以设想的，犹如没有 A，B 是可以设想的一样。在这种情况下，只有任性思维而非真实思维。任性思维要么只是观念联想，要么是词项在语义上的荒谬组合，因此，其判断的诸词项之间没有必然联系。思考这样的例子，如"三角形甜"或"我的想法两英寸长"。在这里，前一个词项没有后者总是可能的，反之亦然。（2）假设这两个词项相互依赖，因此没有 B，A 将不可能，犹如没有 A，B 也不可能一样。这种相互的或双向的依赖是形式思维与实际思维形成对比的独特品质。形式思维的所有判断都有这样相互依存的词项，因为它们都是分析真理，是同一律"A=A"的实例。

---

[1] Maimon, *Werke*, V, 78–86.

迈蒙认为可确定性原则是莱布尼茨充足理由律的一种解释。[1]他说，当 A 对 B 存在单方面的依赖时，如果 A 没有 B 是可能的，但相反则不能，那么 A 就是 B 的充分原因。那么，可确定性原则的词项必须理解为根据与结论、条件与受条件制约者，其中独立项是根据与条件，而非独立项是结论和受条件制约者。在确认可确定性原则是了解现实知识的标准时，迈蒙因此同意莱布尼茨的观点，即充足理由律是认识事实问题的原则。假设我们知道情形"A 是 B"，也是假设 A 是 B 的充足理由；但迈蒙补充说，这也是反过来肯定 A 和 B 根据可确定性原则具有相互依赖性。

迈蒙将可确定性原则支配的词项称为"可确定者[项]"（*Bestimmbare*）和"确定者[项]"（*Bestimmte*）。可确定者是更普遍的词项，确定者是更具体的词项。或者说，可确定项是整体，而确定项只是其部分。[2]根据可确定性原则，可确定项或普遍的项是独立的项，确定项或特定的项是不独立的。那么，可确定项和确定项，彼此联系犹如属种：虽然没有种的属可能的，但无属的种则不可能。

在他的《逻辑学》和《论一种新的逻辑或思想理论》中，迈蒙都认为，他对可确定项和确定项的区分也是主谓词之间的适当区别。[3]主词是独立和可确定的项，而谓词是依赖和确定的项。在将谓词归诸主词中，迈蒙认为，我们正在指定或确定我们对主词的概念。因此，所有谓词判断都包括具体说明或给出确定性。然后，迈蒙将可确定性原则分为两个进一步的陈述，一个关于主词，另一个关于主谓判断的谓词。[4]关于这个主词的陈述肯定了这个主词是独立项，并且可以通

---

[ 1 ] Maimon, *Werke*, V, 78.

[ 2 ] Ibid., V, 78–79.

[ 3 ] Ibid., II, 84ff., 377–378; V, 78.

[ 4 ] Ibid., V, 78.

过自身而被设想。关于谓词的陈述肯定了谓词是非独立项，只有通过主词才能被设想。在倡导主谓词之间的这种区别时，迈蒙当然只是回到了早期笛卡尔和斯宾诺莎的形而上学传统。例如，根据斯宾诺莎的《伦理学》(*Ethica*)，主词是在自身之内并通过自身而被设想的，而谓词是在主词之内并通过主词而被设想的。[1]

如果我们以表面价值来对待它，可确定性的原则很可能是误导性的。表面上看，这似乎意味着，只有真伪判断在于一个独立的和一个非独立的词项，其中独立项是属，而非独立项是种。然而，这样的标准乃是出奇的狭窄，因为显然有许多真伪判断不具有这种形式。那么，如果我们不把这样一个荒唐的标准归咎于迈蒙，就有必要对他的可确定性原则进行更具同情的解读。经过更仔细的考查，迈蒙的意思是：任何真伪判断都有预设，尽管未必言明，即主词是属而谓词乃是所属之种。换言之，只有当谓词所属的种对主词为真时，谓词对主词的归属才具有质料意义。

根据这种更宽容的解读，迈蒙的可确定性原则无关乎一个判断的语法，而是关乎其逻辑形式。它没有说明每个判断在语法上都必须包含一个非独立项（种）和另一个独立项（属），但它确实指出，它在逻辑上预设了这些词项。因此，所有真伪判断都必须转化成逻辑形式，其中主词指定它的属，谓词是属的种："这是红的"应该转化成"这个颜色是红色的"。在这里，没有主词的属，谓词将不再可能，尽管没有确定的种，主词的属是可能的。考虑到这纯粹逻辑观点，我们可以根据以下方式重制可确定性原则。如果判断的谓词不能与主词的属分开设想，如果主词的属可以与谓词的种分开设想，那么判断具有质料意义，或者关乎真实世界的真伪。如果与第一个条件相反，除了主

---

[1] Spinoza, *Opera*, II, 45, def. III, pt. I.

词的属之外，谓词是可能的，那么判断则无关真伪，而只是一个无意义语词混合。例如，"该三角形甜"的判断在质料上无意义，因为没有三角形，谓词"甜"也是可能的，而"该三角形等腰"的判断是有意义的，因为没有三角形的属，谓词"等腰"就不可能。如果与第二个条件相反，无谓词则主词的属不可能，那么就仅仅是一个形式上的重言式（tautology），而不可能成为现实的真，例如，"该三角形是个封闭的三边图形"。

在以这种方式重制可确定性原则之后，不难理解迈蒙在发展它时的哲学目标。他的目标是构建一种语义类型或范畴的理想语言，即莱布尼茨的普遍特征（*characteristica universalis*）。[1]以可确定性原则为标准，该语言将确定哪些谓词可述谓哪些主词，从而它将能够陈述所有关乎现实真伪的可能判断类型。这样一种理想的语言将包含许多谓词链，其中一个谓词将成为另一个谓词的主词，以此类推。谓词链将以最可确定的主词开始，即那些不能进一步作任何主词的谓词的主词，它将以最确定的谓词结束，即那些不能进一步作任何谓词的主词的谓词。沿着谓词链的进展，将在更具体地确定主词的性质方面继续。根据可确定性原则，一个没有谓词的主词链是可设想的，尽管所有离开主词的谓词都是无法设想的。主词可有几个可能的谓词，但谓词有且只有一个主词。完成这些之后，这种语言将确定所有可能关乎现实之真伪的判断类型，并且每个真伪判断都将在述谓层级中被指定出一个明确的位置。判断的最终类型将由那些所有谓词都仅为种差的属加以确定，这些属就是康德式的范畴。构建了这样一种理想的语言之后，迈蒙将实现康德体系的先验哲学的理想。所有范畴都将严格

---

[1] 在他的《遗稿》（*Nachlass*）中，迈蒙明确地恢复莱布尼茨的计划，见 *Werke*, VII, 649–650。

而系统地从一个单一的原则，即可确定性原则中导出。根据迈蒙的说法，康德没有找到构建这种体系的指导思想；而由于可确定性原则，现在这样的原则终于建立了。

## 第十节　迈蒙与莱因霍尔德的争论

1791 年，迈蒙和莱因霍尔德的共同朋友莫里茨，从柏林来到了耶拿和魏玛，随身携带着一部迈蒙最近出版的《哲学词典》。莫里茨携带这本书的目的是向魏玛和耶拿的名流推介迈蒙。当时，迈蒙对他的柏林朋友来说仍然是位令人费解的人物。[1]他们不能理解他，但他们也知道康德认其为最好的评论家。因此，莫里茨决定让耶拿的文坛注意到迈蒙，在那里他知道至少有一个人能理解他。此人正是莱氏，他被尊为康德最权威的解释者。莫里茨适时地把《哲学词典》呈给莱氏，莱氏也以最亲切的方式作出了回应。莱氏不仅承诺为《文学总汇报》评阅该书，还表示他想写封信给迈蒙。这是迈蒙无法忽视的一个举动。这意味着他的观点与当时关于康德的最重要观点存在一争高下的可能性。莫里茨来访后不久，迈蒙致信莱氏，渴望证明自己对康德思维有何等的卓识。于是这就开启了后康德哲学史上最尖锐的交流之一。

迈蒙和莱因霍尔德言辞激烈的通信涉及许多问题，但也许最重要的是莱氏的第一原理，即意识命题的正当性。在迈蒙的开场白中，他直截了当地告诉莱氏，该原理很容易受到怀疑论的质疑。他声称，它不能回答简单的怀疑论追问，即"我如何知道这一点？"。当然，该原理应该描述"一种意识事实"。"但是，"迈蒙问莱氏，"你如何知道它描述了一个事实？……事实上，你又如何知道它描述的是一个基本的

---

[1] 关于柏林人对迈蒙的态度，见 Altmann, *Mendelssohn*, pp. 361ff。

和直接的事实，而非派生或间接的事实呢？"[1]

莱因霍尔德对这些咄咄逼人又棘手问题的反应并不能使迈蒙满意，迈蒙很快就暗示他的信函正在故意回避这些问题。在莱氏的首次答复中，他自豪地指出，他的第一原理可以演证道德和宗教的基本信念。[2]"但这不是问题的所在，"迈蒙不耐烦地回答，"问题不在于这一原理能否演证出其他，而在于它是否属实。"[3]莱氏似乎忘记了，我们可以从错误的前提演绎出真命题。在迈蒙试图进一步把他驳倒之后，莱氏终于公开了他的底线。"所有的哲学都必须以自明的事实开始，"他写道，"这些都是不可演证的，因为它们本身构成所有演证的基础。"[4]但这种立场只会增加迈蒙的恼火，他再次抗议说这不是重点。"当然，所有的哲学都必须从自明的事实开始，"他承认，"但问题在于我们如何知道意识原则表达了这样一个事实。"[5]最后，辩论陷入僵局。莱氏向迈蒙保证，这正是一个事实，意识命题表达的一个事实。莱氏答复说，谁为这点争辩都将是自我挫败。但迈蒙坚决固守，拒绝接受莱氏的保证，并认为这是独断论。

经过这样一次没有效果且激烈的交流之后，二人之间的通信变成相互指责也就不足为奇了。当迈蒙指责莱因霍尔德逃避和高傲时，莱氏则指斥迈蒙故意误解他。出于某种愤恨，在没有莱氏同意的情况下，迈蒙最终决定出版他们的信件，让公众来定夺谁对谁错。[6]

---

[1] Maimon, *Werke*, IV, 213–214.

[2] Ibid., IV, 219.

[3] Ibid., IV, 224–225.

[4] Ibid., IV, 258.

[5] Ibid., IV, 263.

[6] 1793 年，迈蒙将这封信以"哲学漫游"（*Streifereien im Gebiete der Philosophie*）之名发表。

虽然争论以僵局和尖锐对立不欢而散，但迈蒙与莱因霍尔德之争引出了一些重要的哲学问题：如果怀疑论者认为这些原理不是自明的，那么诉诸自明的原理有何价值？何时忠于第一原理变成独断论，何时对它们的怀疑又变得荒谬？最重要的是，批判哲学是否基于自明的第一原理，使其既非独断论又非怀疑论？迈蒙的基本目标恰恰是表明不存在这样的第一原理。[1]他想说明的是任何关于第一原理的辩论要么是独断论，即莱氏对自明性的呼吁，要么是怀疑论，即他自己的持续质疑而终结。在一个长长的脚注中，迈蒙清楚地解释了他在这个问题上的一般立场。[2]他坚持认为，一种真正的批判哲学必须考察所有关于自明的主张，因为它们总可能包含隐藏而可疑的预设。随后，迈蒙承认，他不能理解门德尔松、康德和莱氏如何诉诸常识、良心或意识事实之自明。这些哲学家虽然发誓忠于批判，但批判的第一要求是质疑对知识的所有主张，包括自明的主张。

在他们的信件往来中断之后，迈蒙没有停止思考与莱因霍尔德针锋相对的立场。在他后来的作品中，他能够澄清和完善他的立场，增补了他对基础哲学最重要的一些批评。争论的热度甚至已经消退到足以让迈蒙找到一些与他的老对手一致的广泛观点了。在他的《论埃奈西德穆》中，他说，他同意莱氏的两个基本点[3]：第一，他们都拒绝独断论的形而上学，坚持需要批判；第二，他们都认为康德没有完善或完成他关于纯粹理性批判的计划。迈蒙在一个罕见之处慷慨地写道，的确是莱氏的巨大功劳，因为他驳斥了所有独断论的康德主义者，而那些人——不加批判地——认为"第一批判"的文字是批判哲学本身

---

[1] 这与迈蒙自己试图在怀疑论和独断论之间找到一条中间道路并不抵触。迈蒙认为存在一条中间道路，但它是探究的无限进展，而不是任何自明的第一原理。

[2] Maimon, *Werke*, IV, 25–55.

[3] Ibid., V, 380–381；对照 IV, 239。

的最后话语。因此，莱因霍尔德和迈蒙一致认为，批判是必要的，而且批判哲学并非由康德完成的。但他们的一致性在这里却终止了。

迈蒙与莱因霍尔德的区别始于那些最基本点：迈蒙无法接受莱氏关于批判任务的概念。迈蒙认为，莱氏自始就误解了这项任务，因为他认为批判应该找到知识的第一原理。[1]但在迈蒙更具怀疑论的观点中，它的主要目标是批判这些原理。批判哲学家首先想知道的不是一个原则是否组建了我们的信仰，而是它是否为真。因此，莱氏把优先性置于体系构造，而不是哲学家的一项更基本的职责，即探究真理。

迈蒙与莱因霍尔德的分歧不仅关系到康德批判计划的概念，也关系到康德批判计划的执行或实现。换句话说，即使他接受莱氏的论点，即批判哲学应该寻找一个自明的第一原理，他也会拒绝他关于意识命题正好是这一原理的证明。迈蒙认为，意识命题不能成为批判哲学的第一原理，因为表象概念并未描述康德认为的原初或基本的意识状态。[2]迈蒙问道："对表象概念的批判性分析是什么？"他说，如果我们仔细检查先验演绎，那么我们就会发现，表象是一种意识状态，它属于这些状态的综合统一之一部分——根据一条规则而与它们相连接。于是，一种意识状态只有当其属于这样一个综合统一时才"表象"着一个对象，因为它的对象实际上只是知性规则，该规则将这些不同的状态连接在一起，以形成一个单一的对象的观念。现在，如果我们要遵循对表象的批判性分析——莱因霍尔德当然会假装遵循康德的原则——那么就有必要放弃表象是一种原初的意识行为的信念。如果它是一个原初行为，那么它将是简单的，不可分析成其他部分，所有其他部分都可分析成包含它的词项。事实上，情况正好相反：它是一个

---

[1] Maimon, *Werke*, V, 447–448.

[2] Ibid., V, 377–378; IV, 217–218.

由更基本的其他部分组成的复杂行动。最基本的行动是综合的行动，在意识状态能表象任何东西之前而在场。在指出在先验演绎中的综合之基本作用时，迈蒙提请注意一个以前被忽视的概念。贝克和黑格尔将遵循他为先例，强调这一概念的重要性。

迈蒙对莱因霍尔德的基础哲学的最后话语是指责他"独断论"，这是任何康德主义者的弥天大过。没有忠于批判哲学的精神，莱氏从事了超验的思辨，重新引入康德只会加以谴责的形而上学。在迈蒙看来，这种思辨的一个明显例子是莱氏关于主客体是表象形式和内容的原因的论证。[1]由于莱氏自己说主客体本身不能被给予任何表象，他认为它们是表象的原因之假设相当于因果范畴的先验应用。迈蒙强调，莱氏独断论的另一个更为露骨的例子是他对物自体的演绎。[2]这一演绎背后的主要前提——表象的内容表象着一个存在于其之外的对象——被斥之为完全不加批判的。它假设我们不可能超出我们的表象，看看它们是否符合或反映物自体。迈蒙说，但是这个假设是荒谬的，它完全与先验演绎相矛盾。根据演绎，一个表象获得它的真理，不是通过相符于存在于它之外的物自体，而是通过相符于知性的综合规则。因此，我们可以通过保持在意识的领域内来解释真理的概念，这样就没有必要像莱氏那样，谈论反映或类似于它之外的事物的表象。

## 第十一节　迈蒙对战舒尔茨

直到他的职业生涯后期，迈蒙才发现了他的怀疑论同侪舒尔茨。

---

[1] Maimon, *Werke*, III, 474; V, 391–392.

[2] Ibid., IV, 226–227; III, 472, 475–476; V, 377–379.

早在 1792 年 4 月《埃奈西德穆》登场哲学舞台之时，迈蒙的《论一种新的逻辑或思想理论》已出版两年之久，《哲学词典》也问世一年，其中迈蒙已经提出了许多成熟的观点。然而，毫无疑问，舒尔茨对迈蒙产生了积极的影响。舒尔茨迫使迈蒙解释他的立场，鼓励他在总体上澄清先验哲学的目的和话语。在他的《菲勒里息斯致埃奈西德穆的书信》(*Briefe Philalethes an Aenesidemus*, 1794)中，迈蒙正式向舒尔茨致敬，就《埃奈西德穆》写了一篇答复。在这篇书信体评论中，菲勒里息斯（迈蒙）致信埃奈西德穆（舒尔茨），表达他对埃奈西德穆怀疑论的赞同与异议。

迈蒙《书信》的历史意义在于它对康德先验话语逻辑的解释。书信比这一时期的任何其他作品都更清楚地阐明了康德话语的二阶性质，并将其与心理学和形而上学的一阶关注进行了对比。对康德的许多早期批评都是基于对其计划的一种心理逻辑的或形而上学的误解，而迈蒙因识破这些误解而值得称道。

迈蒙和舒尔茨之间的基本问题涉及先验哲学的可能性。舒尔茨攻击这个可能性，而迈蒙捍卫这个可能性。舒尔茨认为，先验哲学是一种自我挫败的企图，因为它无法摆脱恶性循环。为了确定知识的起源和条件，它必须应用因果关系原则，这正是它必须质疑的原则。

对迈蒙来说，这种反对揭示了对先验哲学目的的误解。[1]它的工作不是思辨知识的原因或起源，而是分析并系统化知识的内容；它不检查经验的因果条件，而是我们对它下判断的真理条件。因此，先验哲学是一种严格的二阶研究：它不是关于事物——即使它们是知识的主体和客体，而是关于我们对事物的先天综合知识。因此，迈蒙总结说，舒尔茨的恶性循环是可以避免的：先验哲学家不必为了推进他的

---

[1] Maimon, *Werke*, V, 404–406, 412–413.

探究而致力于因果关系的原则。

迈蒙并不否认康德在"第一批判"中使用心理学语言（psychological language），但他把它解读为关于先天综合知识的逻辑条件的隐喻。[1]根据迈蒙的说法，康德并不认为思维是知识的原因，犹如牛顿并不认为重力是物体引力的原因。正如牛顿的万有引力定律只不过是一个更具体定律的一般概念，所以康德的思维概念只不过是各种知识形式的一般概念。康德关于能力的所有话语都不是对心理力量的字面描述，而是表达其逻辑可能性的隐喻。

基于类似的理由，迈蒙不同意舒尔茨反对康德先验主体的论证。[2]舒尔茨声称，这个主体不能被设想为经验的原因——无论它是本体、物自体还是理念——这一点都不重要。康德打算解释的不是经验的起源，而是先天综合判断的真理条件。此外，舒尔茨通过假设"本体、物自体或理念"相分离是彻底的方式，错误地限制了康德的选择。先验主体不是这些东西，因为它根本不是实体。相反，它只不过是所有表象的形式统一性，完全是拥有意识的必要条件。

为了完成他对批判哲学的辩护，迈蒙转向了舒尔茨论战中最具挑战性的一部分：批判他对观念论的反驳。他的回答具有历史意义，因为它是在后康德学术界中首次捍卫对康德的反驳。[3]根据迈蒙，舒尔茨认为康德和贝克莱的观念论并无区别——除了在物自体不合逻辑推论方面的前后不一的假设。虽然康德和贝克莱都是观念论者，都否认独立于意识的事物实存，但这并不意味着他们有着相同的观念论。因此，如果康德想要区分他与贝克莱的观念论，他就不必证明意识之外的事物之实存。毋宁说，他只需要指出，两类表象之间存在一个重要

---

[1] Maimon, *Werke*, V, 405; VII, v.

[2] Ibid., V, 412–413.

[3] Ibid., V, 434–437.

的区别。存在着私人的和任意的主观表象，因感知者的不同而不同，例如色彩、热和声音的感觉；也存在着普遍的和必然的客观表象，它们构成任何人可能经验的条件。根据迈蒙的解释，康德在反驳中试图做的是展示时空如何属于第二而非第一类表象。康德拒绝贝克莱的观念论，因为它把第二和第一类混为一谈，把时空看作任意的和私人的，犹如关于色彩和热的感觉一样。康德和贝克莱的观念论之别现在已经很清楚了：康德做了区分，但贝克莱混淆了主客观表象。

《埃奈西德穆》对迈蒙来说是一个巨大的挑战，主要是因为它迫使他捍卫自己怀疑论的独创性。从表面上看，他的怀疑态度与舒尔茨的毫无二致：两者都是元批判的，而且都限定了经验知识。那么，迈蒙的立场有何独特之处呢？迈蒙可以自信地回答这个问题，通过质疑舒尔茨预设的前提，从而声称自己的怀疑论比舒尔茨的更一致和激进。因此，他把自己的立场称为"批判的怀疑论"，与舒尔茨的"独断的怀疑论"构成对比。在迈蒙看来，舒尔茨的怀疑论在三个方面仍然陷入"独断论"。第一，舒尔茨是一个相信"意识事实"的天真的经验论者，尽管这种事实之实存值得怀疑，因为经验和理论、事实和解释之间并无明确的界限。第二，舒尔茨坚持符合论真理观，而不质疑它，也不注意康德在先验演绎中对它的批判。第三，舒尔茨预设了一个物自体的独断概念，就好像它表示一种实体一样。在承认我们可能随着科学的进步而获得关于物自体的知识时，舒尔茨只揭示了他对物自体之实在的天真信念。基于所有这些理由，迈蒙认为，舒尔茨的怀疑论比他自己的更为独断。

# 结论

如果我们回顾 1780 年代和 1790 年代早期戏剧般的哲学发展，就很难抵制启蒙运动面临着一场不可逾越的危机这样的结论。面对摇摇欲坠的理性权威，似乎看不到任何拯救。似乎没有人能避免雅可比的困境。门德尔松的形而上学容易受到康德的批判的反对；康德的实践信念似乎难以招架所有对它的攻击；赫尔德的活力论虽然新颖而有前途，但又无法就康德对目的论的强烈反对而作出有力的答复。因此，雅可比的困境在 1790 年代与 1785 年夏天他初登哲学舞台时同样是个挑战。迟至 1790 年代初，似乎就有必要在理性虚无主义（rational nihilism）和非理性信仰主义（irrational fideism）之间加以选择。

理性的命运似乎于 1790 年代中期，在莱因霍尔德的基础哲学失败后变得更加可怕。莱氏提请人们关注改革认识论的迫切需要；他说服了除最顽固的康德主义者以外的所有人，即批判哲学需要一个新的基础。几乎每个人都同意他的观点，即批判哲学只有建立在一个单一的自明的第一原理之上才有牢靠的基础。但是，如果说莱氏几乎让每个人都相信批判哲学需要这样一个基础，那么他几乎没有让人相信正是基础哲学提供了这个基础。舒尔茨和迈蒙的攻击至少表明，意识命题不可能充当哲学的第一原理。更为严重的是，莱氏对自明的第一原理的要求即便是合法的，但似乎也不能满足这一要求。迈蒙认为，任何第一原理都很容易受到怀疑论的质疑；舒尔茨则认为它将与物自体一样不可知。因此，基础哲学的退场对理性的权威产生了非常严重的影响。若无第一原理，在独断论和怀疑论的两极之间似乎就没有中间道路可寻。1790 年代中期，所有的批评都倾向于一种元批判的怀疑主义（meta-critical skepticism），似乎无人能够扭转这一趋势。

对理性权威的最后一次打击发生在 1790 年代早期，休谟怀疑论的复兴和康德先验演绎的幻灭。莱因霍尔德、舒尔茨、迈蒙、普拉特纳、乌尔利希和蒂德对演绎的批判都得出了同样令人不安的结论：康德并未反驳掉休谟对因果关系的怀疑。并无明显的理由能证明把充足理由律运用到经验上是正当的。因此，理性的拥护者没有理由形成他们足以为傲的信念，相信它可以解释自然界的一切。在《未来形而上学导论》提到休谟问题的重要性时，康德名副其实地打开了潘多拉盒子。无人愿意陷入某种岌岌可危的独断论式鼾睡；但同时，康德对从噩梦中唤醒他们似乎也苦无良策。当然，"第一批判"改变了知识问题，但它没有解决知识问题。问题不再是显明诸如心理表象与物理对象这样不同的实体如何彼此相符。相反，它在表明这种异质的表象作为先天概念与感性的后验直观是如何彼此相符的。这种二元论虽是新的，但也无法彼此连接通达。因此，思维和存在之间相符关系的宏大假设，固然对 18 世纪的启蒙运动和 17 世纪的形而上学理性主义一样重要，但已遭到了粉碎。

然而，理性的前景虽然在 18 世纪末看起来有些黯淡，但它们也不是毫无希望。虽然在 1790 年代初见证了对理性权威的巨大挑战，历经了自笛卡尔近 2 个世纪前断言以来最可怕的时刻，但也有力量默默地为它的复兴而努力。这些力量确实如此强劲，以至于到 1790 年代末，形而上学的复兴可以与 17 世纪中叶蓬勃而广泛的形而上学思辨相媲美。到 1800 年，出现了黑格尔和荷尔德林的绝对观念论，谢林和斯特范斯（Steffans）的自然哲学，巴迪利和莱因霍尔德的逻辑实在论，以及歌德、诺瓦利斯和施莱尔马赫（Schleiermacher）的神秘泛神论。这种形而上学的复苏带来了对理性主张的大胆重申，该重申如此勇敢无畏，以至于它超过了莱布尼茨、沃尔夫、斯宾诺莎和笛卡尔最自信的主张。几乎所有这些新的形而上学体系都声称，理性拥有自明的第一原则，它赋予了我们对实在本身的知识，而且它为我们基本的道德、宗教和信仰提供了基础。他们尖锐地批评启蒙运动误解了理性的本质，但他们并没有偏离它最基本的信念：理性的权威。

我们如何解释这种凤凰涅槃式的形而上学复兴，面对它即将崩溃而提出这种令人困惑的重申理性之主张呢？如果 1790 年代末形而上学的复活似乎是个奇迹，那也具有其绝对必然性。有且只有一个，从康德哲学所带来的危险和困难中逃脱出来，那就是沉睡而非昏迷之形而上学精神的重新觉醒。到 1790 年代初，这一点在许多方面已经很清楚了。第一，门德尔松、福莱特、舒尔茨和魏岑曼与康德实践信念理论的论战得出了如下结论，即认为对信仰的唯一的辩护还是来自形而上学的理论理性，而不是道德律的实践理性。第二，逻辑客观性的沃尔夫理论，甚至康德也没有对此加以否认，该理论提供了一条走出康德唯我论泥潭的合理道路。因为即使我们的感觉印象是知觉者依赖的（perceiver-dependent），逻辑定律对一般存在依然有效。第三，乌尔利希和迈蒙提出了强'有力的论证，其要旨在于批判哲学只能通过将形而上学融入自身才能解决其内部问题。根据迈蒙，只有无限知性的理念才能弥合知性和感性之间的差距；根据乌尔利希，只有对因果和实体范畴的超验应用才能解释经验的起源。第四点也是最后一点，哈曼和雅可比提出一种更高的直观的知识形式，不受康德在"第一批判"中对推论的知识施加的所有限定。于是，"第一批判"的所有关键结果，仅仅是通过诉求这种新形式的知识都可以得到承认，也可以得到规避。后来，谢林和黑格尔将这种知识提升到形而上学的新的推理方法（organon）中，授之以"理智直观"之名。

这些努力就是1790年代末致力于形而上学复兴的力量，它有助于在1790年代早期危机之后为理性加以辩护。但重要的是要看到，这些力量只是促成因素，尚不能充分解释19世纪初形而上学的复兴。神秘仍然存在：为什么在康德1780年宣布形而上学不可能之后，形而上学在1800年似乎又成为一种必然？这是一个重要的问题，也是理解19世纪初后康德观念论兴起的核心问题。但要回答这个问题，就需要另一卷的篇幅了。在这里，我们只是对18世纪末理性危机加以巡礼，至于这场危机最终是如何解决的将是另一个故事了。

# 参考文献

## 一、基本文献

1. Abel, J. F. *Plan zu einer systematischen Metaphysik*. Stuttgart, Erhard, 1787.

——*Versuch uber die Natur der spekulativen Vernunft*. Frankfurt, 1787.

2. Abicht, J. F. *Hermias oder Auflösung der die gültige Elementarphilosophie betreffenden Zweifel*. Erlangen, Walther, 1794.

——*Philosophisches Journal*. Erlangen, Walther, 1794—1795.

——*Preisschrift über die Frage: Welche Fortschritte hat die Metaphysik seit Leibnitzens und Wolffs Zeiten in Deutschland gemacht?* Berlin, Maurer, 1796.

3. Baggesen, J. *Aus Jens Baggesen Briefwechsel mit K. L. Reinhold und F. H. Jacobi*, ed. K. and A. Baggesen. Leipzig, Brockhaus, 1831.

4. Bardili, C. B. *Briefe uber den Ursprung der Metaphysik überhaupt*. Altona, Hammerich, 1798.

——*Grundriss der ersten Logik gereinigt von den Irrthümern bisheriger Logiken überhaupt*. Stuttgart, Loflund, 1800.

——*Bardilis und Reinholds Briefwechsel über das Wesen der Philosophie und Unwesen der Spekulation*, ed. K. L. Reinhold. Munich, Lentner, 1804.

5. Basedow, J. B. *Philalethie, Neue Aussichten in die Wahrheiten und Religion der Vernunft*. Altona, Iverson, 1764.

——*Theoretisches System der gesunden Vernunft*. Altona, Iverson, 1765.

——*Ausgewählte Schriften*, ed. H. Göring. Langensalza, Beyer, 1880.

6. Beck, J. S. *Einzig möglicher Standpunkt, aus welchem die kritische Philosophie beurteilt werden muss. Vol. 3 of Erläuternden Auszugs aus den kritischen Schriften des Herrn Prof. Kant*. Riga, Hartknoch, 1796.

7. Bendavid, L. "Deduction der mathematischen Prinzipien aus Begriffen: Von den Principien der Geometrie," *PM* IV/3(1791), 271–301.

——— "Deduction der mathematischen Prinzipien aus Begriffen: Von den Prinzipien der Arithmetik," *PM* IV/4 (1791), 406–423.

8. Born, F. G. *Versuch über die ersten Gründe der Sinnenlehre.* Leipzig, Klaubarth, 1788.

——— "Ueber die Unterscheidung der Urteile in analytische und synthetische," *NpM* 1(1789), 141–168.

———*Versuch über die ursprünglichen Grundlagen des mensch lichen Denkens und die davon abhängigen Schranken unserer Erkenntnis.* Leipzig, Barth, 1791.

9. Bornträger, J. C. F. *Ueber das Daseyn Gottes, in Beziehung auf Kantische und Mendelssohnischer Philosophie.* Hannover, Schmidt, 1788.

10. Borowski, L. E. "Darstellung des Lebens und Charakters Immanuel Kants," in *Immanuel Kant, Sein Leben in Darstellungen von Zeitgenossen,* ed. F. Gross. Darmstadt, Wissenschaftliche Buchgesellschaft, 1980.

11. Brastberger, M. G. U. *Untersuchungen über Kants Critik der reinen Vernunft.* Halle, Gebauer, 1790.

——— "Ist die kritische Grenzberichtigung unserer Erkenntnis wahr, und wenn sie ist, ist sie auch neu?" *PA* I/4(1792), 91–122.

———*Untersuchungen über Kants Critik der praktischen Vernunft.* Tübingen, Cotta, 1792.

12. Cäser, K. A. *Denkwürdigkeiten aus der philosophischen Welt.* Leipzig Miiller, 1786.

13. Condillac, E. *Essai sur l'origene des connaissances humaines,* ed. J. Derrida. Auversur Oise, Galilee, 1973.

14. Crusius, C. A. *Die Philosophische Hauptwerke,* ed. A. Tonelli. Hildesheim, Olms, 1964.

15. Descartes, R. *The Philosophical Works,* ed. and trans. E. S. Haldane and G. R. T. Ross. Cambridge, Cambridge University Press, 1973.

16. Eberhard, J. A. *Neue Apologie des Sokrates.* Berlin, Voss, 1772.

——— "An die Herm Herausgeber der Berlinerischen Monatsschrift," *PM*

I/2(1788), 235–241.

—— "Nachricht von dem Zweck und Einrichtung dieses Magazins," *PM* I/1(1788), 1–8.

—— "Ueber die logische Wahrheit oder die transcendentale Gültigkeit der menschlichen Erkenntnis," *PM* I/3(1789), 243–262.

—— "Ueber die Schranken der menschlichen Erkenntnis," *PM* I/1(1788), 9–29.

—— "Ausführlicher Erklärung über die Absicht dieses Magazins," *PM* I/3(1789), 333–339.

—— "Ueber das Gebiet des reinen Verstandes," *PM* I/3(1789), 290–306.

—— "Ueber den Unterschied der Philosophie und Mathematik in Riicksicht auf ihre Sicherheit," *PM* II/3(1789), 316–341.

—— "Ueber den Ursprung der menschlichen Erkenntnis," *PM* I/4(1789), 369–405.

—— "Ueber den wesentlichen Unterschied der Erkenntnis durch die Sinne und den Verstand," *PM* I/3(1789), 290–306.

—— "Ueber die apodiktischen Gewissheit," *PM* II/2(1789), 129–185.

—— "Ueber die Unterscheidung der Urteile in analytischen und synthetischen," *PM* I/3(1789), 307–332.

—— "Von den Begriffen des Raums und der Zeit in Beziehung auf die Gewissheit der menschlichen Erkenntnis," *PM* II/1(1789), 53–92.

—— "Weitere Anwendung der Theorie von der logischen Wahrheit oder der transcendental Gültigkeit der menschlichen Erkenntnis," *PM* I/3(1789), 243–262.

—— "Die ersten Erkenntnisgründe sind allgemein objektiv gültig," *PM* III/1(1790), 56–62.

—— "Ist die Form der Anschauung zu der apodiktischen Gewissheit nothwendig?" *PM* II/4(1790), 460–485.

—— "Ueber die Categorien, insonderheit über die Categorie der Causalität," *PM* IV/2(1791), 171–187.

—— "Dogmatische Briefe," *PA* 1/2(1792), 37–91; I/4(1792), 46–90; II/1(1792), 38–69; II/3(1792), 44–73.

—— "Ueber die Anschauung des inneren Sinnes," PM IV/4 (1792), 354–390.

—— "Vergleichung des Skepticismus und des kritischen Idealismus," *PM* IV/1(1792), 84–115.

——*Ueber Staatsverfassungen und ihre Verbesserungen.* Berlin, Voss, 1794.

——*Allgemeine Theorie des Denkens und Empfindens.* Berlin, Voss, 1796.

17. Ewald, J. L. *Ueber die kantische Philosophie mit Hinsicht auf die Bedürfnisse der Menschheit: Briefe an Emma.* Berlin, Unger, 1790.

18. Ewald, S. H. "Kritik der reinen Vernunft," *Gothaische gelehrte Zeitungen*, August 24, 1782.

19. Feder, J. G. H. *Der neue Emil oder von der Erziehung nach bewährter Grundsätzen.* Erlangen, Walther, 1768.

—— "F. H. Jacobis David Hume," *PB* 1(1788), 127–148.

—— "Kants Kritik der praktischen Vernunft," *PB* 1 (1788), 182–188.

—— "Ueber den Begriff der Substanz," *PB* 1(1788), 1–40.

——*Ueber Raum und Causalität.* Frankfurt, Dietrich, 1788.

—— "Ueber subjektive und objektive Wahrheit," *PB* 2(1788), 1–42.

——*Logik und Metaphysik.* Göttingen, Dieterich, 1790.

——*J. G. H. Feders Leben, Natur und Grundsätze.* Leipzig Schwickert, 1825.

20. Fichte, J. G. *Gesammtausgabe der bayerischen Akademie der Wissenschaften*, ed. R. Lauth and H. Jakob. Stuttgart, Fromann, 1970.

——*Werke*, ed. I. Fichte. Berlin, de Gruyter, 1971.

21. Flatt, J. F. "*Grundlegung zur Metaphysik der Sitten* von Immanuel Kant," *TgA* 14(February 16, 1786), 105–112.

——*Fragmentarische Beyträge zur Bestimmung und Deduktion des Begriffs und Grundsätze der Causalität.* Leipzig, Crusius, 1788.

——*Briefe über den moralischen Erkenntnisgrund der Religion.* Tübingen, Cotta, 1789.

—— "Etwas über die kantische Kritik der kosmologischen Beweises über das Daseins Gottes," *PM* II/1(1789), 93–106.

——*Beyträge zur christlichen Dogmatik und Moral.* Tübingen, Cotta, 1792.

22. Forster, G. "Noch etwas über die Menschenrassen, An Herrn Dr. Biester," *TM*(October 1786), 57–86.

——*Werke*, ed. G. Steiner. Frankfurt, Insel, 1967.

23. Franck, S. *Paradoxa*, ed. S. Wollgast. Berlin, Akademie Verlag, 1966.

24. Fuelleborn, G. G. *Beyträge zur Geschichte der Philosophie*. Ziillichau, Fromann, 1791.

25. Garve, C. "Kritik der reinen Vernunft von Immanuel Kant," *GgA* 3 (January 19, 1782), 40–48.

—— "Kritik der reinen Vernunft von Immanuel Kant," *AdB*, supp. to 37–52(1783), 838–862.

——*Abhandlung über die Verbindung der Moral mit der Politik*. Breslau, Korn, 1788.

——*Philosophische Anmerkungen und Abhandlungen zu Ciceros Büchern von den Pflichten*. Breslau, Korn, 1792.

——*Versuch über verschiedene Gegenstände der Moral*. Breslau, Korn, 1801.

——*Sämtliche Werke*. Breslau, Korn, 1801–1808.

——*Ueber das Daseyns Gottes, Eine nachgelassene Abhandlung*. Breslau, Korn, 1807.

26. Goes, G. F. D. *Systematische Dartstellungen der kantische Vernunftkritik*. Nürnberg, Felssecker, 1798.

27. Goethe, J. W. *Werke, Hamburger Ausgabe*, ed. D. Kühn and R. Wankmüller. Hamburg, Wegner, 1955.

28. Goeze, H. M. *Etwas Vorläufiges gegen des Herrn Hofraths Lessings feindselige Angriffe auf unser allerheiligste Religion und auf den einigen Lehrgrund derselben, die heiligen Schrift*. Hamburg, Harmsen, 1778.

29. Goltz, A., ed. *Thomas Wizenmann, der Freund F. H. Jacobi in Mittheilungen aus seinem Briefwechsel und handschriftlichen Nachlässe, wie nach Zeugnissen von Zeitgenossen*. Gotha, Perthes, 1859.

30. Hamann, J. G. *Sämtliche Werke, Historisch-Kritische Ausgabe*, ed. J. Nadler. Vienna, Herder, 1949–1957.

——*Briefwechsel*, ed. W. Ziesemer and A. Henkel. Wiesbaden, Insel, 1955–1957.

——*Schriften zur Sprache*, ed. J. Simon. Frankfurt, Suhrkamp, 1967.

——*Sokratische Denkwurdigkeiten*, ed. Sven-Aage JOrgensen. Stuttgart, Reclam, 1968.

31. Hausius, K. G. *Materialien zur Geschichte der critischen Philosophie.* Leipzig, Breitkopf, 1793.

32. Hegel, G. W. F. *Werke in zwanzig Bänden, Studien Ausgabe*, ed. E. Moldenhauer and K. Michel. Frankfurt, Suhrkamp, 1971.

33. Herder, C. *Erinnerungen aus dem Leben Johann Gottfried Herders.* Vols. 59 and 60 of *Gesammelte Werke*, ed. J. G. Müller. Stuttgart, Cotta, 1820.

34. Herder, J. G. *Sämtliche Werke*, ed. B. Suphan. Berlin, Weidmann, 1881–1913.

——*Briefe, Gesammtausgabe*, ed. W. Dobbek and G. Arnold. Weimar, Bohlausnachfolger, 1979.

35. Heydenreich, K. *Natur und Gott nach Spinoza.* Leipzig, Müller, 1789.

——*Originalideen über die interessantesten Gegenstände der Philosophie.* Leipzig, Baumgartmer, 1793–1796.

36. Hölderlin, F. *Sämtliche Werke*, ed. F. Beissner. Stuttgart, Cottanachfolger, 1946.

37. Hufeland, G. *Versuch über den Grundsatz des Naturrechts.* Leipzig, Göschen, 1785.

——*Lehrsätze des Naturrechts und der damit verbundenen Wissenschaften.* Jena, Erben, 1790.

38. Hume, D. *A Treatise of Human Nature*, ed. L. A. Selby-Bigge. Oxford, Oxford University Press, 1958.

39. Jacobi, F. H. *David Hume über den Glauben, oder Idealismus und Realismus, ein Gespräch.* Breslau, Loewe, 1785.

——*Wider Mendelssohns Beschuldigungen.* Leipzig, Goeschen, 1786.

——*Werke*, ed. F. H. Jacobi and F. Köppen. Leipzig, Fleischer, 1812.

——*Briefwechsel zwischen Goethe und Jacobi*, ed. M. Jacobi. Leipzig, Weidmann, 1846.

——*Aus F. H. Jacobis Nachlass*, ed. R. Zoeppritz. Leipzig, Engelmann, 1869.

——*Briefwechsel*, ed. M. Brüggen and S. Sudhof. Stuttgart, Holzborg, 1981.

40. Jakob, L. H. *Prüfung der Mendelssohnischen Morgenstunden oder aller spekulativen Beweise für das Dasein Gottes*. Leipzig, Heinsius, 1786.

41. Kant, I. *Briefe, Akademie Ausgabe*, ed. R. Reicke. Berlin, Reimer, 1912.

——*Handschriftlicher Nachlass, Akademie Ausgabe*, ed. E. Adickes. Berlin, Reimer, 1912.

——*Grundlegung zur Metaphysik der Sitten*, ed. K. Vorländer. Hamburg, Meiner, 1965.

——*Kritik der Urteilskraft*, ed. K. Vorlander. Hamburg, Meiner, 1968.

——*Prolegomena zu einer jeden künftigen Metaphysik, die als Wissenschaft wird auftreten können*, ed. K. Vorländer. Hamburg, Meiner, 1969.

——*Kritik der reinen Vernunft*, ed. R. Schmidt. Hamburg, Meiner, 1971.

——*Briefwechsel*, ed. K. Vorländer. Hamburg, Meiner, 1972.

——*Kritik der praktischen Vernunft*, ed. K. Vorländer. Hamburg, Meiner, 1974.

——*Werke, Akademie Textausgabe*, ed. W. Dilthey, et al. Berlin, de Gruyter, 1979.

42. Kästner, A. G. "Ueber den mathematischen Begriff des Raums," *PM* II/4(1790), 403–419.

—— "Ueber die geometrischen Axiome," *PM* II/4(1790), 420–430.

—— "Was heisst in Euklids Geometrie möglich?" *PM* II/4 (1790), 391–402.

43. Kierkegaard, S. *Concluding Unscientific Postscript*, trans. D. Swenson and W. Lowrie. Princeton, Princeton University Press, 1941.

44. Kosmann, W. A. *Allgemeines Magazin für kritische und populäre Philosophie*. Breslau, Korn, 1792.

45. Kraus, J. "Eleutheriologie oder über Freiheit und Nothwendigkeit," *ALZ* 100/2(April 25, 1788), 177–184.

46. Leibniz, G. W. *Opuscles et fragments inedits de Leibniz*. Paris, PUF, 1903.

——*Die Philosophische Schriften*, ed. C. Gebhardt. Hildesheim, Olms, 1960.

47. Lessing, G. E. *Sämtliche Werke, Textausgabe*, ed. K. Lachmann and F. Muncker. Berlin, de Gruyter, 1979.

48. Locke, J. *An Essay concerning Human Understanding*, ed. P. Nidditch. Oxford, Oxford University Press, 1975.

49. Lossius, J. C. *Uebersicht der neuesten Litteratur der Philosophie.* Gera, Beckmann, 1784.

50. Maass, J. G. E. *Briefe über die Antinomie der Vernunft.* Halle, Francke, 1788.

—— "Ueber die transcendentale Aesthetik," *PM* I/2(1788), 117–149.

—— "Ueber die höchsten Grundsätze der synthetische Urteile," *PM* II/2(1789), 186–231.

—— "Ueber die Möglichkeit der Vorstellungen von Dingen an sich," *PM* II/2(1789), 232–243.

—— "Vorläufige Erklärung des Verfassers der Briefe tiber die Antinomie der Vernunft in Rücksicht auf die Recension dieser Briefe in der A.L.Z.," *PM* I/3(1789), 341–355.

—— "Ueber den Beweis des Satzes des zureichende Grundes," *PM* III/2(1790), 173–194.

—— "Beweis, dass die Prinzipien der Geometrie allgemeine Begriffe und der Sätze des Widerspruches sind," *PA* I/1(1792), 126–140.

—— "Neue Bestätigung des Sätzes: Dass die Geometrie aus Begriffen beweise," *PA* I/3 (1792), 96–99.

51. Maimon, S. *Gesammelte Werke*, ed. V. Verra. Hildesheim, Olms, 1965.

52. Maupertuis, P. L. M. *Dissertations sur les Differns Moyens dont les hommes se sont servis pour exprimer leurs idees.* In *Oeuvres*, vol. 3, ed. G. Tonelli. Hildesheim, Olms,1965.

53. Meiners, C. *Grundriss der Geschichte der Menschheit.* Lemgo, Meyer, 1786.

——*Grundriss der Seelenlehre.* Lemgo, Meyer, 1786.

54. Mendelssohn, M. *Schriften zur Philosophie, Aesthetik und Politik*, ed. M. Brasch. Hildesheim, Olms, 1968.

——*Gesammelte Schriften, Jubiläumsausgabe*, ed. A. Altmann et al. Stuttgart, Holzborg, 1971.

——*Aesthetische Schriften in Auswahl*, ed. O. Best. Darmstadt, Wissenschaftliche Buchgesellschaft, 1974.

55. Nicolai, F. *Geschichte eines dicken Mannes.* Berlin, Nicolai, 1794.

——*Beschreibung einer Reise durch Deutschland und die Schweiz im Jahre 1781*. Berlin, Nicolai, 1796.

——*Leben und Meinungen Sempronius Grundiberts, eines deutschen Philosophen*. Berlin, Nicolai, 1798.

—— "Vorrede" to J. C. Schwab's *Neun Gespräche*. Berlin, Nicolai, 1798.

——*Ueber meine gelehrte Bildung*. Berlin, Nicolai, 1799.

——*Philosophische Abhandlungen*, 2 vols. Berlin, Nicolai, 1808.

——*Gedächtnisschrift auf J. A. Eberhard. Berlin*, Nicolai, 1810.

56. Nietzsche, F. *Sämtliche Werke, Kritische Studienausgabe*, ed. G. Colli and M. Montinari. Berlin, de Gruyter, 1980.

57. Novalis, F. *Werke*, ed. U. Lasson. Hamburg, Hoffmann and Campe, 1966.

58. Obereit, J. H. *Die verzweifelte Metaphysik zwischen Kant und Wizenmann*. 1787.

——*Die wiederkommende Lebensgeist der verzweifelte Metaphysik*. Berlin, Decker, 1787.

——*Beobachtungen über die Quelle der Metaphysik*. Meiningen, Hanisch, 1791.

59. Ouvrier, K. S. *Idealismi sic dicti transcendentalis examen accuratius una cum nova demonstration is genere quo Deum esse docetur*. Leipzig, Crusius, 1789.

60. Pirner, J. H. *Fragmentarische Versuche über verschiedene Gegenstiinde*. Berlin, Kunze, 1792.

61. Pistorius, H. A. "Prolegomena zu einer jeden künftigen Metaphysik," *AdB* 59/2 (1784), 322–356.

—— "Ideen zu einer Philosophie der Geschichte der Menschheit," *AdB* 6112 (1785), 311–333.

—— "Erläuterung von Herrn Prof. Kants Critik der reinen Vernunft," *AdB* 66/1 ,92–103.

—— "Grundlegung zur Metaphysik der Sitten," *AdB* 66/2 (1786), 447–462.

—— "Metaphysische Anfangsgründe der Naturwissenschaften," *AdB* 74/2 (1786), 333–344.

—— "Critik der reinen Vernunft im Grundrisse," AdB 5/2 (1787),487-495.

—— "Ueber die Quellen menschlichen Vorstellungen," *AdB* 74/1 (1787),

184–196.

—— "Grundriss der Seelenlehre," *AdB* 80/2 (1788),459–474.

—— "Prüfung der Mendelssohnischen Morgenstunden," *AdB* 82/2 (1788), 427–470.

—— "Critik der reinen Vernunft im Grundrisse: Zweite Auflage," *AdB* 88/1 (1789), 103–122.

—— "Eleutheriologie," *AdB* 8711 (1789), 223–231.

—— "Fragmentarische Beyträge zur Bestimmung und Deduktion des Begriffs und Grundsätze der Kausalität," *AdB* 8/2 (1789), 145–154.

—— "Gründe der menschlichen Erkenntnis und der natürlichen Religion," *AdB* 85/2 (1789), 445–449.

—— "Grundsätze der reinen Philosophie," *AdB* 88 (1789), 191–194.

—— "Kants Moralreform," *AdB* 8611 (1789), 53–158.

—— "Plan zu einer systematischen Metaphysik," *AdB* 84/2 (1789),455–458.

—— "Natur und Gott nach Spinoza," *AdB* 94/2 (1790), 455–459.

—— "Zweifel über die kantische Begriffe von Raum und Zeit," *AdB* 93/2 (1790), 437–458.

—— "Reálité et Idealite des objets de nos connaissances," *AdB* 107/1 (1792), 191–219.

—— "Critik der reinen Vernunft: Zweite Ausgabe," *AdB* 117/2 (1794), 78–105.

—— "Versuch über die Transcendentalphilosophie," *AdB* 117/1 (1794), 128–137.

62. Platner, E. *Philosophische Aphorismen.* Leipzig, Sigwart, 1784. Third completely revised edition, 1794, in *Gesammtausgabe* of Fichte, Werke, II/4.

—— "Briefwechsel über die kantische Philosophie," *in Ernst Platner und die Kunstphilosophie des 18 Jahrhunderts*, ed. E. Bergmann. Leipzig, Meiner, 1913.

63. Rehberg, A. W. *Ueber das Verhältnis der Metaphysik zu der Religion.* Berlin, Mylius, 1787.

—— "Kritik der praktischen Vernunft," *ALZ* 188/3 (August 6,1788), 345–352.

—— "Philosophisches Magazin, Erste Stück," *ALZ* 10/1 Uanuary 10, 1789), 77–80.

—— "Philosophisches Magazin, Zweites Stück," *ALZ* 168/2（June 5,

1789),713-716.

64. Reimarus, J. A. *Ueber die Gründe der menschlichen Erkenntnis und der natürlichen Religion*. Hamburg, Bohn, 1787.

65. Reinhold, K. L. "Die Wissenschaften vor und nach ihrer Sekulärisation: Ein historisches Gemählde," TM（July 1784), 35-42.

—— "Gedanken über Aufklärung," *TM*（July 1784),3-21; *TM* (August 1784), 122-131; *TM* (September 1784), 232-245.

——*Herzenserleichterung zweyer Menschenfreunde in vertrauter Briefe über Johann Caspar Lavaters Glaubensbekenntnis*. Frankfurt, 1785.

—— "Schreiben des Pfarrers zu \*\*\* an den Herausgeber des T. M. über eine Recension von Herders Ideen zur Philosophie der Geschichte der Menschheit," *TM* (February 1785), 148-173.

—— "Ehrenrettung der Reformation gegen zwey Kapitel in des Hofraths und rchivars Herrn M. J. Schmidts Geschichte der Teutschen," *TM* (February 1786), 116-141; *TM* (April 1786), 43-80.

—— "Skizze einer Theogonie des blinden Glaubens," *TM* (May 1786), 229-242.

——*Die Hebraischen Mysterien oder die älteste religiöse Freymauerey*. Leipizig, Göschen,1788.

——*Ueber die bisherigen Schicksale der kantischen Philosophie*. Jena, Mauke,1788.

—— "Philosophisches Magazin, Drittes und Viertes Stück," *ALZ* 168/2 (June 5,1789), 529-534.

——*Versuch einerneuen Theorie des mensch lichen Vorstellungsvermögen*. Prague, Widtmann and Mauke, 1789.

—— "Von welchem Skepticismus lässt sich eine Reformation der Philosophie hoffen," *BM* 14 (July 1789), 49-73.

——*Beyträge zur Berichtigung bisheriger Missverständnisse der Philosophen*. *Jena, Widtmann and Mauke*, 1790-1794.

——*Ueber das Fundament des philosophischen Wissens*. Jena, Widtmann and Mauke,1791.

——*Preisschrift über die Frage: Welche Fortschritte hat die Metaphysik seit Leibnitzens und Wolffs Zeiten in Deutschland gemacht?* Berlin, Maurer, 1796.

——*Beyträge zur leichtern Uebersicht des Zustandes der Philosophie im Anfange des 19 Jahrhunderts.* Hamburg, Perthes, 1801.

——*Briefe über die kantische Philosophie*, ed. R. Schmidt. Leipzig, Reclam, 1923.

——*Schriften zur Religionskritik und Aufklärung*, ed. Zwi Batscha. Bremen, Jacobi, 1977.

——Korrespondenz, 1773–1788, ed. R. Lauth, E. Heller, and K. Hiller. Stuttgart, Fromann, 1983.

66. Rink, F. T. *Mancherley zur Geschichte der metacriticischen Invasion.* Konigsberg, Nicolovius, 1800.

67. Rousseau, J. J. *Sur l'inégalité parmi les hommes.* In *Oeuvres complètes*, Vol. 1. Paris, Armand-Aubree, 1832.

68. Schad, J. B. *Geist der Philosophie unserer Zeit.* Jena, Cröker, 1800.

69. Schaeffer, W. F. *Auffällende Widersprüche in der kantischen Philosophie.* Dessau, Müller, 1792.

70. Schaumann, J. G. *Ueber die transcendentalen Aesthetik.* Leipzig, Weidmann, 1789.

71. Schelling, F. W. J. *Werke*, ed. M. Schröter. Munich, Beck, 1927.

——*Briefe und Dokumente*, ed. H. Fuhrmanns. Bonn, Bouvier, 1962.

72. Schiller, F. *Werke, Nationalausgabe*, ed. J. Peterson and H. Schneider. Weimar, Bohlau, 1943-.

73. Schlegel, F. *Werke, Kritische Ausgabe*, ed. E. Behler. Munich, Thomas, 1964.

74. Schleiermacher, F. D. *Kritische Gesammtausgabe*, ed. H. Birkner and G. Ebeling. Berlin, de Gruyter, 1980-.

75. Schmid, C. G. E. *Critik der reinen Vernunft im Grundrisse.* Jena, Mauke, 1788.

76. Schopenhauer, A. *Sämtliche Werke*, ed. A. Hubscher. Wiesbaden, Brockhaus, 1949.

77. Schultz, J. *Erläuterungen über des Herrn Prof Kants Kritik der reinen*

*Vernunft*. Köngisberg, Dengel, 1784.

—— "Institutiones logicae et metaphysicae," *ALZ* 295/4 (December 13, 1785), 297–299.

——*Prüfung der kantischen Critik der reinen Vernunft*. Königsberg, Nicolovius, 1789–1792.

78. Schulze, G. E. *Grundriss der philosophischen Wissenschaften*. Wittemberg, Zimmermann, 1788-1790.

——*Ueber dem höchsten Zweck des Studiums der Philosophie*. Leipzig, Hertel, 1789.

—— "Ueber das philosophische Magazin," AdB 100/2 (1792),419–452.

—— "Kritik der Urteilskraft," *AdB* 115/2 (1793), 398–426.

—— "Religion innerhalb der Grenzen der blossen Vernunft," *NAdB* XVI/l (1794), 127–163.

—— "Ueber eine Entdeckung nach der alle Kritik der Vernunft entbehrlich gemacht werden soll," *AdB* 116/2 (1794),445–458.

——*Kritik der theoretischen Philosophie*. Hamburg, Born, 1801.

——*Encyklopädie der philosophischen Wissenschaften*. Göttingen, Bandenhock and Ruprecht, 1824.

——*Aenesidemus oder über die Fundamente der von dem Herrn Professor Reinhold in Jena gelieferten Elementarphilosophie*, ed. A. Liebert. Berlin, Reuther and Reichhard, 1912.

79. Schwab, J. C. "Prüfung des kantischen Beweises von der blossen Subjektivität der Categorien," *PM* 1V/2 (1791), 195–208.

—— "Vergleichung zweyer Stellen in Kants Schriften betreffend die Möglichkeit der geometrischen Begriffe," PM III/4 (1791), 480–490.

—— "Ueber das zweyerley Ich und den Begriff der Freiheit," *PA* I/1 (1792),69–80.

—— "Noch einige Bemerkungen über die synthetischen Grundsätze a prior in der kantischen Philo sophie," *PA* II/2 (1794), 117–124.

—— "Ueber den intelligibeln Fatalismus in der kritischen Philosophie," *PA* II/2 (1794), 26–33.

—— "Wie beweiset die kritische Philosophie, dass wir uns als absolut-frey denken müssen?" *PA* II/2 (1794), 1–9.

——*Preisschrift über die Frage: Welche Fortschritte die Metaphysik set Leibnitzens und Wolffs Zeiten in Deutschland gemacht hat?* Berlin, Maurer, 1796.

——*Neun Gespräche zwischen Christian Wolff und einem Kantianer über Kants metaphysische Anfangsgründe der Rechts und Tugendlehre.* Berlin, Nicolai, 1798.

——*Vergleichung des kantischen Moralprinzips mit dem Leibnitzisch-Wolffischen.* Berlin, Nicolai, 1800.

——*Ueber die Wahrheit der kantischen Philosophie.* Berlin, Nicolai, 1803.

80. Selle, C. G. "Von der analogischen Schlussart," *BM* 4 (August 1784), 185–187.

—— "Nähere Bestimmung der analogischen Schlussart," *BM* 4 (October 1784), 334–337.

—— "Versuch eines Beweises, dass es keine reine von der Erfahrung unabhängige Vernunftbegriffe gebe," *BM* 4 (December 1784), 565–576.

—— "Ueber Natur und Offenbarung," *BM* 7 (August 1786), 121–141.

——*De La réalité et de l'idéalité des objects de nos connaissances.* Berlin, Realbuchhandlung, 1788.

——*Grundsätze der reinen PhiLosophie.* Berlin, Himburg, 1788.

——*Philosophische Gespräche.* Berlin, Himburg, 1788.

81. Sextus Empiricus. *Outlines of Pyrrhonism*, trans. R. G. Bury. London, Heinemann, 1955.

82. Spinoza, B. *Opera*, ed. C. Gebhardt. Heidelberg, Winters, 1924.

83. Stattler, B. *Anti-Kant.* Munich, Lentner, 1788.

84. Stoll, J. G. *Philosophische UnterhaLtungen, einige Wahrheiten gegen Zweifel und Ungewissheit in besseres Licht zu setzen, auf Veranlassung von Herrn Prof. Kants Kritik der reinen Vernunft.* Leipzig, Sommer, 1788.

85. Storr, C. G. *Bemerkungen über Kants philosophische Religionslehre.* Tübingen, Cotta, 1794.

86. Süssmilch, J. P. *Versuch eines Beweises, dass die erste Sprache ihren Ursprung nicht vom Menschen, sondern allein vom Schöpfer erhalten habe.* Berlin,

Realbuchhandlung, 1766.

87. Tetens, J. *Philosophische Versuche über die menschliche Natur und ihre Entwicklung*. Berlin, Reuther and Reichard, 1912.

88. Tiedemann, D. "Ueber die Natur der Metaphysik: Zur Prüfung Herro Professor Kants Grundsätze," *HB* 1 (1785), 113–130, 233–248, 464–474.

——*Geschichte der Philosophie*. Marburg, Akademisches Buchhandlung, 1791–1797.

——*Theätet oder über das menschliche Wissen: Ein Bey trag zur Vernunftkritik*. Frankfurt, Varrentrapp and Wenner, 1794.

——*Idealistische Briefe*. Marburg, Akademisches Buchhandlung, 1798.

89. Tilling, C. G. *Gedanken zur Prüfung von Kants Grundlegung zur Metaphysik der Sitten*. Leipzig, Büchsel, 1789.

90. Tittel, G. A. *Ueber Herr Kants Moralreform*. Frankfurt, Pfahler, 1786.

——*Kantische Denkformen oder Kategorien*. Frankfurt, Gebhardt, 1787.

——*Dreizig Aufsiitze aus Literatur, Philosophie und Geschichte*. Mannheim, Schwan and Götz, 1790.

——*Erläuterungen der theoretischen und praktischen Philosophie nach Herrn Feders Ordnung*. Frankfurt, Gebhardt and Kurber, 1791.

——*Locke vom menschlichen Verstande*. Mannheim, Schwan and Götz, 1791.

91. Ulrich, J. A. *Notio certitudinis magnis evoluta*. Jena, Göllner, 1766–1767.

——*Erster Umriss einer Anleitung in den phiLosophischen Wissenschaften*. Jena, Göllner, 1772.

——*Institutiones logicae et metaphysicae*. Jena, Cröker, 785.

——*Eleutheriologie oder über Freiheit und Nothwendigkeit*. Jena, Cröker, 1788.

92. Visbeck, H. *Hauptmomente der Reinholdische Elementarphilosophie in Beziehung auf die Einwendungen des Aenesidemus*. Leipzig, Göschen, 1794.

93. Weigel, T. *Ausgewählte Werke*, ed. S. Wollgast. Stuttgart, Kohlhammer, 1977.

94. Weishaupt, A. *Kantische Anschauungen und Erscheinungen*. Nürnberg, Gratenau, 1788.

——*Gründe und Gewissheit des mensch lichen Erkennens: Zur Prüfung der kantisch en Critik der reinen Vernunft*. Nürnberg, Gratenau, 1788.

——*Ueber Materialismus und Idealismus*. Nürnberg, Gratenau, 1788.

——*Zweifel über die kantische Begriffe von Zeit und Raum*. Nürnberg, Gratenau, 1788.

95. Werdermann, J. G. K. *Kurze Darstellung der Philosophie in ihrer neusten Gestalt*. Leipzig, Crusius, 1792.

96. Will, G. A. Vorlesungen über die kantische Philosophie. Altdorf, Monat, 1788.

97. Wizenmann, T. *Die Resultate der Jacobischer und Mendelssohnischer Philosophie von einem Freywilligen*. Leipzig, Göschen, 1786.

—— "An Herrn Kant von dem Verfasser der Resultate der Jacobischer und Mendelssohnischer Philosophie," *DM* 2 (February 1787), 116–156.

98. Wolff, C. Herrn D. *Buddens Bedencken über die Wolffische Philosophie*. Frankfurt, Andreaischen Buchhandlung, 1724.

——*Gesammelte Werke*, ed. H. W. Arndt et al. Hildesheim, Olms, 1965.

99. Zöllner, J. F. "Ueber eine Stelle in Moses Mendelssohns Schrift an die Freunde Lessings," *BM* 7 (March 1786), 271–275.

100. Zwanziger, J. C. *Commentar über Herrn Prof Kants Kritik der reinen Vernunft*. Leipzig, Beer, 1791.

——*Commentar über Herrn Prof. Kants Critik der praktischen Vernunft*. Leipzig, Hischer, 1794.

## 二、二手文献

1. Abusch, A. Schiller, *Grösse und Tragik eines deutschen Genius*. Berlin, Aufbau, 1980.

2. Adam, H. Carl *Leonhard Reinholds philosophischer Systemwechsel*. Heidelberg, Winters, 1930.

3. Adickes, E. *German Kantian Bibliography*. Würzburg, Liebing, 1968.

4. Adler, E. *Der junge Herder und die deutsche Aufklärung*. Vienna, Europa, 1968.

5. Alexander, W. M. *Johann Georg Hamann*. The Hague, Nijhoff, 1966.

6. Allison, H. *The Kant-Eberhard Controversy*. Baltimore, Johns Hopkins University Press, 1973.

7. Altmann, A. *Moses Mendelssohn: A Bibliographical Study*. London, Routledge and Kegan Paul, 1974.

8. Arnoldt, E. *Kritische Exkurse im Gebiete der Kant Forschung*. Vol. 4 of *Gesammelte Schriften*. Berlin, Cassirer, 1908.

9. Atlas, S. *From Critical to Speculative Idealism: The Philosophy of Salomon Maimon*. The Hague, Nijhoff, 1964.

10. Baudler, G. *Im Worte Sehen, Das Sprachdenken Johann Georg Hamanns*. Bonn, Bouvier, 1970.

11. Baum, G. *Vernunft und Erkenntnis: Die Philosophie F. H. Jacobis*. Bonn, Bouvier, 1969.

12. Beck, L. W. *A Commentary on Kant's Critique of Practical Reason*. Chicago, University of Chicago Press, 1960.

——*Early German Philosophy*. Cambridge, Harvard University Press, 1969.

——*Essays on Kant and Hume*. New Haven, Yale University Press, 1978.

13. Bergmann, E. *Ernst Platner und die Kunstphilosophie des 18 Jahrhundert*. Hamburg, Meiner, 1913.

14. Berlin, I. *Vico and Herder*. London, Hogarth, 1976.

—— "Hume and the Sources of German Anti-Rationalism," in *Against the Current: Essays in the History of Ideas*, pp. 162–187. London, Hogarth Press, 1980.

15. Best, O. "Einleitung" to *Moses Mendelssohn, Aesthetische Schriften in Auswahl*. Darmstadt, Wissenschatliche Buchgesellschaft, 1974.

16. Bittner, R., and K. *Cramer. Materialien zu Kants Kritik der praktischen Vernunft*. Frankfurt, Suhrkamp, 1975.

17. Blanke, F. *Kommentar zu Hamanns Sokratische Denkwürdigkeiten*. Vol. 2 of *Hamanns Hauptschriften erklärt*, ed. F. Blanke et al. Gutersloh, Bertelheim, 1956.

—— "Hamann und Luther," in *Johann Georg Hamann, Wege der Forschung*, ed. R. Wild, pp. 146–172. Darmstadt, Wissenschaftliche Buchgesellschaft, 1978.

18. Bollnow, O. F. *Die Lebensphilosophie F. H. Jacobis*. Munich, Fink, 1969.

19. Bruford, W. H. *Germany in the Eighteenth Century*. Cambridge,

Cambridge University Press, 1935.

——*Germany in the Eighteenth Century: The Social Background of the Literary Revival.* Cambridge, Cambridge University Press, 1965.

20. Buchner, H. "Zur Bedeutung des Skeptizismus beim jungen Hegel," *Hegel-Studien*, supp. 4 (1969), 49–56.

21. Büchsel, E. *Ueber den Ursprung der Sprache.* Vol. 4 of *Hamanns Hauptschriften erkäirt.* Gutersloh, Mohn, 1963.

22. Cassirer, E. *Rousseau, Kant and Goethe.* Princeton, Princeton University Press, 1945.

——*The Philosophy of the Enlightenment.* Princeton, Princeton University Press, 1951.

——*Die nachkantische Systeme.* Vol. 3 of *Das Erkenntnisproblem in der Philosophie und Wissenschaft der neueren Zeit.* Darmstadt Wissenschaftliche Buchgesellschaft, 1974.

——*Kants Leben und Lehre.* Darmstadt, Wissenschaftliche Buchgesellschaft, 1977.

23. Clark, T. *Herder, His Life and Thought.* Berkeley, University of California Press, 1955.

24. Copleston, F. *Wolff to Kant.* Vol. 6 of *A History of Philosophy.* London, Burns and Oates, 1960.

25. De Vleeschauwer, H. J. *La Deduction transcendentale dans l'oeuvre de Kant.* Antwerp, de Sikkel, 1934.

——*The Development of Kantian Thought.* London, Nelson, 1962.

26. Dilthey, W. "Johann Georg Hamann," in *Gesammelte Schriften*, ed. H. Nohl. Leipzig, de Gruyter, 1923, vol. 11, pp. 1–38.

27. Dobbek, W. *Johann Gottfried Herders Jugendzeit in Mohrungen und Königsberg*, 1744–64. Wurzburg, Holzner, 1961.

28. Düsing, K. "Die Rezeption der kantischen Postulatenlehre in den frühen philosophischen Entwurfen Schellings und Hegels," *Hegel-Studien*, supp. 9 (1973), 95–128.

29. Eberstein, W. G. *Versuch einer Geschichte der Logik und Metaphysik bey*

*den Deutschen. Halle*, Ruff, 1799.

30. Epstein, K. *The Genesis of German Conservatism*. Princeton, Princeton University Press, 1966.

31. Erdmann, B. *Kants Kriticismus in der ersten und zweiten Auflage der Kritik der reinen Vernunft*. Leipzig, Voss, 1878.

——*Historische Untersuchungen über Kants Prolegomena*. Halle, Niemeyer, 1904.

32. Erdmann, J. *Die Entwicklung der deutschen Spekulation seit Kant*. Vol. 5 of *Versuch einer wissenschaftlichen Darstellung der Geschichte der Philosophie*. Stuttgart, Holzboorg, 1977.

33. Fischer, H. *Kritik und Zensur: Die Transcendentalphilosophie zwischen Empirismus und kritischen Rationalismus*. Erlangen, Höfer and Limmert, 1981.

34. Fischer, K. J. G. *Fichte und seine Vorgänger*. Vol. 5 of *Geschichte der neueren Philosophie*. Heidelberg, Winters, 1900.

35. Fuhrmanns, H. *Schelling, Briefe und Dokumente*. Bonn, Bouvier, 1962.

36. Gajek, B., ed. *Johann Georg Hamann, Acta des Internationalen Hamann-Colloquims in Luneberg 1976*. Frankfurt, Klostermann, 1979.

37. Gay, P. *The Enlightenment, An Interpretation*. New York, Norton, 1977.

38. German, T. J. *Hamann on Language and Religion*. Oxford, Oxford University Press, 1981 (in the series Oxford Theological Monographs).

39. Gross, F., ed. *Immanuel Kant, sein Leben in Darstellungen von Zeitgenossen*. Darmstadt, Wissenschaftliche Buchgesellschaft, 1980.

40. Gründer, K. *Die Hamann Forschung*. Vol. 1 of *Hamanns Hauptschriften erklärt*. Gutersloh, Bertelmann, 1956.

41. Grunwald, K. *Spinoza in Deutschland*. Berlin, Calvary, 1897.

42. Gueroult, M. *La Philosophie transcendentale de Salomon Maimon*. Paris, Alcan, 1919.

43. Gulyga, A. *Herder*. Frankfurt, Rodeberg, 1978.

——*Immanuel Kant*. Frankfurt, Insel, 1981.

44. Guyer, P. *Kant and the Claims of Taste*. Cambridge, Harvard University Press, 1979.

45. Hammacher, K., ed. *Friedrich Heinrich Jacobi, Philosoph und Literat der Goethezeit*. Klostermann, Frankfurt, 1971.

46. Hampson, N. *The Enlightenment*. Harmondsworth, Penguin, 1968.

47. Harris, H. S. *Hegel's Development, Toward the Sunlight*, 1770–1801. Oxford, Oxford University Press, 1972.

48. Haym, R. *Die romantische Schule*. Berlin, Weidmann, 1906.

49. Hazard, P. *La Pensée Européenne au XVIIIeme Siècle*. Paris, Boivin, 1946.

50. Hebeissen, A. *Friedrich Heinrich Jacobi, Seine Auseindersetzung mit Jacobi*, in the series *Sprache und Dichtung*, ed. W. Heinzen et al. Berne, Haupte, 1961.

51. Heine, H. *Zur Geschichte der Religion und Philosophie in Deutschland*. Vol. 8 of *Sekulärausgabe*, ed. Renate Francke. Berlin, Akademie Verlag, 1972.

52. Heizmann, W. *Kants Kritik spekulativer Theologie und Begriff moralis.: hen Vernunftglaubens im katholischen Denken der späten Aufklärung*. Göttingen, Vandenhoeck and Ruprecht, 1976.

53. Henrich, D. *Hegel im Kontext*. Frankfurt, Suhrkamp, 1967.

54. Heraeus, O. *Fritz Jacobi und der Sturm und Drang*. Heidelberg, Winters, 1928.

55. Hettner, H. *Geschichte der deutschen Literatur im 18. Jahrhundert*, 4th ed. Berlin, Aufbau, 1979.

56. Hinske, N., ed. *Ich handle mit Vernunft: Moses Mendelssohn und die europäische Aufklärung*. Hamburg, Meiner, 1981.

57. Hoffmeister, J. *Goethe und das deutschen Idealismus*. Leipzig, Meiner, 1932.

58. Homann, K. F. H. *Jacobis Philosophie der Freiheit*. Munich, Alber, 1973.

59. Im Hof, U. *Das gesellige Jahrhundert: Gesellschaft und Gesellschaften im Zeitalter der Aufklärung*. Munich, Beck, 1982.

60. Jørgensen, S. *Johann Georg Hamann*. Stuttgart, Metzler, 1967.

61. Kayserling, M. *Moses Mendelssohn, Sein Leben und seine Werke*. Leipzig, Mendelssohn, 1862.

62. Kiesel, H., and P. Munch. *Gesellschaft und Literatur im 18 Jahrhundert*. Munich, Beck,1977.

63. Klemmt, A. *Reinholds Elementarphilosophie.* Hamburg, Meiner, 1958.

64. Knoll, R. *Johann Georg Hamann und Friedrich Heinrich Jacobi.* Heidelberg, Winters, 1963.

65. Koep, W. "Johann Georg Hamanns Londoner Senel-Affäre, Januar 1758," *Zeitschrift für Theologie und Kirche* 57 (1960), 92–108; 58 (1961), 66–85.

——*Der Magier unter Masken, Versuch eines neuen Hamannbildes.* Göttingen, Vandenhoeck and Ruprecht, 1965.

66. Kronenberg, M. *Geschichte des deutschen Idealismus.* Munich, Beck, 1909.

67. Kroner, R. *Von Kant bis Hegel.* Tübingen, Mohr, 1921.

68. Kuntze, F. *Die Philosophie des Salomon Maimons.* Heidelberg, Winters, 1912.

69. Lauth, R., ed. *Philosophie aus einem Prinzip: Karl Leonhard Reinhold.* Bonn, Bouvier, 1974.

70. Lepenies, W. *Das Ende der Naturgeschichte.* Suhrkamp, Frankfurt, 1978.

71. Levy-Bruhl, L. *La Philosophie de Jacobi.* Paris, Alcan, 1894.

72. Litt, T. *Kant und Herder als Deuter der geistigen Welt.* Leipzig, Quelle and Meyer, 1930.

73. Lovejoy, A. "Kant's Antithesis of Dogmatism and Criticism," *Mind* (1906), 191–214.

74. Löw, R. *Philosophie des Lebendigen, Der Begrif (des Organischen bei Kant, sein Grund und seine Aktualität.* Suhrkamp, Frankfurt, 1980.

75. Lowrie, W. *J. G. Hamann, An Existentialist.* Princeton, Princeton University Press, 1950.

——*A Short Life of Kierkegaard.* Princeton, Princeton University Press, 1970.

76. Mauthner, F. *Der Atheismus und seine Geschichte im Abendlande.* Stuttgart, Deutsche-Verlag, 1922.

77. Merker, N. *Die Aufklärung in Deutschland.* Munich, Beck, 1974.

78. Metzke, E. J. G. *Hamanns Stellung in der Philosophie des 18 Jahrhunderts.* Darmstadt, Wissenschaftliche Buchgesellschaft, 1967.

79. Meyer, H. M. Z. *Moses Mendelssohn Bibliographie.* Berlin, de Gruyter, 1965.

80. Minor, J. *Hamann in seiner Bedeutung für die Sturm und Drang.* Frankfurt, Rütten and Loening, 1881.

81. Nebel, G. *Hamann*. Stuttgart, Klett, 1973.

82. O'Flaherty, J. C. *Unity and Language: A Study in the Philosophy of Johann Georg Hamann*. New York, AMS Press, 1966.

——*Hamann's Socratic Memorabilia: A Translation and Commentary*. Baltimore, Johns Hopkins University Press, 1967.

——*Johann Georg Hamann*. Boston, Twayne, 1979.

83. Parthey, G. *Mitarbeiter an Nicolais Allgemeine deutsche Bibliothek*. Berlin, Nicolai, 1842.

84. Pascal, R. *The German Sturm und Drang*. Manchester, Manchester University Press, 1953.

85. Pfleiderer, O. *The Development of Theology in Germany since Kant*, trans. J. F. Smith. London, Sonnenschein, 1893.

86. Reicke, R. *Kantiana, Beiträge zu Immanuel Kants Leben und Schriften*. Königsberg, Theile, 1860.

87. Reinhold, E. *K. L. Reinholds Leben und literarisches Wirken*. Jena, Fromann, 1825.

88. Reininger, R. *Kant, Seine Anhänger und seine Gegner*. Reinhardt, Munich, 1923.

89. Riedel, M. "Historizismus und Kritizismus: Kants Streit mit G. Forster und J. G. Herder," *Kant-Studien* 72 (1981), 41–57.

90. Roger, J. *Les Sciences de la Vie dans la Pensée Française du XVIIIe Siècle*. Poitiers, Armand Colin, 1963.

91. Rosenkranz, K. *Geschichte der kantischen Philosophie*. Vol. 12 of *Kants Sämmtliche Werke*, ed. K. Rosenkranz and F. Schubert. Leipzig, Voss, 1840.

92. Royce, J. *Lectures on Modern Idealism*. New Haven, Yale University Press, 1964.

93. Salmony, H. A. *Hamanns metakritische Philosophie*. Basel, Evangelischer Verlag, 1958.

94. Schmid, F. A. *Friedrich Heinrich Jacobi*. Heidelberg, Winters, 1908.

95. Schoeps, J. H. *Moses Mendelssohn*. Königstein, Athenäum, 1979.

96. Scholz, H., ed. *Die Hauptschriften zum Pantheismus Streit zwischen*

*Jacobi und Mendelssohn*. Berlin, Reuther and Reichard, 1916.

97. Schreiner, L. *Johann Georg Hamann, Golgotha und Scheblimini*. Vol. 7 of *Hamanns Hauptschriften erklärt*, ed. F. Blanke et al. Gutersloh, Bertelmann, 1956.

98. Seligowitz, B. "Ernst Plamers wissenschaftliche Stellung zu Kant in Erkenntnistheorie und Moralphilosophie," *Vierteljahrschrift für wissenschaftliche Philosophie* 16 (1892), 76–103, 172–191.

99. Skinner, Q. *The Foundations of Modern Political Thought*. Cambridge, Cambridge University Press, 1978.

100. Stern, A. *Ueber die Beziehung Garves zu Kant*. Leipzig, Denicke, 1884.

101. Stiehler, G. *Materialisten der Leibniz-Zeit*. Berlin, Deutscher Verlag, 1966.

102. Strauss, L. "Einleitung" to vol. III/2 of *Jubiläumsausgabe of Mendelssohns Schriften*, ed. A. Altmann, Stuttgart, Holzborg, 1971.

103. Taylor, C. *Hegel*. Cambridge, Cambridge University Press, 1975.

104. Timm, H. "Die Bedeutung der Spinozabriefe Jacobis," in *Die Philosophie F. H. Jacobi*, ed. K. Hammacher. Munich, Fink, 1969.

——*Gott und die Freiheit: Studien zur Religionsphilosophie der Goethezeit*. Frankfurt, Klostermann, 1974.

105. Tonelli, A. "Eberhard," in *Encyclopedia of Philosophy*, ed. P. Edwards. New York, Macmillan, 1967.

106. Ueberweg, F. *Die deutsche Philosophie des XIX Jahrhunderts und der Gegenwart*. Berlin, Mittler, 1923.

107. Unger, R. *Hamanns Sprachtheorie im Zusammenhang seines Denkens*. Munich, Beck, 1905.

——*Hamann und die Aufklärung*. Halle, Niemeyer, 1925.

108. Vaihinger, E. "Ein bisher unbekannter Aufsatz von Kant über die Freiheit," *Philosophischer Monatsheft* 16 (1880), 193–208.

109. Verra, V. "Jacobis Kritik am deutschen Idealismus," *Hegel-Studien* 5 (1969), 201–223.

110. Vorländer, K. *1. Kant, der Mann und das Werk*. Hamburg, Meiner, 1977.

111. Weber, H. *Hamann und Kant*. Munich, Beck, 1908.

112. Weischedel, W. *Streit urn die göttlichen Dingen: Die Auseinandersetzung*

*zwischen Jacobi und Schelling*. Darmstadt, Wissenschaftliche Buchgesellschaft, 1967.Wild, R., ed. *Hamann, Wege der Forschung. Darmstadt, Wissenschaftliche Buchgesellschaft*, 1978.

113. Wilde, N. *Friedrich Heinrich Jacobi: A Study in the Origin of German Realism.* New York, AMS Press, 1966.

114. Windelband, W. M. *Die Blütezeit der deutschen Philosophie.* Vol. 2 of *Die Geschichte der eueren Philosophie.* Leipzig, Breitkopf, 1904.

115. Wolff, H. *Die Weltanschauung der deutschen Aufklärung.* Bern, Francke, 1949.

116. Wrescher, A. *Platners und Kants Erkenntnistheorie mit besonderer Berücksichtigung von Tetens und Aenesidemus.* Leipzig, Pfeffer, 1892.

117. Wundt, M. *Die deutsche Schulphilosophie im Zeitalter der Aufklärung.* Tübingen, Mohr, 1945.

118. Zeller, E. *Geschichte der deutschen Philosophie seit Leibniz.* Munich, Oldenburg, 1875.

119. Zirngiebel, E. F. H. *Jacobis Leben, Dichten und Denken.* Wien, Braumüller, 1867.

# 索引

Descartes, R. 笛卡尔 1, 10-11, 28-29, 51, 79, 124, 139-140, 144, 189, 225, 238, 242, 338, 368-369, 396, 426, 459, 470

Diderot, D. 狄德罗 18, 24, 31, 46, 48, 88, 245, 247

Dippel, K. 康拉德·迪佩尔 73

Eberhard, J. A. 埃伯哈特: as *Popularphilosoph* 作为通俗哲学家 245, 250, 327-328; as leader of Wolffians 沃尔夫主义者的领导 288, 327-328; theory of synthetic a priori 先天综合理论 290, 298-299; theory of logic 逻辑理论 292-293, 299-300; polemic against Kant 对康德的论战 291-292, 327-332; political views 政治观点 293-296; defense of metaphysics 捍卫形而上学 296-302, 330-332

Edelmann, J. C. 约翰·克里斯蒂安·埃德尔曼 73, 77

Engel, J. 恩格尔 110-111, 245

Enlightenment 启蒙运动: crisis of 危机 1-17, 186-188, 293-296, 339-340, 451-454; faith in reason 理性的信仰 3, 7-8, 11, 13-14, 42, 118-119; internal conflicts of 内部冲突 7-9, 13-14, 35, 113; neglect of feeling and subconscious 忽视感觉和潜意识 12, 31-32, 127-128; belief in the harmony of reason and nature 理性与自然的和谐的信念 13-15; and philosophy of mind 心灵哲学 18, 56, 189-194, 219; decline of 衰落 65-66, 111; and Berlin circle 柏林圈子 111-114, 146; and philosophical anthropology 哲学人类学 208-213

Ernesti, J. A. 埃内斯蒂 87

Feder, J. G. 费德尔: as *Popularphilosoph* 作为通俗哲学家 245, 250, 269-271; as editor of Göttingen review "哥廷根评论" 编辑 261-263; his circle 他的圈子 265, 269, 274, 278-280; as editor of *Philosophische Bibliothek*《哲学丛书》编辑 269; criticism of Kant 对康德的批评 270-274

Fichte, J. G. 费希特: and practical faith 实践信念 7, 64, 69; and meta-criticism 元批判 11; and skepticism 怀疑论 17, 393, 419; and the pantheism controversy 泛神论之争 64, 69; adoption of Herder's genetic method 运用赫尔德的发生学方法 215; relations with Platner 与普拉特纳的关系 321; Reinhold's influence on 莱因霍尔德的影响 339-340, 386, 389, 390; concept of the obstacle "阻碍" 概念 386; Schulze's influence on 舒尔茨的影响 392-394;

Maimon's influence on 迈蒙的影响 419–421，436，446，453

237; relations with Kant 与康德的关系 169-170, 181-183; criticism of the thing-in-itself 批判物自体 182-186; criticism of Kant's practical faith 批判康德的实践信念 186-187

Jakob, L. H. 雅各布 64, 169

Jüng-Stilling, J. H. 荣格·斯蒂林 65

Kant, I. 康德: charge of solipsism against 对唯我论的指控 5-7, 184-187, 248, 254, 257, 279-280, 282-283, 290, 329, 413-415; and criticism 批判 7-10, 55-56, 289, 320-321, 333-334, 349-351, 397-399; and meta-critical problem 元批判问题 8-9, 55-56, 322, 338-340, 374, 466; and transcendental method 先验方法 8-10, 60, 412 ; noumenal-phenomenal dualism 本体 - 现象二元论 11, 16-18, 58-59, 229, 253, 27, 359, 361; accused of mysticism 神秘主义指控 12, 254, 276; transcendental deduction 先验演绎 14-17, 58-60, 287, 306-309, 333, 360, 413, 415-416, 419-420, 423-429; relations with Hamann 与哈曼的关系 33, 42-43, 45-46; early dogmatism 早期独断论 33, 42-43, 45-46; understanding-sensibility dualism 知性 - 感性二元论 59-60, 232-233, 254, 355, 360-361, 426, 445-446; rise of his reputation 声名鹊起 64, 251, 252, 264-265, 270, 295-296, 304, 325; and ontological argument 本体论 80-81, 158-160, 351-352; contribution to pantheism controversy 对泛神论争议的贡献 169-176; criticism of Mendelssohn 对门德尔松的批判 174-178; criticism of Wizenmann 对魏岑曼的批判 174-178; second *Kritik* "第二批判" 178-181, 186, 283-284, 315-318; defense of practical faith 捍卫实践信念 180-181, 284-285; transcends own limits 超越自身限度 183-186, 285-286, 292-293, 316, 323-324, 330, 412, 413; thing-in-itself 物自体 174, 185, 186, 259-260, 274, 280, 282, 305, 330-330, 382-383, 413-414, 446-450; categorical imperative 绝对命令 255, 276-277, 187, 283-285; dispute with Herder 与赫德的争议 192, 219-220, 221-227, 232-235; origins of third *Kritik* "第三批判" 的由来 227-235; and Berkeley's idealism 与贝克莱的观念论 254, 259-260, 273-274, 414; transcendental idealism 先验观念论 254, 258-260, 413-414, 428-431; transcendental aesthetic 先验感性论 253-254, 265, 271-274, 439-440, 442-443; metaphysical deduction 形而上学演绎 254, 277,

者的区别 250-251；253；criticisms of Kant 对康德的批判 250-255

Lossius, J. F. 洛修斯 250

Luther, M. 路德 22, 30, 34, 35, 73-76, 89-90

Maass, J. G. E. 马斯 7, 10, 250, 287

Maimon, S. 迈蒙：historical significance 历史意义 420-421；revival of metaphysics 形而上学的复兴 421, 428-432；unity of his thought 其思想的统一性 420-422, 443-446；skepticism 怀疑论 422-428；idea of an infinite understanding 无限知性的理念 428-432；theory of differentials 微分理论 432-438；theory of space and time 时空理论 438-443；middle path between dogmatism and skepticism 独断论与怀疑论的中间道路 443-446；elimination of thing-in-itself 消除物自体 446-450；transcendental logic 先验逻辑 450-454；principle of determinability 可确定性原则 454-461；controversy with Reinhold 与莱茵霍尔德的争论 461-465；criticism of Schulze 对舒尔茨的批判 465-468

Maupertuis, P. L. M. 莫佩尔蒂 17, 191, 198

Meiners, C. 克里斯蒂安·梅利勒斯 269-270

Mendelssohn, M. 门德尔松：aesthetics 美学 47, 48, 138-139；early defense of Spinoza 早期捍卫斯宾诺莎 75-79；views on Lessing's Spinozism 对莱辛的斯宾诺莎主义的看法 76-79, 92-95, 100-102, 107-110；purified pantheism 纯化的泛神论 77-79, 154-156；correspondence with Jacobi 与雅可比通信 90-111；*Morgenstunden*《晨课》106-107, 115-116, 140-141, 157；defense of reason 捍卫理性 110, 117-118, 141-147；historical significance 历史意义 137-141；method of orientation 确定方向 147-151, 165；lapse into irrationalism 陷入非理性主义 148-151, 160-161, 163-166；critique of Spinozism 对斯宾诺莎主义的批判 152-156；and critique of Kant 对康德的批判 156-161

Michaelis, J. D. 米凯利斯 87, 201

Mind-body problem 身心问题 17-19, 55-60, 189-192, 194-195, 204-206, 216-221, 343-345, 426

Reason 理性：versus faith 与信念 1-7，31-33，112-123，146-151，186-188，244；Enlightenment faith in 启蒙运动对其信念 2，7-8，11，42，118-119；models of 模型 3-4，189-191，199-200，453；principle of sufficient reason 充足理由律 3，8，39，124-126，298-299，301-302，331，457-458；primacy of practical reason 实践理性优先性 6-7，145，164-166，172-175，293，317，388-390，145；self-reflexivity of 自我反思 8，14，321-322，397-399；autonomy of 自主性 11-13，129，199-200；relativity of 相对论 12，57-58，129-130，213-215；social and historical dimension of 社会和历史维度 12，20，23，55-58，208-210，212-214；hypostasis of 其实体 12，23，55，207-210；limits of 其限度 37，39，55，68，166-168，189-191，222-225，234-235，268-269，292，297-300，305-306，331-334，368-374，412-414，461-464；and irrationalism 与非理性主义 40，149-151，160-161，163-166；neutrality or objectivity of 其中立性或客观性 127-130，143-147；explanation of its origins 对其起源的解释 193-197，198-200，225-227，232-234；and logic 与逻辑 292，299-300，450-454

Rehberg, A. W. 雷伯格 326

Reid, T. 里德 257

Reimarus, E. 爱丽丝·莱马鲁斯 83，90，91，93，94，95，100，101，102，103，104，105，106，107，115，116

Reimarus, H. S. 莱马鲁斯 83-84，90

Reimarus, J. 约翰·莱马鲁斯 100，101，115

Reinhard, F. V. 莱因哈特 393

Reinhold, K. L. 莱因霍尔德：on pantheism controversy 关于泛神论之争 63，347-351；influence of 影响 64-65，340-341，392；and Platner 与普拉特纳 319；affected by Wolffian campaign 受沃尔夫主义运动的影响 336；critique of traditional epistemology 批判传统认识论 338，339，369-370；Elementarphilosophie 基础哲学 339，361-364，367-374，387-390；as Popularphilosoph 作为通俗哲学家 339；and phenomenology 与现象学 340-341，368，371-374；relations with Herder 与赫尔德的关系 342-346；philosophical development 哲学发展 342-347，351-352；Briefe《论康德哲学》347-351；relations with Kant 与康德的关系 352-353，357；later critique of Kant

Spinoza，B. 斯宾诺莎: rise of his reputation 声名鹊起 64–65，69–70，76–90；early notoriety 早期的恶名 69–73；and the early Spinozists 早期的斯宾诺莎主义者 72–76；and Leibniz 与莱布尼茨 78, 98；and the young Lessing 与年轻的莱辛 81–87；Jacobi's interpretation of 雅可比对其的解释 97, 123–126；pantheism 泛神论 152–156；monism 一元论 153；Herder's interpretation of 赫尔德对其的解释 235–243

Storr，C. G. 斯托尔 313, 314

*Sturm und Drang* 狂飙突进运动 20–24, 29–33, 65, 115

Süssmilch，J. P. 苏斯米尔希 193, 195–197, 201, 203, 206, 207

Tetens，J. 特滕斯 256, 269, 319, 397

Thomasius，C. 托马修斯 70, 71

Tiedemann，D. 迪特里希·蒂德曼 201–202, 206, 250, 252, 265–266, 267, 268–269, 281

Tittel，G. A. 蒂德 269, 275–278, 281, 470

Ulrich，J. A. 乌尔利希: as Wolffian 作为沃尔夫主义者 250, 287, 303；anti-Kantianism 反康德主义 303–305；defense of metaphysics 捍卫形而上学 303–306；criticism of Kant's concept of freedom 对康德自由概念的批判 310–313

Vitalism 活力论: and the natural sciences 与自然科学 17–18, 190–191；general principles 一般原则 18–19；and the concept of teleology 与目的论概念 18–19, 190–192, 228–235；and the concept of power 活力概念 217–220, 225–226, 228–229, 343；Kant's criticisms of 康德对其的批判 220–221, 224–227

Voltaire 伏尔泰 38, 41, 48, 205, 211, 245, 247

Weishaupt，A. 魏斯豪普特 245, 250, 269, 278–280

Wizenmann，T. 魏岑曼: agreement with Jacobi 赞同雅可比 162–163, 177；contribution to pantheism controversy 对泛神论之争的贡献 162–164；critique of Mendelssohn 对门德尔松的批判 164–165；Kant's opinion of 康德对其的看法 164, 175–176；*Resultate*《后果》162–168；latent skepticism 潜在的怀疑主

**图书在版编目（CIP）数据**

理性的命运：从康德到费希特的德国哲学 / (美)
弗雷德里克·拜泽尔著；陈晓曦，张娅译. — 上海：
上海教育出版社，2024.2
（海纳集. 西方哲学研究丛书）
ISBN 978-7-5720-2447-4

Ⅰ.①理… Ⅱ.①弗… ②陈… ③张… Ⅲ.①哲学
－研究－德国 Ⅳ.①B516

中国国家版本馆CIP数据核字(2024)第021782号

上海市版权局著作权合同登记　图字：09-2023-1016号

责任编辑　戴燕玲
装帧设计　观止堂_ 未 氓

**海纳集　西方哲学研究丛书**
**理性的命运：从康德到费希特的德国哲学**
[美] 弗雷德里克·拜泽尔　著

陈晓曦　张　娅　译

出版发行　上海教育出版社有限公司
官　　网　www.seph.com.cn
地　　址　上海市闵行区号景路159弄C座
邮　　编　201101
印　　刷　上海盛通时代印刷有限公司
开　　本　890×1240　1/32　印张 16.375
字　　数　410 千字
版　　次　2024年2月第1版
印　　次　2024年2月第1次印刷
书　　号　ISBN 978-7-5720-2447-4/B·0056
定　　价　98.00 元

如发现质量问题，读者可向本社调换　电话：021-64373213